所有権留保の研究

石口 修［著］
Osamu Ishiguchi

成文堂

はしがき

　本書は、わが国において「非典型担保」として位置づけられる所有権留保に関する論文集である。所有権留保研究の二作目となる。筆者は、1988（昭和63）年の春に譲渡担保の研究に着手した後、1995（平成7）年の夏頃から所有権留保の研究にも着手し、その成果として、2006（平成18）年3月に、『所有権留保の現代的課題』（成文堂）を出版した。その内容は、所有権留保制度の源泉をローマ法にあるものと位置づけ、その端緒と思しき制度（代金完済までの所有権移転の延期、容仮占有、解除約款の利用）の検討を行い、ドイツ民法（BGB）の起草前（普通法時代）から起草過程に至るまでの議論、BGBの制定・施行からBGB現代化（債務法・時効法の改正：2002年1月1日施行）に至るまでの議論を中心として、全体を構成した。

　　　　　　　　　　＊　　　　　　＊　　　　　　＊

　私が研究を開始した当時は、わが国の所有権留保研究はあまり活発ではなく、研究書は少数にとどまり、過去の研究論文の数も、譲渡担保に比べれば、少数精鋭という状況であった。だが、近時における所有権留保の発達にはめざましいものがある。私が前著『現代的課題』を発刊したのと相前後して、学界や実務界において急に議論が活況を呈するに至り、譲渡担保権と類似する担保権という性格が強調されるようになった。そのような状況においても、私は、本来あるべき所有権留保立法に資するため、ドイツにおける議論と対峙し、理論の構築に取り組んでいた。そのような折、わが国における議論が活況を呈するより少し前かと思われるが、ドイツ連邦通常裁判所（der Bundesgerichtshof：BGH）の2008年3月27日判決と出会い、このテーマたる「留保所有権の譲渡と譲受人の法的地位」を理論として構築するため、判決の内容を精査することとした。

　ところが、折しも、法科大学院制度の見直しが検討され始めた時期と重なり、研究は遅々として進まなくなった。それでも、自身の怠惰な心に鞭打ち、少しずつ研究成果としてまとめ上げてきた。前記BGH判決と出会ったのが2008年の6月頃であったから、本年で10年を数える。まさに光陰矢の如

しである（研究としては、やや遅きに失した嫌いはある）。前著『現代的課題』を著したのも、研究着手から10年余りを経過した時期であったから、ペースとしては似たり寄ったりである。

＊　　　　＊　　　　＊

さて、冒頭にも述べたように、わが国において、所有権留保（制度）は「非典型担保」として位置づけられている。特に、従前から譲渡担保との近似性が強調されてきたので、学生は言うに及ばず、民法の研究者からさえ、「所有権留保の解釈は、譲渡担保と同じですよね」などと半ば揶揄されたりもする（筆者の立場からはそう感じる）。筆者は、若い頃からこの点に関して大いに疑問を覚えたので、所有権留保制度が存在し、解釈論においても世界の法学界において先陣を切っていたドイツの制度について研究を開始した。また、1990（平成2）年から参加していたドイツ民法研究会（共同代表：下森定教授、好美清光教授、幹事：岡孝教授、円谷峻教授、半田吉信教授。現在の幹事は、岡孝教授、青野博之教授、滝沢昌彦教授）において、「ドイツ債務法改正委員会草案の研究」という共同研究の一員に加えていただき、与えられたテーマが「売買法」における「Garantie（わが国では古くから「損害担保」と称される）」と「所有権留保」であったこともあり、所有権留保研究に拍車がかかった。博士論文『所有権留保の現代的課題』（成文堂）は、その成果であり、本書は、いわばその続編である。

＊　　　　＊　　　　＊

ドイツにおいて、近時の通説は、所有権留保の意義・目的について、第一に売買代金債権の担保、第二に契約解除による所有物返還請求権の担保（保全）、と解するが、その目的の優先順位というか、中心的効力は、前者から後者へとシフトされている（BGH, Urt. vom 1．7．1970, BGHZ 54, S. 214以来の判例・通説）。本書の「序章」において論じたが、ドイツにおいては、譲渡担保は完全所有権の移転、所有権留保は完全所有権の留保、という純粋な法理論がある。ドイツにおいては、法理論は厳格さを貫くという伝統があるところ、然りとて経済を無視しては法解釈も成り立たないということで、担保の世界では経済的な効果を重視してきた。そこで、譲渡担保の債権者には金融信用（Geldkredit）と商品信用（Warenkredit）という二面性があるが、い

ずれにせよ、「金融」という構成が当てはまるので、法的性格としては「担保物権」であり、法律効果としては「換価・優先弁済権」とされてきた。それゆえ、買主の倒産手続においては、別除権者として扱われる。

ところが、所有権留保は売買の附款に過ぎず、代金後払い（割賦弁済）という商品信用の一面しかなく、「金融」という側面は売買という二当事者間取引には存在しないことから、留保される所有権の法的性格としては「真正所有権」であり、その法律効果としては「物権的返還請求権」とされてきたのである。もっとも、所有権留保は、商品信用といえども、代金を後払いでよいとするのであるから、そこには「金融的側面」があるとも言える。しかし、これは金融とは言わない。言うなれば、「物融」である（自身の2003年の日本私法学会・個別報告〔司会：近江幸治教授〕にて杉下俊郎教授から質問されたことを思い出す）。したがって、ドイツの通説は、商品信用による完全所有権の留保として位置づける。それゆえ、ドイツにおいては、留保売主は真正所有者であるとして、買主の倒産手続において、取戻権者として扱われる。

＊　　　＊　　　＊

本書「序章」においては、金融信用としての譲渡担保と、商品信用としての所有権留保の位置づけが明確となるように、譲渡担保に関する基本類型（単純類型）を掲げ、これと所有権留保の基本類型（単純類型）とを十分に比較検討し、その中間に位置するファイナンスリースとも比較検討した。

次に、第1章から第3章までは、主として三者間契約類型の所有権留保における留保所有権の移転という問題に焦点を当てた。権利の移転類型には種々あるが、最終的には、「契約引受類型」を中心として位置づけた。しかし、これらの問題点に関する理論上の結論には到達していない。私は、本書において、自身の解釈論を一応の仮説として、世に問うたつもりである。だが、むしろ、本書全体としては、わが国の学界・実務界に対し、所有権留保の本質ないし各種の類型に関する正確な理解を喚起するという目的のほうが強いかも知れない。もちろん、そのためには、「担保物権」たる譲渡担保の研究が不可欠であり、譲渡担保と所有権留保の異種・異質性たる面、同質性たる面を類型化し、証明する必要がある。本書はその一試論に過ぎない。次は、譲渡担保を中心とする論文集を企図している。試論（仮説）は増やさな

ければ、そして、絶えず検証に晒されなければ意味がない。

　前著『現代的課題』及び本書ならびに単著の体系書（『民法講論』、『民法要論』）における当該箇所の論述を契機として、わが国においても、所有権留保と譲渡担保の本質論に関する総合的な研究が進展することを願って止まない。

　本書が成るにあたっては、成文堂編集部の飯村晃弘氏に大変お世話になった。氏の尽力に対し、心より感謝を申し上げる。また、筆者の研究人生を端緒から形成したと言える前掲ドイツ民法研究会の先生方、研究生活の支えとなった広島大学（日本土地法学会中国支部）の先生方、特に、鳥谷部茂（論文博士・主査）、堀田親臣（同・副査）、田村耕一の各教授に、心より感謝を申し上げる。更に、自身の研究及び日常生活上、私を叱咤激励し、著書出版の折に、毎回、索引の作成を共同作業してくれる妻順子に心より感謝したい。

　2018年4月　品川・戸越の寓居にて

石口　修

【追記】
　本書は、2018年度・愛知大学学術図書出版助成によって刊行することができた。心より感謝したい。

目　次

はしがき………………………………………………………………………… i

序　章　所有権留保論・序説……………………………………… 1

第1節　所有権留保の意義と社会的作用 ………………………………… 1
　第1項　所有権留保の意義……………………………………………… 1
　第2項　所有権留保の機能……………………………………………… 2
　第3項　ファイナンスリースとの比較検討…………………………… 3
　　1．ファイナンスリースの意義と目的……………………………… 3
　　2．ファイナンスリースの種類……………………………………… 5
　　3．約款内容の類似性………………………………………………… 10
　　4．金融与信行為たるファイナンスリースの会計処理…………… 11
　　5．リース事業者と留保売主との比較……………………………… 14
　　6．ファイナンスリースと倒産手続………………………………… 14
　　7．小　括――所有権留保とファイナンスリースの共通点と相違点… 20
　第4項　所有権留保と譲渡担保との制度的関係・比較検討………… 21
　　1．完全所有権（Volleigentum）たる留保所有権………………… 21
　　2．譲渡担保との比較検討――単純類型の譲渡担保・概観……… 23
　　3．譲渡担保権の設定による担保所有権の意義と機能…………… 27
　　4．担保物件提供者（設定者）の倒産と担保所有権……………… 32
　　5．担保信託とその効力――準物権的効力、転化原理…………… 34
　　6．所有権留保と譲渡担保との関係………………………………… 38
　第5項　所有権留保の社会的作用――史的・比較法的考察………… 59
　　1．古代法……………………………………………………………… 59
　　2．ドイツ民法（Bürgerliches Gesetzbuch）……………………… 60
　　3．スイス民法（Zivil Gesetzbuch）………………………………… 62
　　4．フランス民法（Code Civil）……………………………………… 65
　　5．国連売買法（CISG）……………………………………………… 67

第2節　所有権留保の類型……………………………………………68
　第1項　総　説…………………………………………………………68
　第2項　単純類型――単純な所有権留保…………………………68
　第3項　延長類型――延長された所有権留保……………………69
　第4項　拡張類型――拡張ないし拡大された所有権留保………70
第3節　日本法における所有権留保論 ………………………………71
　第1項　総　説…………………………………………………………71
　第2項　三者間所有権留保の種類……………………………………71
　　1．立替払類型………………………………………………………71
　　2．集金保証類型……………………………………………………72
　　3．包括担保類型（包括担保約款）………………………………72
　第3項　留保売主の法的地位…………………………………………73
　第4項　留保買主の法的地位――期待権の保護……………………76
　第5項　所有権留保の法的構成………………………………………77
　　1．学説先史…………………………………………………………77
　　2．所有権的構成・折衷的構成説（売主所有権帰属構成）……84
　　3．担保権的構成説…………………………………………………87
　　4．法的構成のまとめ………………………………………………91
　第6項　所有権留保の対抗要件………………………………………92
　　1．売主・買主間の所有権留保……………………………………92
　　2．三者間取引による所有権留保…………………………………93
　第7項　所有権留保に関する個別問題………………………………95
　　1．所有権留保と権利濫用…………………………………………95
　　2．所有権留保と即時取得…………………………………………98
　　3．留保所有者に対する物権的請求権の行使・損害賠償請求……… 104
　　4．留保所有権の譲渡と譲受人の法的地位……………………… 105
第4節　所有権留保論・序説への小括…………………………… 107

第1章　留保所有権の譲渡と譲受人の法的地位 …………… 111

第1節　本稿における問題点 ………………………………… 111
第2節　最（二小）判平成22年6月4日に現れた問題点 ………… 115
第1項　最判平成22年6月4日（民集第64巻4号1107頁）の概要…… 115
第2項　最判平成22年6月4日から導かれる判例規範 ……………… 119
第3項　最判平成22年6月4日における個別問題 ………………… 119
第3節　留保所有権の法的性質・構成
　　　　──留保売主と留保買主の法的地位 …………………… 120
第1項　留保売主（留保所有者）の法的地位 …………………… 120
　1．問題の所在 …………………………………………… 120
　2．ドイツ法における留保売主の地位 ……………………… 121
　3．日本法における留保売主の地位 ………………………… 125
第2項　留保買主の法的地位 ………………………………… 134
　1．所謂「期待権」の意義 ………………………………… 134
　2．ドイツ法における留保買主の期待権 …………………… 136
　3．留保買主の期待権に関する日本法における議論について……… 145
第4節　担保目的の所有権留保の対抗力 …………………… 150
第1項　三者間契約による所有権留保の特徴 …………………… 150
第2項　留保所有権の移転は法定代位によるものではない ………… 152
第3項　譲受留保所有権の対抗要件 …………………………… 153
第4項　平成22年最判における譲受け留保所有者の地位 …………… 155
第5節　私見的考察の総括 ………………………………… 158

第2章　所有権留保における信販会社の法的地位 ………… 163

第1節　問題の所在 ………………………………………… 163
第2節　最（一小）判平成29年12月7日の概要 ……………… 165
第1項　事案の概要等 ……………………………………… 165
　1．事案の概要 …………………………………………… 165
　2．前提事実 ……………………………………………… 165

3．争　点……………………………………………………… 167
       4．認定事実………………………………………………… 167
     第2項　争点に対する裁判所の判断………………………………… 168
       1．第1審（札幌地判平成28年5月30日金法2053号86頁）の判断… 168
       2．第2審（札幌高判平成28年11月22日金法2056号82頁）の判断… 169
       3．最高裁の判断…………………………………………… 170
  第3節　平成29年最判における問題の所在 ……………………………… 171
    第1款　本判決から導かれる判例法理…………………………… 171
    第2款　判例法理から導かれる問題点…………………………… 172
     第1項　最（二小）判平成22年6月4日との整合性…………… 172
     第2項　最近の下級審裁判例の動向……………………………… 175
       1．集金保証・包括担保類型＝法定代位否定事案に関する検討…… 175
       2．単純な集金保証類型＝法定代位肯定事案に関する検討……… 178
       3．登録を要しない軽自動車、建設工事用車両の事案………… 183
    第3款　平成22年最判に対する学説との関係…………………… 186
     第1項　総　説………………………………………………… 186
     第2項　法定代位説…………………………………………… 189
     第3項　担保権設定説………………………………………… 191
    第4款　小　括……………………………………………………… 192
     第1項　判例・学説の解釈論…………………………………… 192
     第2項　実務家有力説からのアプローチ……………………… 194
     第3項　解釈論のまとめ……………………………………… 195
  第4節　留保所有権の対抗要件 ……………………………………… 196
    第1款　従来の学説の考え方……………………………………… 196
     第1項　対抗要件不要説……………………………………… 196
       1．動産抵当権説…………………………………………… 196
       2．新設定者留保権説（物権変動不存在説）………………… 196
     第2項　占有改定説…………………………………………… 197
       1．担保権説………………………………………………… 197
       2．設定者留保権説（鈴木説）……………………………… 197

| 第 2 款　本稿の問題における学説と対抗要件 ································ 198
| 第 1 項　法定代位説 ·· 198
| 第 2 項　担保権設定説・譲渡担保説 ·· 198
| 第 3 款　小　　括 ··· 198
| 第 1 項　総　　説 ·· 198
| 第 2 項　留保売主・留保買主二当事者間の所有権留保 ················ 199
| 第 3 項　三者間取引による所有権留保 ···································· 200
| 第 5 節　ドイツ法の解釈 ·· 201
| 第 1 款　総　　説 ··· 201
| 第 2 款　ドイツ連邦通常裁判所の判例に見る立替払による留保所有権の
| 譲渡（BGH, Urt. vom 27.3.2008, BGHZ 176, S.86） ······ 202
| 第 1 項　本件の事案、争点、判決概要 ···································· 202
| 第 2 項　留保所有権の譲渡性に関する判決理由 ························ 203
| 第 3 項　判例分析と解釈 ·· 204
| 1．留保所有権譲渡の構造——原則 ····································· 204
| 2．法定債権譲渡類型 ·· 206
| 3．契約引受による留保所有権の移転 ································· 210
| 第 3 款　小　　括——留保所有権の譲渡類型 ································· 221
| 第 1 項　総　　説 ·· 221
| 第 2 項　物権的返還請求権の譲渡類型 ···································· 221
| 第 3 項　法定債権譲渡類型 ·· 222
| 第 4 項　契約譲渡・契約引受類型 ·· 223
| 第 6 節　所有権留保の対抗要件に関する私見的考察 ···························· 224
| 第 1 項　二当事者間の所有権留保 ·· 224
| 第 2 項　三者間取引による所有権留保——信販会社の法的地位 ········ 225
| 1．法定代位構成について ·· 225
| 2．契約譲渡ないし契約引受構成について ·························· 226
| 第 3 項　今後の課題 ·· 227

第3章　ドイツ法における譲受け留保所有者の法的地位 … 231

第1節　本稿の意義と目的 …………………………………………… 231
第1項　序　論――近時の判例に現れた問題点 ………………………… 231
第2項　所有権留保の本質論 ……………………………………………… 233
　1．商品信用と金融信用との分離解釈 ………………………………… 233
　2．買主の倒産手続における通説的見解 ……………………………… 234
　3．近時の「通説」への批判的考察 …………………………………… 237
第3項　本稿の目的 ………………………………………………………… 240

第2節　ドイツ法における留保所有権の譲受人の地位 ……………… 241
第1款　BGH, Urt. vom 27. 3. 2008の概要 …………………………… 241
第2款　BGH, 27. 3. 2008から導かれる判例規範と問題点 …………… 248
第3款　BGH, 27. 3. 2008における個別問題 …………………………… 249
　第1項　コンツェルン留保（Konzernvorbehalt）の問題点 ………… 249
　　1．コンツェルン留保の無効と残部契約の有効性 …………………… 249
　　2．ドイツ民法における法律行為の一部無効規定 …………………… 252
　　3．スイス債務法における法律行為の一部無効規定 ………………… 254
　　4．若干の検討 …………………………………………………………… 255
　第2項　留保所有権の譲渡性 …………………………………………… 256
　　1．留保所有権譲渡の構造――返還請求権の譲渡類型 ……………… 256
　　2．法定債権譲渡類型 …………………………………………………… 261
　　3．契約引受による留保所有権の譲渡――三者間合意 ……………… 267
　第3項　留保所有権は取戻権か、別除権か …………………………… 278
　　1．単純類型の所有権留保を取戻権とする判例・通説 ……………… 278
　　2．統一概念としての非占有質権説 …………………………………… 283
　　3．延長・拡張類型の所有権留保は別除権 …………………………… 289
　第4項　所有権留保は商品信用か、金融信用か ……………………… 292
　第5項　小　括 …………………………………………………………… 295

第3節　日本法との若干の比較検討 …………………………………… 296
第1項　日本法の状況との対比 …………………………………………… 296

第2項　私見的考察…………………………………………… 297
第3項　結　語………………………………………………… 299

結　章　所有権留保論の課題と展望…………………………… 301

第1節　本書全体のまとめ………………………………………… 301
第1項　所有権留保の社会的作用（序章）……………………… 301
1．所有権留保の意義と社会的作用………………………… 301
2．わが国における所有権留保論…………………………… 305
3．小　括……………………………………………………… 306
第2項　留保所有権移転の構造（第1章）……………………… 307
1．留保売主の法的地位……………………………………… 307
2．留保買主の法的地位……………………………………… 308
3．担保目的の所有権留保の対抗要件……………………… 309
4．小　括……………………………………………………… 310
第3項　信用機関（銀行、信販会社）の法的地位（第2章）… 311
1．代位弁済による法定代位を目的とした約款について… 311
2．留保所有権の第三者対抗要件…………………………… 312
3．小　括……………………………………………………… 313
第4項　ドイツ法における留保所有権移転に関する諸問題（第3章）… 313
1．総　説……………………………………………………… 313
2．留保所有権の移転と拡張類型の所有権留保…………… 314
3．留保所有権の譲渡性……………………………………… 315
4．留保買主の倒産における留保所有者の法的地位……… 320
5．所有権留保による与信の構造…………………………… 321
6．小　括……………………………………………………… 322
第2節　所有権留保立法への提言――総括的考察………………… 323
第3節　今後の課題………………………………………………… 324

本項索引……………………………………………………… 327
判例索引（日本）…………………………………………… 329
判例索引（ドイツ）………………………………………… 331

序　章　所有権留保論・序説

第1節　所有権留保の意義と社会的作用

第1項　所有権留保の意義

　所有権留保とは、動産の売買契約を締結し、買主に目的物たる商品が引き渡されても、売買代金の完済までは、売主に売却商品（留保商品）の所有権を留保するという売買契約の附款（特約）である。売主は、代金の完済を所有権移転の停止条件とすることにより、代金全額の支払を受けるまでは、商品の所有権と間接自主占有権を保持する。他方、買主は、代金完済前は留保商品の占有・利用者という地位が与えられるに過ぎず[1]、代金の完済により、停止条件が成就するので、この時点において、初めて所有権を取得する（停止条件付所有権移転：ドイツ民法〔以下、「BGB」と略称する。〕第449条1項）。しかし、代金の完済がない場合には、売買契約は解除され、買主は、留保所有者に留保商品を返還しなければならない（同条2項）。所有権留保に関する規定は、譲渡担保と同様、わが民法には存在しない（割賦第7条に所有権留保のみなし概念規定があるに過ぎない）。

　所有権留保という法律ないし権利関係は、売買契約に基づいているので、

（1）留保買主は、ローマ法のprecarium（容仮占有）やドイツ民法のMiete（使用賃借権）によるのと同様の占有代理人（直接他主占有者）である（拙著『所有権留保の現代的課題』〔成文堂、2006年。以下、『現代的課題』と略称する。〕「第1章 序論」〔2頁以下〕、「第2章 所有権留保の起源」〔7頁以下〕を参照）。
　近時、わが国の裁判例においても、この点が漸く理解され始めている。例えば、名古屋地判平成27年2月17日（金法2028号89頁）は、三者間契約による信販会社の所有権留保の事案において、この類型の所有権留保は譲渡担保と同様の状況であると解し、割賦弁済中における買主の占有権は留保所有者のために善管注意保管義務を負う直接他主占有であると明言している。特に、この裁判例は、三者間契約による所有権留保を譲渡担保と同様に理解しているという点において意義がある。

売主・買主間の相対的な契約関係を基本とする。しかし、近時は、買主の弁済が滞った場合に信販会社が売主に立替払し、あるいは支払を連帯保証する三者間契約類型の所有権留保約款が多数利用されている。

第2項　所有権留保の機能

　所有権留保は、買主に発生することあるべき支払不能に伴う様々な弊害から売主を保護すべき制度であり、この制度によって保護される権利は、売主に留保された所有権（Vorbehaltseigentum）である。この留保された所有権は、売買契約は締結したが、代金の支払前に、買主に商品の直接占有を与え、これを使用させる留保売主に物権者としての法的地位を保証するという法律ないし権利関係である。

　所有権留保制度は、売買目的物の引渡しと代金支払という双務契約における当事者間の同時履行関係（BGB第320条、第433条、日民第533条）を緩和し、代金の一部支払があっただけで、目的物を買主に引き渡し、使用させるという、売主にとって、代金回収の危険はもちろんのこと、留保商品の契約目的に従った使用に関しても危険を伴う制度である。それゆえ、所有権留保は、代金の完済まで商品の所有権を売主に留保し、第一に、売買代金債権の支払を担保・保証するとともに、第二に、買主において、義務不履行があったとき、あるいは、第三者からの財産差押え、倒産など、信用危殆状況が発生したときには、留保売主に解除権を与え、所有権に基づく物権的返還請求権（BGB第985条：返還請求ないし取戻権）を実効あらしめるという目的ないし機能を有する（BGB第449条参照）[2]。特に、後者の原状回復機能は、留保

（2）ドイツにおいても、旧来、即ち、19世紀末から1960年代初頭までは、伝統的に「売買代金債権の担保」という意味が所有権留保に与えられていた。旧来の判例は、「所有権留保の目的は、信用売買の代金によって考えられうる最大限の担保を売主に与えることにある」と論じ（RG, Urt. vom 11. 7. 1882, RGZ 7, S. 147）、また、「所有権留保売買の売主は、質権や譲渡担保によってなしうるよりも強力に、考えられうる限り最も強力な方法において債権を担保する」ものであるという解釈を示していた（BGH, Urt. vom 24. 1. 1961, BGHZ 34, S. 191）。

　しかし、その後、所有権留保は、留保売主が商品を媒介として買主に代金支払に関する信用を与える手段（商品信用取引）という点が意識され、徐々に、代金債権の担保という金融信用取引とは異質なものと理解されていった。その結果、判例は、「所有

買主に一定の信用危殆事由が発生した後は、当該買主の占有正権原の抗弁（BGB 第986条）を排除し、留保売主の所有権に基づく返還請求権（取戻権）を確保するという解釈を制度化したものである。この意味において、ドイツにおいては、譲渡担保に基づく担保所有権と所有権留保に基づく留保所有権は、対比的に考察される。その結果、後述するように、売主・買主という二当事者間取引による所有権留保制度に基づく留保所有権は純然たる担保権ではないものと解されている（抑も、BGB 第449条という規定それ自体、BGB 第2編 債務関係法に規定されている）。

第3項　ファイナンスリースとの比較検討
1．ファイナンスリースの意義と目的

次に、債務者に目的物の自由な使用を許すという法形式を採用し、代金回収の危険と返還請求権を担保するという意味において、所有権留保と類似する法律ないし権利関係として、フルペイアウト方式のファイナンスリースがある。ファイナンスリース契約は、主に第二次世界大戦後、米国において始まり、1960年代以降、先進諸国に導入された契約類型である[3]。

権留保は、留保売主の売買代金債権を担保するものではなく、契約関係解消の場合における留保売主の権利を担保するものである」として、契約解除後の所有権に基づく返還（原状回復）請求権（BGB 第985条）を担保するため、所有権留保約款が利用されるという立場を採るに至った（BGH, Urt. vom 1．7．1970, BGHZ 54, S. 214.）。その後、BGB の現代化に伴う債務法改正に際しても、この判例の立場が堅持され、BGB 第449条2項において、留保売主の返還請求は解除を前提とするものと規定されたのである（『現代的課題』第5章、第6章における判例の変遷とドイツ債務法改正時における議論を参照）。
　そして、更に近時の判例は、二当事者間における所有権留保が商品信用取引であることを再確認し、留保売主には解除による物権的返還請求権が保全されるという意味において、留保買主の倒産手続においては、留保売主には所有権に基づく取戻権を肯定するという判断をしている（BGH, Urt. vom 27．3．2008, BGHZ 176, S. 86）。この意味において、ドイツにおいては、売主が所有権留保を利用して留保した所有権は真正所有権であり、譲渡担保のような真正所有権が担保物権に転化した担保所有権でもなければ、制限物権型の担保物権でもないということに帰着する。そして私見は、まさにここから議論を開始する。
（3）リース（lease）は、1870年代にアメリカ合衆国において先駆的に始められた。リースとは、単純に物の使用賃貸借、用益賃貸借（わが民法の賃貸借〔第601条〕）を意味する。その先駆けは Bell-Telephone Company であった。リースは、同社が1877年に

ファイナンスリース契約とは、リース（賃貸借）の目的物件をその事業活動のために利用しようとする者（以下、「利用者」、「ユーザー」または「リース物件受領者」と称する。）が、リース事業者（リース物件提供者）に対してリースの申込みをし、リース事業者は、目的物の所有者（製造メーカーなど供給者〔サプライヤー〕）から目的物件を買い求めて、これを顧客たる利用者に提供し使用させ、利用者は、その対価として、リース料を支払い、リース事業者は供給者からの買受（立替）費用を回収するとともに、一定の利潤（利息、手数料など）を獲得するという契約類型である[4]。即ち、ファイナンス

その設備を売買のために提供するのみならず、一定の期間の対価として使用収益のために提供を開始したのが最初であり、この1877年は特別な日とされている。そして、他の企業はこの例に従った（例えば、IBMや、Remington-Rand-Company）。ここにおいて、物と結びつけられたリスクが顧客に委ねられたとすると、これまた周知のように、リース契約への最初の接近は、工業投資財の分野における使用賃貸借及び用益賃貸借の経過的拡張をもたらした（Martinek, Moderne Vertragstypen Ⅰ, Leasing und Factoring, 1991, S. 40）。また、製造業者は、第一に、この方法で自社製造物の販売始動を目標として、この新しい契約実務を用いた（Spittler, Leasing für die Praxis, 6. Aufl. 2002, S. 17）。この時代においては、リースに特徴的な三面関係はまだ現れていなかったが、おぼろげながらも、最初からファイナンスの要素が明確に打ち出されていたとされる（Sannwald, Der Finanzierungsleasingvertrag über bewegliche Sachen mit Nichtkaufleuten, 1982 S. 20; Martinek, Moderne Vertragstypen Ⅰ, S. 40）。

　第二次世界大戦の終結後、リース契約は質的変革を遂げた。激しく増大したファイナンスの要求を背景として、リース契約は、ファイナンスの道具として、ますます利用された。この目的のため、リース会社は、利害関係を有する顧客及び製造者との契約関係に入ることに基礎を置いた。今日でも、リース契約を特徴付けているリースに特有な三面関係が次第に現れてきた。ここでも、アメリカ経済は先駆者としての役割を引き受けた。そして、1952年、サンフランシスコにおいて、最初のリース会社、即ち、United States Leasing Corporationが設立されたのである。vgl. Markus Stoffels, Leasing in: J. von Staudingers Kommentar, BGB- Neubearbeitung 2018, Rdn. 1 u. 2., S. 15-16.

（4）ファイナンスリース取引は、大枠では下記の二種類に分類される。
　1．所有権移転ファイナンスリース
　　　中途解約不能特約付のフルペイアウト方式リース取引で、リース契約上の諸条件に照らしてリース物件の所有権をユーザーに移転すると認められるリース取引をいう。「購入選択権付リース」、「譲渡条件付リース」などの契約がこれにあたる。
　2．所有権移転外ファイナンスリース
　　　中途解約不能特約付のフルペイアウト方式リース取引で、「所有権移転ファイナンスリース」に該当しない場合でも、下記の条件に該当するリース取引をいう。

リースは、設備資金を有しない事業主たる利用者が、自己の欲する設備の購入代価をリース事業者に立替払してもらい、この立替代金を分割払いで弁済していくという手法の与信を用いた契約である。それゆえ、ファイナンスリース契約における目的物の対価の支払と使用・収益関係は、ある種の設備購入を欲するが、その資金の不足する事業主に対して、設備の所有者が分割払いで売却し、その使用・収益を購入者に委ねつつ、割賦払いで代金を回収する所有権留保特約付売買と類似している。この購入者が設備の使用・収益（使用利益）を欲するだけで、所有権の取得を欲しない場合には、ファイナンスリースで十分その目的を達成することができる。

2．ファイナンスリースの種類

ファイナンスリースには動産リースと不動産リースがあり、動産リースの中では、機械設備・備品、自動車販売に基づくリースがある。ここでは、自動車リースの盛んなドイツの状況について概観する[5]。

まず、個人の顧客向け自動車リースとして、ゼロリースがある。金利をほぼゼロとするので、ゼロ金利リースとも称される。ゼロリースにおいて、リース物件提供者は、個人の顧客に対し、大抵は2年ないし3年という一定の期間、売買代金の30から40パーセントという金額での支払や、月々の分割リ

　　リース料総額の現在価値　≧　見積現金購入価格の概ね90％　であるもの
　　解約不能リース期間　≧　経済的耐用年数の概ね75％　であるもの
　　この点に関しては、住友三井オートサービス（株）「新リース会計基準」の公表と「リース税制」の改訂（https://www.smauto.co.jp/useful/revision/index.html）を参照。
（5）ドイツにおいては、自動車リースの市場占有率が顕著であり、2000年度水準において、自動車の新車登録総台数に関するリースの市場占有率は29パーセント、価格に関するリース占有率はドイツ経済の全自動車投資に対して53パーセントに達した（ifo Schnelldienst Nr.24/2001）。また、2015年度水準においては、新車登録総台数に関するリースの市場占有率は38.6パーセントとなり、価格に関するリース占有率は、全自動車投資に対して74.5パーセントに達している（「リースは設備投資よりも力強く発展している」（記事）ifo Schnelldienst Nr.23/ 2016 -69. Jahrgang-,52頁以下掲載の55頁を参照）。リースは、自動車投資の場合において好ましい調達類型となっており、個人の顧客においても、自動車を取得するためのファイナンス類型より、リースのほうが大変人気があるとされる。この紹介に関しては、Staudinger/Stoffels, Leasing, a.a.O.(Fußn. 3), Rdn.33, S. 27を参照（2000年度水準に関しては、同・2004年版 Rdn.33を参照）。

ース料（die Leasingraten）と引換えに新車を売り渡す[6]。場合によっては、リース物件受領者が前から有する中古自動車を代物給付することにより、合意した特別な支払を提供する権利をリース物件受領者に与えることもある。更に、顧客は、契約期間の経過後、予め確定された金額で自動車を取得することができる旨を合意する。この金額は、自動車の残存価額に相当するが、大抵は、顧客のために正当かつ有利に計算される。「ゼロリース（Null-Leasing）」たる表示は、顧客が弁済すべき支払の総額が契約の際に確定した金額を超えないという事情から明らかとなる。例えば、顧客が自己の支払債務を几帳面に履行すると、その顧客には特別なリース金利は考慮されない。

　ゼロリースというファイナンス手段の法的性格は確定されていない。BGH は、競争法上の許容性について述べているに過ぎない[7]。学説には、使用賃貸借売買を起点とする見解や[8]、売買を起点とする見解がある[9]。自動車製造会社が子会社たる自動車リース会社を作り、販売促進を目的として、個人の顧客を開拓するために相当のサービスを提供する契約類型であり、また、場合によっては、顧客に買取りの選択もさせる契約類型であることを顧慮すると、売買を起点とするファイナンスリースと考えてよいであろう。

（6）例えば、わが国でも行われている BMW のオープンエンド・リースの場合には、顧客が残存価額を決め、その他の部分を月々の割賦弁済で支払うこととし、月々のリース料（登録諸費用、税金、自賠責保険料を含む）の支払のみで新車を供給され、期間満了時に返却するか、再リースするか、買い取りするかなどを選択することができる。同様に、クローズドエンド・リースの場合には、3年から5年の範囲内で、月々のリース料の支払のみで新車を供給され、期間満了時に返却する。この点に関しては、https://www.bmw.co.jp/ja/topics/service-and-accessory/ financial-services/loanlease.html を参照。

　また、わが国のオートリース会社の例を見ても、残存価額を清算するオープン・エンド契約とこれを清算しないクローズド・エンド契約があり、同様の内容となっている。但し、後者でも、①走行距離の超過清算（1km 当り15円）、②傷、へこみ、錆などの原状回復費用、③顧客の故意・過失による修理費用、④事故・塩害・悪臭による減価損害の賠償義務の特約がある。この点に関しては、https://www.oal-net.co.jp/businessguide/autoleasing/ の各項目を参照。

（7）BGH, Urt. vom 6. 11. 1986, - I ZR 208/84, BGHZ 99, S. 69= NJW 1987, S. 956.
（8）MünchKomm/Koch, Bd. 3 Leasing, 7. Aufl. 2016, Rdn. 15
（9）Paschke, BB 1987, S. 1195

次に、走行距離清算契約（Kilometer-Aufrechnungsvertrag）がある。この契約は、大抵２年から３年の期間、全走行性能（Gasamtfahrleistung）を設定する（例えば10万キロメートルなど）。この契約類型においては、契約期間満了後、自動車はリース物件提供者へと返還され、通常は、契約終了後、リース物件受領者に自動車を取得する権利は与えられないとされる[10]。この場合には、契約終了の際に、実際に走った距離が約定された期間給付と対比される[11]。リース物件受領者が契約によって合意された期間給付を僅かしか超過していない（双方における許容限度は、通常、1000キロメートルから2500キロメートルである。）旨を立証したときには、リース物件受領者は、契約の詳細な基準に従い、超過給付の清算義務を負う。反対の場合には、リース物件受領者に返金される。走行距離清算契約の根底にある清算方法により、計算された残存価額の定めや実際の残存価額の査定は不要とされる。

　リース自動車の滅失、損傷、その他の利用上の損害のリスクは、リース物件受領者の負担とされる。走行距離清算契約の場合におけるリース物件や価格リスクの転嫁は、完全な滅失の場合には、リース物件受領者に短期の告知権が与えられるという前提の下で、BGH によって認められている[12]。

　走行距離清算契約における減価清算に関する約款条項は、リース物件受領者は、通常の保存状態、即ち、自動車が整備済みであり、かつ、安全に運行しうる状態でリース物件提供者に返還すべき義務を負うと規定する[13]。この場合には、通常の損耗・消耗痕はリース物件提供者が甘受すべきものとさ

---

(10) Zahn/Bahmann, Kfz-Leasingvertrag, Rdn. 110.
(11) Vgl. Müller-Sarnowski, Ungereimtheiten bei der Beendigung von Kilometerleasingverträgen, DAR 2004, S. 368ff.
(12) Vgl. BGH, Urt. vom 15. 10. 1986 -VIII ZR 319/85, NJW 1987, S. 377, 378; Prasse/Steinbach, Tücken des KfZ-Leasing, SVR 2011, S. 161.
(13) 走行距離清算契約における減価清算に関する約款条項は、以下の典型的な文言を有する。即ち、「２．返還の際に、自動車は、年数と走行性能に応じた保存状態、即ち、傷のないこと、走行可能であり、故障のない状態でなければならない。通常の損耗は、損害とみなさない。返還の際に、その状態に関して、共通の記録を調整し、契約の両当事者、または、その代理人が署名する。
　　３．自動車を返還する際には、契約締結の際に合意したリース期間の経過後は、以下の規定を適用する。：自動車が、第２号１文による状態に適合していないときには、リース物件受領者は、相応の損害を賠償すべき義務を負う。」

れる。それはリース物件受領者の割賦弁済によって既に弁済されているからである[14]。しかし、リース物件提供者は、それを超える瑕疵（傷や性能不良）につき、リース自動車に関する減価の清算請求権、または不可欠な修補請求権を有する[15]。BGH は、走行距離清算契約における減価清算に関する約款条項の有効性を認めている[16]。

残存価額清算を適用するリース物件提供者は、確認された瑕疵が通常の損耗に基づくのか、また、過度の利用による損耗に基づくのかを詳細に主張し、立証しなければならない[17]。減価清算の査定には、リース物件提供者が内部で予め計算した残存価額も、また、契約期間の満了後に手に入れた換価金も基準にはならない[18]。

リース自動車を返還する際に、自動車が契約に適した状態にあるときには、自動車を換価することは、リース物件提供者だけの職務である。内部で

---

(14) von Westpharen, Leasingvertrag Kap M Rdn. 4 f.
(15) Vgl. Zahn/Bahmann, Kfz-Leasingvertrag, Rdn. 115; Reinking, Verwertungserlös und Zustand des Leasingfahrzeugs am Vertragsende, NZV 1997, S. 1, 8; Dötsch, Darlegungs- und Beweislast für Schäden durch „übermäßigen" Gebrauch bei Rückgabe des Leasingguts, DAR 2010, S. 551, 552f.; Strauss, Minderwertausgleich beim Kilometerleasing, SVR 2015, S. 255.
(16) BGH, Urt. vom 17. 7. 2013 - VIII ZR 334/12, NJW 2014, S. 1171.
　判旨第 1 点「リース物件受領者は、走行距離清算特約付のリース契約におけるリース物件提供者の減価清算請求権に対し、損害法上の抗弁をもって対抗することはできない（die Senatsurteile vom 24. 4. 2013 - VIII ZR 265/12, NJW 2013, S. 1420; vom 14. 11. 2012 - VIII ZR 22/12, DAR 2013, S. 143に倣う）。」
　判旨第 2 点「リース物件提供者が、定型書式化した走行距離清算特約付のリース契約において、リース物件受領者が、年数に応じた保存状態と契約どおりの走行性能に応じた保存状態で、即ち、損傷がなく、整備されており安全な状態でリース自動車を返還しないときには、リース物件受領者に減価清算義務を負わせるという条項の有効性は、この条項がリース物件受領者に追完権を認めず、BGB 第281条 1 項 1 文（履行に代わる損害賠償）を類推適用し、減価清算義務が、このために効果のなかった期間の定めに依存しないということでは頓挫しない。」
(17) OLG Frankfurt, Urt. vom 24. 8. 2012 - 17U 242/11, BeckRS 2012, 19186; OLG Frankfurt, Urt. vom 6. 2. 2014 - 17 U 232/11, NJW-RR 2014, S. 742; Martinek/Wimmer-Leonhardt, in: Martinek/Stoffels/Wimmer-Leonhardt, Leasinghandbuch § 55 Rdn. 6.
(18) BGH, Urt. vom 24. 4. 2013 - VIII ZR 265/12, NJW 2013, S. 2420, 2421; BGH, Urt. vom 17. 7. 2013 - VIII ZR 334/12, NJW 2014, S. 1171, 1172.

計算された中古自動車に関する売却代金が達成されないリスク（残存価額リスク）は、設定と一致するリースの場合とは異なり、リース物件提供者の側にある。残存価額の計算は、予め、事実上達成すべき売得金に基づいているので、この代金は達成されないこともある。また、計算された残存価額の実現を確保する旨の、リース会社がその供給者と引揚合意を締結しているという事情が現れる[19]。

走行距離清算契約を用いた自動車リースの場合において、リース物件受領者には原則として買取り権がないとされるときには、ゼロリースの場合とは異なり、売買を起点とすることできないのかは明らかではない。しかし、ファイナンス機能のあることは明らかであるから、いずれにせよ、ファイナンスリースの一類型として把握すればよい。

更に、借戻し権付き売買（Sale-and-leaseback）という契約類型がある。これは、リース物件受領者となる企業が自己の所有に属する（新規取得・既存所有物を問わない）自動車など保有資産をリース事業者へ売却すると同時に、リース事業者から借り戻すという契約である。この契約により、リース事業者がリース物件提供者となる。一見すると、譲渡担保のようにも思われるが、リース物件提供者たる譲受人は、このようなリース契約によって、すべての費用を償却するという目的を有するので、ファイナンスリースの一類型とされる。この観点から、BGH は、借戻し付き売買としての法律行為の形成は、リース物件提供者にも、リース物件受領者にも、通常のファイナンスリースとは別の法的地位をもたらさないと言う[20]。

借り戻し権付売買と所有権留保との関係について、所有権留保の買主に与えられた通常の営業の範囲内における転売権に借り戻し権付売買が含まれるかという問題がある。この問題について、BGH は、借り戻し権付売買と譲渡担保権や質権の設定との類似性に着目し、新たな金融信用の成立によって留保売主の被保全利益が侵害されるという理由から、借り戻し権付売買は転売授権の範囲には含まれないとした[21]。

---

[19] Vgl. Staudinger/ Stoffels, Leasing, a.a.O. (Fußn. 3), Rdn.37.
[20] BGH, Urt. vom 29. 11. 1989 - VIII ZR 323/88, BGHZ 109, S. 250= NJW 1990, S. 829, 831.

3．約款内容の類似性

　所有権留保の意義・目的を代金債権の担保と解すると、ファイナンスリースと所有権留保とは、契約類型や経済的目的という点において類似する契約ないし制度となる。また、リースという法形式に着目すると、所有権留保は、留保売主が代金の完済を停止条件として留保買主に所有権を移転するという売買契約の附款であり、賦払金の弁済中は、留保買主の地位は、留保売主から目的物件の使用を許された使用賃借人（Mieter）にほかならないので[22]、この点においてもまた類似性がある。その結果、所有権留保約款とファイナンスリース約款の内容は、かなり類似している[23]。

---

(21) BGH, Urt. vom 30. 3. 1988 - VIII ZR 340/86, BGHZ 104, S. 129= NJW 1988, S. 1774, 1775.（延長された所有権留保の事案）。

　　判決理由 Rdn.20「発生しうべき留保商品の転譲渡の場合には、留保売主に対し予め譲渡された留保商品に代わる売買代金債権は、経済的には、一信用売買の際に一売得金とみなされる。この場合には、留保売主の商品信用は、経済的には侵害されず、転売の際に起こりうべき仕入価格よりも値段が上がることによって、留保買主の利益となり、なおも強力である。これに対して、譲渡担保や質入れの場合には、これが現に存する債務のためになされると、留保商品の所有権は、代償なくして失われるか、代償なくして質権の目的となる。譲渡担保または質入れが新たな信用の受入れと結びついて実現されると、失われたか、または質権の目的となった留保所有権の代わりに、通常は留保物件の価額に満たない消費貸借額が発生する。更に、留保買主は、消費貸借に基づく債務によって負担を負っている。危機事案において、留保買主に対する債権を実現できるという留保売主のリスクは、この留保買主の更なる債権者の出現によって高くなり、商品信用の価値は縮減し、あるいは空洞化する（vgl. Rolf Serick, Eigentumsvorbehalt und Sicherungsübertragung, Bd. I 1963, S. 156)。このように、正当な留保売主の被保全利益を侵害することになるので、現に存する債務を担保するため、あるいは新たな信用を獲得するためにする留保商品の譲渡担保または質入れは、通常の営業の範囲における処分にはならない（BGH, Urt. vom 23. 11. 1966 - VIII ZR 177/64 = WM 1966, S. 1327, 1328 unter UU 1 a. E.; Serick, a.a.O; Graf Lambsdorff, Handbuch des Eigentumsvorbehalts, Rdn. 188; Palandt/Heinrichs, BGB, 47. Aufl. 1988, §185 Anm. 2 a)。」このような理由から、同様に、借り戻し権付売買も通常の営業の範囲における処分とは認められない。

(22) この観点は、ローマ法から普通法時代、BGB の起草段階、その後の判例・通説の解釈、そして、BGB 現代化法に至るまで、ドイツにおける通説的見解として存在しており、わが国の解釈においても、この解釈を無視して通ることは許されないであろう。この点については、拙著『現代的課題』「第1部　所有権留保制度の史的考察」を参照されたい。

(23) リース標準契約書は、公益社団法人リース事業協会『リース標準契約書の解説』（1997年）47頁以下、同協会のホームページ内の「主なリース契約条項」http://www.

ファイナンスリース契約においては、①リース物件の点検・整備、修繕・修復義務が利用者にある、②リース料の不払は即時無催告解除となる、③リース事業者は解除後におけるリース物件の引揚権を有する、④中途解除の場合には、利用者は未払リース料及び規定損害金（残リース料相当額）の支払義務を負う、⑤リース事業者は瑕疵担保責任を負わない、という契約条項が用いられている。また、解除原因としては、通常、利用者の履行遅滞のほか、利用者の民事再生、会社更生、破産手続の開始申立て（倒産解除条項）、その他信用危機状況に至ったこと、が挙げられている。

この内容を所有権留保約款と比較すると、①目的物件のメインテナンス費用の負担、②割賦払金の不払による即時無催告解除、③倒産（民再、会更、破産）手続開始申立て、ならびに、他の信用危殆状況を停止条件とする解除条項と物件引揚権、⑤担保責任免除など、主要部分には共通点が多い。そして、所有権留保期間中は、二当事者間所有権留保の留保売主に完全所有権があるとすれば、ファイナンスリース事業者の地位と同じことに帰着する。

4．金融与信行為たるファイナンスリースの会計処理

ところが、わが国の判例・多数説が留保所有者の所有権を純然たる担保権と解し、留保買主の地位を実質的所有者として扱ってきたことの影響があるかは定かではないが、近時、会計処理上は、ファイナンスリースの利用者を「実質的所有者」として扱うことに決している[24]。即ち、企業会計基準委員

---

leasing.or.jp/ に掲載されている。内容は2018年4月現在も変わっていない。
　リース標準契約書は、1988年3月にリース事業協会の法務委員会から公表されたものである。その前提として、ファイナンスリース契約の要素が検討され、①リース業者はユーザーが選択した物件をサプライヤーから購入し、ユーザーの使用を認めること（第1条）、②リース物件の所有権は終始リース業者にあること（第7条〔標識〕、第8条〔所有権侵害行為の禁止〕）、③設定されたリース期間中に、物件の購入代価、金利・諸費用・手数料等の概ね全部をユーザーから回収すること（第4条、第5条）、④リース期間中、ユーザーからの中途解約権はないこと（第1条後段）、⑤リース物件に関する修繕及保守義務はユーザーが負担すること（第3条）、⑥リース業者は、リース物件に関する危険負担、瑕疵担保責任、リース業者の責めに帰することのできない事由による物件の引渡責任を負わないこと（第15条、第17条）、の6項目については、必ず標準約款に反映させることとされた。この点については、阿部泰三「リース取引の実態と法的性質」金法1597号（2000年）6頁（7－8頁）参照。

会が平成19年3月30日に改正した「企業会計基準第13号リース取引に関する会計基準」[25]の「ファイナンス・リース取引の会計処理」によると、「ファイナンス・リース取引については、通常の売買取引に係る方法に準じて会計処理を行う」(リース会計基準第9項)とされた。この基準により、所謂「オペレーティングリース」以外のファイナンスリースについては、リース物件を借手(利用者)の所有物ないしこれに準じた取扱いをすることとされたので、「借手は、リース取引開始日に、通常の売買取引に係る方法に準じた会計処理により、リース物件とこれに係る債務をリース資産及びリース債務として計上する」(同第10項)こととなった[26]。

　なぜ、このような取扱いになったのかという理由について述べる。

　まず、第一に、解約不能のリース取引に関しては、法形式上は解約可能であるとしても、解約に際し、相当の違約金(規定損害金)を支払わなければならない等の理由から、事実上解約不能と認められるリース取引を解約不能のリース取引に準ずるリース取引として扱うこととしたからである(リース会計基準第36項)。

　また、第二に、リース契約上の条件により、このような取引に該当するものとして、まず、解約時に、未経過のリース期間に係るリース料の概ね全額を規定損害金として支払うこととされるリース取引があり、また、解約時に、未経過のリース期間に係るリース料から、借手(利用者)の負担に帰属

---

(24) 会計基準等に基づくリース取引に関する会計処理に関しては、後掲する最判平成20年12月16日における田原睦夫判事の補足意見も比較的詳細に論じており、同基準によると、ファイナンスリースを売買取引に準じて扱う関係上、利用者が「実質的所有者」として扱われ、リース事業者の「所有権」を前提とする倒産解除条項・物件引揚権を否定する根拠としている。

(25) 企業会計基準委員会「企業会計基準第13号リース取引に関する会計基準(平成19年3月30日改正)」(https:// www.asb.or.jp/asb/asb_j/documents/docs/Lease_55/Lease_55.pdf. 以下、「リース会計基準」と略称する)。

(26) 「リース会計基準」2-3頁を参照。この会計基準は、原則として、「本会計基準は、平成20年4月1日以後開始する連結会計年度及び事業年度から適用する」こととされている(リース会計基準第23項)。また、この「リース会計基準」の適用に関する注意事項をまとめたものとして、企業会計基準委員会「企業会計基準適用指針第16号リース取引に関する会計基準の適用指針(平成19年3月30日改正)」(https:// www.asb.or.jp/asb/asb_j/documents/docs/Lease_55/Lease_55_2.pdf)がある(以下、「リース会計基準適用指針」と略称する。)。

しない未経過のリース期間に係る利息等として、一定の算式により算出した額を差し引いたものの概ね全額を規定損害金として支払うこととされるリース取引がある。これら取引においては、利用者が「リース物件からもたらされる経済的利益を実質的に享受する」、即ち、当該リース物件について、利用者が自分で所有する場合に得られるものと期待されるほとんど全ての経済的利益を享受する。また、利用者が「リース物件の使用に伴って生じるコストを実質的に負担する」、即ち、当該リース物件の取得価額相当額、維持管理等の費用、陳腐化によるリスク等のほとんどすべてのコストを負担する（リース会計基準第36項）。以上のように、これらの取引によって、利用者の利用利益の享受は、自己所有物の場合と何ら変わりがないので、利用者を実質的所有者として会計処理を行うことに決したのである[27]。

　それでは、会計処理上は「貸手」と称されるリース事業者の会計処理はどのようになされるべきものとされたのだろうか。

　所有権移転ファイナンス・リース取引の場合には、貸手は、借手からのリース料と割安購入選択権の行使価額で回収する。しかし、所有権移転外ファイナンス・リース取引の場合には、リース料と見積残存価額の価値によって回収を図るという点において差異がある。この点から、この両者の差異を踏まえ、所有権移転ファイナンス・リース取引で生ずる資産はリース債権に計上し、所有権移転外ファイナンス・リース取引で生ずる資産はリース投資資産として計上することとして、この場合におけるリース投資資産は、将来のリース料を収受する権利と見積残存価額から構成される複合的な資産であるとされる（リース会計基準第40項）。その結果、リース料債権は金融商品と考えられ、また、リース投資資産のうち、将来のリース料を収受する権利に係る部分については、金融商品的な性格を有すると考えられることから、これらについては、貸倒見積高の算定などにおいて、企業会計基準第10号「金融商品に関する会計基準」の定めに従うこととされた（同第41項）[28]。

---

(27) この解説については、「リース会計基準適用指針」4－5頁の第6項及び第7項を参照。
(28) 貸手側の会計処理に関する詳細は、「リース会計基準適用指針」13頁の第51項以下に説明されている。

このように、フルペイアウト方式のファイナンスリースは、会計処理上は、リース物件の利用者が所有者と同様の利用利益を享受するとともに、利用に伴う費用を負担するという理由から、リース物件が利用者の所有物とほとんど変わらないという処理がなされ、リース事業者は完全に金融信用事業者とされたのである。

5．リース事業者と留保売主との比較

このようなリース事業者の地位を顧慮すると、留保売主もまた、金融事業者とされてしまうのであろうか。しかし、所有権留保が、すべてこのような金融取引であると断定するのは早計である。後述するように、所有権留保特約付売買、特に、売主と買主との間における単純類型の所有権留保（二当事者間所有権留保）は、留保売主の先給付取引という意味において、「商品信用（Warenkredit）」であり、「金融信用（Geldkredit）」ではないからである（商品信用と金融信用の意義・効果については、特に本書第3章を参照）。

但し、売主と買主との間に銀行や信販会社などの金融機関が介入し、これら金融機関が売主に立替払し、留保所有権を譲り受けたような場合には、金融機関の留保所有権は融資金の回収を目的とするものにほかならず、恰も、目的物に譲渡担保権の設定を受けた担保権者の地位と同様の地位を取得するに過ぎない。この場合には、留保所有者は金融信用の与信者となるので、ファイナンスリースのリース事業者と同様の地位に立つと言うことができる。特に、ファイナンスリースのリース料債権は目的物の代価、利息・手数料で構成され、現実には、これは使用の対価ではなく、上記合計額の分割支払という期限の利益を与えられているに過ぎないので、この点において、信販会社の有するローン債権と同じである。

6．ファイナンスリースと倒産手続

（1）リース料支払の履行遅滞に基づく解除の可否

（ア）弁済禁止の保全処分前（通常の遅滞）

履行遅滞とは、債務者が履行期に債務の本旨に従った履行をしないことをいう（民法第412条、第415条）。履行遅滞の要件として、通常、①履行が可能

なこと、②履行期を経過したこと、③債務者に帰責事由があること、④履行しないことが違法であること、の四要件が掲げられる[29]。この要件のうち、債務者の責めに帰すべき事由（帰責事由）は、故意・過失という通常の要件以外に、信義則上、故意・過失と同視しうべき事由の存在でも足りる。「同視しうべき事由」を含むという点において、厳格な過失責任主義が緩和されている。この意味において、責めに帰すべき事由は、故意・過失よりも広い概念となる[30]。また、双務契約の場合には、自己の債務の提供（弁済の提供）をしないと、相手方を遅滞に陥らせることができない（第492条）。なぜなら、双務契約の当事者にはそれぞれ同時履行の抗弁権（第533条）という遅延正当化事由があるからである。この意味において、弁済禁止保全処分は、帰責性阻却事由として位置づけられよう[31]。

　ファイナンスリースの場合には、リース事業者は先履行的に利用者にリース物件を使用させているので、弁済の提供という要件については何ら問題はない。この場合において、利用者がリース料の支払を遅滞しても、その後、倒産手続の開始が申し立てられ、弁済禁止の保全処分（民再第30条6項、破産第28条6項）がなされると、弁済期を経過したリース料の遅滞を理由とする契約解除はできなくなるのかが問題となる。この問題について、判例は、民事再生手続開始申立ての事案において、倒産解除条項を無効と解し、解除は許されないと判示した[32]。

　平成20年最判は、弁済禁止保全処分の事案ではないが、同判決における田原睦夫判事の補足意見は、最判平成57年3月30日を引用しつつ、「再生債務者が、民事再生手続開始の申立てとともに弁済禁止の保全処分の申立てをし、その決定を得た場合、再生債務者は、その保全処分の効果として、リース料金についても弁済をなすことが禁じられ、その反射的効果として、リース業者も、弁済禁止の保全処分によって支払を禁じられた民事再生手続開始

---

(29) 我妻榮『新訂債権総論』（岩波書店、新訂10刷、1972年）102頁、奥田昌道『債権総論』（悠々社、増補版、1992年）130頁以下など。
(30) 我妻『新訂債権』105頁。
(31) 伊藤眞『破産法・民事再生法』（有斐閣、第3版、2014年。以下、『破産・民事再生』と略称する）142頁（註171）参照。
(32) 最判平成20年12月16日民集62巻10号2561頁。

の申立て以後のリース料金の不払を理由として、リース契約を解除することが禁止されるに至るものというべきである」と述べている[33]。それゆえ、最高裁は、弁済禁止保全処分の前に債務者が付遅滞の状況に陥っていたとしても、弁済禁止保全処分が発令されることにより、もはや解除は許されないという見解を採用したと言うことができる。

　しかし、この点に関して、有力説は、倒産手続の開始申立てによる期限の利益喪失を認める以上、同日に弁済禁止保全処分が発令される場合を除き、解除権の発生を否定することができるかどうかは疑問であると述べている[34]。もっとも、弁済禁止保全処分の前に、債務者に信用危殆事由が発生したことにより、債務者は既に期限の利益を失っていると認めることは否定しえない。そうであるにもかかわらず、判例のように、付遅滞の効果たる解除権を否定するという解釈は、既に発生している解除権を保全処分の発令によって封じ込めることとなり、論理構成において矛盾があるように思われる。この点に関して、実務家による有力説は、端的に、この場合における解除は許されるべきものと解している[35]。

(イ) 弁済禁止の保全処分後

　次に、弁済禁止保全処分がなされた後に弁済期が到来するリース料債権については、弁済期が到来したことを理由として、履行遅滞に基づく履行の催告ならびに相当期間の経過による解除（民法第543条）を主張することは許されるであろうか。

　保全処分は、倒産手続の開始申立て後、利害関係人の申立てにより、または裁判所の職権で、裁判所が、倒産手続開始の申立てについて決定があるまでの間、倒産債務者の業務及び財産に関し、仮差押え、仮処分その他の必要な保全処分を命ずることができるという手続である（民再第30条1項、破産第28条1項）。弁済禁止保全処分として、裁判所が倒産債務者に対し、倒産債権者に弁済その他の債務を消滅させる行為をすることを禁止する保全処分

---

(33) 最高民集62巻10号2567-2568頁。
(34) 伊藤眞『破産・民事再生』142頁（註171）参照。
(35) 小笠原浄二「リース契約における民事再生手続開始の申立てを解除事由とする特約は無効とする新判例」金法1862号（2009年）6頁参照。

を命じた場合において、倒産債権者が、弁済等の行為当時、この保全処分のされたことを知っていたときには、倒産手続の関係においては、当該保全処分に反してされた弁済その他の債務を消滅させる行為の効力を主張することができない（民再第30条6項、破産第28条6項）。

　このような弁済禁止保全処分の申立人は「利害関係人」とされているだけであり、債務者を除外していないので、現実には、債務者が申し立てることが多い(36)。そして、申立人が誰であろうと、裁判所が弁済禁止保全処分を発令すると、債務者の任意弁済は禁止される。しかし、債権者の取立権能を奪う手続ではないので、給付訴訟の提起が許され、強制執行も妨げられないと解されている(37)。この意味において、担保権の実行も許されるであろう。

　それでは、契約解除はどうであろうか。この場合における解除は、履行遅滞を理由とするので、債務者の帰責事由による履行遅滞の成立を前提とする。しかし、弁済禁止保全処分によって債務者の弁済等は禁止されており、その後に弁済期が経過した場合には、弁済しないことについて債務者に帰責事由がないので、履行遅滞は成立しないものと解される。この解釈からは、そもそも履行遅滞が成立しないので、履行遅滞に基づく解除をすることはできないという結論となる(38)。

　しかしまた他方、解除・引揚条項を担保権の実行それ自体または担保権実行の前段階の行為と解する立場に立てば、解除は許されるのではないかという見解もありうる。なぜなら、担保物権（特別先取特権、質権、抵当権）は倒産手続において別除権とされ、当該担保権は倒産手続によらずに行使するこ

---

(36) 伊藤眞『破産・民事再生』141頁参照。伊藤教授は、「この保全処分の名宛人は債務者であり、債権者が申立人になることが多いと想定される。しかし、実際には、債務者自身がこの保全処分の発令を申し立て、債権者に対する弁済を拒絶する手段として使われることがほとんどである。」と述べている。
(37) 弁済禁止保全処分の発令後における債権者の取立権能について、伊藤眞『破産・民事再生』141頁は、「通説・判例」と解している。判例としては、会社整理に関する最判昭和37年3月23日民集16巻3号607頁があり、下級審裁判例としては、旧和議法に関する東京高決昭和59年3月27日判時1117号142頁がある。
(38) 巻之内茂「ユーザーの民事再生申立てとリース契約の解除・継続についての法的考察」金法1597号（2000年）27頁。巻之内弁護士は、この解釈は、所有権留保販売契約の買主が会社更生手続開始の申立てをした事案に関する最三小判昭和57年3月30日（民集36巻3号484頁）によって確定されているという。

とができるので（民再第53条2項、破産第65条1項）、倒産手続が開始されたからといって、当該担保権の行使は何ら禁止されるいわれはないからである[39]。リース事業者はリース物件の所有権を有しており、ファイナンスリースは、この所有権を利用した担保もしくは所有権に設定された利用権を利用した担保と解するのであれば、解除・引揚条項は、担保権の実行と解されるので、このような結論が論理必然に導かれるのである。

しかし、平成20年最判の原審（東京高判平成19年3月14日）は、「民事再生法は、中止命令の制度（第31条）や担保権消滅許可の制度（第148条）を設け、事業に必要な物件等については、担保権の行使についてもこれを制約することを認めており、本件特約による解除が実質担保権の行使であるとしても、それが無制約に行使できるとなると、やはり民事再生法の趣旨、目的を害する」として、担保権の実行に伴う解除・引揚権も否定している[40]。

結局、民事再生手続の場合には、その開始申立て後は、担保権の実行手続の中止命令が法律上予定されているので（民再第31条）、解除を含めて担保権の実行さえ奏功しない場合もありうる。このような意味において、「無用な紛議防止の観点から、リース契約の解除はしないようにするのが無難であろう」[41]という見解も寄せられている。

（2）利用者の信用危機状況の発生に基づく解除・引揚請求の可否

次に、判例法上、リース事業者は、利用者との間において締結していた倒産解除特約について無効という扱いを受け[42]、リース料債権も共益債権たることを否定されている（倒産手続内における優先権の否定）[43]。もっとも、

---

[39] 井田宏「民事再生手続におけるリース料債権の取扱い」判タ1102号（2002年）4頁（5-6頁）。

[40] 最（三小）判平成20年12月16日民集62巻10号2561頁（2600頁）。

[41] 小笠原「前掲論文」金法1862号7頁。

[42] 最判平成20年12月16日民集62巻10号2561頁：「本件リース契約は、いわゆるフルペイアウト方式のファイナンス・リース契約であり、本件特約に定める解除事由には民事再生手続開始の申立てがあったことも含まれるというのであるが、少なくとも、本件特約のうち、民事再生手続開始の申立てがあったことを解除事由とする部分は、民事再生手続の趣旨、目的に反するものとして無効と解するのが相当である。」

[43] 最判平成7年4月14日民集49巻4号1063頁：会社更生法第103条（双方未履行双務契

所有権留保と会社更生手続の事案においても、倒産解除特約を無効とした判例があるので[44]、この点に関しては、留保所有者とリース事業者は同類として扱われていると言うことができる。

　然るに、通説的見解によると、リース事業者は、契約における義務を全て先履行していることから、リース契約の双方未履行双務契約性を否定するという判例・学説の考え方によっても、リース事業者の担保権を否定するものではないので、リース事業者には別除権が与えられ、担保権の実行として目的物を取り戻し、残リース料との清算が許され（破産第65条1項、第185条1項）、なおも残リース料債権があれば、破産債権として行使することができるものと解されている[45]。

　また、有力説によると、倒産手続においては、利用者の信用危機発生を条件とする解除・引揚条項を有効と解している[46]。その理由は、会社更生手続においては、①留保売主は更生担保権者として処遇され、更生計画においてしか弁済を受けることができないこと、②そのため、更生手続開始に至るまでの経過で必ず生ずる事実を解除原因とする契約解除と、これに続く物件の取戻を有効としてしまうと、他の債権者との公平性をあまりにも害する結果となること、③判例（最判昭和57年3月30日）もこのような事情を考慮しつつ、更生申立解除特約の効力を否定したものと思われること、を掲げ、会社更生手続では利用者の信用危機発生に基づく解除・引揚条項を無効とされたが、④倒産手続においては、担保権を別除権とし、元々、手続外での権利行使を認めているのであるから、倒産手続開始の申立てを原因とする契約解

約：現行第61条）1項の規定は、双務契約の当事者間で相互に牽連関係に立つ双方の債務の履行がいずれも完了していない場合に関するものであって、いわゆるフルペイアウト方式によるファイナンス・リース契約において、リース物件の引渡しをしたリース業者は、ユーザーに対してリース料の支払債務と牽連関係に立つ未履行債務を負担していないというべきであるから、右規定は適用されず、結局、未払のリース料債権が同法208条7号（現行第127条）に規定する共益債権であるということはできず、他に右債権を共益債権とすべき事由もない。

(44) 最判昭和57年3月30日民集36巻3号484頁：留保買主たる会社に更生手続開始の申立ての原因となるべき事実が生じたことを売買契約の解除事由とする旨の特約は無効である。
(45) 伊藤眞『破産・民事再生』373頁。
(46) 巻之内「前掲論文」金法1597号27頁以下。

除と、これに続く物件の引揚げを認めても、他の債権者との公平性を害することはないからであると主張する[47]。

このように、留保所有権を純然たる担保権と解する見解を採ると、ますます、ファイナンスリースとの共通項を見いだすことができる。

7．小　括——所有権留保とファイナンスリースの共通点と相違点

所有権留保とファイナンスリースについて、留保売主の与信行為を商品信用と解し、リース事業者の与信行為を金融信用と解する場合には、法的に見れば、両者は本質的に異なる概念である。しかし、契約類型及び機能という点において、両者には類似性・共通性がある。また、両者ともに信用担保取引たる金融信用という面を強調する立場からは、留保所有権とリース所有権の法律ないし権利関係は同様のものとして扱われる。

この点に関しては、筆者の研究によると、二当事者間取引による所有権留保において、売主が代金完済まで所有権を留保する目的は、留保買主の支払不能その他の理由（留保商品の不適切取扱い、履行遅滞、銀行取引停止、差押え、倒産など）に基づく解除後の物権的返還請求権を保全するという点にあるので、この場合における留保所有権は純然たる意味において担保権ではない[48]。この点において、金融信用取引たるファイナンスリース取引とは、その性質を異にする。

しかし、三者間取引による所有権留保は、留保買主の委託による金融機関の融資と、その金融担保という意味において、本質的に、留保売主に対する

---

(47) 巻之内「前掲論文」金法1597号28頁。巻之内弁護士は、履行遅滞を原因とする解除・引揚げは認められないと解するものの、ここでは、利用者の信用危機発生を原因とする解除・引揚げは担保権の実行として許されるべきだと主張している。しかし、井田「前掲論文」判タ1102号5—6頁は、履行遅滞を原因とする解除・引揚げの時点で、これは担保権の実行として許されるべきだと主張している。両者は、解除・引揚げを担保権の実行と解する点は同じであり、会社更生手続との違いを強調する点も同じであるが、その原因を異にするという法的構成に違いがある。

(48) 拙著『現代的課題』「第5章 所有権留保売主の地位」73頁以下、「第6章 所有権留保売主の返還請求権」108頁以下で紹介し、分析した、BGH, Urt. vom 1. 7. 1970, BGHZ 54, S. 214. を参照。また、本書「第3章第2節第3項　留保所有権は取戻権か、別除権か」278頁以下を参照。

留保買主の債務を立替払し、あるいは支払保証することにより、留保買主による金融機関に対する物権的期待権の譲渡担保権設定と同視しうるので、この意味による限りにおいて、三者間所有権留保は、ファイナンスリースと同様の金融担保取引となる[49]。

したがって、上述したファイナンスリース取引によるリース事業者の物件利用者に対する担保権者たる地位との比較において、二当事者間所有権留保に基づいて売主に留保された所有権は、当事者間の約款において「代金債権を担保するため（担保目的）」という文言が明記されていない限り、担保権ではないことに帰着する。

第4項 所有権留保と譲渡担保との制度的関係・比較検討
1．完全所有権（Volleigentum）たる留保所有権

所有権留保は、その設定形式において動産譲渡担保と類似している。即ち、動産譲渡担保は、担保物件提供者（Sicherungsgeber）たる設定者から担保物件受領者（Sicherungsnehmer）たる譲渡担保権者に対する担保のためにする所有権移転（Sicherungsübereignung）という設定形式を採り（ドイツではその前提として物権的合意〔Einigung〕を必要とする。）、その設定契約において占有改定（Besitzkonstitut）による引渡し（Übergabe）を行う。ドイツにおいては、この方式によって、初めて所有権移転の効力発生が認められる（BGB第929条〔物権的合意と引渡しによる所有権移転〕、第930条〔占有改定による引渡しの擬制〕）。また、わが国においては、設定契約によって所有権が移転し（日民第176条）、占有改定による引渡しによって第三者対抗力が生ずる（日民第183条、第178条）。その結果、担保権者は所有者たる間接自主占有者（mittelbarer Selbstbesitzer）となり、設定者は自ら直接他主占有者（unmittelbarer Fremdbesitzer）として目的物の使用収益権を保持する。

また、譲渡担保の場合には、債務の完済によって解除条件が成就し、担保権が消滅するので、設定者が再び所有者となる（このような受戻し前でも、設定者には所有権復帰への期待権〔Anwartschaftsrecht auf Eigentumserwerb〕が

---

(49) 本書「第3章第2節第4項　所有権留保は商品信用か、金融信用か」292-295頁を参照。

ある)。

　他方、所有権留保は、代金完済まで売主が所有権を留保して、やはり、設定時に買主へ直接他主占有を移転するという売買契約における特約（附款）である。譲渡担保権者も、形式的には完全権（Vollrecht）を把握するので、この点において、完全権を留保する留保売主と同様の所有者であるように見える。

　しかし、両者は、その目的ないし取扱いにおいて大いに異なる。日独両国の判例法上、譲渡担保権者は担保権者として別除権が与えられる[50]。だが他方、留保所有者は、わが国では解釈が割れているものの、ドイツでは、真正所有者として、取戻権が与えられている。即ち、ドイツにおいては、設定者の倒産手続において、譲渡担保権者には別除権（Absonderungsrecht）が与えられるに過ぎないが（ドイツ倒産法〔以下、InsOと略称する。〕第50条、第51条1号）[51]、留保売主には目的物の取戻権（Aussonderungsrecht）が与えられる（InsO第47条、BGB第985条）[52]。

　留保売主が、この取戻権を行使する前提として、留保買主の倒産管財人（Insolvenzverwalter）には、契約の履行による停止条件の成就（所有権の取得）か、それとも履行拒絶による留保商品の返還かという選択権が与えられている（InsO第103条）。また、この選択権には、事実上、原則として6週間

---

[50] この点に関して先鞭をつけたのは、最判昭和41年4月28日（民集20巻4号900頁）であり、最高裁は、会社更生手続の開始と譲渡担保権者の取戻権の有無が争われた事案において、「譲渡担保権者は、更生担保権者に準じてその権利の届出をなし、更生手続によってのみ権利行使をなすべきものであり、目的物に対する所有権を主張して、その引渡を求めることはできないものというべく、すなわち取戻権を有しない」と判示した。この昭和41年最判は、倒産手続一般に適用されるものとして位置づけられ、今日に至っている。比較的近時でも、最決平成11年5月17日（民集53巻5号863頁：動産譲渡担保権者の物上代位権を肯定した判例）は、この点を確認している。

[51] unten (Fußn. 83) BGH, 24. 10. 1979, NJW 1980, S. 226. は、「担保所有権は、完全かつ無制約の所有権ではない」と宣言し、譲渡担保権者は別除権者に過ぎないと明言した。

[52] 但し、この取扱いは単純類型の所有権留保のみであり、延長・拡張類型の留保所有者は実質的に譲渡担保権者であるとして、別除権者として処遇される。この点に関しては、BGH, Urt. vom 10. 2. 1971, NJW 1971, S. 799（本書第3章で検討する交互計算留保〔拡張類型の所有権留保の一種〕の事案）を参照。

を超えてはならず、長くとも 3 か月を超えることは許されないという熟慮期間が与えられている（同法第29条1項1号）。そして、その期間の経過とともに、倒産管財人が、倒産法第103条に従い、売買契約の履行を拒絶した場合に、初めて、売主は留保した所有権に基づいて取戻権を行使することができる。

このように、ドイツにおいては、InsO 第103条によって、買主の倒産管財人に履行か拒絶による返還かという選択権が与えられ、留保売主は、買主の倒産管財人の熟慮期間に基づき、取戻権の行使まで、実質的に 3 カ月も待たされることとされ、所有権留保が弱体化されている[53]。しかし、それでも、譲渡担保とは取扱いを異にしている。以下、この点を検証するため、ドイツにおける単純類型の譲渡担保に関して概観する。

2．譲渡担保との比較検討——単純類型の譲渡担保・概観
（1）不動産の譲渡担保

ドイツにおいて、譲渡担保権の設定行為は、理論上は不動産もありうるが、設定上の難点があるので、ほとんど使われていない。即ち、土地を譲渡担保の目的とする場合には、土地所有権の譲渡契約となるので、原則として、公証人の公証を必要とする（BGB 第311b 条1項1文）。公証人の公証を受けない場合には、当事者間における土地所有権移転の物権的合意（Auflassung）と土地登記簿への登記を実行した後に、その完全な内容において将来効をもって有効となる（同条同項2文）。しかし、登記手続の際には、アオフラッスンクに基づく登記許諾を公文書によって証明する必要があるので（土地登記法第29条）、やはり公証が不可欠となり、結局は、公証人の世話になる。また、公証には高額な費用がかかり、おまけに土地取得税の負担もある（土地取得税法第11条1項：税率3.5パーセント）[54]。しかし、担保さ

---

[53] R・ゼーリック（杉下俊郎訳）『世紀の変わり目を前にしたドイツの譲渡担保、所有権留保、倒産法』（尚学社、増補版、2000年）207-208頁。

[54] 1982年12月17日公布の土地取得税法（GrEStG 1983），BGBl. I S. 1777の第11条では税率が 2 パーセントであったが、1997年2月26日公布の改正法（BGBl. I, S. 418, 1804）第11条1項では税率が3.5パーセントに上がり、今日に至っている。

れた消費貸借債権が弁済され、土地が受け戻される場合には、その清算により、原則として、土地取得税の支払義務はない（土地取得税法第16条２項：土地を再び取得する際には課税しない）[55]。

　然るに、制定法上の担保物権（抵当権、保全土地債務）の設定には、このような負担はなく、無方式で実現することができる。このような理由から、ドイツにおいては、不動産担保権を設定する場合には、通常は抵当権や土地債務が用いられ、譲渡担保は用いられていない[56]。

（２）動産の譲渡担保

　これに対して、動産、債権及びその他の権利の譲渡担保は、旧来、経済界において当然のように用いられ、慣習法という地位を獲得した[57]。慣習法は、ドイツ私法の分野においては、成文法と同様の地位を有する法源である。BGB 施行法第２条によると、BGB の意味において、法律とは、あらゆる法規範であるとされる。即ち、法律には成文法規範という限定はない。慣習法には、新たな法として、BGB に強行法規として予定された制定法を打ち破る効力が与えられるので、動産譲渡担保は、動産質権を打ち破り、これに取って代わることができる。

　わが国と同様、ドイツにおいても、動産質権は担保権としては使い勝手が悪い。動産質権を設定するためには、原則として、質権設定に関する物権的合意とならんで、質権者への物の引渡し、即ち、質権者に直接占有を得させることが必要だからである（BGB 第1205条１項１文）。立法者は、隠れた質権を予定していないというか、むしろ、拒絶したはずである。それゆえ、質権設定に関する物権的合意による質入れと占有媒介関係（Besitzmittlungs-

---

[55] Vgl. Rolf Serick, Eigentumsvorbehalt und Sicherungsübertragung, Bd. Ⅱ, 1965, S. 18ff.（以下、„Serick, EV Bd." と略称する）。

[56] Vgl. Rolf Serick, Eigentumsvorbehalt und Sicherungsübertragung- Neue Entwicklungen, 2. Aufl., 1993, § 1 S. 24-25.（以下、„Serick, EV- Neue Entwicklungen" と略称する。）; Serick, EV Ⅱ, a.a.O., S. 18-20. ゼーリック博士は、本文中に掲げた説明とともに、現代の信用取引においては、不動産の譲渡担保は何ら実務上の意義を有しないとされる。

[57] Serick, EV- Neue Entwicklungen, a.a.O.（Fußn. 56）, S. 25-26.

verhältnis）の合意、即ち、消費借主たる質権設定者が質物の直接占有を留保し、消費貸主たる質権者が間接占有を取得するに過ぎないという使用貸借の設定は許されない。

　しかし、今日の取引社会においては、消費借主は、通常、自己に与えられた信用を担保する意思により、動産（HGB〔改正前〕第１条の意味における商品[58]）の直接占有を完全に放棄することはできない。およそ商人は、信用の基礎として自己に任意処分が許され、商品を売却し、その代金から消費貸借債務を弁済しうる商品を必要とする。製造業者は、物を加工し、転売するのを常とするから、担保設定すべき原材料が必要不可欠である。また、機械と営業設備も、仕事をするためになくてはならない。

　他方、金融与信者、特に銀行にとっては、目的物の直接占有は、厄介な管理義務をもたらす。この意味において、銀行は、原材料、在庫商品、機械、自動車などのような物を一体どこに保管するのかという疑問が提起される。それゆえ、銀行、商人、製造業者などの間における信用取引においては、約定質権に関する法律上の規定は、信用取引の受信者たる債務者が、担保目的物を直接に占有しなくても困らず、この占有が、金融与信者たる金銭債権者の負担とならない場合にのみ、純粋な適用範囲を有する。しかし、取引界において、そのような機会はほとんど存在しない。そこで、動産に関する質権設定が妥当するのは、せいぜい、一般的に流通しない高価品の場合であり、かつ、倉庫業者が保管を受託した場合に限られるとされる[59]。

（３）債権及びその他の権利の譲渡担保

　次に、債権及びその他の権利一般に関する譲渡担保（Sicherungs-abtretung）にも、慣習法としての要件が認められている。BGBの立法者は、これらの権利を目的とする場合にも、動産の場合と同様、質権設定を規

---

[58]　HGB旧規定第１条：本法において、商品とは、販売ないし商取引の目的物たる動産のことを言う。
[59]　Serick, EV- Neue Entwicklungen, a.a.O. (Fußn. 56), S. 27-28. また、およそまだ棚卸しをせずに商機を窺っている商品の場合にも動産質権を利用しうるであろう。いずれにせよ、流通を予定している商品、工場内で操業中の機械設備などは、動産質の目的として適しない。

定した。即ち、BGB によると、動産とならんで、債権を担保するため、債権者が権利及び債権から満足を受ける権利を有するという規定構造により、権利及び債権が質入れされる（BGB 第1273条〔権利質権の内容〕、第1279条〔債権質権〕、第1204条〔動産質権の内容〕）。

しかし、ドイツ民法上、債権質の設定は、第三債務者に対する通知を成立要件とするところ（BGB 第1280条）、債権譲渡にはこのような要件規定はなく、譲渡契約のみで債権が新債権者へと移転するので（BGB 第398条〔契約による新旧債権者の交替〕）、簡便性という点において、特に指名債権群の担保には債権譲渡制度を用いる譲渡担保権の設定が利用されている[60]。

(4) 慣習法たる地位の効果

前段までの意味において、ドイツにおいては、動産、債権及びその他の権利を担保目的とする譲渡担保は、動産、債権及びその他の権利を担保目的とする質権を打ち破るというか、崩壊せしめることが許される慣習法という地位を獲得したということが分かる。

譲渡担保の生成と発展の過程を見ると、担保目的物の占有を直接に移転しなければならない動産質とは異なり、経済界が、担保物件提供者において、物の直接占有を放棄せずに、動産の助けを借りて債権を物的に担保する手段を必要としたのであった[61]。担保目的物の所有権は、物権的合意と占有媒

---

[60] わが民法においては、債権質の設定、債権譲渡ともに通知・承諾が対抗要件となっていることから（第364条、第467条）、譲渡担保によっても手続を簡素化することにはつながらない。但し、債権質の設定には債権証書の交付、即ち、売掛代金債権帳簿等を債権者に交付しなければならないので（第363条）、譲渡担保とするほうが便宜であり、当事者の意思にも適しているとされる（我妻榮『新訂擔保物権法』〔岩波書店、新訂3刷、1971年〕672頁）。しかし、上記の意味において、両者の差異は微々たるものであるから、債権質以外に債権の譲渡担保を認める社会的な必要性があるのかという疑問も提示される（近江幸治『担保物権法』〔弘文堂、新版補正版、1998年〕318頁）。しかしまた他方、譲渡担保の場合には、債権質の場合とは異なり、実際上、後順位担保権者が出現するおそれがないので、譲渡担保のほうが実益があるという指摘もなされてきた（鈴木禄彌「譲渡担保」『企業担保（経営法学全集9）』〔ダイヤモンド社、1966年〕160頁〔250頁〕、角紀代恵「流動債権の譲渡担保」法時65巻9号〔1993年〕15頁〔16頁〕）。なお、債権及びその他の権利の譲渡担保に関する日独比較法については、鳥谷部茂『非典型担保の法理』（信山社、2009年）101頁以下が詳細である。

[61] Vgl. dazu Serick, EV Ⅱ, a.a.O. (Fußn. 55), S. 117f.

介関係の合意（占有改定）によって、信託的に譲渡される（BGB 第929条、第930条）。この場合において、担保物件提供者と受領者は、「取得者が間接占有を取得することにより」（BGB 第930条）という権利関係を合意する[62]。このような占有媒介関係は、BGB 第868条（間接占有）により、担保物件提供者が、担保物件受領者に対し、期限付で占有権原を与え、または占有させるべき義務を負担することにより、担保物件提供者が保管者として、または類似の関係に基づいて、物を占有するという関係をもたらす。これによって、担保物件受領者は間接占有者として自主占有権を取得する。

3．譲渡担保権の設定による担保所有権の意義と機能
（1）担保所有権の意義

譲渡担保権の設定は、制定法上の担保物権（抵当権、質権、土地債務）の設定と同様、所有権の機能的な分配に基づいている。両者が異なる点は、制定法上の担保物権の場合には、所有者は、債権者たる担保権者に対して換価権を譲渡し、債務者自身の財産に関する倒産手続においては、担保目的物の処分を担保権者に委ねることにある[63]。この場合には、あくまでも制限物権たる担保物権の設定行為であるから、所有者の地位それ自体は設定者に留保する。しかし、譲渡担保の場合には、設定者の所有者たる地位それ自体がまさに放棄されるのであり、これによって、譲渡担保は、制限物権としてBGBに規定された担保物権とは区別される。したがって、法形式上は、譲渡担保の担保物件提供者（設定者）は、担保物件受領者（担保権者）に対し、完全な所有者（Volleigentümer）たる地位を譲渡する[64]。

---

(62) この場合において、返還請求権の譲渡という方法で物が譲渡されたときには（BGB 第931条）、その物の占有者が旧所有者に対して有していた占有正権原の抗弁を新所有者に対抗しうるという BGB 第986条 2 項は、譲渡人が譲渡担保による間接占有者の場合にも適用される。vgl. BGH, Urt. vom 19. 4. 1990, WM 1990, S. 1116.; Serick, EV-Neue Entwicklungen, a.a.O. (Fußn. 56), § 1 S. 29.

(63) Wolfgang Wiegand, Zur Entwicklung der Pfandrechtstheorien im 19. Jahrhundert, ZNR, Bd. 3 (1981), S. 1 ff.

(64) J. von Staudingers Kommentar zum Bürgerlichen Gesetzbuch mit Einführungsgesetz und Nebengesetzen Buch 3・Sachenrecht, 2017. §§ 925–984, Anhang zu §§ 929–931 (Wolfgang Wiegand), Rdn. 58, S. 288.

動産譲渡担保権者は、「所有権それ自体（完全所有権）」を取得するが、その目的は「債権担保」である。この経済上の意味において、譲渡担保権の設定行為は、信託的な所有権の移転であり、担保的法律行為（Sicherungsgeschäft）の基本契約たる担保合意（債務法上の担保約款〔Sicherungsabrede〕(65)）による制限を受ける。担保約款により、担保物件受領者（担保権者）は、物権法上、無制限の（完全な）所有権を取得する。しかし、同人は、担保物件提供者（設定者）に対しては、債務法上の担保約款の基準に従ってのみ所有権を利用すべき義務を負う(66)。即ち、譲渡担保権者は、担保目的が存続する間は、担保目的物を自由に処分することが許されず、「自己の」物として保持し続けることが許される「真正所有者」ではなく、担保約款に応じて換価し、その換価金を債務の弁済に利用し、その剰余を債務者に返還すべき清算義務を負う（換価権たる所有権者）。この状況においては、まさに、譲渡担保の場合には、あらゆる事案において、担保目的によって制限された所有者たる地位を担保期間内に、一時的に調達・媒介されるに過ぎない。この一時的な所有権帰属という特徴と、担保目的による拘束とにより、所有権の特別類型たる担保所有権（Sicherungseigentum）という概念が生じたのである(67)。

（2）債務法上の担保約款

担保的法律行為は、全て、債務法上の基本行為と物的執行行為を含む(68)。基本行為の本質的なメルクマールは、目的物を担保手段として譲渡

---

(65) 設定当事者間のSicherungsabredeは担保契約、担保合意とでも訳すべき慣用語であるが、これを「担保約款」とした理由は、単純に、契約はVertrag、合意はVereinbarungであるところ、Abredeは、「当事者の取決め」という意味が反映されており、ドイツの法学者が実務との関係で敢えてこの用語を使っているという理解（判例・学説を読む限りでの自己判断）と、この約定は担保に関する定型書式約款を用いることから、他の用語と区別するため、「担保約款」という訳語を当てた次第である。後述するように、Sicherungsabredeの本質は、担保所有権移転の原因行為（causa）であるから、「当たらずとも遠からず」であると思う。

(66) Vgl. Serick, EV I , 1963, § 4 II S. 57ff.; Otto Mühl, Sicherungsübereignung, Sicherungsabrede und Sicherungszweck, in: Festschrift von R. Serick [1992] S. 285ff.

(67) Staudinger/ Wiegand, a.a.O.（Fußn. 64），Anhang zu §§ 929－931, Rdn. 59, 63, S. 289-290.

する担保物件提供者（設定者）の義務負担行為である。執行行為において、担保物件提供者は、この義務負担を履行する。担保約款の個別規定のうち、重要なものとしては、例えば、担保物件受領者たる譲渡担保権者の権利保護に資するため、譲渡担保権者は、設定者に対し、担保目的物の性質・性状の保証（Zusicherungen über die Beschaffenheit des Sicherungsgutes）を求め、設定者に在庫の一定量と品質を確保すべき義務を課すと同時に、担保目的物たる在庫商品の価額を被担保債権の150パーセントまでは確保すべきものと義務づける（与信額が担保物価値の66パーセント強程度）。他方、担保の範囲を超過した場合には、譲渡担保権者は担保物件を解放するなどの設定者保護規定、更に、換価・清算条項、担保の前提たる与信許諾による発効条項などが挙げられる[69]。

---

(68) Serick, EV Ⅱ, a.a.O.（Fußn. 55）, S. 44f. は、「§18：債務法上の担保約款」と題し、「Ⅰ．基本的な考え方」において、債務法上の基本的な法律行為と担保約款に関して論じ、Serick, EV- Neue Entwicklungen, a.a.O.（Fußn. 56）, S. 30-32は、「担保約款の意義と法的取扱い」として説明している。

(69) Vgl. Serick, EV Ⅱ, a.a.O.（Fußn. 55）, S. 62-67. ドイツにおける譲渡担保権設定契約に関するひな型は、Staudinger/ Wiegand, a.a.O.（Fußn. 64）, Anhang zu §§929-931, S. 294 [einzelner Sachen] u. S. 296 [Raum= Warenlager]. に掲載されている。このうち、在庫譲渡担保設定契約（Raumsicherungsübereignungsvertrag：保管場所を特定した集合動産〔在庫商品〕の譲渡担保）の内容を概観すると、第１条：譲渡担保の目的物（在庫商品の全部、担保領域〔Sicherungsgebiete〕の表示）、第２条：所有権、共有権、期待権の譲渡、第３条：引渡しの代用（占有改定、返還請求権の譲渡）、第４条：担保目的（現在・将来債権、債務引受）、第５条：在庫リスト（Bestandslisten：担保権者に対するリストの提出〔種類、量、仕入価格、販売価格〕）、第６条：担保目的物の処分授権、第７条：所有権留保の解消（設定者の消滅義務、担保権者の代位弁済権）、第８条：担保目的物の取扱いと標識（設定者の注意義務、担保権者の所有権標識、設定者による帳簿への明記）、第９条：担保目的物の保険（設定者の付保険義務、保険金請求権等の担保権者への譲渡）、第10条：第三者（使用賃貸人、用益賃貸人、倉庫業者）の法定質権（弁済の証明、証明なきときの担保権者の弁済権）、第11条：第三者からの差押えなどに関する担保物件提供者の情報提供義務、第12条：貯蔵場所における銀行の目的物検査権、第13条：銀行への担保目的物の返還（目的物に関する注意義務違反、営業の範囲外における目的物の処分、設定者の支払停止、倒産手続開始申立て、担保権者への支払遅滞による換価準備）、第14条：銀行の換価権（支払遅滞、期限〔商行為は１週間、その他は１か月〕を定めた換価予告、市場での売却、その他の譲渡、換価金による弁済）、第15条：利用権（第14条の期間経過後は担保権者に利用権あり）、第16条：受戻し、担保の解放（債権完済による目的物の返戻、担保物価値が恒常的に被担保債権額の110パーセントを超える場合におけ

担保約款は、担保目的物（担保所有権その他）の譲渡に関する法律原因、即ち、原因行為（causa）である[70]。担保約款は債務法上の権利関係と言われるが、BGB その他の法律には何ら規定がない。担保約款の許容性は、債務契約の範囲においては、契約自由の原則が適用されるということから明らかとなる。契約の自由には、締約の自由と内容形成の自由が含まれる。これとならぶ担保物件提供者と受領者との債務法上の関係構築については、結果として、当事者の約定が最も重要である。担保約款は無方式でもよい。担保契約は、原則として無方式で行われる。しかし、実務上は、もちろん証明原則に基づいて、大抵は書面にて起案され、加えて、顧客は、担保のためにする譲渡の明細、例えば、譲渡された担保目的物たる構成部分の絶えず変動す

る担保権者の担保解放義務）、第17条：解放等のための担保目的物の評価（評価額の通知、先順位担保権者の価値控除、担保割れの予定、年に最低１回の担保権者による市場価格調査）、第18条：加工権限（設定者に対する加工授権、加工物所有権、共有権、期待権の担保権者への移転、設定者の占有代理による担保権者への引渡しの擬制）、となっている。

　これら条項のうち、第15条の利用権について、BGH, Urt. vom 26. 9. 2006- XI ZR 156/05, NJW 2007, S. 216f. は、換価時期に達しても、担保権者による換価までは、利用権限は設定者にあるので、担保権者は、設定者によって第三者に賃貸されている目的物使用料の返還を請求しえないものと判示している。この指摘に関しては、コジマ・メラー／益井公司（訳）「担保のための所有権移転」日本法学82巻４号（2017年）145頁（154頁）を参照。この場合、判例は、「換価までは」と述べているが、この意味は、上記第15条による期間を定めた換価予告後の利用は譲渡担保権者にあるという規定、即ち、換価予告による期間経過までと解されるので、上記文言との齟齬はないものと思われる。

(70) Serick, EV Ⅰ, a.a.O. (Fußn. 66), S. 60 (und Fußn. 30) は、信用担保関係たる担保約款について、また、信用関係との前後関係について、BGH, Urt. vom 17. 2. 1956, WM 1956, S. 563(u. 564) を引用しつつ、被担保債権と担保約款との密接なつながりは、内的法律原因（der innere Rechtsgrund）において、担保約款と被担保債権とを関連付けることによって構築され、この信用関係（消費貸借契約）と信用担保関係（担保約款）との密接なつながりは、この二つの権利関係に、双方的義務の発生原因となる一個の契約関係としての適格を備える権限を付与すると言う。また、ゼーリック博士は、この事実から如何なる法律効果が生ずるのかと問題提起し、多数の法律行為が当事者の意思によって一個に結びつけられるときには、この一個とされる法律行為につき、法律行為の一部無効に関する BGB 第139条が適用され、消費貸借契約の絶対無効（nichtig）は、担保約款の絶対無効を導くと言う。この点については、Serick, EV Ⅰ, ibid. Fußn. 31において、BGB-RGRK (Krüger-Nieland), §139 Anm. 6, S. 472; Siebert/ Hefermehl, §139 BGB Rdn. 10, S. 509を引用指示しつつ論じている。

る在庫商品の記録様式を保持するとされる[71]。

　被担保債権は、通常、消費貸借から生ずるが、担保約款はこれとは別個の行為である。しかし、被担保債権とのつながり、即ち、付従性によって、二つの合意が一つにまとめられる。この場合には、銀行やその他の取引先が利用する普通契約約款（取引約款）が用いられることが多いが、その場合には、約款の規制という問題がある。

　約款は、定式契約ともいい、内容が予め固定されているので、担保物件提供者の権利を害する場合もありうる。このような顧客の権利侵害を未然に防止するという意味において、約款規制法がある[72]。例えば、個別約定規定と約款が抵触するような場合には、個別約定規定が約款に優先する（BGB第305b条）。また、約款の内容は規制対象となる。即ち、約款の条項が、信義誠実の原則に反して、利用者の契約相手方に対し、不当に不利益を与える場合には、その条項は無効（unwirksam）である（BGB第307条1項1文）。このサンクションは、契約相手方の不当な不利益の際に介入し、当初の良俗違反による条項形成の際には介入しない[73]。その理由は、内容規制は約款利用者を保護するものではなく、契約相手方の不利益だけを阻止すべきものだからである。このような内容規制条項により、契約相手方を不当な不利益から守ることが問題にならないような担保条項の場合には、良俗違反の法律行為として絶対無効（nichtig）と規定するBGB第138条によって起こりうべき信義則を顧慮しつつ再考すべきものとされる[74]。

---

(71) Serick, EV- Neue Entwicklungen, a.a.O.（Fußn. 56）, S. 32.
(72) 当初は、「普通契約（取引）約款規制法（Gesetz zur Regelung des Rechts der Allgemeinen Geschäftsbedingungen）」1976年12月9日の法律 BGBl. I S. 3317; BGBl. III 402-28であったが、現在ではBGB（第305条―第310条）に規定が移行されている。
(73) 旧約款規制法第9条（BGB第307条1項1文）とBGB第138条との関係については、Ulmer/ Brandner, §9 AGB-Gesetz, Rdn. 32, S. 388f.; Wolf, AGB-Gesetz, §9 Rdn. 12ff.,S. 281ff.; Soergel/ Mühl, §930 BGB Rdn. 97, S. 426; Kohte, Die vorformulierte Abtretung von Arbeitsentgelt und Sozialleistungen, ZIP 1988, S. 1225, 1228f. を参照。
(74) BGH, Urt. vom 30. 10. 1990, NJW 1991, S. 353, 354.

4．担保物件提供者（設定者）の倒産と担保所有権
（1）判例・通説による担保所有権の位置づけ

ドイツにおいては、譲渡担保権の設定は、信託的譲渡ではあるが、完全権の譲渡と位置づけられたので、留保所有権と同様、債務者の倒産手続において取戻権を認める余地があった。

例えば、1929年4月9日のライヒ裁判所判決[75]は、個別強制執行の事案において、譲渡担保（Sicherungsübereignung）によって取得された所有権は完全なる民法上の所有権である旨を理由として、担保物件受領者たる譲渡担保権者に第三者異議訴権を肯定したので、ここからは、担保物件提供者の破産手続において、所有者に対して与えられる取戻権が導かれる[76]。

しかし、直後の1934年10月2日のライヒ裁判所判決[77]は、譲渡担保は質権の代用であり、譲渡目的物が譲渡人の財産から終局的に脱退するという効果はなく、実体的・経済的には、担保目的物は、なお担保物件提供者の財産に帰属するものと見做されると判示した。

この二つの判例の見解について、ゼーリック博士は、担保所有権において、一方では、譲渡人たる担保物件提供者の財産に対する実体的、経済的な帰属のことを読み取らせ、他方では、この担保目的物が完全なる民法上の所有権として担保物件受領者に帰属するものと聞かされることについて、奇妙なことであると述べている[78]。また、上記1929年のライヒ裁判所判決が、破産手続との関係において、担保所有権は所有権よりも劣る権利に過ぎず、経済的には質権と同様の権利であるところ、破産手続は、物権的権利関係の即時的な解決のみならず、譲渡担保の基礎にある人的権利関係の即時的な解決にとって必要不可欠という点から、譲渡担保権者の権利としては、別除権に限定すべき旨を論じていたので[79]、余計に驚愕の念を禁じ得なかったのであろう。もっとも、その後の判例[80]及び学説[81]は、1929年判決の最後の

---

(75) RG, Urt. vom 9. 4. 1929, RGZ 124, S. 73.
(76) Vgl. Serick, EV Ⅲ, 1970, S. 267.
(77) RG, Urt. vom 2. 10. 1934, RGZ 145, S. 188, 193.
(78) Serick, EV Ⅲ, a.a.O. (Fußn. 76), S. 267.
(79) RG, Urt. vom 9. 4. 1929, RGZ 124, S. 73, 75.
(80) BGH, Urt. vom 24. 6. 1952, BGHSt. 3, S. 32, 35; OLG Karlsruhe, Urt. vom 19. 10.

理由付けに賛意を表明している$^{(82)}$。

　しかし、譲渡担保の物権的効力よりも、むしろ、その債権担保権たる性質が重視されるに伴い、BGHは、1979年10月24日の判決において、動産質権と比較しつつ、「担保物件受領者は、原則として、所有者に帰属すべき全ての権利を有する所有者類似の地位へと導かれない。なぜなら、担保所有権は、完全かつ無制約の所有権ではなく、担保物件提供者の破産において、取戻権ではなく、別除された満足を受ける権利を有するに過ぎない換価権能を与えられるに過ぎないからである。それゆえ、この権能の範囲は、完全所有者の地位からは決められない。譲渡担保の意義と目的は、担保物件提供者に自己の経営を遂行するために考えられうる利用のために、通常、譲渡された目的物をその提供者に留保しつつ、債権の不履行の場合において、担保物件受領者に対し、担保目的物からの満足を保証給付することにある」$^{(83)}$と判示するに至り、譲渡担保権者の別除権が確定した。この観点は、法形式上は、譲渡担保権者に所有権が完全に移転するが、実質的・経済的に見れば、その効力は質権と同視することができるということである。

　この点に関して、学説にも、担保所有権を機能的に分類するために、質権を参考としつつ、担保所有権は完全所有権ではなく、所有権よりも質権に近い権利として位置づけるという動きが見られた$^{(84)}$。

(2) 設定者の倒産における担保所有権

　設定者の倒産手続における譲渡担保の意義と目的については、ゼーリック

　　1961, KTS 1962, S. 116, 118.
(81) Jaeger/ Lent, §48 KO Rdn. 13, S. 703; Schregelberger/ Hefermehl, Anhang zu § 368 HGB Rdn. 217, S. 1968; Paulus, Die Behelfe des Sicherungseigentümers gegen den Vollstreckungszugriff, ZZP 64 (1951), S. 169, 176.
(82) Vgl. Serick, EV Ⅲ, a.a.O.〔Fußn. 76〕, S. 268 Fußn. 11.
(83) BGH, Urt. vom 24. 10. 1979 - Ⅷ ZR 298/78 (Stuttgart), NJW 1980, S. 226, 227.
(84) ゼーリック博士は、例として、Vortmann, Raumsicherungsübereignung und Vermieterpfandrecht, ZIP 1988, S. 626, 628を引用指示している (Serick, EV- Neue Entwicklungen, a.a.O.〔Fußn. 56〕, S. 38)。ドイツの通説は、経済的な観点から、譲渡担保は質権と経済的等価性を有するものと解している。vgl. dazu Serick, EV- Neue Entwicklungen, a.a.O.〔Fußn. 56〕, §5, S. 136 Fußn. 3.

博士により、次のように説明される。即ち、担保物件提供者の財産に関する破産手続においては、消費貸主は、被担保債権を顧慮して、破産法第48条（現行 InsO 第50条、第51条１号）に従い、担保のために譲渡された物を別除し、これを優先弁済に充てる権利を有する。売得金（Erlös）の余剰は破産財団に帰属する。担保目的物が消費貸借債権の弁済に必要とされるよりも少ない売得金しかもたらさない場合には、不足額は、（単純な）破産債権としての効力があるに過ぎず、破産配当のために用いられる。消費貸主が、担保物件提供者の破産において、所有者のように担保目的物を取り戻せないということ、即ち、単純に破産財団からの返還を請求しえないことの理由は、破産債務者の所有物（破産法第43条〔現行 InsO 第35条〕）だからではなく、消費貸主が、動産質権者と同様、破産財団に属する質権設定者の所有する物からのみ、満足を受けることができるに過ぎないからであり、その事は、担保所有権が、完全所有権でもなければ、何ら拘束なき所有権でもないことを裏付けている[85]。この点において、留保所有権と担保所有権との相違点がクローズアップされる。

しかし、それでもなお、留保所有権との本質的な相違点に関する論拠が十分とは言えない。とりわけ、担保所有権の本質論に関する説明が必要なのではないかという疑問も生ずる。そこで、ゼーリック博士は、担保のためにする譲渡と信託行為の内容及び効力に関する類似性に着目し、その沿革にまで遡った議論を展開している。

５．担保信託とその効力──準物権的効力、転化原理

（１）ローマ法とゲルマン法上の信託

担保のためにする譲渡（Sicherungsübertragung）は、信託的法律行為（信託行為〔Treuhandgeschäft〕）であり、担保のために所有権の移転された物、

---

[85] Serick, EV Ⅲ, a.a.O.（Fußn. 76）, S. 266ff.; ders., EV- Neue Entwicklungen, a.a.O., S. 39-40. は、譲渡担保権者の地位について、これを質権者と比較対照して、実行時における換価権者、優先弁済権者として位置づけている。この場合において、破産債務者が破産手続開始前に善意の第三者に担保目的物の所有権を移転し、まだ反対給付たる代金を回収していないときには、破産法第46条の準用により、担保物受領者には代償的別除権が認められると述べている（Serick, EV Ⅲ, ibid., S. 266）。

担保保有のために譲渡された債権、またはその他の権利の譲渡による担保目的（物）は、全て信託目的（物）であるから、担保所有権は、常に信託所有権（Treuhandeigentum）と解される[86]。

譲渡担保を「担保のためにする譲渡」として一般化した場合に根拠となる法原理として、ローマ法に由来する「信託的法律行為（das fiduzialische Rechtsgeschäft）[87]」と、ゲルマン法に由来する「法律行為による授権」がある。信託的法律行為は、法律として規定されていないが、不文法、即ち、慣習法として承認されている[88]。そうすると、譲渡担保は、原則として信託的法律行為であり、予めの債権譲渡や債務引受を用いる特別類型（延長・拡張類型）の場合には、法律上の授権がなされているものと解することができる[89]。

(2) 信託的法律行為たる譲渡担保

信託的法律行為によって設定された信託的関係の本質は、信託提供者（または信託者という。）が受託者（または信託受領者という。）に対し、債務法上の目的拘束を伴いつつ、完全権のために、信託目的物を譲渡するという点にある。完全権を取得するための法律上の原因（担保的法律行為の場合には債務法上の担保約款）は、信託目的物の保有が期間で制限されるが、終局的な保有が許されないことだけを正当とする。

受託者は、信託提供者をして、法律行為の目的に従って必要とする以上の外部（第三者）に対する法的効力を獲得させる。例えば、担保のためにする

---

(86) Serick, EV II a.a.O.（Fußn. 55），§19, S. 71; ders., EV- Neue Entwicklungen, a.a.O.（Fußn. 56），S. 46.
(87) この信託的法律行為 „fiduzialisches Geschäft" という名称表記の名付け親は、Regelsberger, Zwei Beitrage zur Lehre von der Cession, AcP 63 (1880), S. 157, 173であるとされる。vgl. Serick, EV II a.a.O.（Fußn. 55），S. 71, Fußn. 3.
(88) Vgl. Serick, EV II a.a.O.（Fußn. 55），S. 71.
(89) Serick, EV- Neue Entwicklungen, a.a.O.（Fußn. 56），S. 47（Fußn. 75）は、ローマ法による考え方とゲルマン法による考え方の影響については、互いに分離するのではなく、統一的な法制度、即ち、原則と例外として考えるべきであると主張し、例として、Olzen, Zur Geschichte des gutgläubigen Erwerbs, Jura 1990, S. 505ff., 510. を引用指示する。

譲渡は、担保目的のためには、質権と同種の担保目的物に対する授権で足りるのに対し、受託者は完全権を保有する。しかし、受託者は、債務法上の取り決めに基づいて、制限された範囲においてのみ、その法的効力を用いることが許される。受託者は、担保目的に応じてのみ、所有者としての地位を利用すべき義務を有する。受託者は、所有権を別の目的に利用することは許されず、例えば、信託的に拘束された所有者たる身分において、目的物を贈与することは許されない[90]。

(3) 信託目的の管理信託及び担保信託

まず、管理信託においては、受託者が、専ら信託者の利益を守るために信託目的物を取得し、これを利用・管理する。また、担保信託においては、受託者は、信託目的物により、自分自身の利益を実現する。既にローマ時代において、友人との信託 (fiducia cum amico) と債権者との信託 (fiducia cum creditore) が見出され、前者は他人の利益における信託であり、後者は信託質として位置づけられている。

担保目的のためにする所有権譲渡の場合には、受託者は、債務の弁済後は信託目的物を返還譲渡することを約束する。二重信託 (Doppeltreuhand) の場合には、受託者は、最初から、与信者の信頼できる人物であり、受信者の信頼できる人物でもある。いずれの信託者も、信託目的物を受託者に委託している。受託者は、他人の債権、即ち、消費貸主の債権者の債権を担保するため、担保物件提供者 (及び消費借主) の完全権を保有している[91]。今日の担保信託のうちで最も重要な事案は、動産譲渡担保の類型、ならびに債権譲渡担保の類型における担保のためにする譲渡である。担保のためにする譲渡の事案において、同一人物の信託目的の信託的行為の場合には、まず第一に担保信託が存在し、場合によって管理信託が存在しうるということが明らかとなる。それゆえ、その場合には、第一義的には担保信託であるが、債務の

---

(90) Vgl. Serick, EV- Neue Entwicklungen, a.a.O. (Fußn. 56), S. 47.
(91) Vgl. Serick, EV Ⅱ, a.a.O. (Fußn. 55), S. 73, S. 93ff.; BGH, Urt. vom 12. 10. 1989, BGHZ 109, S. 47, 53; OLG Kahlsruhe, 22. 11. 1990, ZIP 1991, S. 43, 44; Soergel/ Mühl, § 930 BGB Rdn. 69, S. 478f.

完済後は管理信託となりうる[92]。

(4) 担保信託の準物権的法律効果と転化原理

単純な譲渡担保と比類される担保信託の場合には、一定の事案において、信託物件受領者（担保物件受領者）に完全権を譲渡した信託物件提供者（担保物件提供者）は、受領者に対し、信託関係の準物権的効力（物権的期待権）と言っても妨げない物権的効力を獲得する[93]。このような提供者の権利により、信託物件提供者は、強制執行において、受託者に対して向けられた債権者の差押えを阻止することができ、担保物件受領者たる譲渡担保権者の倒産手続において、倒産管財人は、被担保債権の弁済後、担保物件提供者（設定者）の受戻請求に関して、純然たる債務法上の調達請求権が存在するに過ぎず、取戻権を有しないという主張をすることはできない[94]。

転化原理（Umwandlungsprinzip）は、譲渡担保の設定にあたり、譲渡担保権者に完全権を移転すると、設定者には何も残らないので、設定者の保護に欠けるというか、権利関係として脆弱に過ぎるという理由から、設定者に準物権的効力を保持させるという考え方、即ち、物権的期待権を根拠づけるための原理（物権的期待権説）である。ゼーリック博士は、担保物件受領者は、所有者であるから、通常であれば完全権の保有者であるが、実質的・例外的に純然たる質権と同種の権利が与えられるに過ぎず、担保物件受領者は、通常の事案、例外的事案のいずれにおいても、物的権利を有するものの、完全権に比して効力を弱められた類型において、物的権利を有すると述べている[95]。この意味において、担保所有権は、純然たる担保権であり、

---

(92) Vgl. Serick, EV- Neue Entwicklungen, a.a.O. (Fußn. 56), S. 48.
(93) Vgl. Serick, EV Ⅱ, a.a.O. (Fußn. 55), S. 95ff. ゼーリック博士は、Siebert, Das rechtsgeschäftliche Treuhandverhältnis. Ein dogmatischer und rechtsvergleichender Beitrag zum allgemeinen Treuhandproblem (1933), S. 163, 188を引用指示する。
(94) 強制執行については、Serick, EV Ⅲ, a.a.O. (Fußn. 76), S. 213ff. (S. 237とも関連する)；BGH, Urt. vom 28. 6. 1978, BGHZ 72, S. 141, 145f. を、また、担保物受領者の破産については、Serick, EV- Neue Entwicklungen, a.a.O. (Fußn. 56), § 2, S. 65 Fußn. 30を参照。
(95) Vgl. Serick, EV- Neue Entwicklungen, a.a.O. (Fußn. 56), S. 51. は、担保所有権という考え方から担保信託という考え方に移行するという議論をしている。しかし、わ

執行の局面に限って観察すれば、質権と同様の換価・優先弁済請求権に過ぎないということになる。

このような転化原理という考え方によると、譲渡担保権の設定契約により、設定者の保有していた真正所有権が担保所有権に転化して譲渡担保権者に移転する（あるいは、真正所有権が担保権者に移転すると同時に、担保所有権に転化する）のであり（使用・収益権能はないが、「所有権」たる点に変わりはない。）、同時に、設定者には制限物権たる物権的期待権が設定されると解することまでも、その射程として妨げないであろう。

６．所有権留保と譲渡担保との関係

(１) 所有権留保と譲渡担保との相違点

譲渡担保に関する前提が長くなったが、譲渡担保と所有権留保の取扱いに関する相違点は、次のような点にある。

譲渡担保権は、設定者の所有する動産につき、その所有権移転と占有改定の合意を媒介とはするものの、被担保債権の存在を前提として、譲渡担保権の設定契約を締結するという被担保債権との付従性原理の上に立つ質権、抵当権と同様の純然たる担保物権であり、設定者の債務不履行（支払不能）を停止条件として、受領した担保目的物それ自体から直接に満足を受けるという性質を有する権利である。しかし、二当事者間取引による所有権留保は、売買代金債権の担保というよりは、むしろ、買主の支払不能その他の原因に基づいて、物権的返還請求権を行使し（BGB 第985条）、留保商品の返還を目的とするという、いわば返還請求権を保全するという性質を有する[96]。

また、通常の担保権に必要不可欠である債権との付従性原理は、債権契約と担保権設定契約とが別個独立に成立し、存在する結果として、この両者を結合させるための原理である。しかし、所有権留保は、売買契約という一個

が国における議論の際には、「担保所有権」という名称のままで差し支えないものと思われる。

[96] この点については、前掲 BGH, 1. 7. 1970, BGHZ 54, S. 214が明言するところである。なお、本判決の詳細は、拙稿「ドイツ民法における所有権留保売主の返還請求権」地域政策研究（高崎経済大学）第1巻第3号（1999）1頁（11—12頁）（拙著『現代的課題』「第6章 所有権留保売主の返還請求権」）を参照。

の債権契約に所有権留保特約を入れることにより、売買契約に債権的効力と物権的効力とが併存するという契約類型であり、所有権留保における代金債権は売買契約によって発生するものであるから、付従性原理を入れる余地はない[97]。そして、この点が個別動産の譲渡担保との相違点でもある[98]。即ち、譲渡担保は、その設定形式においては一応所有権の移転という外形を伴うが、その目的は、質権や抵当権と類似する債権担保であり、譲渡担保権者は目的物に対する担保権たる信託的な所有権を有するに過ぎない。しかし、本書において繰り返し指摘するが、所有権留保は、それらとは異なる所有権それ自体の作用、即ち、解除の前提たる買主の信用危殆等の発生時に、留保売主が、自己の留保商品上の所有権それ自体の効力により、解除後の物権的返還請求権（BGB第985条）を保全するための売買契約の附款である。この点において、設定契約によって設定される被担保債権との付従性ある譲渡担保権とは本質的に異なる。

　したがって、留保所有権は、被担保債権との付従性を有しない真正所有権である。この意味において、留保所有者は、留保買主の物権的期待権による一定の制限を受けうるものの（BGB第161条、第986条、日民第128条）、留保買主の代金完済まで留保商品に対する真正・完全所有権（echtes Eigentum, Volleigentum）を保持するのである。

---

(97) 所有権留保には付従性原理を入れる必要はないといっても、実行における付従性は必要ではないかと質問を受けることがある。しかし、たとえ被担保債権が時効によって消滅しても、所有権留保権者には「所有権」が残存しており、この所有権に基づいて返還請求権を行使し、最終的には自己所有物を換価し、既払い金との関係で余剰が出た場合には、これを清算金として買主に返還するだけであるから、やはり、所有権留保には全く付従性原理を考える必要はないという結論になる（抑も、基本的に担保権ではない）。なお、付従性原理の緩和ないし否定に関しては、鈴木禄彌『物権法講義』（創文社、3訂版、1985年）280頁を参照（5訂版にはこのような言及はない）。
(98) 柚木馨＝高木多喜男『担保物権法』（有斐閣、第3版、1982年）581-582頁。安永正昭「所有権留保の内容、効力」加藤一郎・林良平編『担保法大系第4巻』（金融財政事情研究会、1985年）370頁（378頁）。

（2）所有権留保と譲渡担保との競合

（ア）両者は競合するのか？

これまで論じてきたところから明らかなように、所有権留保は売買契約の附款であり、代金の完済を停止条件として買主に所有権が移転するという当事者の意思表示である。それゆえ、買主の代金完済まで所有権は売主に存する。したがって、二当事者間の所有権留保において売主に留保された所有権は、完全所有権である。

これに対して、譲渡担保は、債権の担保を目的として設定される債権との付従性ある担保物権である。それゆえ、譲渡担保権の設定に際して、設定者は「真正所有権者（echtes Eigentümer）」でなければならない。譲渡担保権設定契約は、真正所有者たる設定者が、譲渡担保権者の債権を担保するため、自己の所有する目的物の所有権を担保権者に移転するという法形式を採る担保物権である。ここで譲渡担保権者へ移転される所有権は担保所有権（所有権の転化形態）であり、法形式上は完全所有権の移転に見えるが、経済的に見れば、設定者に物権的期待権（条件付所有権取得権）を設定ないし留保しているので、譲渡担保権者の「所有権」は完全所有権ではなく、「担保所有権（Sicherungseigentum）」と称すべき担保物権である。そこで、留保売主の完全所有権たる留保所有権と、譲渡担保権者の担保所有権とは競合するのかという問題が生ずる。

（イ）留保物件を目的物とする譲渡担保権の成否

前段の理解を前提として、譲渡担保権の設定者Ｂが、自己への供給者Ａの留保所有権付きの物を自己の債権者Ｃへ譲渡担保の目的物件として提供する場合における法律関係について考える。

Ｂは、代金完済前は目的物件の所有者ではないのに、Ａの所有物をＣへの譲渡担保に供したのである。Ａの所有権は完全所有権であるから、たとえＣが善意で担保所有権を取得するという前提があっても（善意取得制度〔BGB第932条、HGB第366条〕）、担保目的物とされた機械や加工原材料に関して、ドイツの判例・通説は、商人間取引における「所有権に関する譲受人の注意義務」を重視しているので、確認を綿密に行わないと、善意取得が認められるケースはほとんど存在しない[99]。

この場合において、BがCに対し譲渡担保に供した目的物がAから定期的に仕入れた加工原材料である場合には、BがAに対して既に代金を完済したものと、そうではないものがBの倉庫内に混在していることがある（在庫担保の場合には通常はそうであろう）。この場合には、代金完済分については、CはBの所有物を担保目的で取得したと言えるので、この部分については、譲渡担保権が成立する。また、代金完済前のものについては、留保売主Aに完全所有権があるが、Bには将来の所有権取得権たる物権的期待権（dingliches Anwartschaftsrecht）があるので、BはこおE期待権をCに担保目的で譲渡したと言うことができる[100]。それゆえ、BからCへの所有権の移転は、継続的に供給される個別仕入品に関するBの代金完済に応じて増加する。しかし、期待権は停止条件付所有権移転請求権であり、Bが期限の利益を喪失するなどして、条件が成就することなく終わった在庫品に関しては、期待権は消滅に帰する。即ち、留保売主Aが留保所有権に基づいて留保商品をBから引き揚げて処分する際には、その前提として、AはBに対し、所有権留保売買を解除しているので（BGB第449条2項）、既に留保買主Bの期待権は消滅している。したがって、Cの譲渡担保権の目的物は代金の完済した部分に限られる。

(ウ) 留保所有権抹消条項

それゆえ、ドイツの金融実務においては、前段のような危険を回避するため、個別動産、在庫（集合動産）を問わず、譲渡担保約款には、「担保物件提供者は、およそ現に存する所有権留保を、売買代金の支払によって消滅させるべき義務を有する。銀行は、担保物件提供者の売買代金債務を供給者に

---

(99) RG, Urt. vom 20. 5. 1904, RGZ 58, S. 162.（有価証券の善意取得を否定）; BGH, Urt. vom 17. 1. 1968, WM 1968, S. 540.（建設機械車両の善意取得を否定）; BGH, Urt. vom 18. 6. 1980, BGHZ 77, S. 27.（洋服原材料の善意取得を否定）; BGH, Urt. vom 9. 11. 1998, NJW 1999, S. 425f.= ZIP 1998, S. 2155f.（建設機械の善意取得を否定）; BGH, Urt. vom 22. 9. 2003, ZIP 2003, S. 2211f.（風力施設の善意取得を否定）など、ドイツの判例は、所有権に関する調査義務に関して厳格であり、取得者が処分者の所有権に関して、所有権証明書の確認など、綿密に行わないと、「重過失」と認定し、善意取得を認めない。

(100) BGH, Urt. vom 13. 6. 1956, Ⅳ ZR 24/ 56, BGHZ 21, S. 52[54 f.]; BGH, Urt. vom 24. 6. 1958, Ⅷ ZR 205/ 57, BGHZ 28, S. 16 [20 f.] 以来の判例・通説である。

支払うべき権限を有する。」という規定を設けている[101]。

　この規定の前段は、留保商品を譲渡担保の目的物として提供する場合には、これに先立ち、代金を完済して、留保所有権を消滅させなければならないということである（留保所有権消滅義務）。また、後段は、譲渡担保権の設定を受ける銀行は、留保所有権を消滅させるため、留保売主（供給者）に残代金を完済する（立替払する）権利を有するということである（代位弁済権）。

　この点は、前述したように（33頁）、1979年10月24日のBGH判決において、譲渡担保は換価権に過ぎないという性質決定をし、設定者の倒産手続においては、真正所有者に認められる目的物の取戻権を認めず、別除権が認められるに過ぎないと判示して以来、完全所有権たる留保所有権と区別され、両者の間に優劣関係が生じたこととも関連しよう。したがって、所有権留保付きの物に譲渡担保権が設定された場合には、譲渡担保権者は、留保所有者に対し、自身の換価権者たる地位を対抗することができない。

(エ)　日本法における状況

(a)　留保物件を目的物とする譲渡担保権の成否

1）判例法理

　標記の問題に関しては、わが国にも最高裁の判例がある。事案は、Yが保有する店舗の賃借権、敷金返還請求権、電話加入権、営業権及び店舗内に備え置かれた動産を所有権留保特約付でAに売却したところ、Aは代金完済前に、Xからの借入金を担保するため、留保物件を譲渡担保の目的として提供し、占有改定の方法によって引き渡したが、Aの支払遅滞を理由として、Yが店舗をBに売却処分したので、XがYに対し、譲渡担保権の侵害を理由として、不法行為に基づく損害賠償を請求したというものである。

　この事案について、最高裁は、留保買主が代金を完済せずに留保物件を譲渡担保に供したとしても、留保買主に所有権が移転していない以上、譲渡担保権は成立しないものと判示した[102]。

---

(101) Staudinger/ Wiegand, a.a.O. (Fußn. 64), Anhang zu §§929–931, S. 294 [einzelner Sachen（個別動産）] u. S. 296 [Raum=Warenlager（在庫・集合動産）].
(102) 最判昭和58年3月18日判時1095号104頁。また、古く大審院時代の判例には、自動車の割賦販売による所有権留保売買の買主が自動車を第三者の売渡担保に供したという事案において、買主に横領罪が成立すると判示したものもある（大判昭和9年7月

最近、下級審の裁判例ではあるが、昭和58年最判と類似の事案と目されるものが現れた。

事案は、YがAとの間において、電線屑等の金属スクラップ（本件動産）を継続・反復して売却するという取引に関して、Aへの包括的な転売授権を伴う所有権留保を合意したが、Aが支払停止に陥り、期限の利益を失ったので、Yは、留保した所有権に基づき、工場内に保管されていた本件動産について動産引渡断行の仮処分命令を取得し、これに基づき本件動産を当該工場から引き揚げ、処分したところ、本件動産に関して集合動産譲渡担保権の設定を受けていたX中央金庫が、Yの対抗要件欠如を指摘し、Xの対抗要件具備（動産譲渡登記）により、Yによる本件動産の処分行為はXに対する不法行為または不当利得に該当するとして、Yに対し、損害賠償または利得償還を請求したというものである。

この事案に関して、東京高裁は、①所有権留保の目的が売買契約に係る代金債権の担保であるとしても、売買契約による物権変動の時期は代金完済時であるから、非所有者の設定した譲渡担保権は、その限りにおいて無効である、②動産譲渡担保を利用した融資の実務でも、所有権留保が対抗力なくして優先するという見解が趨勢であるから、両者を対抗関係と解することは困難である、③担保権的構成説によると、倒産手続上、留保所有権は別除権であり、対抗要件の具備が求められるとしても（破産第49条１項、民再第45条１項等）、これは、個別の権利行使が禁止される一般債権者と、法的倒産手続によらないで別除権を行使することができる債権者との衡平を図る趣旨と解され、これらの規定が担保権相互の優先関係を規律するものとはいえない、④担保権的構成説を前提としても、動産譲渡担保権と留保所有権の優先関係は、対抗要件の具備の先後による二者択一の関係とならざるを得ないが、留保所有権が優先するとの解釈にも合理的理由がある、⑤留保所有権の存否に

19日刑集13巻14号1043頁）。昭和９年大判の判断は、留保売主に真正所有権があることを前提とした解釈である。昭和58年最判も同様の観点からの解釈と思われる。倒産の局面における譲渡担保権者の取扱いについては、最判昭和41年４月28日民集20巻４号900頁が、会社更生手続の事案において、譲渡担保権者は更生担保権者に準ずるとして、その取戻権を否定していたが、所有権留保の事案においては、留保所有権を真正所有権と扱ってきたと言うことができる。

ついても、Xは、Aの在庫商品の調達先を特定の上、A及び調達先への照会によりこれを確認することは比較的容易と考えられる、などの理由により、結局、「Xは、本件動産について、代金が完済された部分を除き有効な動産譲渡担保権を取得せず、Yは、対抗要件の具備なくして本件所有権留保をXに主張することができる」として、譲渡担保権の設定に先行する留保所有権の優越性を認めた[103]。

本件は最高裁に上告受理申立てがなされ、にわかに注目されたところ、今般、最高裁においても、東京高判と同様、代金完済前の留保買主を非所有者と解し、同人からの担保提供による譲渡担保権の成立を否定する判決が確定した[104]。最高裁は、Yは、Aに対し、包括的に留保物の転売授権をしているが、これはAのYに対する弁済の原資を確保するための措置であり、Aへの所有権移転を認めるものではないと解しつつ、「本件動産の所有権は、本件（所有権留保）条項の定めどおり、その売買代金が完済されるまでYからAに移転しないものと解するのが相当である」として、Xは、Yに対して本件譲渡担保権を主張することができないとした。

2）法解釈論

譲渡担保権が有効に成立するためには、設定者に目的物の所有権があることが前提となる。本件は、目的物に留保売主の留保所有権が存在している場合に、留保買主に「所有権」が移転しているのかが問題となる。

第一に、所有権留保売買における留保買主への所有権移転は代金の完済を停止条件とする。この場合における留保買主の地位を法律的に見れば、条件

---

(103) 東京高判平成29年3月9日金法2091号71頁。本件は譲渡担保権者Xの全面敗訴のように思われたが、留保所有権者Yは、債務者Aによる代金の完済により留保所有権が消滅した物件についても、本件仮処分決定の執行後、第三者Bにこれを売却処分したとして、当該執行及び売却処分は、本件仮処分決定に先立ち、Aが債権者らへの支払を停止し、Xが独立当事者参加により本件譲渡担保を主張していたことに照らせば、Xに対する不法行為を構成すると判示し、この部分に関するXの損害賠償請求を認めた。本判決は、留保所有権を担保権として扱うとしても、譲渡担保の設定者が所有権を取得していないという法形式面を重視して、譲渡担保権は成立しないと判断したものである。この意味において、前掲昭和58年最判が留保売主に真正所有権があるかの如き判断をしたのとは、ニュアンスが異なっている。

(104) 最判平成30年12月7日金法2105号6頁（民集掲載未定）。

付所有権移転請求権者に過ぎない。それゆえ、形式的には、代金完済前は物権変動が生じておらず、留保買主には所有権は移転していないこととなる[105]。

第二に、留保買主を条件付所有者として位置づけ、既払い分に応じた所有権を有するものと解すると、「分割所有権」を有することとなるので[106]、これを譲渡担保権の目的とすることが可能である。

第三に、留保買主に所有権は移転していないが、所有権移転に向けた物権的期待権を有しており、期待権が既払い分に応じた価値を有するのであれば、この期待権を目的とする譲渡担保権が成立すると解することもできる[107]。

第四に、所有権留保を譲渡担保権の設定と類似する担保権と解すると、両者は、競合状態になるのではないかという問題が生ずる。以下、これらの観点から、それぞれ考察する。

まず、第一の構成は、上記判例法理である。即ち、昭和58年最判は、代金完済前の留保買主には所有権が移転しておらず、留保買主の設定に係る譲渡担保権は成立しないという理由により、留保所有者が留保買主の支払遅滞に基づいて留保物件を第三者に処分しても、譲渡担保権の侵害は成立せず、不法行為に基づく損害賠償という問題も生じないとした。この意味において、在庫商品を譲渡担保の目的とした場合においても、在庫品の中に所有権を留保した供給者の留保物件が存在するときには、譲渡担保権と留保所有権との

---

[105] 道垣内弘人『担保物権法』(有斐閣、第4版、2017年) 367-368頁。道垣内教授は、留保買主には代金完済による所有権取得への期待があるので、同人には物権的期待権が帰属するという。この解釈によると、留保売主の留保所有権も一応は「所有権」と位置づけられる。しかし、道垣内説は、所有権の分属構成であるので、買主の物権的期待権も分割所有権と解するようである。しかしながら、本来の物権的期待権説であれば、売主の留保所有権は完全所有権であり、買主の権利は制限物権としての期待権としか言いようがない。

[106] 竹下守夫「所有権留保と破産・会社更生」『担保権と民事執行・倒産手続』(有斐閣、1990年) 267頁所収(特に275頁以下参照)、幾代通「割賦売買」『契約法大系Ⅱ贈与・売買』(有斐閣、1962年) 293頁。同様に、売主と買主に所有権が分属すると構成する学説として、高木多喜男『担保物権法』(有斐閣、第4版、2005年) 379-381頁がある。

[107] 拙著『民法要論Ⅲ担保物権法』(成文堂、2016年) 294-295頁。

間には、抑も対抗関係が存在しないことに帰着する。この点は、平成29年東京高判、同30年最判も同旨である。

　しかし、近時有力に主張されている担保権的構成説のうち、対抗要件説に立脚する学説は、売買前に売主が有していた所有権が所有権留保売買をした結果として「担保権へと変容」したものと解し、ここにおいて、私が譲渡担保の法的構成において主張するのと同様の「担保所有権」を留保所有権にも適用するものと解し、両者はともに担保物権であるから、その優劣は、原則として、対抗要件によって決すべきものと主張する[108]。だが、このように解すると、判例によれば、集合動産譲渡担保権の設定された在庫保管場所に留保所有権付きの物件が搬入されると、対抗要件との関係上、譲渡担保権が留保所有権に優先してしまうという懸念が生ずる[109]。

　しかしながら、対抗要件説によると、所有権留保の場合には、他の担保物権とは事情が異なると言う。即ち、法定担保物権たる先取特権とは異なり、約定担保物権たる留保所有権の場合には、担保目的物に関する留保所有権と被担保債権との牽連性が強いという理由から、留保所有権を優先させるという理論を構成するのである[110]。

　譲渡担保権と留保所有権を、ともに担保物権と構成し、対抗関係が生ずるものと構成するにもかかわらず、「担保目的物との牽連性の強弱」を理由とし、留保所有権を優先させるという理論構成自体は、担保権的構成説の立場からは正当である。しかし、非典型担保の法理において範とすべきドイツにおいても、譲渡担保と所有権留保を統一概念の下に置くという非占有質権構成は、ドイツ倒産法改正における議論において失敗に終わっている。この点

---

[108] 田高寛貴「譲渡担保と所有権留保」法教424号（2016年）81頁（85頁）、同「自動車割賦販売における留保所有権に基づく信販会社の別除権行使」金法2085号（2018年）24頁（33頁）。

[109] 最判昭和62年11月10日民集41巻8号1559頁は、集合動産譲渡担保権の設定された倉庫内に搬入された動産売買先取特権の目的物について、譲渡担保権者に所有権の取得を認めるとともに、占有改定による引渡しで対抗要件も備えているとして、譲渡担保権者を民法第333条に所謂「第三取得者」と認め、動産先取特権は失効するとして、先取特権者の申し立てた動産執行手続は譲渡担保権者による第三者異議の訴えによって排除されるとした。この点は、第四の構成において詳述する。

[110] 田高・前掲「論文」法教424号87頁、金法2085号30頁。

から、単純類型の所有権留保において、譲渡担保と所有権留保を統一概念にまとめる必要はない。第 1 章の結語・私見においても述べるが、真正所有権が「担保所有権」に転化するのは、所有権を移転する譲渡担保権のみであり、転化原理は原則として所有権留保には適用されないと解すべきである。しかし、三者間取引による所有権留保で信販会社などの金融機関が取得する「金融信用に基づく留保所有権」は、留保買主が信販会社に物権的期待権を譲渡担保に供するのと同じであるから、転化原理が適用され、このような譲受け留保所有権は担保所有権と化する。

いずれにせよ、平成29年東京高判、同30年最判の示した判例法理は、昭和58年最判の示した判例法理と相俟って、所有権留保売買における留保商品の上には譲渡担保権は成立せず、譲渡担保権が成立するのは、設定者が留保商品の代金を完済し、留保買主に所有権が移転した部分に限られるということで確定した。だが、平成29年東京高判は、留保所有権を担保権として扱うとしても、譲渡担保の設定者が所有権を取得していないという法形式面を重視して、譲渡担保権は成立しないと判断したものである。この意味において、前掲昭和58年最判が留保売主に真正所有権があるかの如き判断をしたのとは、ニュアンスが異なっている。

次に、第二と第三の構成は、留保買主の期待権との関係で問題となる。

留保買主 A が債権者 X に対して譲渡担保に供した目的物は留保売主 Y から定期的に仕入れた金属スクラップである。この場合には、A が Y に対して既に代金を完済した部分と、そうではない部分とが、A の工場・倉庫内に混在している。そうすると、代金完済部分については、X は A の所有物を担保目的で取得したと言えるので、この部分について譲渡担保権が成立する。また、代金完済前の部分については留保売主 Y に真正所有権があるが、A には将来の所有権取得権たる物権的期待権（dingliches Anwartschaftsrecht）があるので、A はこの期待権を X に担保目的で譲渡したと言うことができる[111]。それゆえ、A から X への所有権の移転は、継続的に供給される個別仕入品に関する A の代金完済に応じて増加する。

---

(111) BGH, 13. 6. 1956, Ⅳ ZR 24/ 56, BGHZ 21, S. 52 [54 f.] ; BGH, 24. 6. 1958, Ⅷ ZR 205/ 57, BGHZ 28, S. 16 [20 f.] 以来の判例・通説である。

しかし、物権的期待権は、停止条件付所有権移転請求権であり、AがYに対して期限の利益を喪失するなど、条件が成就せずに終わった在庫品に関しては、期待権は消滅に帰する。即ち、留保売主Yが所有権に基づいて留保商品をAから引き揚げて処分する際には、その前提として、YはAに対し、所有権留保売買を解除するので（BGB第449条２項）、解除と同時に、留保買主Bの物権的期待権と占有権は消滅する。この場合には、Xの譲渡担保権の目的物は代金を完済した部分に限られ、それ以外の部分は、Yは自己の所有権に基づいてAの元から留保商品を引き揚げたに過ぎないので、YはXの譲渡担保権を侵害していない。

最後に、第四の構成、即ち、譲渡担保権と留保所有権という担保権の競合となるのではないかという点が問題となる。この観点からは、所有権留保売買の留保買主は、条件付所有権を取得し、実質的には自己の物として占有・使用する地位を有するとすれば、実質的な所有者として扱われるので、留保売主の留保所有権は譲渡担保権と類似する担保権ということになる[112]。そうすると、留保買主Aは、実質的な所有者としてXに対して留保商品を譲渡担保に供したことになるので、Yの担保権としての留保所有権は、同じくXの担保権としての集合動産譲渡担保権の目的として埋没するのではないかという問題が生ずる。この問題については、動産売買先取特権の目的物が集合動産譲渡担保権の設定された倉庫内に搬入された瞬間に、譲渡担保の構成部分と化し、占有改定による引渡しによって動産先取特権の効力が失われるので（第333条）、譲渡担保権者の「（担保）所有物」となるという判例法理がある（第333条適用説）[113]。

---

[112] 高木・前掲『担保物権法』380頁。高木博士は、抵当権類似の権利関係として、「担保権説」を主張する。即ち、「譲渡担保と同じく、所有権が売主と買主に分属していることを肯定しなければならない」と解しつつ、留保売主の物権的地位については、売買によって目的物の所有権は買主に移転し、売主は所有権留保特約によって一種の担保物権たる留保所有権を取得するものと構成する。また、米倉明『所有権留保の実証的研究』（商事法務研究会、1977年）36-37頁及び300頁、幾代通「割賦売買─所有権留保売買」『契約法大系Ⅱ（贈与・売買）』（有斐閣、1962年）289頁（294頁以下）も、所有権留保と譲渡担保をともに動産抵当権と解するので、留保買主を所有者として扱うこととなる。

[113] 最判昭和62年11月10日民集41巻8号1559頁：「集合物を目的とする譲渡担保権設定

民法第333条は、「先取特権は、債務者がその目的である動産をその第三取得者に引き渡した後は、その動産について行使することができない。」と規定する。民法第333条の制度趣旨は、公示方法のない動産先取特権については、第三者は往々にして先取特権の存在を知らず、そのため、先取特権の実行によって不測の損害を被ることがある一方で、他方、先取特権の目的物が第三者に売買され、同人への引渡しが終わった後にまで先取特権の効力を維持するのは、先取特権者に必要以上の効力を与えることとなり、適切ではないという理由から、動産先取特権の追及力を制限し、これにより、動産取引の安全を保護するというものである[114]。

第333条の取扱いについて、判例は、「第三取得者」を「所有権の移転を受けた者」と解し[115]、同条の「引渡し」には占有改定を包含するものと解している[116]。

　契約が締結され、債務者がその構成部分である動産の占有を取得したときは債権者が占有改定の方法によってその占有権を取得する旨の合意に基づき、債務者が右集合物の構成部分として現に存在する動産の占有を取得した場合には、債権者は、当該集合物を目的とする譲渡担保権につき対抗要件を具備するに至ったものということができ、この対抗要件具備の効力は、その後構成部分が変動したとしても、集合物としての同一性が損なわれない限り、新たにその構成部分となった動産を包含する集合物について及ぶものと解すべきである。したがって、動産売買の先取特権の存在する動産が右譲渡担保権の目的である集合物の構成部分となった場合においては、債権者は、右動産についても引渡しを受けたものとして譲渡担保権を主張することができ、当該先取特権者が先取特権に基づいて動産競売の申立てをしたときは、特段の事情のない限り、民法333条所定の第三取得者に該当するものとして、（第三者異議の）訴え（民執第38条）をもって、動産競売の不許を求めることができる。」

[114] 梅謙次郎『民法要義巻之二物権編』（和佛法律學校・明法堂、初版、1896年）364-365頁。この制度趣旨は、その後の学説によっても維持されている。この点については、我妻榮『新訂擔保物權法』（岩波書店、新訂3刷、1971年）93頁、西原道雄『注釈民法（8）物権（3）』（有斐閣、1965年）209頁、柚木＝高木・前掲『担保物権法』76頁などを参照。
　しかし、この制度趣旨に対して、石田穣・前掲『担保物権法』121頁は、取引安全の保護と位置づけながら、第三取得者の善意・悪意を不問としているのは妥当性を欠くとして、第三取得者には善意・無過失を要求すべきものと批判する。また、道垣内・前掲『担保物権法』70頁も、第三取得者の善意を要求していないことから、取引安全のみからは説明できないと言う。
[115] 大判昭和16年6月18日新聞4711号25頁。
[116] 大判大正6年7月26日民録23輯1203頁。

また、学説は、第333条の引渡しに占有改定を含むかという問題について、現実の引渡しを要求する反対説も存在したが[117]、従来の多数説は、占有改定を含むという判例法理を正当と解している[118]。公示方法を予定しない動産先取特権と第三者との利害関係を考えると、第333条に所謂「引渡し」には、第三取得者が対抗要件を具備した場合を広く包含すべきものという理由から、その場合には、動産先取特権の効力が切断され、第三取得者は、何ら担保の負担のない動産を取得するものと解する多数説が妥当である。

　代理占有制度は、ローマ法にその淵源を見るものであり、それが中世から近代法へと受け継がれ、公示手段として制度化されたものである[119]。本来、代理占有は、従前の占有状態に何ら変更を見ないものであるから、実際上の公示力はない。しかし、取引の現場において、①簡易引渡を回避するために、一旦占有を戻してから再び現実に引き渡すこと、②占有改定を回避するために、現実の引渡しをする一方で、その瞬間に元の占有状態に戻すことは無意味であることから、簡易引渡や代理占有が便法として利用されてきた。このような便法を利用する上で、支障のない限りは、これを肯定すべきである。

　他方、占有改定による引渡しは公示方法としては不十分かつ不適切であると解し、動産担保の存在を公示するためには、取引社会で利用されているネームプレートのような明認方法を慣習法上の公示方法として認めるべきだという見解がある[120]。

---

(117) 末弘嚴太郎『債權總論（二）（現代法學全集第六卷）』（日本評論社、1928年）69頁、田島順『擔保物權法』（弘文堂書房、1934年）75頁。末弘博士は、第321条（現行第320条）以下の先取特権には即時取得の準用規定たる第319条が適用されないことから（第319条は第312条〔不動産賃貸〕、第317条〔旅館宿泊〕、第318条〔運輸〕の先取特権に即時取得規定を準用している。）、保護の薄いものとなるので、第333条の引渡しは現実の引渡しに限ると解するのが至当と論じていた。
(118) 我妻・前掲『新訂擔保』93頁、石田文次郎『擔保物權法論（下）』（有斐閣、1936年）756頁、柚木＝高木・前掲『担保物権法』76-77頁、川井健『担保物権法』（青林書院新社、1975年）316頁など。
(119) この点に関しては、川島武宜『新版所有権法の理論』（岩波書店、1987年）240頁、原田慶吉『ローマ法上卷』（有斐閣、1949年）140頁などを参照。
(120) 吉田眞澄「集合動産の譲渡担保（6）」NBL226号（1981年）33頁（37-38頁）、同「集合動産譲渡担保」『担保法大系第4巻』（金融財政事情研究会、1985年）672頁（692

更に、集合動産の譲渡担保の場合には、特定動産の譲渡担保よりも設定者をめぐる利害関係人の多さを理由として、融資者だけに目的物の価値を独占させることに疑問を提起し、集合動産の譲渡担保は債権契約性を有するに過ぎないとし、物権性を否定する説（債権的効力説）もある[121]。

しかし、抑も、動産の占有というものは、その動産に関する所有権の所在を実効的に公示することは難しいものである。そして、動産質権の設定における現実の占有移転の不便さから（日民第344条、第345条、BGB 第1205条1項1文）、これを回避するために簡易の占有移転を認めるようになったという経緯があり、ここから、譲渡担保の設定行為は占有改定の方法を採るに至ったのである。然るに、譲渡担保権の設定における占有改定による引渡しは、形式主義を標榜するドイツにおいてでさえ、制度上認められているのであるから（BGB 第930条）、わが国の判例が認めてきた占有改定による引渡しをもって譲渡担保権設定の対抗要件とするという姿勢は是認されるべきである。

したがって、先取特権が付着している動産であっても、譲渡担保権者が所有権の移転を受け、たとえ占有改定のような観念的な引渡しであろうとも、とにかく引渡しさえ受けてしまえば、もはや先取特権の効力は当該動産には及ばないということになる[122]。

前掲昭和62年最判も、譲渡担保権に対抗力を認めることとともに、民法の各種規定（第333条、第183条、第178条）を適用して、譲渡担保権者は先取特権者からの強制執行を第三者異議の訴え（民執第38条）によって排除しうる

頁以下）、半田吉信「集合動産譲渡担保と対抗要件」法時56巻1号（1984年）113頁（115頁）、米倉明「動産の担保」私法45号（1983年）24頁（26-28頁）、石田喜久夫「流動動産の譲渡担保契約」法セミ298号（1979年12月号）52頁（54頁）、伊藤進「集合動産譲渡担保の有用性の検討（中）」手形研究323号（1982年）6頁（8頁以下）など、当時は比較的多数説であった。

近時、松岡久和『物権法』（成文堂、2017年）221-222頁、同『担保物権法』（日本評論社、2017年）321頁は、ネームプレートなど、何らかの公示方法さえ備えれば、占有改定による引渡しでも、公示方法（対抗要件）として、また、即時取得の要件たる「引渡し」として認めるべきものと主張する。

[121] 石田（喜）・前掲「論文」法セミ298号55頁。
[122] 第334条類推適用による質権擬制説もあるが、先取特権との競合と認めるに過ぎず、質権が第一順位の先取特権（第330条）とみなされることから、結局、譲渡担保権が優先することに変わりはないので、それほど意味のある解釈とは思われない。

としている。譲渡担保権の設定を形式的に所有権の移転と認めれば、占有改定による引渡しにより、譲渡担保権者は第三者に対抗しうる。所有権の一部の移転と解する立場であっても、占有改定による引渡しによって、担保所有権の移転に関する対抗要件として位置づけることはできるはずである[123]。

　平成30年最判の事実関係によると、Xは占有改定による引渡しではなく、動産譲渡登記を備えているが、この登記は占有改定と同レベルという位置づけなので[124]、解釈としては同一に帰着する。

　しかし、このような担保権の競合という解釈は、非占有担保物権かつ制限物権としての先取特権と、権利移転型担保権たる動産譲渡担保権との競合に関するものである。それゆえ、所有権留保と動産譲渡担保との間には適用されえない。以下、その理由について述べる。

　所有権留保は、停止条件付所有権移転という売買の附款である。仮に、所有権留保を純然たる担保権と解するとしても、解除条件付所有権移転という法形式を備える動産譲渡担保権と、停止条件付所有権移転という法形式を備える所有権留保に基づく留保所有権との競合には使えない。両者を類似の担保物権と解する場合には、抑も競合問題にはならないのではないかという疑問が生ずる。

　集合動産譲渡担保の場合には、予めの設定契約時に、将来、倉庫内に搬入される商品にも、その搬入と同時に、譲渡担保権者への所有権移転と占有改定による引渡しの効力が及ぶ旨が約定されているので、倉庫内への搬入時に譲渡担保権者の担保所有物と化する。それゆえ、仕入先（供給）業者の有す

---

(123) 道垣内・前掲『担保物権法』312頁の判例法理に対する是認的説明、313頁のネームプレート説に対する批判的論述から、占有改定による引渡しを容認しているものと解される。私見は、ローマ法以来の民法体系上、所有権の分属はありえないと構成する。しかし、私見は、譲渡担保権の設定行為により、譲渡担保権者には、所有権が処分権の制限された「担保所有権」に転化して移転し、設定者は物権的期待権を有するものと構成するので、譲渡担保権者の担保所有権取得の対抗要件として、占有改定による引渡しを認めるべきものと解する。
(124) 動産債権譲渡特例法第3条1項は、動産譲渡登記により民法第178条の引渡しがあったものとみなすと規定するが、従来、判例法理により、第178条の引渡しには占有改定による引渡しを含むと解され（大判明治43年2月25日民録16輯153頁、最判昭和30年6月2日民集9巻7号855頁）、通説を形成してきたので、特例法登記と占有改定とは同一の効力と解されるのである。

る制限物権たる動産売買先取特権は奏功しなくなる（第333条）。しかし、販売業者が所有権留保を施しておけば、担保目的物が通常の営業の範囲内において転売され、引き渡されるまでは、買主の信用危殆状況の際には、取り戻すことができる（破産第62条）[125]。のみならず、転売されたとしても、買主の倒産手続においては、代償的取戻権を有するものと解すると（同法第64条）、所有権留保は動産譲渡担保にも優先するものと解しうる。

次に、流通を予定する商品の所有権留保において、転売授権がなされている場合の取扱いについて考えてみる。平成30年最判（平成29年東京高判）の事案において、供給業者（留保売主）Yは、留保買主Aに対し、通常の営業の範囲内における転売権を与えている。Yは、Aに対し、Yへの売買代金をAが割賦弁済するという商品信用を与えているので、Aの営業活動により、計画的にYへの代金支払を予定することが当然の前提となる。

他方、譲渡担保権者X中央金庫も設定者Aに対して同様の転売権を与えている。この場合における転売授権は、Aの営業活動によって獲得した収益により、Xへの借入債務を弁済するという目的の下で、これまた計画的な弁済を予定するものである。転売授権と譲渡担保権の効力との関係は、Aの仕入商品の保管場所への搬入と同時に担保目的物となるが、転売による搬出と同時に担保目的から離脱するものと解される。これが在庫譲渡担保の本質である。

前述したように、二当事者間の所有権留保は、留保売主の代金債権の担保というよりは、むしろ、留保売主に契約解除の場合における物権的返還請求権を保全するという目的を有している。そのため、商品を媒介とした与信行為と考えられる。それゆえ、留保売主の留保した所有権は真正所有権であ

---

[125] 近時の判例・多数説は、買主の条件付所有権を「物的支配権」として認め、留保所有権を譲渡担保権と同様の「単なる担保権」として処遇し、留保所有者は設定者（留保買主）の倒産手続において「別除権」（破産第65条）を有するに過ぎないと解している（伊藤眞『破産法・民事再生法』〔有斐閣、第3版、2014年〕446頁、最判平成22年6月4日民集64巻4号1107頁など）。確かに、三者間契約類型の所有権留保は金融信用であるから、そのとおりである。しかし、二当事者間における単純類型の所有権留保においては、商品信用として、留保所有権になお「真正所有権」としての実体を認めるべきものである（拙稿「所有権留保売買における信販会社の法的地位」法経論集〔愛知大学〕213号〔2017年、本書「第2章」所収〕69頁〔99頁以下〕）。

る。この場合における留保買主の地位は、停止条件付所有権取得請求権という意味における期待権者に過ぎず、留保売主との内部関係における物権的効力は、使用・収益権を本権とする占有権に基づくものに過ぎない。しかし、留保買主の期待権は、第三者との関係においては、条件付所有権取得権を物権的期待権として、物権的効力をリファイナンスに利用し、あるいは防御的・抗弁権的に利用することが認められるという法律・権利関係である。

　そこで、このような観点から、本件の事実関係を分析すると、留保売主Ｙは、通常の営業の範囲内でＡに転売権を与えているが、平成30年最判も述べているように、これはＡの営業による収益活動であり、Ｙへの割賦弁済金の原資たりうべきものである。それゆえ、Ｙの留保した所有権に何らの影響を与えるものではない。

　他方、Ｘの集合動産譲渡担保の目的たるＡの工場内にＹの留保商品が搬入された場合における法律・権利関係については、Ａの有する権利は所有権ではなく、物権的期待権である。それゆえ、ＸはＡの有する物権的期待権を譲渡担保の目的として獲得したものと言える。

　この局面において、留保所有者Ｙと期待権の譲渡担保権者Ｘとの関係は、Ｙが商品与信者、Ｘが金融与信者というだけであり、Ａの転売によって獲得した収益をＡが計画的にＹに割賦弁済し、あるいは、Ｘに弁済している局面においては、何ら問題は生じない。

　ところが、Ａに信用危殆事由が発生した場合には、状況が一変する。この場合には、留保所有者Ｙと金融与信者Ｘとの優劣関係となる。

　Ｘは金融の担保のために、Ａの物権的期待権の譲渡を受けたという地位にある。他方、Ｙは商品与信者であり、真正所有者である。それゆえ、Ａの信用危殆事由発生の際には、Ｙは所有権留保特約付売買を解除する。これにより、Ａは物権的期待権と占有権を失うので、この時点において、Ｘの譲渡担保権は目的を失う。したがって、Ｙが留保した所有権に基づいて、Ａの工場内から留保商品を引き揚げて処分したとしても、ＹがＸの譲渡担保権を侵害したことにはならない。

　しかし、平成30年最判（平成29年東京高判）は、以上のような構成を採らず、「所有権移転」という設定形式で絞りをかけるという構成を採った。譲

渡担保は解除条件付所有権移転であるから、設定者は真正所有権者でなければならない。然るに、留保買主は停止条件付所有権移転請求権という期待権を有するに過ぎず、真正所有権者ではない。それゆえ、譲渡担保権は成立しないという解釈である。

したがって、たとえ、担保権的構成説に立脚したとしても、動産譲渡担保権者Xと留保所有権者Yは競合する担保権者という地位には立たないこととなる。

(b) 留保物件を目的物とする譲渡担保権の即時取得

次に、非所有者ないし非処分権者による譲渡担保権の設定行為により、譲渡担保権は不成立となるが、この場合の債権者には「譲渡担保権の即時取得」が成立するかが問題となる。即ち、譲渡担保権の設定に基づく「担保所有権」の即時取得には、占有改定による引渡しでも、第192条の要件を充たすのかという問題である（所謂「占有改定と即時取得」）。

わが民法第192条における即時取得の成立要件たる取得者の占有要件は、「動産の占有を始めた者」と規定するだけであり、引渡しによる占有の移転が現実の引渡し（第182条1項）を必要とするのか、それとも占有改定（第183条）でもよいのかは判然としていない。

ここで立法例を勘案すると、まず、ドイツ民法は、譲渡人の所有でない物が占有改定（Besitzkonstitut）によって引き渡された場合（BGB第930条）において、その物が更に譲渡人から善意の取得者に引き渡されたときには、取得者は所有権を善意取得するものと規定する（BGB第933条[126]）。この規定から、ドイツ民法は、占有改定による引渡しでは善意取得の成立を認めない

---

[126] BGB第933条（占有改定の場合における善意取得）「第930条に従って譲渡された物が譲渡人の所有に属しない場合において、その物が譲渡人から取得者に引き渡されたときは、取得者は所有者になる。ただし、その当時、取得者が善意でないときは、この限りではない。」

　BGB第933条の場合には、最初から「引渡し」は、占有改定で充たされているので、譲渡人が無権利者であれば、そのまま善意取得が成立しそうである。しかし、敢えて譲渡人から取得者への「引渡し」を求めていることから見て、第933条は、取得者への「現実の引渡し」を求めた規定と解されている。したがって、占有改定による引渡しでは、善意取得は認められない。この点に関しては、Baur=Stürner, Sachenrecht, 18. Aufl. 2009, §52 Rdn. 1 ff., S. 662f. (663f.) を参照。

こととなる。次に、フランス民法においては、債権契約の効果として物権変動が発生するところ（CC 第711条〔明文で「所有権は、……債権の効果として取得され、移転する」と規定する。〕、第1138条〔物の引渡債務は契約当事者の合意のみによって完了する。〕）、動産の譲渡には公信の原則が適用され、第一の売買があって所有権が完全に移転しても、なお売主が占有しているという状況において、第二の売買がなされ、第二の取得者が善意者であるときには、この者が所有権を取得するものと規定されている（CC 第1141条、第2279条）。この場合において、善意者が優先するのは、占有者たる売主から譲渡され、現実に引き渡された場合に限られる[127]。

わが国においては、通常の所有権の即時取得に関して、判例は、大審院時代から一貫して、「占有改定による引渡しでは、一般外観上、従来の占有事実の状態に変更がない」として、これでは即時取得の要件たる引渡しには該当しないという理由から、即時取得は成立しないと判示してきた[128]。

これに対して、学説には、まず占有改定肯定説があり[129]、これを批判する否定説が展開され[130]、更に、肯定説が、この批判を受け入れて折衷説を

---

(127) 川島・前掲『新版所有権法の理論』250頁以下（特に256-257頁）、石田穣『物権法』（信山社、2008年）121頁、273頁、拙著『物権法』（信山社、2015年）118-119頁を参照。
(128) 大判大正5年5月16日民録22輯961頁、最判昭和32年12月27日民集11巻14号2485頁、最判昭和35年2月11日民集14巻2号168頁。判例が占有改定による引渡しを即時取得の成立要件たる占有と認めない理由は、例えば、原所有者Aが自分の所有する動産をBに賃貸している場合において、Bが当該動産をCに譲渡し、BがCから賃借して引き続き使用しているときには、Aから見た外観では、Bが直接占有しているという意味において、占有の外観に変化はないので、占有関係において、A・B間における賃貸借という信頼関係は裏切られておらず、B・C間で譲渡と賃貸借が行われても、A・B間の賃貸借は存続し、BによるAのための代理占有は消滅していないので、Aとの関係において、B・C間に占有の移転さえ成立しない（占有移転を認めない）と考えられるからである。
(129) 我妻榮「占有改定は民法第一九二条の要件を充たすか」『民法研究Ⅲ物権』（有斐閣、1966年）148頁（156頁以下）、柚木馨『判例物権法總論』（有斐閣、1955年）348頁以下など参照。
(130) 中島玉吉『民法釈義巻之二物権篇上』（金刺芳流堂、1916年）184頁、三潴信三『全訂物権法提要』（有斐閣、1927年）296頁、末川博『物権法』（日本評論社、1956年）235頁、舟橋諄一『物権法』（有斐閣、1960年）245頁以下、好美清光「即時取得と占有改定〔判批〕」一橋論叢41巻2号（1959年）86頁（90頁以下）、近江幸治『民法講義Ⅱ物権法』（成文堂、第3版、2006年）158頁など、判例とともに通説を構成する。

第1節　所有権留保の意義と社会的作用　57

展開したという経緯がある。

　占有改定否定説は、特に原所有者との関係において、原所有者Aが現在の占有者Bに占有物の返還を請求した場合において、これ以前に、Bが、取引によって、平穏・公然、善意・無過失のCに占有物を譲渡し、占有改定によって引渡しをしていたときに、肯定説を適用すると、Bは、Cの即時取得を理由として、Aに対して目的動産の返還を拒絶しうることとなり、不合理であると主張した。また、AがBから現実に目的動産の返還を受けたとしても、それ以前に、占有改定によってその動産を即時取得したCからの引渡請求に応じなければならないとすると、これまた不当な結果になると主張した[131]。

　そこで、折衷説は、Bからの取得者Cは占有改定によって所有権を即時取得するが、これは確定的なものではなく、後にBから現実に引渡しを受けたときに確定的に所有権を取得するとした[132]。

　譲渡担保権の設定を信託的所有権移転行為と構成すると、真正所有権の移転ではなく、担保所有権の移転と解される（転化原理）。また、わが国における譲渡担保権の対抗要件としては、占有改定による引渡し、または動産譲渡登記がある。この場合には、現実の引渡しは担保権の実行時以外にはありえない。そうすると、占有改定による引渡しでも、設定時または遅くとも実行時に譲渡担保権の即時取得が成立しそうである。

　この問題に関する判例は存在しない。しかし、学説は概ね、譲渡担保権の設定行為であっても例外は認めず、この場合でも、折衷説により一応即時取得は成立するものと解するとか[133]、あるいは、譲渡担保権の実行時、即

---

(131) 末川・前掲『物権法』235頁、好美・前掲「判批」一橋論叢41巻2号90頁以下。
(132) 我妻榮『物権法』（岩波書店、1952年）137-138頁、我妻＝有泉『新訂物権法』（岩波書店、1983年）223-224頁、鈴木（禄）『物権法講義』（創文社、5訂版、2007年）213-214頁、同『抵当制度の研究』（一粒社、1968年）415頁、内田貴『民法Ⅰ』（東大出版会、第4版、2008年）470頁など、恰も、物権変動における不完全物権変動説を彷彿とさせる見解である。
(133) 廣中俊雄『物権法』（青林書院新社、第2版、1982年）192頁。構成は異なるが、横悌次「即時取得」星野編『民法講座2物権（1）』（有斐閣、1984年）299頁（325頁）も廣中博士と類似の「類型説」として位置づけられる。これらに関しては、拙著・前掲『物権法』355頁、同『民法要論Ⅱ物権法』（成文堂、2017年）215頁以下を参照され

ち、現実の引渡しによる占有取得時に即時取得が成立するものと解する[134]、という状況である。

　譲渡担保の設定において占有改定による引渡しに対抗力を付与しているのは、あくまでも「担保のためにする所有権移転」という設定行為に対して対抗力を与えるべきだからである。然りとて、非所有者による設定行為で、本来無効なはずの譲渡担保権者に即時取得の恩恵を与えてよいのかという懸念ないし懐疑の念も生ずる。占有改定による所有権の即時取得の成否という問題については、基本的には占有改定否定説が正しい解釈論である。しかし、真正所有者には所有権が存続し、善意・無過失の担保物受領者に担保所有権の即時取得を認めるという取引安全からの要請も、これまた正当なように思われる。

　私見は、この場合には、取引安全の要請から、折衷説に拠るのもやむを得ないのではないかと考える。したがって、留保所有者が留保物を買主の元から引き揚げた場合には、譲渡担保はその効果を発揮せずに終わり、反対に、善意・無過失の譲渡担保権者が実行のために設定者（留保買主）の元から目的物（留保物件）を引き揚げた（善意・無過失のままで現実の引渡しを得た）場合には、留保所有者は返還請求権を行使しえないものと思われる。

　しかし、このように解したとしても、特に業者間取引の場合には、譲渡担保権の設定に際して、第三者の所有権（留保）に関する厳格な調査義務が課されるので[135]、譲渡担保権の即時取得が認められることはほとんどないものと思われる。

　　たい。
(134) 平野裕之『物権法』（日本評論社、2016年）196頁。
(135) 註99に前掲したRG, 20. 5. 1904, RGZ 58, S. 162.（有価証券の善意取得を否定）を始めとするドイツの判例法理は、所有権に関する調査義務に関して厳格であり、取得者が処分者の所有権に関して、所有権証明書の確認など、綿密に行わないと、「重過失」と認定し、善意取得を認めない。また、後述するように、ドイツの判例・通説と同様、わが国においても、譲渡時における所有権に関する調査義務は厳格に解されており、即時取得の成立が制限されている（後掲東京高判昭和49年12月10日下裁民集25巻9〜12号1033頁を始めとする一連の判例法理を参照）。

第5項　所有権留保の社会的作用——史的・比較法的考察

　所有権留保の合意は、留保買主の代金完済を停止条件とする所有権移転契約である。即ち、代金の完済まで、留保買主は所有権を取得しない。

　わが民法には所有権留保に関する規定はなく、割賦販売法に 1 箇条規定されているに過ぎない（割賦第 7 条）。この立法論については、歴史的観点（ローマ法、普通法）かつ比較法的観点（BGB 制定、BGB 現代化、ス民〔ZGB〕仏民〔CC〕改正）から考察する必要がある。

1．古代法

　古代法においては、代金支払もしくは支払に代わる担保給付が所有権移転の要件とされていた（十二表法、Inst. Justiniani. 2，1，41）。しかし、その後、法律要件たる原因行為（causa）の必要性が緩和され、また、当事者の意思を重視するという傾向から、引渡し（traditio）による所有権移転という構成に変わっていった（いわば traditio の独立的法律行為化である）。

　前者の構成によると、代金完済まで所有権は売主に留保されるが、後者の構成によると、商品が買主に引き渡されれば、所有権は買主に移転する。但し、後者の場合においても、最終的に代金が支払われないときには、失権ないし解除約款（lex commissoria: Pomponius D.18，3，2; Paulus D.41，4，2，3 など）が用いられ、契約は解除される。

　しかし、また他方、売却され買主に引き渡された商品でも、代金完済までは買主は所有権を取得せず、買主による物の占有・利用は売主から許容された占有（容仮占有〔precarium〕）に過ぎず、買主が代金を完済しないときには、売主は所有物の返還を請求することができた（Ulp. D.43，26，20）。但し、この場合には、代金完済を条件付ける解除約款が合意されている必要があった。このように、古典期ローマにおいて、既に現代の所有権留保と類似した制度が存在していた[136]。

---

(136) 拙著『現代的課題』「第 2 章 所有権留保の起源」7 頁以下を参照。

2．ドイツ民法（Bürgerliches Gesetzbuch）

古典期ローマ法を継受した後のドイツにおいて、学説には、引渡しという先履行をした売主の権利を保全するための法律構成として、①代金完済を停止条件とする所有権移転という見解（停止条件説）と、②引渡しによって買主に所有権が移転し、支払不能という解除条件の成就によって所有権が売主に復帰するという見解（解除条件説）が現れた。この所有権留保における停止条件的構成、解除条件的構成という二つの構成可能性は、主としてドイツ普通法時代における所有権留保の合意（pactum reservati dominii: prd）に関する学説において激しく議論され、いずれが有力説かを決することができないという状況であった[137]。この論争はBGBの立法過程においても議論になったが、結局、停止条件付所有権移転という構成が採用され、今日に至っている（BGB旧第455条、現行第449条）[138]。

ドイツ民法には所有権留保に関する明文規定がある。

まず、所有権留保とは、動産の売主が売買代金の支払を受けるまで所有権を留保した場合において、疑わしいときには、所有権は、売買代金の完済を

---

(137) 19世紀の前半において、グリュック博士（Christian Friedrich von Glück, Pandecten, 1814, S. 231ff.）は、停止条件説と解除条件説を紹介するに過ぎなかったが、19世紀の後半において、BGBの起草に影響を与えたヴィントシャイト博士（Bernhard Windscheid, Lehrbuch des Pandektenrechts Ⅰ, 1879, S. 546）は、明確に解除条件説に立脚しており、ヴィントシャイト博士の時代においては、解除条件説が有力に主張されていた。

BGB制定直前の判例においても、所有権留保の目的は信用売買の代金により売主に最大限の担保を与えることにあるところ、「引渡しの効力や買主への売却物の所有権移転は停止条件であれ、解除条件であれ、条件付けられることにより、この目的は達せられる」と論じており（oben RG, 11. 7. 1882, RGZ 7, S. 147)、所有権留保の基本的構成に関する問題は未解決であった。これらBGB立法前における史的変遷については、拙著『現代的課題』「第3章 普通法時代における所有権留保」28—51頁、田村耕一『所有権留保の法理』（信山社、2012年。以下、『所有権留保』と引用指示する。）「第1章 BGB制定以前」（第1節ではローマ法継受後の学説、第2節では各ラント法、ドレスデン草案、割賦販売法の紹介と解説、当時の学説・判例の紹介と分析を行う。）11—41頁を参照。

(138) BGBの立法過程における議論の状況に関しては、拙著『現代的課題』「第4章 ドイツ民法典起草時における所有権留保」52-59頁、田村『所有権留保』「第2章 BGB制定過程」（BGB部分草案、第一草案、鑑定意見、第二草案までの経緯と分析を述べる。）43-87頁を参照。

停止条件として移転するものとみなされる（BGB 第449条1項）。

次に、所有権留保の効果として、ライヒ裁判所以来の判例・通説は、買主に履行遅滞（BGB 第286条）、第三者からの差押え、倒産など、信用危殆事由が発生し、あるいは目的物の不適切利用、無断転売などをした（義務違反の）場合には、留保売主に無解除引揚権が発生すると解していた[139]。しかし、債務法改正（2002年1月1日施行）の際に、無解除引揚における売主のリスクと例外的措置の不合理性を説く近時の判例[140]に従い、留保売主は、契約を解除した場合にのみ、留保所有権に基づいて、物の返還を請求することができると規定した（BGB 第449条2項[141]）。

更に、BGB 第449条1項の買主への所有権移転の前提要件たる停止条件が、約定により、「第三者の債権、とりわけ売主と提携関係にある事業者の債権を履行すること」にまで拡張された場合には、所有権留保の合意は絶対無効（nichtig）と規定する（同条3項）。

まとめると、BGB 第449条1項は、所有権留保の定義規定（但し任意規定）、2項は、留保された所有権に基づく返還請求（BGB 第985条）の要件規定、3項は、所謂「コンツェルン留保」の無効宣言規定である。

因みに、ドイツにおいては、物権的合意（Einigung）と引渡し（Übergabe）が動産所有権移転の要件であるところ（BGB 第929条1文）、留保所有者は完全所有者と解されており[142]、買主の倒産手続において、管財人が履行を拒絶すれば、取戻権（倒産法〔InsO〕第47条）もしくは代償的取戻権（同法第48条）を有する[143]。他方、買主は、留保商品に対して保護義務

---

(139) BGB 旧規定第455条は「買主が支払を遅滞したときは、売主は契約を解除する権利を有する」と規定し、通常の解除規定たる「相当の期間を定めて履行を催告した後に解除」（BGB 旧規定第326条、現行第323条1項）を準用していないので、留保売主には特別に無催告解除が許され、同時に、解除権を行使することなく、所有物返還請求権を有するという判例・通説があった（oben RG, 11. 7. 1882, RGZ 7, S. 147; BGH, 24. 1. 1961, BGHZ 34, S. 191; StaudingersKomm/ Honsell, BGB, 13. Aufl., 1995 §455 Rdn. 1; Serick, EV Ⅰ, a.a.O.〔Fußn. 66〕, S. 136ff. usw.）。
(140) 前掲 BGH, 1. 7. 1970, BGHZ 54, S. 214を参照。
(141) BGB 債務法改正の経緯については、拙著『現代的課題』「第5章 所有権留保売主の地位」を参照。
(142) Vgl. Serick, EV Ⅰ, a.a.O.（Fußn. 66）, S. 439.
(143) Vgl. Serick, EV Ⅰ, a.a.O.（Fußn. 66）, S. 333ff. [339].

（Obhutspflicht）を有しており、留保商品の管理者ないし保管者として占有を許されている他主占有者（Fremdbesitzer）に過ぎない[144]。なお、詳細は、第 1 章以下において展開する。

3．スイス民法（Zivil Gesetzbuch）

スイス民法にも所有権留保に関する明文規定がある。しかし、定義規定はなく、その内容は、取得者に譲渡された動産の所有権の留保は、その時々の居住地で、執行機関の管理する公的登録簿に登録した場合にのみ、その効力を有するというものである（一般規定：ZGB 第715条 1 項）。但し、家畜取引の場合には所有権留保をすることはできない（同条 2 項）[145]。

この一般規定において効力要件とされる登録簿への登録手続に関しては、所有権留保登録令（1910年）に規定されている[146]。

また、所有権留保が割賦弁済行為として約定された場合には、所有権を留保して譲渡された目的物は、所有者が、取得者から給付された割賦代金から賃料相当額及び損耗の代償を差し引いて差額を償還するという条件の下でのみ、所有者はその返還を請求することができる（ZGB 第716条）。この規定は、BGB 第449条 2 項の場合と同様、所有者が物権的返還請求権を行使する場合に関する規定であるところ、清算を明文で義務づけたものである。

このように、スイス民法における登録手続を効力要件とする特殊な所有権留保規定の制定に関しては、次に示すように、議論の変遷があった[147]。

---

(144) RG, Urt. vom 4．3．1919, RGZ 95, S. 105; BGH, Urt. vom 27．9．1961, WM 1961, S. 1197; Serick, EV I, a.a.O.（Fußn. 66), S. 232; Staudinger/ Honsell, 13.Aufl., 1995, §455 BGB Rdn. 33, usw.
(145) スイス民法が家畜売買において所有権留保を禁止した趣旨は、家畜商人が農夫に対し、所有権留保約款で家畜を売却し、これに飼養させて家畜の価値を高めたところで、その家畜を取り戻し、分割払込金は損害として返還しない、所謂「ユダヤ牛」（詳細は不明）という弊害を防止するためと言われている（Rauch, Eigentumsvorbehalt, S. 55）。この点に関しては、谷口知平「月賦販賣の目的物」経済学雑誌 1 巻 7 号（1937年）773頁（777頁）を参照。
(146) この所有権留保登録令は消費者信用法第15条（絶対無効）、第16条（撤回）、強制執行・破産法第15条（監督官庁：連邦参事会〔Bundesrat〕）にも関係する。
(147) スイスにおいては、以下、本文に示したように、登録質制度と所有権留保制度の変遷があった。vgl. dazu Justus Wilhelm Hedemann, Die Fortschritte des Zivilrechts

まず、スイスにおいては、非占有の登録質権制度が、民法制定前から存在していた。例えば、1854年のチューリッヒ民法第874条は、「動産質権は、地方裁判所長の許可をもって、債権者へ占有を移転することなくして、市町村長の管理する公の質権台帳（öffentliches Pfandbuch）に登録（Eintragung）をすることによって、設定することができる」と規定していた。このように、スイスにおいては、若干の州において、「非占有質権に関する動産の登録（Fahrnisverschreibung）」が行われており、19世紀の全期間において、これを保持し続けてきた。

　しかし、このような非占有動産質権の登録制度は、1881年の（連邦）債務法（Obligationsrecht [OR]）[148]の制定にあたり、妨害の憂き目にあった。即ち、同法においては、「質権は債権者にその目的物の引渡しをすることによって設定する」という動産占有質（Fahrnisverpfändung）の観念ないし大原則が例外なく支配すべきものとされ、動産抵当（非占有動産質権）は如何なる類型のものでも禁止すべきものとされた（1881年の債務法第210条）。しかしながら、債務法制定における審議の終了間際になって、家畜に対する質権設定の特例が州の特別法において認められたのである（同条3項）。

　その後、スイス民法典（ZGB）の編纂事業が開始された頃に、所有権留保との相互関連において一大論争が繰り広げられた。

　まず、判例は、既に1888年3月10日の連邦裁判所判決において、所有権留保の合法性を認め、その有効性を許容し[149]、その後もこの立場を堅持していた[150]。しかし、学説は、断固として所有権留保の否認に固執し続ける見解が支配的であった[151]。

---

　　im XIX. Jahrhundert, Ein Überblick über die Entfaltung des Privatrechts in Deutschland, Österreich, Frankreich und der Schweiz, Zweiter Teil: Die Entwicklung des Bodenrechts von der französischen Revolution bis zur Gegenwart, 1. Hälfte: Das materielle Bodenrecht, § 5. I b, S. 176-177.

(148) 現行のスイス債務法は、1917年10月30日に制定された債務法であるから、1881年の債務法とは全く異なるものである。

(149) BG. Urt. vom 10. 3. 1888, Entsch. Bd. 14, S. 111ff.（印刷業者の付属設備〔Inventar〕の事案）．

(150) Hedemann, a.a.O. (Fußn. 147), S. 176は、その後の判例については、Wieland, Eggerschen Kommentar, Bem. 1 zu §715 ZGBの引用を参照せよとしている。

また、スイス民法典の編纂にかかる準備作業に際して、優位に立つのは、動産登録（動産の登録質権）か、それとも所有権留保かという問題提起がなされ、1902年の専門委員会（Expertenkommission）においては、僅差の多数で、家畜に質権を設定するという特殊ケースのみならず、より広く在庫商品や営業設備等の動産登録を許容することがまとまり、そのため、物的所有権留保は制定されなかった。

しかし、その当時、商業界においては、所有権留保が動産の登録質よりも普及したので、スイス民法においても、前掲したような公の登録簿に登録するという特殊な所有権留保規定が制定されたのである（ZGB第715条）。他方、反対に、「動産抵当（Mobiliarhypothek）」は、前掲した債務法の特例として、家畜に対する質権設定に限定された（ZGB第885条[152]）。いずれにせよ、この限定された登録質は、近代の金融経済関係に適う類型として、家畜質権の設定は、登録簿への登録と執行機関（執行・破産庁〔Betreibungsamt〕）への通知によって契約することができるに過ぎなかった。

結局、スイス民法草案は、その第890条以下において、家畜群、自動車、貯蔵品及び在庫商品に関する抵当権を準備していたにもかかわらず、スイス

---

(151) ヘーデマン博士は、反対有力説として、Stückelberg, ZSchweizR. N. F. Bd. 17 (1898), S. 322ff.; Alfred Martin, Pactum reservati dominii et hypothèque mobilière (1903) を掲げている。vgl. Hedemann, a.a.O.（Fußn. 147）, S. 176.
(152) ZGB 第885条（家畜質権）
　第1項　金融機関及び協同組合は、住所地の州の管轄官庁において、自己の債権を担保するため、登録簿への登録と執行機関への通知によって、占有を移転することなく、家畜質権を設定することができる旨の契約を締結することができる。
　第2項　連邦参事会は登録簿の執務を管理する。
　また、家畜質権に関する手続については、1917年の家畜質権に関する命令（Verordnung betreffend die Viehverpfändung）がある。家畜質権令は、ZGB 第885条と強制執行・破産法（1889年4月11日法）第16条（連邦参事会は手数料を定める）の実行のために規定された。まず、家畜質権は、ZGB 第885条に掲げる債権を担保するため、占有を移転することなく、登録簿への登録によって、設定することができる（家畜質権令第1条）。また、家畜質権者となるのは、家畜登録の締結について、その所在する州の管轄官庁によって授権された金融機関または協同組合のみであり（同令第2条1項）、その州は、授権された金融機関または協同組合を登録する（同令第3条1項）。更に、授権または授権の喪失は、州によって指定された官報（amtliche Anzeigeblätter）に公告しなければならない（同条2項）。このように、非占有の家畜登録質の設定は、厳格な登録制度によって行われている。

民法典の制定時には、家畜群の質権設定（第885条）以外の草案は削除された[153]。このような経緯により、スイスにおける所有権留保制度は、動産の非占有登録質権との比較検討によりつつ、登録所有権留保として規定されるに至ったのである。

4．フランス民法（Code Civil）

　フランス民法における動産担保権の歴史は明るいものではなく、所有権留保制度は存在していなかった。

　19世紀終盤から20世紀初頭にかけて、フランスにおいては、不動産信用の形成にかなり欠陥があったために、動産信用を別個に形成するのに困難を極め、微々たる成果があったに過ぎない。その成果とは、①営業財産（fonds de commerce）の担保（1898年3月1日の法律によるフランス民法第2075条への付加、その後の1909年3月17日の特別法によるその濫用の規制。この規制は、更に、同年4月1日の法律により補充がなされ、1913年7月31日の法律により変更された）、②農業質入証券（warrants agricoles）による収穫物への質権設定（1898年7月18日の法律〔1906年4月30日改正〕。1906年以降は、家畜群に対する質権設定にも適用された）、③ホテルの営業施設に対する質権設定（1913年8月8日の法律〔1915年3月17日改正〕）などであった[154]。

　フランス民法は、2006年3月23日のオルドナンスによって担保法を改正し、編を独立させ（第4編 担保〔Des sûretés〕）、「第4節 担保として留保された所有権（De la propriété retenue à titre de garantie）」という標題の下で、所有権留保を初めて規定するに至り（CC第2367条1項）、以下に示すように、所有権留保は純然たる担保権として規定された[155]。

---

(153) Vgl. dazu Martin Wolff, Handbuch des gesamten Handelsrechts IV, 1917, herausgegeben von Victer Ehrenberg, Leipzig, Zweites Buch, Die Gegenstände des Handelsrechts, §3 2 a, S. 14.
(154) Vgl. dazu Hedemann, a.a.O. (Fußn. 147), S. 175-176.
(155) 2006年改正に係るフランス法の状況については、平野裕之・片山直也（訳）「フランス担保法改正オルドナンス（担保に関する2006年3月23日のオルドナンス2006－346号）による民法典等の改正及びその報告書」慶應法学第8号（2007年）163頁以下、平野裕之「改正経緯及び不動産担保以外の主要改正事項」ジュリ1335号（2007年）36頁

個々の条文を概観すると、まず、債務の完済を所有権移転という効果発生に関する条件とすることにより、所有権を担保として保持することができ（CC第2367条1項）、留保所有権は、弁済を担保した債権に従たるものと規定する（同条2項）。債権担保権としての留保所有権という位置づけである。また、所有権留保の合意は書面によることとされた（同法第2368条）。

　次に、種類財産の所有権留保は、債権の存続する限り、債務者ないしその計算で保持されている同じ種類、同じ品質の財産について行使することができる（CC第2369条）。この規定は、種類物の所有権留保の効力に関しては、買主に引き渡した留保物に特定されず、同種・同品質の他の物にまで延長的に行使が可能ということで、質権を認めた形となっている[156]。

　次に、所有権留保がなされた動産が他の財産に付合した場合でも、その物が損害を生ずることなく分離可能であれば、債権者の権利行使は妨げられない（CC第2370条）。この規定は、抵当権の設定された船舶に取り付けられたエンジンについて取戻しを認めた判例法理[157]を所有権留保規定に明文化したものとされる[158]。

　次に、留保所有権は、転売先に対する債務者の債権または財産に代わる保険金に及ぶ（CC第2372条）。即ち、留保売主は、買主から転売された第三者への代金債権や、留保商品が滅失・損傷した場合における保険金債権への物上代位が認められる。物上代位制度が適用されることによって、所有権留保の担保権たる地位が確立されたと言うことができる。

　更に、期日に代金が完済されないときには、債権者（留保売主等）は、財産を処分する権利を回復するために、その財産の返還を求めることができ（CC第2371条1項）、取り戻された財産の価値は、弁済として、被担保債権の未払金に充当され（同条2項：代価による弁済充当）、財産の価値が請求可能な債務の金額を超える場合には、債権者は、超過額に相当する金額を債務者

(47-49頁)、同「今般改正の経緯ならびに人的担保および動産担保に関する改正について」『ミニ・シンポジウム「2006年フランス担保法改編の概要とその思想的含意」』比較法69号（2008年）148頁以下を参照した。
(156)　平野・前掲「主要改正事項」ジュリ1335号48頁。
(157)　Cass. com., 15. 3. 1994, JCP G, II, p. 22277.
(158)　平野・前掲「主要改正事項」ジュリ1335号48頁。

に返還しなければならない（同条 3 項：債権者の清算義務）。この規定は、①実行に先立つ留保商品の取戻権、②換価金による弁済充当、③被担保債権を超過する換価金の返還（清算）義務を規定したものである。取戻しに関して、解除を前提としていない。この点は、ドイツ民法の改正時にさえ認められなかった「換価のための無解除引揚権」を明文で認めていると言うことができる。

これらの規定により、フランス民法は、所有権留保を「純然たる担保権」として明文化したことを意味する。

なお、従来、倒産手続上は、手続開始により所有権留保は失効するものとされていたが（1996年7月1日の法律による）、2006年の担保法改正に伴い、再度改正され、書面による所有権留保（商法 L.624-16条2項）の場合には、倒産手続が開始されても、留保売主は取戻権を行使することができることとされた。また、この取戻権は、目的物が転売され、転売先に現物が残っており、転買主の財産に関して倒産手続が開始された場合にも認められる[159]。

5．国連売買法（CISG）

国連売買法（国際物品売買契約に関する国連条約：CISG）第4条は、「本条約は売買契約の成立、ならびにその契約から生じた売主と買主の権利及び義務に関してのみ規律する。本条約に別段の明文規定のある場合を除き、特に、次の事項については規律しない。(a) 契約もしくはその条項、または慣習の有効性、(b) その契約が売却された物品の所有権において有しうる効果。」と規定する。

通常、この規定の (b) 号からは、売却された商品の所有権移転、及び、これに相応する要件事実に関する規定が得られないので、CISG は、原則として所有権留保を把握しておらず、所有権留保の有効性は、通常、国際私法に基づいて適用されうる国内の物権法や約款に従う。また、多国間の売買契約の場合には、所有権留保の有効性に関して買主国の法に合わせるという「物の所在地法（lex rei sitae）」によって決せられる。

---

[159] 平野・前掲「主要改正事項」ジュリ1335号48頁。

したがって、ドイツ法の採用するような停止条件付所有権移転構成を採用していない国に物品が届いた場合には、所有権留保による信用担保は水泡に帰することとなる[160]。

第2節　所有権留保の類型

第1項　総　説

　所有権留保の類型は、大略、第一に、単純類型の所有権留保、第二に、延長類型の所有権留保、第三に、拡張類型の所有権留保、に分類される。もっとも、これらの類型は、原則として先取特権制度のないドイツにおいて発達した制度である（但し、ドイツには先取特権類似の法定質権、即ち、わが国の不動産賃貸人の先取特権〔第312条〕と同様の使用賃貸人の法定質権〔BGB 第562条〕、その他、土地の用益賃貸人の質権〔同法第590条〕、動産請負人の質権〔同法第647条〕、旅館経営者の質権〔同法第704条〕がある）。

第2項　単純類型——単純な所有権留保

　単純類型の所有権留保とは、売主と買主との間における割賦販売に代表される代金の割賦弁済による商品売買に関して約定される所有権留保である。わが国では、その多くは建設機械、印刷機械など、機械類の所有権留保として活用されている。旧来は、自動車の所有権留保も多かったが、現在では、自動車販売はローン提携販売契約が一般的であるため、売主の所有権留保から、メーカー系信販会社（販売金融会社）の所有権留保へと移行した（三者間取引による所有権留保）。

　しかし、三者間取引による所有権留保といえども、基本契約は留保売主と留保買主との間における代金完済まで売主に所有権を留保するという所有権留保特約付売買である。三者間取引というのは、この二当事者間取引の中に信販会社などの金融機関が入り、立替払や支払保証という契約が付加されるに過ぎない。いずれにしても、単純類型の所有権留保であることに変わりは

----

[160] Vgl. Soergel BGB. Bd.14. Sachenrecht 1, 13. Aufl., 2002, Anhang nach §929 [Martin Henssler] Rdn. 26, S. 400.

ない。

第3項　延長類型——延長された所有権留保

　延長類型の所有権留保とは、建設業者が建築資材を仕入れたり、加工業者が材料を仕入れたりする際に、その資材・材料の売主（建築資材・加工原材料供給者）が、代金の完済まで供給資材の所有権を留保するとともに、買主（施工業者）にその転売を授権し、将来、注文者などに対して発生することあるべき買主の請負報酬債権などを予め留保売主へ譲渡することを内容とする所有権留保のことを言う。即ち、単純類型の所有権留保に将来債権の譲渡担保をプラスした複合担保類型である。

　この類型は、ドイツでは慣習法的な存在及び効力をもって認められている。例えば、請負原材料の所有権を留保して売買した場合でも、留保買主たる請負人が注文者の土地に建物として築造したときには、土地と動産との付合により（BGB第946条）、土地の同体的構成部分となる（同法第93条：本質を変ずることなく分離不能であり、権利の目的となりえない）。わが国においては、建物が土地から独立した不動産であるから（日民第86条1項）、材料所有権は土地に付合せず、建物所有権に変わる（日民第243条）。それゆえ、ドイツにおいては、留保所有者は、買主の履行遅滞というリスクを回避するため、将来、買主たる請負人が注文者に対して取得する請負報酬債権を所有権留保と同時に、あるいは、事後に譲り受けるという設定方法が常識的に利用されている。ここでは請負原材料の所有権留保売買を例として掲げたが、売買契約一般において恒常的に行われている。

　わが民法上は動産先取特権が同様の担保として存在する。それゆえ、所有権留保と将来債権の譲渡担保との複合担保類型は、動産売買先取特権に基づく転売代金債権に対する物上代位（日民第321条、第304条）によってもカバーされうる。しかし、物上代位は、「転売行為」と「転売代金債権」の存在を要件とするので（第304条）、請負原材料の売主が、買主たる請負人の注文者に対して取得する請負報酬債権を物上代位により差し押さえるには、「請負人による注文者への売却（または類似の）行為」と「請負報酬債権と代金債権との同一性ないし近似性」が要求される。しかしながら、請負報酬債権

は材料費、人件費、その他の経費によって構成されるので、解釈上、物上代位が認められるケースは稀である(161)。なお、延長された所有権留保と同様の担保設定は、請負人との譲渡担保権設定と将来債権の譲渡担保との複合類型でも達成することができる（Asset Based Lending〔ABL：資産担保貸付〕の利用）(162)。

第4項　拡張類型——拡張ないし拡大された所有権留保

　拡張類型の所有権留保とは、所有権留保売買に付随して、買主への所有権移転の停止条件が本来の売買代金の完済よりも拡張され、留保売主の債権者（提携事業者、金融機関など）に対する一定の債務の弁済とされる所有権留保である。

　この所有権留保は、いわば、被担保債権の範囲を拡張することにより、留保売主のための人的担保として設定される。これをコンツェルン留保と言い、買主の債務を無限に拡張しうることから、良俗違反の法律行為と解されるので（BGB第138条）、BGBは明文で無効と規定した（BGB第449条3項）。しかし、留保売主（留保所有者）自身の買主に対する債権の拡張（修理代金その他の付随的債権へと拡張する交互計算留保）や、留保売主の買主に対する代金債権のリファイナンス（債権譲渡担保、ファクタリングなど）による第三債権者への債務弁済までの拡張類型は通常の拡張類型の所有権留保として有効と認められる(163)。これらの場合には、留保買主の代金完済という停止条件が無限に拡張されるとは考え難いので、条文はないが、コンツェルン留保とは扱いを異にするのである（この点に関しては、本書第3章において詳論する）。

---

(161) 最決平成10年12月18日民集52巻9号2024頁は、原則として物上代位規定の類推適用を否定すべきところ、両債権が同視可能な場合に限り認めるべきものと判示している。
(162) 延長類型に関して、詳細は、拙著『現代的課題』「第3部　延長された所有権留保」を参照されたい。
(163) Soergel/ Henssler, a.a.O., (Fußn. 160), Rdn. 21, S. 399.

第3節　日本法における所有権留保論

第1項　総説

わが国においては、自動車販売や機械販売に起因する所有権留保が多かったところ、近時、自動車販売においては、純然たる二当事者間所有権留保はすっかりそのなりを潜め、ローン提携販売に起因する信販会社を含めた三者間契約類型の所有権留保（信販会社の約款）として発展した。三者間契約類型は、概ね、①立替払類型、②集金保証類型、③包括担保類型に分かれる(164)。

第2項　三者間所有権留保の種類
1．立替払類型

立替払類型とは、三者間契約という書面上のみの形式により、信販会社が売主に売買代金を立替払し、当初売主に成立した留保所有権を信販会社が譲り受け、あるいは、立替払の際に担保目的の所有権留保を設定し、信販会社が原初的に所有権留保を取得するという契約類型である。当初は、この類型により、代位弁済による法定代位（日民第500条、第501条）によって販売者から信販会社へ留保所有権を移転し、法定代位は債権者の承諾を不要とする当然の代位であり、債権譲渡の対抗要件（第467条）も不要と解されることから(165)、信販会社が自動車の登録所有名義を自分に変更することなくして、買主の倒産（民再・破産）手続において別除権の行使をもくろんだ。しかし、最高裁が、販売会社の代金債権と信販会社の立替金等債権（代金、利

---

(164) 小峯勝美「クレジット取引と自動車の所有権留保（1）」NBL430号（1989年）20頁以下、田高寛貴「多当事者間契約による自動車の所有権留保」金法1950号（2012年）48頁〔49-51頁〕、伊藤和規「自動車メーカー系販売金融会社の留保所有権と倒産手続での処遇に関する考察」金法2052号（2016年）18頁（19-20頁）などを参照。

(165) 我妻榮『新訂債権總論』（岩波書店、新訂10刷、1972年）251頁は、法定代位の場合に対抗要件が不要とされる理由として、法定代位による代位者（連帯債務者、保証人、抵当不動産の第三取得者など）は、弁済するについて利害関係のある者に限定されており、弁済者の範囲が自ずと画定されるので、債務者その他の第三者に不測の損害を及ぼすおそれがないからであると言う。

息、手数料）との違いを理由として法定代位を否定し、別除権を行使するには信販会社への登録所有名義の変更を必要とする（民再第45条、破産第49条は別除権の主張要件として手続開始前に登記・登録を要すると規定する。）と判示したので[166]、信販会社は立替払類型をやめて、集金保証類型へと切り替えている。

2．集金保証類型

　集金保証類型とは、信販会社が、販売会社の購入者からの集金業務を受託し、かつ、購入者の代金支払債務について連帯保証するという契約類型（集金保証委託・保証契約類型）を用いた所有権留保である。形式上、信販会社が購入者に対して独自の債権を取得しないという点に特徴がある。その結果、その時々において販売会社と信販会社の保有する留保所有権の被担保債権の内容は同一とされるので、法定代位による債権と留保所有権の代位者への移転、延いては対抗要件ないし権利主張要件（民再第45条、破産第49条）なくして別除権の行使が認められる可能性がある[167]。なお、この類型にも、①割賦販売類型、②立替払類型、③リース類型がある。

3．包括担保類型（包括担保約款）

　包括担保類型とは、留保買主に対して有する一切の債権を担保するため、販売会社がメーカー系信販会社との間で自動車の留保所有権を準共有とする所有権留保である。両者の間に優劣関係があり、主たる債権たる売買代金債権等の求償債権を有する信販会社の留保所有権を優先とし、修理代金債権等を有する販売会社の留保所有権を劣後とする。第一に、信販会社の買主に対する割賦払代金債権及びその他の債権の担保とするが、割賦弁済が終了しても、第二に、販売会社の劣後留保所有権が現れる（ドイツにおける拡張類型の

---

(166) 最判平成22年6月4日民集64巻4号1107頁。
(167) 札幌高判平成28年11月22日金法2056号82頁は、立替払類型との違いを強調し、集金保証類型による信販会社の代位弁済による法定代位を肯定した。本件は、最高裁へ上告受理申立てがなされた結果、最判平成29年12月7日民集71巻10号1925頁は、原審判決をそのまま受け入れた。裁判例には、ほかにも大阪地判平成29年1月13日金法2061号80頁など、法定代位肯定説が多い（この点に関しては、第2章において詳述する）。

所有権留保の一種たる交互計算留保と類似する)。買主に対する「一切の債権」の構成は、①販売会社の売買代金・分割払手数料債権（信販会社の求償債権)、②売買後における販売会社の修理代金債権などである。

第3項 留保売主の法的地位

従来、わが国の最高裁は、留保買主の民事再生（旧和議法による和議手続）と所有権留保との関係に関する事案において、留保買主Bの和議開始申立てを理由として、留保売主Aが売買契約を解除し（約定では、破産、和議、会社更生手続の開始申立てによって解除権が発生するという解除約款付きであった。)、目的物を取り戻した上で、第三者Xに転売したところ、留保買主の債権者Yから差押えがなされたので、この転得者Xが第三者異議の訴えを提起したという事案において、Xの第三者異議訴権を認めていた[168]。

しかし、解釈によっては、留保買主の和議開始決定後における解除・取戻しをすることが禁じられる。即ち、現在の民事再生手続に相当する旧和議手続は、企業の再生のために利用される制度であり、当該留保商品が企業の再生にとって欠くことのできない財産である場合には、留保売主による解除・取戻しは許されないという解釈をすることもできるのである[169]。この解釈を採った場合には、留保売主からの転得者であったとしても、即時取得（第192条）の要件を満たさない限り、留保商品の所有権を取得することはでき

---

[168] 最判昭和49年7月18日民集28巻5号743頁。
[169] 最判昭和57年3月30日民集36巻3号484頁：Xは、所有権留保特約付でA会社に機械を売却した後、代金完済前に、A会社に会社更生手続が開始された。X・A間の約款には、(1) 代金は30回にわたり毎月割賦弁済すること、(2) 所有権は代金完済までXに留保する、(3) Xは、所有権移転までの間、本件機械をA会社に無償で貸与する、(4) A会社につき手形の不渡りまたは会社更生手続申立ての原因となるべき事実が発生したときには、Xは催告なくして売買契約を解除することができる旨の約定があった。A会社について会社更正手続の開始申立てがなされたので、Xは、この(4) に基づいて契約を解除し、留保商品である機械の返還を求めたという事案である。

このような事案において、最高裁は、(1) A会社に対して、旧会社更生法第39条（現行第28条）の規定により、弁済禁止の保全処分が命じられた後に、A会社の約定債務の弁済期が到来しても、債権者Xは、A会社の履行遅滞を理由として契約を解除することはできない、(2) 買主たるA会社に更生手続開始申立ての原因となるべき事実が生じたことを売買契約の解除事由とする旨の特約は無効であると判示した。

なくなる。したがって、この解釈を採った場合には、転得者はおろか、留保売主からでも、第三者異議の訴えによって留保買主の差押債権者に対抗することはできない。

しかしながら、昭和49年最判は、このような解釈を採らず、留保売主からの転得者 X による第三者異議訴権を認めた。この点は、取戻権を行使した留保売主からの第三者異議訴権を認めたのと同じに帰着する。この点において、従来の判例は、留保所有者の権利を担保権ではなく、所有権として認めていたものということができる。

然るに、その後、下級審の裁判例においては、「本件所有権留保ないし本件譲渡担保の実質的な目的は、あくまでも本件立替委託契約とこれによる本件弁済に基づく抗告人の求償債権を担保することにあり、いずれにしても本件自動車の所有権の抗告人に対する移転は確定的なものではない」として、留保所有者は別除権者であるとした[170]。しかし、この裁判例（昭和61年札幌高決）の事案は、信販会社が留保売主に代位弁済して、留保所有権を譲り受けたという金融信用事案であり、元々、留保所有者を譲渡担保権者として処遇すべき事案であるから、この裁判例の結論のみをもって、・所・有・権・留・保・一・般・について、担保権的構成説の論拠とすることは妥当ではない[171]。

ところが、わが国の多くの学説は、「所有権留保は個別動産譲渡担保の裏返したる担保権に過ぎない」と解してきた[172]。その結果、わが国の所有権

---

(170) 札幌高決昭和61年3月26日判夕601号74頁。
(171) 担保権的構成説の論者の多くは、この昭和61年札幌高決をもって、「所有権留保は単なる担保権に過ぎない」ことに決したかのような論述を繰り返している。また、この論者は、昭和61年札幌高決以前の裁判例においても同様の裁判例があることを根拠とする。即ち、諏訪簡判昭和50年9月22日（判時822号93頁）は、売主・買主二当事者間の所有権留保の解釈として、「契約の実質に即してみれば、……譲渡担保に供する関係と同じである」と論じていた。また、大阪地判昭和54年10月30日（判時957号103頁）も、「譲渡担保権者は、会社更生手続上、目的物の取戻権がない。これとの権衡上、留保売主の目的物の取戻権を否定し、譲渡担保権者と留保売主とを会社更生手続上同一に取り扱うのが、公正、衡平の理念（会社更生法199条、228条、233条、234条）に合致する」としている。更に、平成21年（最判平成21年3月10日）、平成22年（最判平成22年6月4日）両最判の出現が、所有権留保における担保権的構成説の一般化を後押ししている。
(172) 道垣内弘人『担保物権法』（三省堂、1990年）304頁は、その当時、多数学説は個別動産譲渡担保とパラレルにとらえていると指摘していた。

留保学説は、留保売主を所有者と構成せず、却って、留保買主を実質的所有者と構成し、留保所有権を「担保権に過ぎない」ものとして扱い、担保権的構成説を展開してきた。

また、近時では、最高裁も、留保所有権を担保権として構成し、残債務の弁済期の前後で所有権（処分権）の所在を認定し、残債務弁済期の到来前は買主が実質的な所有者であり、妨害排除請求の相手方であると認定し、その弁済期が経過した後は、留保所有者が完全所有者となるものと判断したのか、あるいは、譲渡担保権者と同様、担保権の実行権（換価権）の発生に伴う占有権原を保有するに至ると判断したのかは判然としないが、弁済期経過後は「担保権の性質を有するからといって、（車両の）撤去義務や不法行為責任を免れることはない」と判示した[173]。

しかし、この平成21年最判もまた、平成22年最判と同様、立替払類型の所有権留保特約（金融信用取引）の事案である。それゆえ、後述するように、本書の構成によっても、この場合における信販会社の留保所有権は「担保権」であり、実質的には譲渡担保権と構成すべきものである。

したがって、平成21年及び同22年最判をもって、最高裁は所有権留保一般について「単なる担保権」として扱うことに確定したなどと論ずることは妥当ではない。近時の判例及び学説の多くは、商品信用と金融信用の違いを理解せず、あるいは故意に無視した結果、所有権留保の基礎的な構成に関して混乱を来しているものということができる。

しかし、「所有権留保と譲渡担保」の箇所において論じたように、平成30年最判（同29年東京高判）は、留保買主に所有権が移転していないという理由から、譲渡担保権の成立を否定した[174]。留保所有権が純然たる担保物権であれば、留保所有者は担保物権を設定した「所有者」である。そうであれば、所有者たる留保買主は留保物件を譲渡担保に供することができるので、留保所有権と譲渡担保権との競合問題となるはずである。しかし、このように解すると、所有権を留保しているという法形式（私見では本質）に反し、解釈上の矛盾を来す。だからこそ、留保買主に所有権が移転していないと構

---

(173) 最判平成21年3月10日民集63巻3号385頁。
(174) 最判平成30年12月7日金法2105号6頁、東京高判平成29年3月9日金法2091号71頁。

成する以外に解釈しえなかったのである。

したがって、解釈においては、所有権留保の本質に留意すべきものと言うことができる。

第4項　留保買主の法的地位――期待権の保護

所有権留保売買は、買主の代金完済まで形式的には留保売主を所有権者とする。即ち、停止条件が成否未定の間は、買主は所有権を有しない。当事者間では、買主は停止条件付きで所有権移転請求権（所有期待権）を有するのみである。それゆえ、留保売主は買主の債権者からの差押えに対し、第三者異議訴権を有する（民執第38条）[175]。しかし、留保買主に債権的権利を取得させるだけでは権利関係が脆弱に過ぎる。そこで、留保買主の期待権には、第三者に対抗しうるよう、物権的効力を認めるべきである（物権的期待権概念の構築）。

留保買主が、かなりの割合で割賦弁済金の支払を終え、その価値配分において完全な所有者に近い場合には、買主自身の有する期待権を他人に譲渡する（通常は譲渡担保の利用によるリファイナンス行為）という法律上の利益を認めるべきである。反対に、買主の債権者が自己の債権の満足を得るためにする期待権の差押えも意義を有する。更に、買主が保有する期待権付の留保商品が、第三者の故意または過失という責めに帰すべき事由によって侵害された場合には、買主には、不法行為に基づく損害賠償請求権（BGB 第823条１項、日民第709条）が認められなければならない。

このように、期待権を法的に規定する場合に特徴的に発生する実体法上の諸問題として、①期待権の譲渡ないし譲渡担保、②期待権の差押え、そして、③期待権の侵害に対する保護という問題が生ずる[176]。更に、留保売主の債権者からの動産執行については、執行官の目的物に対する差押えにより開始するところ（民執第122条１項）、買主は物権的期待権に基づいて執行官

---

(175) 最判昭和49年７月18日民集28巻５号743頁（旧法事件）。
(176) Baur=Stürner, Sachenrecht, 18. Aufl., 2009, § 3 B Ⅲ Rdn. 44ff., S. 30ff.; Westermann/ Gursky/ Eickmann, Sachenrecht (begründet von Harry Westermann), 8. Aufl., 2011, § 4 Rdn. 10ff.

への任意引渡し（同法第124条）や差押えの承諾（同法第190条1項2号）を拒絶することができ、また、留保売主の倒産手続においては、残代金を完済して破産財団からの取戻しが認められるべきである[(177)]。

第5項　所有権留保の法的構成

所有権留保は、売買代金（留保売主または信販会社への割賦弁済金）の完済を停止条件として、買主が所有権を取得するという約款である（売買の附款）。留保売主と買主との関係をどのように見るのかという観点により、法的構成が異なる。以下においては、わが国における所有権留保に関する学説先史を振り返り、次に、現代における所有権留保の法的構成について、本書の立場を明らかにした上で、従来の担保権的構成説に関して概観する。

1．学説先史

わが国において、所有権留保に関する論考が現れたのは、明治後期に差し掛かった頃である。まず、1895（明治28）年に、「所有権留保下にある物が天災により一部消滅した場合に代金減額請求の理由となるか」という「論題」に関する「討論」として行われた[(178)]。その中で、当時、現行民法の起草委員たる梅謙次郎博士は、「賣買ソノ物ハ條件附デハナイ、單純ナ賣買デアル」、「唯所有權移轉ノ時ニ就テ代金云々ト云フコトガ條件ニナツテ居ル、

---

(177) 留保買主の物権的期待権について、詳細は、拙稿「留保所有権の譲渡と譲受人の法的地位」千葉大学法学論集28巻1・2合併号（2013年）39頁（本書「第1章」所収）を参照されたい。

(178) 植村俊平・清野長太郎・梅謙次郎・中山成太郎「特定物売買ノ契約ヲ結ヒ売主ハ物件ヲ引渡シ買主ハ代価ヲ定期ニ支払フコトヲ約セリ但代価ノ担保トシテ所有権ノ移転ヲ代価完納ノ日マデ停止セリ此場合ニ於テ天災ニ因ル物件一部ノ消滅ハ代価減少ノ理由トナルヤ否ヤ」法協13巻4号（1895年）281頁以下、植村俊平・清野長太郎・梅謙次郎・中山成太郎・加藤幹雄「同前」法協13巻5号（1895年、以下同じ。）377頁以下、植村俊平・清野長太郎・梅謙次郎・中山成太郎・塚田達二郎・高木亥三郎「同前」法協13巻6号467頁以下、植村俊平・清野長太郎・梅謙次郎・中山成太郎・西久保弘道「同前」法協13巻7号561頁以下、植村俊平・清野長太郎・梅謙次郎・中山成太郎「同前（第七席・梅謙次郎）」法協13巻8号659頁以下、植村俊平・清野長太郎・梅謙次郎・中山成太郎「同前」法協13巻9号755頁以下と連載された。この討論の紹介については、田村・前掲（註137）『所有権留保』239-240頁を参照。

而シテ夫ハ條件ノコトデスカラ……到來シナケレバ到底所有權ハ移轉シナイ」、「元來條件ト云フモノハ合意ニ附属シタモノデアルト私ハ信ズル」、「賣買ノ一部分ナル所有權移轉ノ時、夫ダケガ條件ニ掛ツテ居ル」[179]、「條件ハ既往ニ遡ラナイ、故ニ所有權ノ移轉ハ代價ヲ完納シタ日ニアル、斯ウ云フノガ多分當事者ノ意思デアラウト思フ」[180]と論じていた。

　独立した論攷として、おそらく最初のものは、若き日の杉山直治郎博士（当時は学士）の「割賦拂契約ヲ論ス」（1911年）である。この論文においては、所有権留保の性質は、所有権の移転を割賦金全部の完済にかからしめる停止条件付行為と解すべきであるが、当事者の意思如何によれば、所有権は引渡しと同時に買主に移転され、同時に割賦金の不払を以てその解除条件とすることもありうるとし、停止条件の不成就による所有権の不移転、解除条件の成就による所有権の売主への復帰という効果をもたらし、また、この効果は絶対的であるといった性質論が述べられていた[181]。

　次に、三潴信三博士は、「所有権留保論」において、主としてドイツ民法の所有権留保規定（BGB旧第455条）の適用範囲と実際的効用を紹介し[182]、また、所有権留保の意義、法律的構造、効力について論じた[183]。本稿と関連する論述は、所有権留保の物権的効力として、「所有權ハ依然トシテ原所有者ニ存スルコト論ヲ俟タサル所」であり、停止条件（例えば買主の代金支払）が成就しないとき、または、解除条件（例えば買主の代金不払）が成就した場合には、原所有者（売主）は条件による拘束状態より免れ、相手方の期待権は消滅すると論じ、その他は、条件付き法律行為（第128条—第130条）に関する論述を展開するに過ぎない。また、買主の破産に際しては、所有権が原所有者にあることから、何ら問題はないと論じている[184]。売主が留保

---

(179) 梅謙次郎・前註「討論」法協13巻8号689-690頁。
(180) 梅・前註「討論」法協13巻8号692頁。
(181) 杉山直治郎「割賦拂契約ヲ論ス」法学志林13巻8・9号（1911年）147頁（171-173頁）。
(182) 三潴信三「所有権留保論」法協35巻4号（1917年）595頁。
(183) 三潴「所有権留保論（承前）」法協35巻5号（1917年）855頁。
(184) 三潴「所有権留保論（承前）」法協35巻5号865頁以下（買主の破産に関しては869頁）。

した所有権に基づいて、当然に取戻権を行使できるという意味であろう。いずれも、前述したドイツにおける議論の状況を紹介した論攷である。

次に、石田文次郎博士は、動産の所有権留保を動産の売渡担保と類似の担保権と構成し、ローマ法、ゲルマン法から、ドイツ民法、スイス民法までの沿革を紹介して、所有権留保の本質論を展開しつつ、譲渡人たる売主の権利・義務と譲受人たる買主の権利・義務について論じている。

石田（文）博士は、まず、留保売主の地位は、代金完済まで「所有者」であり続けるが、条件付法律行為として、相手方（買主）に対し、処分等の制限を受ける（第128条）という点からスタートする。また、債権譲渡に伴う随伴性にも言及し、債権譲渡と所有権譲渡とは別個の行為なので、所有権の譲渡をしない限り、所有権は売主にとどまるものと解されるが、所有権留保の担保権的作用からは、抵当権の付従性のごとく、留保所有権と債権との付従性を認めるべきものと解している。それゆえ、留保売主が債権を譲渡した時には、留保所有権はこれに随伴して移転すべきものと主張する[185]。また、買主の破産に際しては、留保売主は所有権を有しているので、その所有物の取戻権を有し（旧破産第87条、破産第62—第64条）、破産管財人は代金を完済して所有権を取得し、破産財団に組み入れることができるものと解している[186]。更に、代金完済前における買主の債権者からの差押えに対しては、売主は第三者異議の訴え（旧民訴第549条、民執第38条）を提起しうる（差押債権者は譲渡人に対する代位弁済により〔第474条〕、執行を続行しうる）ものと解している。更に、留保売主は所有権者であるから、買主が代金完済前に第三者へ売却・質入れをしたときには、その返還を請求しうるものと解している。更にまた、留保売主による契約解除後は、既に受領した代金から目的物の使用料及び損料を控除して、その残額を買主に返還すべきものと解し

---

(185) 石田文次郎「擔保的作用より見たる所有権留保契約」法学新報41巻6号（1931年）11頁以下（27-28頁）。当時のドイツにおける判例・通説は、19世紀末の判例法理、即ち、「所有権留保の目的は、信用買賣の代金によって考えられうる最大限の担保を売主に与えることにある」（RG, Urt. vom 11. 7. 1882, RGZ 7, S. 147）という解釈を念頭に置き、伝統的に「売買代金債権の担保」と解していたことから、石田（文）博士が所有権留保に担保的作用を見出そうとしたことも頷ける。

(186) 石田（文）・前註「論文」新報41巻6号28頁。

ている（ZGB 第716条、OR 第227条を引用指示する）[187]。しかし、これらの点については、①売買の附款たることから、付従性がないという点、②担保権と解するならば、別除権を有するに過ぎないはずであること、を見過ごしている。

　石田（文）博士は、次に、留保買主の地位は、既に売却物の引渡しを受けていることから、危険負担の問題は解決し、危険は買主が負担するので（第534条）、目的物が不可抗力によって滅失・毀損した場合でも、買主は、代金全額を支払わなければならないと説明する[188]。また、買主は、代金完済前でも、条件付権利義務たる期待権を有していると言う。その期待権は、所有権の規定に従って、これを処分し、相続し、保存し、担保に供することができると言う（第129条）。更に、期待権の侵害者に対しては、条件成就後、損害賠償を請求しうると言う。これらの点に関しては、そのとおりである。

　更に、石田（文）博士は、続けて、代金債権が時効消滅した場合には、被担保債権の消滅と考えて、条件成就となり、譲受人が所有者になるものと解している[189]。

---

[187] 石田（文）・前掲「論文」新報41巻6号31頁。

[188] 石田（文）・前掲「論文」新報41巻6号31-32頁。石田（文）博士は、ドイツの通説もまた同様として、Oertmann, BGB Komm, §455を引用指示する。

[189] 石田（文）・前掲「論文」新報41巻6号32頁。石田（文）博士は、所有者の返還請求権は売買代金請求権の消滅時効によって失効する旨を判示したLG. Dresden, 25. 11. 1925, JW 1926, S. 725を引用指示して、留保売主の代金請求権の時効消滅により、買主が目的物の所有権を取得するものと主張する。

　確かに、私の研究（『現代的課題』116頁以下参照）によっても、同様の裁判例として、AG. Freiberg, 16. 2. 1938, JW 1938, S. 866がある。また、Königl. LG. I Berlin, 16. 12. 1904, KGBl. 1905, S. 113; LG. Breslau, 6. 4. 1935, JW 1935, S. 2218は、売買代金請求権の時効消滅とともに、留保売主の所有物返還請求権も時効消滅するなどとしていた。しかし、エルトマン博士（Dr. Oertmann〔Vorname unbek.〕）は、LG. Dresden, 25. 11. 1925の評釈（JW 1926, S. 725）において、直接占有を有しない譲渡担保権者がBGB第223条2項（被担保請求権が時効消滅しても、担保権者は目的物から満足を受けられる）で保護される以上、留保所有権者も保護されるので、当該判決は見当外れであると批判した。BGB第223条2項を譲渡担保権者に類推適用すべきという解釈は、既にBGB立法者の意図した解釈であった（Motive zu dem Entwurfe eines BGB, Bd. I, S. 345）。それゆえ、上記下級審裁判例の解釈は、いずれも、後註のBGH判決や通説（BGB第223条類推適用説：A. Blomeyer, JZ 1959, S. 15f.; Oertmann, JW 1926, S. 725.; Serick, EV I, 1963, S. 439-440. usw.）によって否定された。

しかし、この問題点に関して、ドイツの判例・通説ならびにBGB現代化法（BGB第216条2項2文）は、遅滞買主にそのような地位を与えるのは公平に反するという観点から、買主の代金債務の時効消滅により、所有権留保関係それ自体が消滅するものと解し、買主の占有権原（BGB第986条）を失わせ、留保売主に目的物の所有権に基づく返還請求権（BGB第985条）を認めている[190]。この解釈は、代金請求権の消滅時効によって留保売主と買主との契約関係が解消される結果、法定解除と同様の状況となるものと解し、留保売主の所有権移転義務と買主の所有権移転請求権（期待権）という関係も消滅する関係上、買主の占有根拠が失われるので、留保売主の所有権に基づく返還請求権だけが残るものと解し、留保売主の返還請求権を認めるという解釈手法である。

売買代金の完済を所有権移転の停止条件とする所有権留保の本質から考察すると、確かに、売買代金を完済して初めて買主に所有権移転という効果が発現するのであるから、売買代金の完済を消滅時効によって免れた買主は自己の代金支払債務を免れ、留保商品を自己所有物とすることができるようにも思われる。しかし、ドイツの判例・通説は、このような結果を公平なものとは見ず、留保売主の所有権を重視し、本体たる売買契約関係（債権債務関係）が解消した以上、停止条件付所有権移転請求権（期待権）も解消したものと解し、買主の占有根拠を失わせている。この解釈は、所有権移転が代金

---

[190] BGH, Urt. vom 24. 1. 1961, BGHZ 34, S. 191; BGH, Urt. vom 7. 12. 1977, BGHZ 70, S. 96; BGH, Urt. vom 4. 7. 1979, NJW 1979, S. 2195は、いずれも、代金請求権が時効消滅しても、売主の所有権及び所有権に基づく返還請求権は時効消滅しないので、買主に対し、留保商品の返還を請求することができると判示した。しかし、BGHにおいても、BGH, Urt. vom 12. 7. 1967, BGHZ 48, S. 249は、割賦販売法の適用なき所有権留保の場合において、売買代金請求権の時効消滅後は、留保売主には、もはや何らの請求権も存在しないと判示した。この議論には紆余曲折があるが、BGB現代化法においては、BGHの判例及び通説に従い、「所有権が留保された場合には、被担保請求権が時効消滅したときでも、契約を解除することができる」と規定され（BGB第216条2項2文）、留保売主の取戻権を肯定するに至った。

なお、前註からの判例・学説の変遷からBGB現代化・債務法改正に関しては、拙著『現代的課題』「第6章 所有権留保売主の返還請求権」116頁以下、「第7章 留保売主の返還請求権・再論」163頁以下、田村・前掲（註137）『所有権留保』89頁以下、209頁以下を参照されたい。

完済と同時に行われることから、この関係が崩れ去った以上、所有権取得を前提とする買主の占有根拠は失われるものと判断したのである。このような解釈は、留保売主が真正かつ完全な所有権を留保しているものと解することからの帰結である。

　ドイツにおけるこのような解釈は、わが国にも応用することができる。確かに、石田（文）博士及び他の学説が述べるように、目的物の利用関係については買主を実質的な所有者と構成する解釈によると[191]、買主の代金支払義務が時効消滅すれば、当然の如く担保のための留保所有権は消滅し（付従性原理）、買主の実質的所有権が顕在化するという結論にもなりうる。しかし、買主は元々支払をもって履行を遅滞していたのであり、消滅時効の援用により、代金の支払義務を免れるのみならず、目的物の完全なる所有権まで取得してしまうという、まさに棚ぼた式の理由なき二重三重の利益を獲得させてしまうのは妥当ではない。そこで、所有権留保については、買主を実質的に所有者と構成する説では不適切な結果を招来するので、買主は、将来、停止条件が成就した暁に所有権を取得するという期待を留保して、売主から占有を許された事実上の占有者（直接他主占有者）に過ぎず、他方、留保売主には所有権及び間接自主占有権があり、この意味における所有権に基づく返還請求権は、売買代金債権が時効消滅しても、所有権に基づく物権的請求権であるがゆえに消滅しないものと構成する必要がある[192]。これこそ、まさに、留保売主の物権的返還請求権の保全たる所有権留保特約の実効性ある特質である。

　次に、末川博博士は、「月賦（割賦）販売」という観点から、BGB制定前に行われていた買取権付き賃貸借（Möbelleihvertrag：プロイセン、ザクセンの実務で利用されていた契約類型〔主として家具（Möbel）の販売に利用されていた〕[193]）に着目し、これを売買と賃貸借を併有した無名契約と解し、売主が

---

(191) 柚木＝高木・前掲『担保物権法』582-583頁、高木・前掲『担保物権法』384頁（第4版では完全に所有権分属構成を採っている）。
(192) わが国においては、所有権に基づく返還請求権は時効消滅しないという見解が判例（大判大正5年6月23日民録22輯1161頁）及び通説（我妻榮『新訂民法總則』〔岩波書店、1965年〕495頁）である。拙著『現代的課題』173頁以下参照。
(193) 買取権付き賃貸借に関して、詳細は、田村・前掲（註137）『所有権留保』15頁以下

売買の附款によって所有権を有するのは、買主の代金支払を確保（代金債権を担保）するためであり、買主の賃貸借は返還債務を伴わず、売主の所有物を経過的に使用・収益する関係と分析する[194]。末川博士は、賃貸借期間中に買主が賃料として代金を完済すれば、買主が売主から所有権の移転を受ける関係だとして、この期間中における所有者たる売主と使用・収益権者たる買主との関係、即ち、権利・義務関係（買主の用法遵守義務、加工・処分の禁止など）について論じている。

末川博士の見解によると、所有権留保は停止条件付とも解除条件付とも解されるが、解除条件付では売主の権利確保という目的が完全に達せられないところがあるので、この場合の条件は停止条件と解すべきものとする。そして、停止条件付所有権移転と解する場合には、条件成就までは売主に所有権が存するので、代金不払の場合には目的物を返還せしめ、買主の破産の場合には、売主は取戻権などによって目的物を保有することができ、売主の利益は十分に保護され、買主も代金完済によって当然に所有権を取得しうるとする[195]。

しかし、この関係において、買主は、留保期間中は条件付権利を取得するにとどまるので、買主には処分権限はなく、代金完済前に第三者に売却処分した場合には、刑法上の横領罪を構成するとともに、その処分行為は無効という取扱いを受けると言う。この場合には、第三取得者に即時取得の可能性を残すのみと解する[196]。要するに、留保売主には真正所有権が留保され、その効果として、買主の破産手続においては売主に取戻権を認めるという見解に至っている。この頃の学説の代表格と言うことができる。

更に、当時の通説を形成していた我妻榮博士の理論構成も、末川博士とほ

を参照。
(194) 末川博「月賦販賣と所有權留保」民商1巻5号（1935年）743頁（748頁）。末川博士は、この場合に、買主は形式上は家具を賃借しているが、自身は買い取った物という意思で占有するので、他人の物の保管者ではあるが、自己の物と同一の注意による保管義務で足りると解すべきと主張する（同・751-752頁）。末川博士は、所有権留保を債権担保目的として位置づけるものの、留保売主の「賃貸人」たる地位を重視しており、さながら、ファイナンスリースの如く理解しているようにも思われる。
(195) 末川・前掲「論文」民商1巻5号749-750頁。
(196) 末川・前掲「論文」民商1巻5号750-751頁。

ぼ同様の見解であった。即ち、所有権留保は代金完済を停止条件とする所有権移転特約であり、明示の特約がなくとも、一般にそのように推定するのが慣行に適すると言う(197)。その結果、①買主の債権者は強制執行できず（売主による第三者異議の訴え〔旧民訴第549条、民執第38条〕）、買主の破産に際し、売主は取戻権を有する、買主が処分（売却、質入れ）した場合には相手方は即時取得の保護を受け得るのみ、更に、買主の処分行為は横領罪を構成する（前掲昭和9年大判）と述べる。また、②所有権留保は対第三者関係において未払代金債権を担保するのが主たる目的であるとして、実際的には買主の所有とみて、買主は保管費用を負担し、自己の物と同一の保管義務を負うにとどまり、かつ、自分の物として保険につけることも妨げないと解すべきと言う。更に、危険負担については、直接に引渡しを受けた買主が負担するので（第534条）、目的物が不可抗力で滅失・毀損しても、買主は残代金支払義務を免れないと解するほかはないと述べる(198)。

以上、論じてきたように、わが国の学説は、主としてドイツ法の影響を受け、明治、大正、昭和前期にかけて、所有権留保は停止条件付きの所有権移転約款であり、代金債権を担保するという目的はあるが、売主に真正所有権が帰属する法律関係と解されていた。

2．所有権的構成・折衷的構成説（売主所有権帰属構成）

前段において論じたように、伝統的な所有権的構成説は、所有権留保特約付売買に関して、代金の完済を停止条件とする売買契約の附款としての所有権移転特約と解し、停止条件の成就までは、留保売主を真正・完全所有者と解していた(199)。

---

(197) 我妻榮『債権各論下巻一』（岩波書店、1957年）317-318頁。我妻博士は、スイス民法第715条が所有権留保特約を登記しなければ効力を生じないと規定するのは特殊の立法であると言う。然るに、前述したように、同条における所有権留保の効力発生要件は、「登記」ではなく、「執行機関の管理する公的登録簿への登録」である。
(198) 我妻『各論下一』318頁。
(199) 三潴「所有権留保論（承前）」法協35巻5号855頁以下、石田（文）・前掲「論文」新報41巻6号11頁以下、末川・前掲「論文」民商1巻5号743頁以下、勝本正晃『擔保物権法論』（日本評論社、1940年）299頁。勝本博士は、留保所有者は完全所有者ではあるが、条件付法律行為に関する制限（第128条）はもちろん、債権担保のための

しかし、近時は、ドイツの判例・通説に倣い、売買当事者間の所有権留保のケースと、信販会社を交えての三者間契約による所有権留保のケースとを分けて、法的構成を考えるという学説がある。

まず、売主・買主という二当事者間の約定による所有権留保は、留保商品を媒介とする信用取引（商品信用）であるという点に着目し、この場合に限り、停止条件付の所有権移転約定であり、条件成就前は物権変動が生じていないことから、留保売主を真正・完全所有権者と構成する説（条件成就前の売主所有者構成）がある[200]。

次に、この立場は、延長・拡張類型の所有権留保はもちろんのこと、金融機関を交えた三当事者（売主・買主・信販会社）間の所有権留保についても、その目的が金融機関（銀行、信販会社）の立替金債権または求償債権の

---

[200] 拙稿「留保所有権の譲渡」千葉大学法学論集28巻1・2号40頁以下、50頁以下（本書「第1章」）、同「所有権留保売買における信販会社の法的地位」法経論集（愛知大学）213号（2017年）69頁（99頁以下。本書「第2章」）、同『民法要論Ⅲ』290頁を参照。従来の学説として、鳥谷部茂「非典型担保」『物権法（青林法学双書）』（青林書院、1993年）289頁（319頁）、高橋眞『担保物権法』（成文堂、第2版、2010年）316頁が、比較的、筆者と類似の解釈を採っているように思われる。

　まず、鳥谷部教授は、「被担保債権」という用語を使ってはいるが、所有権分属説や抵当権説のような典型的な担保権的構成説について、前者は所有権の移転が不明確であり、後者は債権法のみならず、物権法においても基礎となるべき意思理論に反するという理由から、「採用しえない」と明確に論じている。この点は、前掲書（本註）318頁を参照。

　また、高橋教授は、停止条件付所有権移転なのだから、買主に所有権は移転せず、買主は、将来、所有権を取得しうるという期待権及び目的物の利用権とから構成される物権的地位を取得するので、所有権留保を特別の担保設定契約とは考えず、留保売主が担保目的に限定された留保所有権を有するものと構成し、買主への所有権移転がないのであるから、留保所有権は対抗要件を備える必要がないと言い、買主の物権的期待権については、買主は目的物の引渡しによって対抗要件を具備したものと構成する。なお、鳥谷部、高橋両教授の見解を含めた学説に関しては、本書「第1章、第3節」127頁以下において詳論している。

　近時、裁判例においても、筆者と類似の考え方を説くものがあり、売主・買主間の所有権留保においては、売主が所有者であり、代金の完済まで買主には所有権は存在しないとして、この点が譲渡担保との相違点と解されている（東京地判平成24年9月25日判例集等未登載：TKC提供。評釈として、田村耕一「判研」広島法学37巻2号〔2013年〕55頁がある）。

担保であり、金融信用取引であることから、この場合には、金融機関が留保買主から物権的期待権を譲渡担保に供されたのと同様の状況であるとして、譲渡担保と同様の付従性ある担保権（担保所有権〔Sicherungseigentum〕）に過ぎないものと解している（三者間取引による譲渡担保権類似の担保権構成）。この見解は、近時のわが国の判例及び多数説が所有権留保の類型を問わず、一律に「単なる担保権に過ぎない」と処遇しているという点に対し、異議を唱えるものである。

　この説は、留保特約の当事者（留保売主・買主）間においては、留保売主を真正所有者と解する所有権的構成である。しかし、第三者を交えた当事者相互間においては、立替払人または支払保証人たる留保所有者を譲渡担保権者類似の担保権者と解する担保権的構成として位置づける、いわば折衷説である（但し、これらは契約類型それ自体を異にするという点に注意を要する）。その結果、買主の倒産手続において、留保売主には取戻権（破産第62条、民再第52条、会更第64条）を認めるが、売主以外の留保所有者には別除権（破産第65条、民再第53条）、更生担保権（会更第2条10項）を認めるに過ぎない。

　他方、留保買主の地位は、留保売主との関係においては、停止条件付の所有権移転請求権者という債権的な地位を有するに過ぎない。しかし、これでは留保買主の地位はあまりにも脆弱に過ぎる。そこで、留保買主の保有する期待権については、これを第三者（留保売主の差押債権者、倒産管財人、あるいは不法行為者など）に対抗しうる「物権的期待権（dingliches Anwartschaftsrecht）」と構成し、第三者との関係においては、当該第三者に対抗しうる所有権に準じた物権者（価値分属）として構成する（交換価値の把握としては、後掲する諸学説のような「所有権の分属」ではなく、支払額に応じた価値的分属と認める）。これによって、留保買主は、第三者に対抗しうる地位を獲得する。

　したがって、以上の意味において、現在では、所有権留保の法的構成に関する限り、その全体を通じて、純粋な意味での所有権的構成説は存在しない。

3．担保権的構成説

（1）物権的期待権説（竹下説：所有権分属構成）

　この説は、留保買主の地位を停止条件付きの所有権取得者と見て、これを期待権者と構成した上で、実質的所有者と解するので、留保所有者は、必然的に担保権者に過ぎないものと解する考え方である[201]。

　この説の論者である竹下博士は、「条件付所有権」は条件付所有権移転請求権という純粋に債権的な請求権であるが、買主が引渡しを受けることによって物権的性質を具有すると言う。買主が物権的効力を取得する理由は、民法上、①買主の権利は第128条によって保護されており、条件の成否未定の間に留保売主が留保物を処分した場合には、買主の所有権取得を妨げる限度で物権的に無効であること、②買主は、第129条により、留保売主の承諾なくして「条件付所有権」を譲渡することができること、③無権利者から所有権留保特約付きで動産を購入した留保買主が第192条の要件を具備すれば、条件付所有権を即時取得することを挙げている。

　また、竹下博士は、この前提から、目的物の所有権は留保売主と買主とに分属しているので、留保売主の所有権は形式的なものに過ぎず、その実質は、所有権価値の分属に見合い、かつ、売買代金債権担保の目的に必要な限度の内容に制限されるものと解すべきであるといい、具体的には、私的実行と清算義務に触れている[202]。この見解は、買主を実質的な所有者と解する論理構成上、留保売主を担保権者として扱うわけである。しかし、そうすると、所有権価値における所有権の分属と解する点において、論理矛盾を来している。

（2）担保権説（高木説：所有権分属構成）

　この説は、所有権留保を売主の残代金債権担保のための担保権であるという前提に立脚し、所有権は留保売主と留保買主とに分属するものと構成する

---

[201] 竹下守夫「所有権留保と破産・会社更生」『担保権と民事執行・倒産手続』（有斐閣、1990年）267頁（273頁以下）、幾代通「割賦売買」『契約法大系Ⅱ』（有斐閣、1962年）293頁。
[202] 竹下『担保権と民事執行・倒産手続』277頁以下を参照。

という考え方であり、債務額の減少に応じて、買主の物権的地位は拡大していくというものである。

この構成を主張する高木博士は、所有権留保は、譲渡担保と異なり、真正な売買を利用することから、残代金額と目的物の価額との差額はあまり大きくないのと、目的物が動産であり、継続的な利用と新製品の出現による減価率が高いので、清算金額はそれほど高額にならないとし、譲渡担保ほどには清算の必要性は高くないと言う[203]。

また、高木博士は、留保所有権は担保権であることから、留保売主に占有改定による引渡しがなされているものと解し、これを対抗要件と解している。しかし、実際上は、留保売主のネームプレートが付着されるので、第三者による即時取得などへの対抗といった問題は生じないと言う。

この見解も、所有権の分属と言いながら、担保権と構成するという点において、論理矛盾がある。

（3）動産抵当権説（米倉説）

この説の論者である米倉教授は、物権的期待権説が買主を実質的所有者とし、売主を法律的所有者と解している点に疑問を投げかけ、所有権留保売買においては、実質的にも形式的（法律的）にも所有権は買主に移転し、売主は目的物について売買代金債権を被担保債権とする抵当権者と構成すべきであると主張する。この立論の理由は、所有権留保契約の当事者は、抵当権の設定を目的としているのであるが、適切な法概念を発見しえないために、抵当権設定を所有権留保と表示したに過ぎないと言う[204]。

この場合に、動産抵当権の公示はどうするのかというと、米倉教授は、動産物権変動に関する限り、民法は、占有改定のようなほとんど無意味に近い公示方法にも対抗力を付与しているので、動産抵当権の設定にも特段の公示

---

[203] 高木・前掲『担保物権法』379-381頁参照。但し、高木博士は、売買によって目的物の所有権は買主に移転し、売主は一種の担保物権たる留保所有権を取得するものと構成する（同・380頁）。

[204] 米倉明『所有権留保の実証的研究』（商事法務研究会、1977年）36-37頁及び300頁を参照。同様の抵当説を主張する学説として、幾代通「割賦売買―所有権留保売買」『契約法大系Ⅱ（贈与・売買）』（有斐閣、1962年）289頁（294頁以下）がある。

方法は不要であるという(205)。

　それでは、抵当権の設定であるにもかかわらず、公示方法なくして第三者を害することはないのかというと、米倉教授は、それは動産物権変動に宿命的に付随する事態であり、しかも、強制執行してくる債権者は別として、取引の安全は即時取得制度（第192条）によって担保されるので、第三者が害されるおそれもないと言う。そして、この公示方法の問題をクリアし、また、内容の定式化を実現することによって、物権法定主義（第175条）とも牴触しないと言う(206)。

　この見解は、買主を「所有者」、留保売主を「動産抵当権者」と構成するので、論理矛盾はない。また、内容、効力ともに適切でもありうる。しかし、動産抵当権に関しては、歴史的に見て、法政策上の理由から、内容及び効力に関して特別に法制度として認められてきたに過ぎない（例えば、農業動産信用法、自動車抵当法、建設機械抵当法など）。この意味において、非典型担保を動産抵当権と解するには無理があるのではないかと思われる。

(4) 設定者留保権説（鈴木〔禄〕説：所有権分属構成）

　この説は、売主と買主との関係について、目的物の売買により、買主に所有権が移転し、現実の引渡しによって、買主は対抗要件を具備するが（第178条）、所有権留保特約によって、売主が未払代金債権を担保するために留保所有権の設定を受け、占有改定による引渡しを受けることによって、対抗要件を具備するものと構成する。鈴木（禄）博士によると、留保所有者の法的地位は担保権者であり、買主の法的地位は、物権的な所有権取得期待権者であると言う。しかし、留保所有者の法的地位も、留保買主の債務不履行に伴う私的実行の結果、完全所有権の復帰となるので、両者ともに、所有権取得権であり、代金完済または私的実行までの暫定期間内は、目的物の上に二つの物権が並立するという関係になっており、この場合における両物権は、「準所有権」であるとされる(207)。

---

(205) 米倉『実証的研究』301頁。
(206) 米倉『実証的研究』301-302頁。
(207) 鈴木（禄）『物権法講義』（創文社、5訂版、2007年）403-404頁。

また、鈴木（禄）博士は、譲渡担保との関係について、所有権留保は目的物と被担保債権との間に牽連関係が存在するという点において、譲渡担保とは異なるが、譲渡担保権は、設定者の債務不履行に伴う私的実行の結果、担保権者への所有権移転が完結し、所有権留保は、被担保債務の履行によって買主への所有権移転が完結するという意味において、両者は裏返しの関係になっていると説明する(208)。

但し、鈴木（禄）博士は、留保買主の破産手続において、前掲昭和61年札幌高決が担保権的構成説により留保所有者を別除権者と解した点については、これを否定し、原則として取戻権者であると主張する。その理由は、留保所有者の被担保債権回収にとっては、取戻しを認めることが法政策上妥当だからであると述べている(209)。設定者留保権説は、留保売主・買主ともに「準所有権」を有するものという意味において、買主の倒産手続において、留保売主に取戻権を認めるのである。この点は、前述したように、留保商品の換価・清算においては、「清算金」が出ないか、出ても大した金額にならないという判断から、むしろ、留保売主の準所有権を保護するという点を重視する見解であろう。

（5）新設定者留保権（新物権的期待権）説（道垣内説：所有権分属構成）

この説は、所有権留保特約によって物権変動は生じておらず、所有権は留保売主に帰属するものの、それは担保目的によって制限された留保所有権であり、他方、留保買主には、物権的期待権が帰属すると言う(210)。この法形式的な意味としては正当である。

この買主に帰属する物権的期待権という権利関係は、基本的には、道垣内教授が譲渡担保の法的構成において論じている「設定者留保権」と同じであ

---

(208) 鈴木（禄）『講義』（前註）405頁。
(209) 鈴木（禄）『講義』（前註）408-409頁。
(210) 道垣内『担保物権法（三省堂版）』304-305頁、同『担保物権法』367-368頁。道垣内教授自身、この留保買主の権利については特に物権的期待権と称している。しかし、構成自体は同じであることから、本書においては、「設定者留保権説」と分類し、時期の早い鈴木（禄）説を設定者留保権説と分類する関係上、道垣内説を「新設定者留保権説」と称している。

る。即ち、留保買主に使用・収益権をその内容とする物権的期待権があり、留保売主に処分権をその内容とする留保所有権がある（双方ともに所有権の一部が帰属するという）。

　この学説の特徴は、所有権留保を担保権と構成するものの、代金完済までは「所有権」が留保売主にあり、まだ物権変動が生じていないことから、留保売主には対抗要件は不要であると位置づけ、また、留保買主の物権的期待権については、既に現実の引渡しを受けたということで、同人は対抗要件を充たしているという点にある（実際には公示機能はないと言う）。そして、留保買主の使用・収益権は、物権的期待権に基づくものと解している[211]。

　この見解には、所有権の分属という点において、立論上の法的難点がある。留保買主の物権的期待権は、留保売主を法形式的には「所有者」と解するものの、買主の権利を債権的な所有権移転請求権と位置づけることから来る脆弱さを払拭するための立論のはずである。両者に帰属するのは、「経済的な意味における物の価値」であり、それは所有権とは言わない。したがって、法律学的に分析すると、留保売主が真正所有権を有しており、留保買主の物権的期待権は留保売主から設定を受けた制限物権のはずである。

４．法的構成のまとめ

　わが国においては、所有権留保を「純然たる担保権」と構成し、被担保債権の満足を目的とする譲渡担保と同様に解するのであれば、設定者たる留保買主には、所有権あるいはその一部が設定時に移転していなければならないと解する学説[212]が多い。しかし、売買当事者の所有権留保の場合には、譲渡担保とは異なり、担保権に特有の所謂「付従性」は存在せず、売買契約時（近時の多数説はこれを「設定時」という。）には、将来の代金完済を停止条件とする所有権の移転が約定されるに過ぎず、留保買主にはまだ何ら所有権は

---

[211] 道垣内・前掲『担保物権法』368-369頁。
[212] 現在のわが国における「通説」と称される学説がこの立場であり、所有権の分属を前提とする設定者留保説もしくは物権的期待権説という。例えば、道垣内・前掲『担保物権法』361頁以下参照。近時の論文を見ても、例えば、山本和彦「倒産手続におけるリース契約の処遇」金法1680号（2003年）8頁（9頁）は、道垣内教授の設定者留保権説を「通説」として位置づけ、これを前提として論を進めている。

移転していないものと解すべきである[213]。ローマ法以来、所有権は一個であり（単一所有権概念）、所有権は分割に適しない権利だからである（但し、経済的価値としては、買主の支払額に応じた物権的期待権の交換価値が発生している）。

　物権的期待権は、ドイツにおいて生成し、発展を遂げ、わが国の学説が追随した概念である。期待権の基本的な捉え方は、先給付的に引渡しを受けた留保買主の地位に物権的効力を付与し、対第三者効を付与すべきだという政策的配慮からにほかならない。それゆえ、留保売買の当事者間において、留保売主の所有権を留保買主の物権的期待権によって弱めることを認める概念ではない。この意味において、所有権留保においても、譲渡担保と同様、設定者留保権類似の概念として、「物権的期待権」を留保買主に認め、同人を所有権の分属者であるとか、実質的な所有者であるなどと観念する必要はない。留保売主に真正所有権を留保する目的は、留保買主の支払遅滞に起因する留保売主の危険を回避するという意味において、遅滞解除に伴う留保売主の物権的返還請求権を保全するという点にある（契約の巻戻しによる原状回復の保全には真正所有権たる必要性が高い）。この意味において、留保売主が所有権留保特約によって自身に留保する所有権は担保権ではない。

第6項　所有権留保の対抗要件
1．売主・買主間の所有権留保

　売主・買主の二当事者間所有権留保は、元々、留保売主が所有権を有し、買主は第三者との関係において物権的期待権を有している。この両者の関係は、買主が直接の占有を取得しているが、買主の占有は自主占有権ではない。買主は、賃借人と同じく、留保売主の占有代理人である（留保売主は間接自主占有者、買主は直接他主占有者である）。この点は、前述した「買取権付き賃貸借」において顕著である。

　動産譲渡の対抗要件は引渡しであるが（第178条）、所有権留保は停止条件

---

[213] この見解を採用した判例として、前掲最判昭和58年3月18日（註102）があり、下級審裁判例として、前掲東京地判平成24年9月25日（註200）、前掲東京高判平成29年3月9日（註103）がある。

付の売買なので、まだ「譲渡」即ち「所有権移転」が生じていない。それゆえ、留保買主の債権者が目的物を差し押さえても、留保売主は所有権に基づいて第三者異議訴権を行使することができる（ZPO 第771条、日民執第38条）。これは、所有権留保の対抗要件を具備したからではない。留保売主が真正所有権と間接自主占有権を自己に留保しているからこその効果である。それゆえ、真正所有権者たる留保売主には「対抗要件」は不要である。

　他方、留保売主が未払代金債権の担保として留保所有権の設定を受け、占有改定によって引渡しを受けることによって、対抗要件を具備するものと構成する見解がある[214]。この場合において、買主に物権的期待権があるとすると、制限物権の設定であるから、対抗要件が必要となる。もっとも、留保買主は、所有権留保特約とともに現実に引渡しを受けているので、動産物権変動の対抗要件を具備したこととなる（第178条）。しかし、買主には現実の占有があるので、公示の原則は維持されるが、留保売主への占有改定による引渡しには公示力がないので、併せて明認方法を採るべきとの主張もある[215]。

　動産譲渡担保の場合には、動産譲渡登記による公示制度があるが（動産債権譲渡特例第1条、第7条）、動産所有権留保の場合には登記による公示方法がない。留保買主は条件付売買による将来の所有権取得権を有するので、立法問題として、登記原因を「所有権留保」とする動産譲渡の仮登記制度を創出することにより、所有権留保当事者の地位を登記によって保全することができよう（但し、前提として留保売主の所有権保存登記制度が必要である）。

2．三者間取引による所有権留保

　譲渡担保の設定であれば、担保権者は設定者から占有改定による引渡し（第183条）を受ける。しかし、三者間取引による留保所有権の設定や譲渡にはそれがない。それでは、どのように対抗力を保持するのであろうか。

---

[214] 鈴木（禄）・前掲『講義』403-404頁など、この説は、実務界でも主張者が多く、有力に主張されている。
[215] 松岡・前掲『物権法』221-222頁。松岡教授は、明認方法と併用すれば、占有改定による引渡しに対抗力を認めてもよいと論ずる。

学説のうち、有力説は、停止条件付の売買では、まだ物権変動がないので、留保所有者には対抗要件は不要と解している(216)。この場合でも、所有権留保特約は債権契約における条件付の物権的合意であるから、留保所有者の地位を第三者との関係でも確保・確定するためには、対抗関係が発生する前においても、占有権の保持が必要である（第178条類推）。しかし、この点は、売主・買主という二当事者間の所有権留保においては、元々、留保売主が所有権と間接自主占有権（第180条）を保持しているので、全く問題はない。この意味において、売主と買主との間においては、物権変動は生じていないのと同じことに帰着する。

問題は、担保所有権に転化する信販会社などの譲受け留保所有権の場合にも、この留保売主の間接自主占有権者という状況に変化はないのかである。留保所有権の譲渡を受けた信販会社の所有権が譲渡担保権と同様の担保所有権であるとしても、買主の有する物権的期待権は、まだ「所有権」ではなく、あくまでも、条件成就前の物権的権利に過ぎない。それゆえ、譲渡を予定する留保商品で転売授権がなされた場合以外は、一般的に買主に処分権能はない。このように解すると、三者間取引による担保権者としての留保所有者（信販会社）は、留保所有権に対抗要件を必要とするので、原則として、占有改定によって引渡しを受けたものと解さざるをえない（間接自主占有権の取得）。したがって、いずれにせよ、信販会社の留保所有権は占有改定による引渡しで対抗要件を充たす（但し、集金保証方式のような法定代位を用いる類型については、対抗要件は不要と解される(217)）。しかし、この場合でも、占有改定の公示力欠如から、明認方法を採るべきという有力説のあることは前述した。

---

(216) 道垣内・前掲『担保物権法』368頁、拙稿「留保所有権の譲渡」千葉大学法学論集28巻1・2号85頁。
(217) 我妻榮『新訂債権總論』（岩波書店、新訂10刷、1972年）254頁が、法定代位は「弁済によって消滅すべきはずの権利が、法律上当然に、弁済者に移転するのであって、譲渡ではない。従って、対抗要件を必要としない」と宣言して以来の通説である。最判平成29年12月7日民集71巻10号1925頁は、自動車の三者間取引による所有権留保における留保所有権の移転原因として、法定代位によることを認めた。

第7項　所有権留保に関する個別問題

本段においては、わが国の判例に現れた主要事案に基づいて、判例法理や学説に関して、理論上の検討を行う。主要な問題点は、①権利濫用との関係、②即時取得との関係、③留保所有者に対する物権的請求権の行使・損害賠償請求、④留保所有権の譲渡と譲受人の法的地位、である。

1．所有権留保と権利濫用

事例：A（ディーラー）は、B（サブディーラー）に対して、所有権留保特約付で自動車を1台売り渡し、BはこれをC（ユーザー）に売り渡し、CはBに代金を支払った。しかし、BはAに割賦代金を支払わないので、AはBとの売買契約を解除し、Cに対し所有権に基づいて自動車の返還を請求した。

Aは自動車の留保売主であり、Bが留保買主、Cは転買主である。Aは、Bとの関係において、売買代金の完済まで本件自動車の所有権を留保しており、本件自動車の所有者である。他方、Cは、Bとの関係において、自動車の買主であり、引渡しを受けている。本件は、Aの留保所有権が、BがAからの転売授権に基づいて転買主Cに売却し引き渡した後も存続するのかという問題である。Cは、代金をBに完済しており、Bとの関係では、恰も所有者であるかのような様相を呈する。そこで、Aの留保所有権の帰趨はどうなるのか、また、第三取得者CとAとの関係はどのように決するのかが問題となる。

この問題について、判例は、Aが、BとCとの売買の履行に協力しておきながら、その後Bに自動車を売却するにあたって所有権留保特約を付し、Bの代金不払を理由にBとの売買を解除し、留保所有権に基づき、既にBに代金を完済して自動車の引渡しを受けたCに対し自動車の返還を請求することは、権利の濫用であり、許されないとして、Aの返還請求を棄却した[218]。

本判決の意味は、A・B間の所有権留保特約が転買主Cにもその効力を及

---

(218) 最判昭和50年2月28日民集29巻2号193頁。

ぼし、CはBに代金を完済し、一見すると、所有権を取得したように見えるが、正確には、B・C間は特定他人物売買であり（旧規定第560条、新規定第561条参照）、BがAから所有権を取得しない限り、Cは所有権を取得することができないので[219]、本件における自動車の所有者はAという前提を取っている。しかし、A・B間の内部事情と、Cの代金完済という事実に鑑み、Aは所有者ではあるが、Cに対し、所有権を主張することは信義則・権利濫用法理の適用事案にあたり、AはCには対抗することができないという判断となったのである。

この判断理由について、批判的に考察する。

Aは、Bに第三者への転売を許可している「転売授権」関係にある。この関係においては、通常、第三取得者Cが現れた時点でAの留保所有権は消滅することが予定される。ドイツにおいては、このような場合における留保売主Aの代金債権を担保するため、中間業者たる留保買主Bから、第三取得者に対する転売代金債権を売買契約と同時に譲り受けておく。これを延長された所有権留保（所有権留保の延長類型）という。

わが民法においては、動産売主の担保として、動産売買先取特権（第311条5号、第321条）があり、本件のような場合には、売主は、転売代金債権に対する物上代位権を有する（第304条）。しかし、売主Aに先取特権があっても、代金債権者が留保買主かつ転売主Bのままでは、転買主CがBに代金を完済したら、それで終わり、即ち、物上代位権は消滅する（第304条1項ただし書）。それゆえ、AがBに転売授権をしている以上、債権管理として、留保売主Aは、Bから将来の転売代金債権の譲渡を受けておくのが当然の前提である。この意味において、Aには債権管理上の瑕疵がある。

本件においては、第三取得者Cは転売主Bに代金を完済している。それゆえ、転売代金債権は存在しないので、留保売主Aは、先取特権に基づく物上代位権を行使することができない。つまり、Aは、BがCに転売した時点において留保所有権を失い、CがBに対し代金を完済した時点におい

---

[219] 最判昭和40年11月19日民集19巻8号2003頁：特定物の売主が売買契約の当時所有権を有していなかった場合において、その後、その所有権を取得したときには、売主の所有権取得と同時に買主に所有権が移転する。

て、物上代位権を失うので、Cに対しては何ら請求権限がないことに帰着する。

　また、買主Cは、単なる素人の顧客であれば、善意者として所有権取得を保護される可能性もあるが（日民第192条、BGB第932条）、これが取引に精通した業者であれば、所有権留保特約付であることを予測すべき立場にあるから、「過失」、「重過失」が認定されやすい。即ち、登録が義務づけられる自動車の場合には、陸運局に登録することとなっており、所謂「自動車登録証・車検証」（登録識別情報、自動車検査証：道運車両第4条〔道路運行に関する登録義務〕、第5条1項〔対抗要件〕、第18条の2〔登録識別情報〕、第58条〔車検証〕）を見れば、Aが所有者であることは一目瞭然である（所有者A、使用者Cと明記されている）。それゆえ、通常、所有権留保の認識がなかったということは、即時取得の抗弁としては認められない（次段の「所有権留保と即時取得」を参照）。

　本件において、最高裁が留保売主Aの「所有権」を認めつつ、買主Cが保護された理由は、①Cが代金を完済していること、②留保売主Aは、自己の債権回収の見込みが甘いのに（債権管理の懈怠）、これをCに転嫁していることから、信義則上、保護に値しないものと認定されたのである。AがCに対し、「所有権を主張して返還請求することはできない」という結論に関しては、妥当である。

　しかし、この場合において、近時の趨勢として、所有権留保を「担保権」と解するならば、留保売主Aが買主Bに転売を授権したとき、あるいは、信義則上、転売授権を推定すべきときには、第三者Cへの売買、代金完済と同時に、担保を脱する（転買主Cが真正所有者となり、原売主Aの留保所有権は消滅する）ものと構成するか、または、昭和50年最判と類似するが、転売授権をしておきながら、第三取得者に対して自己の留保した所有権を主張することは信義則に反するとか、あるいは、即時取得を肯定する、などの解釈を行うべきである[220]。

---

[220] 道垣内・前掲『担保物権法』370-371頁、同『非典型担保の課題』（有斐閣、2015年）240—241頁は、米倉『所有権留保の研究』（新青出版、1997年）359頁以下と同様、「流通物件」に関しては第三取得者に即時取得を認めるべきだと言う。

最高裁は、売買目的物が登録を対抗要件とする自動車であることから（道運車両第5条1項）、殊更に留保売主の所有権を認めざるをえないというドグマに陥ったのかも知れない。

2．所有権留保と即時取得

事例：A（ディーラー）は、所有権留保特約付でBに自動車を売り渡し、Aを所有者、Bを使用者として新規登録した。Aの約款には、「1回の不払いだけでBは期限の利益を喪失し、自動車をAへ返還する」という特約があった。Bは引渡しを受けた後、自動車をCのために譲渡担保に供した。その後、Bが倒産したので、Cは譲渡担保権を実行し、自動車をBの元から持ち去った。AがCに対し留保所有権に基づく自動車の返還を求めたところ、Cは即時取得を主張した。

前段と同様、留保売主Aと留保買主Bとの関係が、Bから設定を受けた譲渡担保権者Cにまで及ぶかという問題である。また、同時に、留保所有権付きの自動車が譲渡担保に供された後に、譲渡担保権者Cが担保権を私的実行するために自動車をBから引き揚げた場合におけるAからの返還請求に対し、Cは即時取得の抗弁を援用することができるかという問題でもある。

この問題について、判例は、留保買主の割賦弁済中は、留保売主に「所有権」があり、留保買主には所有権がないという理由から、留保買主は、譲渡担保権者に「所有権」を移転することができないと判示した[221]。

次に、即時取得の問題については、本件のような「登録自動車」については、登録が所有権の得喪ならびに抵当権の得喪及び変更の公示方法であるとして（道運車両第5条1項、自抵第5条1項）、民法第192条の適用はないとした[222]。この意味において、自動車登録制度は、不動産登記制度（第177条）

---

(221) 最判昭和58年3月18日判時1095号104頁（店舗の賃借権、敷金返還請求権、電話加入権、営業権及び店舗内に備え置かれた動産を一括して留保売買したところ、留保買主が譲渡担保の目的として提供したという事案）、東京高判平成29年3月9日金法2091号71頁（所有権留保下の商品が集合動産譲渡担保の目的として提供されたという事案）。
(222) 最判昭和62年4月24日判時1243号24頁。

に準じた取扱いがなされているということができる。

　他方、最高裁は、「未登録自動車」の事案においては、「取引保護の要請により、一般の動産として第192条の適用を受ける」として、善意・無過失の取得者に即時取得を認めた[223]。また、後者に類する事案として、近時、登録を不正に抹消された自動車が無権利者から善意無過失の中古販売業者に売却されたという事案において、登録を受けた自動車が登録を抹消された場合においても未登録自動車と同様であるとして、即時取得の適用を認めた[224]。また、同様に、一時抹消登録がされた自動車についても、即時取得規定の適用があるとされた[225]。

　次に、自動車以外の事案（建設機械など高額な機械）においては、最高裁の判例はないが、取得者に過失を認定し、即時取得の適用を認めなかった一連の裁判例がある。

　まず、業者間取引の買主には所有権の所在に関する調査義務（売主に対する問い合わせ義務）を課し、これを怠った買主に過失を認定した裁判例がある[226]。

---

(223) 最判昭和45年12月4日民集24巻13号1987頁：本件は、X自動車の所有する自動車をA自動車修理業者が展示用としていたところ、Aの債権者Yが貸金の担保として、善意・無過失でAから質権の設定を受けたという事案である。
　　　この事案について、最高裁は、未登録の自動車は、所有権の得喪ならびに抵当権の得喪および変更につき登録を対抗要件とするものではなく、質権の設定も禁じられないので、取引保護の要請により、一般の動産として民法第192条の規定の適用を受けるべきものと判示し、動産質権の即時取得を認めた。
(224) 東京地判平成14年2月14日（判例集等未登載。裁判所ウェブサイト、TKC）。
(225) 東京地判平成18年3月17日判タ1221号283頁：本件は、Xリース会社がAと自動車のリース契約を締結した後、Aが破産し、そのさなかにAが自動車の占有を失い、その後、この自動車が出品されたオークションで、Bがこれを買い受けて登録したが、一時的に登録が抹消された後、Cが取得し、Z販売がCから買い受けて登録し、その後、転々譲渡され、Yが購入するに至ったので、XがYに対し、自動車の返還を求めたという事案である。
(226) 東京高判昭和49年12月10日下裁民集25巻9～12号1033頁：高額な建設機械は所有権留保付きで販売されることがほとんどであること、メーカーは、建設機械自体に打ち付けてある金属板（プレート）によってその製造会社名、指定販売会社名、製造の年等が一目瞭然であり、指定販売会社においては、帳簿を備え付けてその機械のアフターサービスや修理に必要な事項として車種、車番等とともにその所有関係も常に明らかにしていること、本件機械にはアワーメーターが取付けられており、その使用時間

また、売買契約書や譲渡証明書、そして領収証の存在などについて調査義務を課し、これらに関する注意・調査義務を怠った転得者に過失を認定し、即時取得の成立を否定した一連の裁判例がある[227]。

しかし、留保買主に転売が授権された場合において、転得者が代金全額を支払って購入したときには、転得者に即時取得を認めた裁判例がある[228]。

数や前記製造年から推定して、本件機械が相当新しいものであることが容易に判別できることなどから、大型建設機械を取引の対象とするところの土木建設業者においては、通常の注意を払えば、本件機械がいまだその割賦代金が完済されておらず、その所有権が販売会社に留保されている蓋然性が高いことに気づき、これが譲渡をうけるにあたっては、予め指定販売会社に照会してその権利関係を調査することが可能かつ容易であり、その注意をつくすべき義務があったとして、占有者に過失を認定し、即時取得を否定した。

(227) 福岡高宮崎支判昭和50年5月28日金商487号44頁：高額な建設機械については、メーカー間の協定により、その所有関係を明らかにするなどの目的から、割賦金が完済され、その所有権が買主に移転したときには、販売業者が買主に譲渡証明書を交付する取扱いがなされており、占有者は建設業者としてこの実情に通じていたとして、占有者が販売会社から本件物件を買い受けるにあたっては、売主が本件物件につき所有権を有しているか否かにつき一応疑問をいだき、売主に対し、本件物件を取得した経緯、代金が完済されているかどうかなどの点について、昭和46年6月1日以降、（社）日本産業機械工業会制定の細則に基づいて建設機械の製造業者または指定販売業者が作成する譲渡証明書や、売買契約書、領収証その他の関係書類の呈示を求め、あるいは、売主の買受先に対して代金支払の有無を確認するなどの方法により、適宜調査をなすべきであり、しかもこれらの調査は容易になしうるものであったとして、占有者の過失を認定した。

　東京地判昭和52年5月31日判時871号53頁（メッキ加工業者が高額なプレス工作機械について所有権の確認をしなかったという事案）、名古屋地判昭和55年7月11日判時1002号114頁（商社が高額な工作機械の所有権留保の確認を行ったところ、買主が留保売主に対して残代金額を超える額の債権を有するという言と、留保売主の納品書、領収書を見せられて、安易に所有権の存在を信じたという事案）、東京地判昭和55年12月12日判時1002号103頁（転買主であるリース会社が高額な印刷機械の所有権に関して、売主〔実は留保買主〕の所有物と安易に信じたという事案。限定的・一時的な転売授権があったが、当該転買主への処分は禁止されていた。当該転買主が代金を全額支払い済みでも関係なしとされた。）、東京地判昭和56年9月24日判時1039号81頁（高額な建設機械の売買にあたり、譲渡証明書の添付がないのに、リース会社や販売会社が所有権に関する調査確認を全くしなかったという事案）、千葉地判昭和59年3月23日判時1128号56頁（高額な建設機械の売買にあたり、買主が、売主に対し、譲渡証明書の交付を要求せず、抑も売主が譲渡証明書を所持しているか否かも確認しなかったという事案）など、すべて昭和50年福岡高宮崎支判と同旨の判断である。

(228) 大阪高判昭和54年8月16日判時959号83頁：小型の建設機械（価格400万円）の売買がなされたが、原売主から売主に対し、所有権留保売買がなされ、転売授権もなされ

更に、留保買主が機械をディーラーから直接購入した場合には、転得者にディーラーへの問い合わせ等の調査義務を課し、それ以外の中古品については調査義務はなく、相手方に直接確認するだけでよいとして、即時取得を認めた裁判例もある[229]。

しかし、近時では、転売授権があっても、転得者の支払った代金を留保買主が留保売主に渡していない場合には、転得者は即時取得しないという裁判例もある[230]。また、同様に、高額な機械販売の事案において、転買主が機械メーカーたる留保売主に対し、買主の代金完済や譲渡証明書の確認などをしなかったとして、即時取得を否定し、逆に、留保売主の転売授権は所有権

たという事案において、売主が買主に転売授権をしておきながら、他方では売主・買主間の内部的な所有権留保特約を理由に、その転売授権に基づいて当該商品を買い受け、代金を完済した転買人の所有権取得を否定することは、商取引における信義則に照らして許されないとして、買主から転売授権に基づいて商品を買い受け、代金を完済した転買人は、売主・買主間の所有権留保特約にもかかわらず、その商品の所有権を有効に取得するものと判示した。

(229) 福岡高判昭和59年3月21日判時1128号54頁：建設機械販売会社たるXは、Aとの間で、本件中古機械を代金430万円の割賦払とする所有権留保売買をしたところ、Aは、金融業者たるYから300万円を手形で借り入れ、その担保として、YはAから本件機械の引渡しを受けたが、手形が不渡りとなったので、Yが本件機械を手形金額で買い受けた。XはYに対し、所有権に基づき本件機械の返還を求めた。福岡高裁は、本件は高額な建設機械の事案とは異なり、取引の安全を犠牲にして常に金融業者にかかる調査義務を負わせることは酷に過ぎ、かかる場合には、販売店等自らが当該目的物にいわゆるネームプレートを取付けるなどしてその所有権の確保をはかるべきであるとして、「金融業者において相手方に対し取得時期、取得経緯、代金完済の有無を質問するなどし、相手方の回答や建設機械の客観的形状、これまでの取引の経緯等により相手方が所有権を有するとの合理的な心証を得た場合には、静的安全と動的安全との調和上からも、それ以上に所有権留保の有無について調査すべき義務はない」と判示した。

(230) 東京地判平成7年9月25日判夕915号126頁：木工機械の所有権留保付き売買において、留保売主Xが買主Aからの転買主Yに対し、所有権に基づいて引渡しを請求したのに対し、Yが転売授権、即時取得、権利濫用の抗弁を主張した。

この事案において、東京地裁は、「通常、売主は自己の債権回収を図るため、所有権留保付での転売を容認している」として、無条件での転売授権を否定し、また、高額な機械は、所有権留保付で売買される例が多数であるとし、Yはこの支払条件を見ており、ここから所有権留保を知らなければならず、Yが売主である留保買主Aから直接機械を購入したときも所有権留保付であり、XとAとの売買について売買条件を問い合わせることは容易であったとして、Yの即時取得を否定した。

留保付のままでの授権であったと認定した裁判例もある(231)。

このように、判例法理は、自動車の事案と高額機械の事案、また、高額器械と低廉な機械の事案において、それぞれ、その対応を異にしており、所有権留保の慣行がある高額機械販売の場合には、転買主に所有権に関する調査義務違反という意味での過失を認定し、即時取得を否定する例が多い。他方、比較的低廉な機械の場合には、所有権留保に関する調査義務が軽減される傾向にある。

これら裁判例の趨勢の中で、留保所有権付きのままで転売授権するというケースがあった（平成7年東京地判、平成8年東京高判）。しかし、転売授権を認めながら、しかも、第三取得者が代金を完済しても、留保所有者が所有権に基づいて返還請求することを認めるなどはあってはならない。これは、第三者の権利取得に関する取引の安全を害する特約である。それゆえ、このような約款は信義則に反するとして排除されるべきものと思う。なお、高額機械にはメーカーが添付する「譲渡証明書」があるので、その確認と調査を怠った取得者には過失が認定されるべきであり、この点において、即時取得の成立は制限される。

所有権に関する調査義務に関しては、ドイツにおいても、既にライヒ裁判所以来の判例法理があり、取得者に対し、取得物の所有者に関する調査義務があるとして、調査義務を怠った取得者に重過失を認定し、善意取得を否定している(232)。そして、戦後は、この判例法理が踏襲されている。即ち、高

---

(231) 東京高判平成8年12月11日判タ955号174頁：XはAとの間で本件建設機械を2台で代金1300万円とする所有権留保売買をする際に、AはXに対し、Yへの転売を告げ、Xはこれを了承した。Aは予定通りYに転売し、YはAに全額支払った。ところが、AはXに代金を完済しないので、XはYに対し、本件機械の所有権に基づく返還を請求した。

この事案において、東京高裁は、本文で述べたようにYの過失を認定して即時取得を否定し、また、XのAに対する転売授権は契約書に明記されておらず、XはAの完済後にYへ転売すると思っていたことなどを認定し、「この場合の転売の授権は所有権留保のままの条件付権利についての授権にすぎず、売主であるXにおいて、本件各物件が転売され、転買人YがAに代金を支払ったときはXの所有権が失われるということを承認していたものと認めることは到底できない」として、Yの承継取得も否定した。

(232) RG, Urt. vom 20. 5. 1904, RGZ 58, S. 162：銀行に預託された有価証券に関する質

価な中古建設機械が所有権留保や譲渡担保の目的物になっていたという事案において、その機械の買主は、売主が所有者であるかどうかの情報入手義務及び調査義務をどの程度まで負うのかという問題について、ドイツ連邦通常裁判所（BGH）は、前主の所有権に関する情報入手義務及び調査義務を表面的かつ不十分にしか履行していない取得者に重過失を認定し、善意取得を否定した[233]。また、自動車の所有権留保、中古車販売の事案において、中古車売買では、引渡し及び車検証の調査が所有権の善意取得にとって最低限の要求であるとし、疑念のある諸事情が存在するときには、買主には、登録された最後の自動車保有者に対して所有権などの権利関係について問い合わせるなどの調査義務があるとされ、特に、中古車が路上で売買され、売主が車検証に登録された最後の保有者ではないときには、常に、このような疑いの根拠があるとして、この調査を怠った買主の善意取得を否定した[234]。

　取得物の所有権に関する調査義務の懈怠について、ドイツでは重過失認定、わが国では過失認定がなされる。この点については、ドイツでは善意取得、わが国では善意・無過失による即時取得という制度上の違いから扱いが異なるが、基準は同じである。

　　権の善意取得という事案において、「動産取引においては、権利の瑕疵に関して、重過失によらずに知らない譲渡人の処分権限に関するHGB第366条（善意取得）における所有権に関する取得者の許されうる誤解は善意であり（BGB第932条、第1207条、Motive Ⅲ, S. 346)、善意の取得だけが保護される」とした。
(233) BGH, Urt. vom 17. 1. 1968, WM 1968, S. 540.：留保売主A、留保買主B、立替払人C銀行（Aからの譲渡担保権者）という状況において、AがCに弁済して、機械を受け戻し、これをXに譲渡し、XがBに使用賃貸したところ、Bが無権限で機械をYに売却し、占有改定によって引渡しをしたという事案において、Bから所有権証明とは無関係の価格リスト、道具リスト、契約書面の交付を受け、何ら調査をしなかったYに重過失を認定した。
(234) BGH, Urt. vom 5. 2. 1975, NJW 1975, S. 735.：留保売主X、留保買主Aという状況において、Aが言葉巧みにXから自動車登録証と車検証を預り、Aが乗用車を中古販売商Bに売却して引き渡し、これをBがYに転売したという事案において、「判例においては、自動車登録証及び車検証付きの自動車の占有は、ある中古車の処分権を証する外観を与え、また、車検証の検分を怠れば、通常、中古車売買における善意取得を排除するということが承認されている」、「自動車販売業者に属するYの訴訟補助者Bには、諸事情により、車検証に登録されたXに対し、所有関係と自動車の売主の処分権能に関して、再度の問い合わせによって確認することが要求される」とした。

3．留保所有者に対する物権的請求権の行使・損害賠償請求

事例：AはBに駐車場を賃貸した。Bは、C信販会社との間において、BがD販売会社から購入する自動車のローン立替払契約をし、CはDに立替払をして、自動車の留保所有者となった。BはCに対する割賦弁済金の支払を怠り、履行遅滞に陥った。他方、BはAへの駐車場料金も支払わないので、AはBとの賃貸借契約を解約した。しかし、自動車が駐車場に止めたままなので、Aは、「所有者」たるCに対し、自動車の撤去を求めると同時に、賃料相当損害金の賠償も請求した。

この問題について、判例は、B・C間の約款上、買主の履行遅滞等による期限の利益喪失後、車両引渡しへの異議なき同意（Cの所有権に基づく引揚権行使の許容）条項から、残債務の弁済期が経過した後は、留保所有権が担保権の性質を有するからといって、撤去義務や不法行為責任を免れないと判示し、買主Bの残債務弁済期が経過した後は、留保所有者たる立替払人Cに自動車の占有・処分権限があるとして、Cの車両撤去義務を認め、また、Bの土地不法占拠をCが知った時期以降の不法行為責任（賃料相当損害金の支払義務）を負うものとした[235]。

本件においては、前提問題として、留保所有者は所有権を有するのか、担保権を有するに過ぎないのかという問題がある。既に論じたように、わが国の通説は、「単なる担保権者」だと言う。平成21年最判もこの「基準」に従い、「留保所有権が担保権の性質を有するからといって」と述べている。もっとも、私見によっても、本件は三者間取引による所有権留保であり、信販会社は留保買主に金融与信をしているのであるから、CはBの所有する自動車の提供を受けて譲渡担保権の設定を受けた担保権者に等しい。それゆえ、本件に限っては、異論はない。

次に、Cが譲渡担保権者に等しい地位を有するものであるとして、それでは、いつの時点で所有権者または処分権者となるのかである。譲渡担保の判例法理からすると、弁済期の前後で区切って判断している。確かに、弁済期が到来すると、留保所有者に留保商品の処分権限が認められる。しかし、真

---

[235] 最判平成21年3月10日民集63巻3号385頁。

正所有権者となるわけではない⁽²³⁶⁾。

　本件においては、帰属清算型の譲渡担保と同じ解釈を採って弁済期を境目として留保所有者を真正所有者とすることで⁽²³⁷⁾、土地所有者と留保所有者との権利・義務関係のバランスを顧慮したものと解される。だが、弁済期の経過後に所有権の効力を認めるというのであれば、むしろ、留保買主が債務不履行に陥ったことにより、割賦弁済契約が解除され、留保買主の期待権が失われた時点において、留保所有者に完全所有権を認定すると判断したほうが、論理構成が明確であり、事の本質を明らかにするものといえよう。土地（駐車場）所有権に基づく妨害排除請求権の行使として、放置自動車の所有者に所有地からの撤去を求めるのは、土地所有者の当然の権利だからである。

　しかし、本件の事案は、立替代金債権の担保としての所有権留保という事案であり、あたかも、前述した金融信用たるフルペイアウト方式のファイナンスリースと類似の事案であることから、純粋に譲渡担保と同様の担保権と構成したのであろう。したがって、ディーラー等の売主が所有権留保約款を用いる二当事者間の所有権留保とは性質を異にするので、本判決のような結論もやむを得ない。しかしながら、三者間取引であろうと、二当事者間取引であろうと関係ないというのであれば、本質論から見つめ直す必要がある。

　物権的請求権行使の相手方という問題については、従来の判例どおり、「現実に土地所有権を妨害している者またはそのおそれのある者」としている⁽²³⁸⁾。この点については問題はない。

4．留保所有権の譲渡と譲受人の法的地位

　事例：自動車の販売会社 A が顧客 B に自動車を販売する際に、信販会社 C がその代金を立替払するという内容の契約を三者間において締結し、そ

---

(236) 道垣内・前掲『担保物権法』370頁。
(237) 最判昭和62年2月12日民集41巻1号67頁ほか多数の判例がある。
(238) 大判昭和7年11月9日民集11巻2277頁、大判昭和12年11月19日民集16巻1881頁（いずれも土地の崩落防止請求の事案）、大判昭和13年12月2日民集17巻2269頁、最判昭和35年6月17日民集14巻8号1396頁、最判平成6年2月8日民集48巻2号373頁（いずれも、建物収去・土地明渡請求の事案）。

の契約上、Aは代金の完済を受けるまで自動車の所有権を留保するが、CがAに立替払によって代金を完済した時点でAの留保所有権がCに移転することについてBが承諾したところ、Bが支払停止に陥り、期限の利益を喪失した後、小規模個人再生による再生手続開始の決定を受けたときには、Cは、本件自動車の所有者登録を受けていなくとも、留保所有権に基づき、別除権の行使としてその引渡しを請求することができるか。

このような問題について、判例[239]は、再生手続開始前に生じた登記原因に基づき再生手続開始後にされた登記・仮登記の効力を認めない旨を規定する民事再生法第45条を引用して、本件再生手続開始時においてCが所有者登録を受けていない以上、留保所有権に基づく別除権を行使することは許されないと判示した。即ち、本判決が示した判例規範は、登録自動車の留保所有権者が民事再生法上の別除権を行使するためには、自己所有名義の登録を受けていなければならないということである。

民事再生法第45条は、その1項において、民事再生手続の開始決定後の不動産及び船舶の登記等の効力を否定し、その2項において、権利の設定、移転若しくは変更に関する登録若しくは仮登記又は企業担保権の設定、移転若しくは変更に関する登記について1項を準用している。

最高裁は、この規定を本件に適用するについて、再生手続が開始した場合において再生債務者の財産について特定の担保権を有する者の別除権の行使が認められるためには、個別の権利行使が禁止される一般債権者と再生手続によらずに別除権を行使することができる債権者との衡平を図るなどの趣旨から、原則として、再生手続開始の時点で当該特定の担保権につき登記・登録等を具備している必要がある旨の理由を述べている。この理由付けから、本件において、Cが立替払いし、Aから留保所有権を譲り受けると同時に所有者登録を変更していたら、結論は変わっていたであろう。

しかし、平成22年最判が破棄した原審判決（札幌高判平成20年11月13日金商1353号35頁）は、Cの立替払により、販売会社Aの売買代金債権及びその留保所有権が代位弁済による法定代位によってそのままCに移転し（第500

---

[239] 最判平成22年6月4日民集第64巻4号1107頁。

条、第501条)、Cは、Bに対し、立替金等債権の範囲内で、Aから移転を受けた売買代金債権及び留保所有権自体を行使するという解釈（法定代位説）を展開し、Aが登録を受けている以上、Cは自ら民事再生法第45条の登録を受ける必要はないと判示している。法定代位による債権の移転は、法律上当然の移転であり、債権譲渡の対抗要件は不要とされているからである[240]。

　これらの解釈のうち、いずれが「留保所有権の譲渡（移転）」という問題に関して適合的であるのかが問題となる。

　因みに、前述した集金保証類型の所有権留保を締結したという事案において、下級審の裁判例は、集金保証方式の場合には、立替払方式とは異なり、Aの割賦金等債権の回収が滞った場合に連帯保証人Cが代位弁済することから、Cの求償債権を担保するために法定代位（民法第500条、第501条）が発生するものと解し、Aの債権と担保権たる留保所有権がCに帰属するものと解して、Bの破産手続においてCの別除権行使（破産第65条）を認め、この場合には、別除権主張の対抗要件たる登記・登録を求める破産法第49条は適用しないと判示した[241]。

　その結果、判例法上、立替払類型には別除権を認めるために対抗要件を必要とし、集金保証類型にはこれを要しないという正反対の論理構成と結論（判例法理）が生じた。この問題に関しては、解釈上、種々の難問ないし難点を含むが、この問題を含む総合的な問題点については、次章以降において詳細に論ずることとする。

第4節　所有権留保論・序説への小括

　本章においては、所有権留保の本質論に関して、所有権留保の意義と社会的作用（第1節）、所有権留保の類型（第2節）、日本法における所有権留保論（第3節）、に分類し、それぞれの中で、売買契約の附款たる所有権留保

---

[240] 我妻・前掲『新訂債権』251頁など、通説である。
[241] 札幌高判平成28年11月22日金法2056号82頁。本件は、上告受理申立てがなされた結果、最判平成29年12月7日民集71巻10号1925頁は、控訴審判決の法定代位説をそのまま受け入れ、確定した。

に基づいて売主に留保された所有権の意義、目的、効力、倒産法上の取扱いを論じてきた。

　第1節においては、所有権留保の機能的側面を中心として、ファイナンスリース、譲渡担保との比較検討を行った。

　まず、フルペイアウト方式のファイナンスリースは、利用者が使用する機械・設備をリース事業者が供給者から調達し、これを利用者に使用させ、利用者からリース料を徴収するというシステムの契約である。リース料債権は目的物の代価、利息及び手数料で構成されるので、恰も、所有権留保における割賦代金債権のようなものである。判例は、所有権留保の場合にも、ファイナンスリースの場合にも、民事再生手続や会社更生手続の開始申立てを原因とする契約解除条項（倒産解除条項）について、民事再生手続や会社更生手続の趣旨・目的に反するとして、これを無効という取扱いをしているので[242]、両者の間に共通性を見いだすことができる。

　また、留保所有権を純然たる担保権と処遇するわが国の近時の判例・多数説の見解からは、留保買主が実質的な所有者とされる。この点は、近時の会計学におけるリース基準が、リース利用者の権利を実質的所有者として扱っていることと同じ傾向である。このような取扱いから考えても、留保所有権とリース所有権とは、ほぼ同じ権利関係とされる。

　他方、所有権留保との同種・同質性が謳われる譲渡担保との比較は、如何にしてなすべきか。この点に関しては、所有権留保の本質は完全所有権の留保、即ち、留保買主の代金完済を停止条件とする所有権移転であり、条件成就前は所有権移転という物権変動は生ぜず、将来の所有権移転請求権という債権が生じているに過ぎない。

　この点に関しては、譲渡担保の本質は信託的所有権移転という制限された完全所有権の移転、即ち、設定者が有している完全所有権を担保目的により譲渡担保権者へ信託的に移転し、譲渡担保権者は信託的所有権たる担保所有権を取得するという観点を起点とすべきである。

　そこで、本章においては、所有権留保と比較するため、動産譲渡担保の構

---

[242] 前掲最判昭和57年3月30日（留保買主の会社更生手続）、前掲最判平成20年12月16日（リース利用者の民事再生手続）は、いずれも倒産解除条項を無効と判示した。

造と機能に着目し、検討した。

　譲渡担保権者は、抵当権者とは異なり、設定者から完全所有権を取得する。しかし、その目的はあくまでも債権担保である。そこで、この場合における所有権移転は担保目的に拘束される信託的な所有権移転であり、設定当事者間の合意たる担保約款の内容に拘束される。担保約款は担保所有権移転の原因行為（causa）である。信託的譲渡による信託的所有権の移転であるという面と完全所有権という面のうち、いずれが重視されるのかと言うと、現在の常識から考えれば、前者である。ドイツにおいては、この点に争いがあったが、1979年10月24日のBGH判決により、担保所有権は純然たる担保権であることに決した。そこで、設定者の倒産手続においては、譲渡担保権者は取戻権者ではなく、別除権者（旧ドイツ破産法〔KO〕第48条、現行InsO第50条、第51条1号）たることに決したわけである。

　因みに、設定者の完全所有権が譲渡担保権者に移転するのに、担保約款による制限だけで、担保所有権という別種の所有権として扱う理由について、判然としないところがある。しかし、この点に関して、ゼーリック博士は極めて明快に、ローマ法に由来する信託的法律行為とゲルマン法に由来する法律行為による授権に淵源を求め、譲渡担保は担保信託であるから、目的による拘束があり、担保が外れれば、通常の管理信託に転換する場合もあるとして、信託行為を前提として説明する。

　このように、単純類型の動産譲渡担保を担保信託と構成することにより、譲渡担保権者は信託的な担保所有権を取得しているのみとなり、言うなれば、設定者の完全所有権は譲渡担保権者の下では担保所有権に転化している。この転化原理により、譲渡担保権者の担保所有権の意味が明確になり、設定者の倒産手続における別除権者という取扱いの意味も明確になる。その一方で、他方、設定者の権利関係も脆弱にならないように、信託の場合と同様、設定者には準物権的効力として、「期待権」と称すべき権利が帰属することの意味も明確となる。以上の点から、所有権留保は完全所有権の留保であり、譲渡担保は信託的な担保所有権の移転という意味が明確となる。

　更に、第1節の最後の段においては、古代法における所有権留保の原型から、ドイツ民法、スイス民法、フランス民法における各制度の概略を示して

説明を加えた。

　次に、第2節においては、ドイツにおける所有権留保の類型に依拠して、単純類型の所有権留保、延長・拡張類型の所有権留保について、簡単な説明を行った。この点は、既に前著『現代的課題』及び本書の第1章以下において詳細に検討しているので、本節においては、簡単な説明にとどめた。

　次に、第3節においては、わが国における所有権留保の現状として、現在使用されている約款の種類、留保売主と留保買主の法的地位、所有権留保に関する学説先史、法的構成、対抗要件についてまとめ、最後に、所有権留保の判例に現れた個別問題について若干の検討を行った。

　要するに、本章の構成、意義、目的は、所有権留保の本質に関する前提的諸問題の紹介とその検討にある。前著『現代的課題』から今日まで考察し続けている所有権留保の現代的課題について検討する以上、現代における所有権留保の取扱いに関する判例、学説、取引実務に関する疑問を提起し、所有権留保の前提要件から諸問題の解決策に至るまで、総括的かつ個別具体的に解釈論を示さなければならない。これが本章のテーマであるとともに、自身の意見表明でもある。このような観点を踏まえつつ、以下の章においては、具体的諸問題の検討を通じて、所有権留保の本質論について探究し、検討することとしたい。

【追記】
　本稿は、本書を出版するにあたり、新たに書き下ろしたものである。しかし「序章」の内容のうち、部分的には、論文として紀要に発表し、あるいはコンメンタールの原稿として出版社に提出したものもある。参考までに、これらを以下に記す。
　「留保所有権と動産譲渡担保権との優劣関係」愛知大学法学部法経論集218号（2019年3月）
　「所有権留保」鎌田薫・松岡久和・松尾弘編『新基本法コンメンタール物権法』（日本評論社、未公刊）

第1章　留保所有権の譲渡と譲受人の法的地位

第1節　本稿における問題点

　所有権留保は、売買契約に際して、売主が買主の代金完済までは給付物（留保商品）の所有権を自分に留保することとし、買主が代金を完済することを停止条件として、買主に所有権を移転することを約する売買契約の附款として成立する停止条件付法律行為の一種である（BGB 第449条、第158条1項、日本割賦販売第7条、民法第127条1項）。この売主・買主という二当事者間の所有権留保が、所有権留保の原始的な類型である。ところが、近時は、自動車の売買に代表されるように、売主・買主という売買契約の当事者の中に信販会社等（一般の信販会社以外に自動車メーカー系列のファイナンス会社〔販売金融会社〕がある。）が入り（所謂「ローン提携販売」）、この三者間の契約（合意）により、信販会社が留保売主に売買代金を立替払し、当初売主に存在していた留保所有権を信販会社が譲り受け、あるいは、立替払の際に担保目的の所有権留保を設定し、信販会社が原初的に所有権留保を締結するという契約類型が増えている[1]。それゆえ、本稿において問題とする留保所有権の譲渡というケースは、まさに、この三者間契約に基づく信販会社の所有権留保に関する問題である。

　信販会社が自ら原初的に留保所有者となる場合には、留保売主の地位と類似している。しかし、信販会社は買主と売買契約を締結しているのではない

（1）この類型のほか、集金を保証する保証委託と保証契約を用いた類型（集金保証契約）とがあり、この類型にも、①割賦販売類型、②立替払類型、③リース類型がある。この点について、詳細は、小峯勝美「クレジット取引と自動車の所有権留保（1）」NBL430号（1989年）20頁以下、田高寛貴「多当事者間契約による自動車の所有権留保」金法1950号（2012年）48頁（49-51頁）などを参照。なお、この点に関しては、本書第2章で詳細に論ずる。

から、留保売主の地位とは異なる（但し、「契約上の地位の移転」をすれば話は別である）。即ち、本稿の問題においては、信販会社は、留保所有者ではあるが、留保売主の留保買主に対して有する割賦代金債権を立替払することにより（留保買主に対する融資）、買主が代金完済によって所有者となり、この所有者から自動車を担保目的物として提供され、譲渡担保権の設定を受けた譲渡担保権者と同様の地位に立つ。それゆえ、売買契約における買主の履行遅滞や義務違反に伴う売主の解除権は、売買の当事者ではない信販会社には存在しえない（もちろん、融資契約としてのローン契約の支払遅滞やその他の原因によるローン契約の解除権はある）。

そこで、最初に留保売主たる留保所有者が既に存在し、信販会社が留保売主から留保所有権を譲り受けた場合でも、また、当初から信販会社が留保所有者となる場合でも、この信販会社の法的地位が問題となる。即ち、留保所有権の譲受人たる信販会社は、倒産、民事再生、会社更生手続においては、純然たる留保所有者（完全所有権者）であるのか、それとも譲り受けの目的・原因行為が金融であることから、譲渡担保権者と同様の担保権者として処遇されるのかという問題が生ずる。また、この地位の相違は、そのまま、その譲受人の地位は、取戻権者か（破産第62条以下、民再第52条）、それとも別除権者・更生担保権者か（破産第65条以下、民再第53条、会更第2条10項）という問題となる。

この問題と同じような状況がドイツでも先行的に存在する。ドイツの判例は、売買契約に基づく単純類型の所有権留保における留保売主の所有権は、原則として、完全所有権（Volleigentum）であるが、この場合における留保所有権の譲受人は譲渡担保権者と同様の地位にあり、倒産法上は取戻権（InsO第47条）ではなく、別除権（InsO第50条）を有するに過ぎないと解している（後掲 BGH. 27. 3. 2008）。この場合には、留保所有権譲渡の目的が金融だからである。即ち、この留保所有権の譲受人は、譲渡担保権者と同様、立替払という金融信用取引（Geldkredit）における与信者という地位を獲得したものと解されている（これに対して、売主の留保所有権は商品信用取引〔Warenkredit〕に基づく与信行為の効果であるから、真正所有権を保持する）。

しかし、この場合には、倒産手続上の制限がある。即ち、倒産手続開始前

の強制執行は、仮倒産管財人の保全処分申立てにより、一時停止や、将来の担保権実行の禁止が可能である（InsO第21条2項3号：裁判所は、強制執行が不動産に関するものでないときは、債務者に対する強制執行の処分を禁止し、もしくは一時的に停止することができる）。

近時のわが国の学説及び実務家の見解においては、所有権留保は、すべての類型において担保権であると解され、留保所有者は担保権者であると構成された結果、留保買主の倒産手続において、取戻権（破産第62条—第64条）を取得しえず、別除権（同法第65条）を有するに過ぎないという見解が通説であるかのように捉えられている[2]。しかし、このような取扱いは、所有権留保の本質を見誤っているというか、本質論を無視し、あるいは軽視した結果であり、妥当性を欠くものである。あくまでも、売主・買主という二当事者間の所有権留保は、商品信用取引であり、金融信用取引ではないという本質を重視すべきである。

次に、民事再生手続では種々の制限がある。次段において近時の中心的な判例として掲げて考察する最（二小）判平成22年6月4日においては、留保所有権の譲受人と民事再生法第45条の登記・登録上の制限との関係、即ち、留保所有権の目的物である自動車の登録をめぐる対抗関係が問題とされてい

（2）通常は、手続法学者の学説として、谷口安平『倒産処理法』（筑摩書房、第2版、1980年）232頁、伊藤眞『破産法・民事再生法』（有斐閣、第2版、2009年）346頁（第3版446頁）を掲げ、裁判例として、札幌高決昭和61年3月26日（判タ601号74頁）、諏訪簡判昭和50年9月22日（判時822号93頁）、大阪地判昭和54年10月30日（判時957号103頁）を掲げて、その根拠としている（これらの裁判例については後掲する）。それゆえ、留保所有者を担保権者として、別除権者と構成するのが、通説及び実務上の取扱いとして一般化しているといった表現が用いられ、留保所有権＝代金債権の担保権＝別除権という構成が、当然の前提として論じられている。

　後掲する平成22年最判に関する論文、評釈、例えば、小山泰史「判研」金法1929号（2011年）56頁（57頁）、田高・前掲「論文」金法1950号48頁、田頭章一「判評」リマークス43号（2012年）134頁（135頁）、上江洲純子「判解」平成22年度重判（ジュリ臨増1420号、2011年）175頁（176頁）、印藤弘二「倒産手続における所有権留保の取扱い」金法1928号（2011年）80頁、同「所有権留保と倒産手続」金融法研究29号（2013年）3頁以下及びその金融法学会（2012年10月6日）における質疑応答（同24頁以下）、そして、判タ1332号（2010年）60頁以下の平成22年最判に関するコメントなどは、すべて、この前提から出発している。また、所有権留保が売主の代金債権の担保であるという点については、「異論はない」と断言するものさえある（上江洲「前掲判解（本註）」平成22年重判176頁）。

る。

　また、後掲最（三小）判昭和57年3月30日は、所有権留保と会社更生手続という事案において、破産、民事再生、会社更生手続の開始申立てを理由とする留保所有者の解除条項の効力を無効として排除した。この点は、関連問題として、ファイナンスリースの事案である最（三小）判平成20年12月16日も同じ趣旨の解除条項の効力を無効として排除している。

　この問題は、それでは、このような状況下において、民事再生法との関係においては、担保権の実行は事実上できなくなってしまうのかという問題に発展する。しかし、一応、民事再生法においても別除権については規定が置かれている（民再第53条）。

　他方、民事再生にとって必要とされる財産の上に担保権が設定されている場合には、担保権消滅許可申立ての対象とされている（同法第148条以下）。

　そこで、別除権の行使は民事再生に必要不可欠ではない財産に限定されてしまうのか、また、事業縮小に伴う処分財産に限定されてしまうのか、という問題が生ずる。しかし、これでは別除権行使の目的となるべき財産は、ほとんどなきに等しい状況になるのではないかという懸念が生ずる。まさに和議、即ち借金の棒引き手続に陥ってしまうのではないかという懸念が生ずる。

　もっとも、民事再生手続においては、再生会社を支援するスポンサー企業が出現しなければ、その多くは倒産手続へと移行されるので、その場合には、別除権の行使は、ある程度まで許容されそうである（しかし、民再手続では、担保権実行中止命令〔民再第31条1項〕、担保権消滅許可〔同第148条〕があり、破産手続では、別除権に対する破産管財人の介入権限がある〔破産第78条2項14号：目的財産の受戻し、第154条：目的財産の提示など〕）。そうであれば、このような問題はなくなるのであろうか。しかし、問題はそう単純ではない。次段に掲げる平成22年最判は、民事再生手続の開始申立て前における自動車の登録という対抗要件具備・別除権者資格付与が問題となる事案である。まさに、民事再生手続は、担保権者にとって、かなりハードルの高い制限を課すものという印象がある。

　以下、これらの問題について考察するが、本稿は、所有権留保の本質論と

の関係において、破産法、民事再生法の解釈論にも若干踏み込むものの、それ以上の議論を展開するものではない。それゆえ、倒産法の法律関係における担保権の処遇一般という一歩踏み込んだ議論については、自身の研究目的及び専門領域からも逸れるので、深入りはしないという点をお断りしておく。

第2節　最（二小）判平成22年6月4日に現れた問題点

第1項　最判平成22年6月4日（民集第64巻4号1107頁）の概要
【争点】
　登録自動車の留保買主が民事再生手続を申し立てた場合において、手続開始前に留保所有権を譲り受け、名義変更の登録を受けていない者は、民事再生手続開始後、別除権を行使することができるか（否定）。
【事実】
（1）Y（上告人、被控訴人、被告）、A自動車販売会社（以下「販売会社」という。）及びXファイナンス（被上告人、控訴人、原告、以下、「X」という。）は、平成18年3月29日、三者間において、Yが、販売会社から本件自動車を買い受けるとともに、売買代金から下取り車の価格を控除した残額（以下、「本件残代金」という。）を自己に代わって販売会社に立替払することをXに委託すること、本件自動車の所有権がYに対する債権の担保を目的として留保されることなどを内容とする契約（以下「本件三者契約」という。）を締結し、同契約において、次のとおり合意した。
　ア　Yは、Xに対し、本件代金相当額に手数料額を加算した金員を分割して支払う（以下、この支払債務を「本件立替金等債務」といい、これに対応する債権を「本件立替金等債権」という。）。
　イ　Yは、本件自動車の登録名義のいかんを問わず（登録名義が販売会社となっている場合を含む。）、販売会社に留保されている本件自動車の所有権が、Xが販売会社に本件残代金を立替払することによりXに移転し、Yが本件立替金等債務を完済するまでXに留保されることを承諾する。
　ウ　Yは、支払を停止したときは、本件立替金等債務について期限の利益を失う。
　エ　Yは、期限の利益を失ったときは、Xに対する債務の支払のため、直ちに本件自動車をXに引き渡す。

オ　Xは、上記エにより引渡しを受けた本件自動車について、その評価額をもって、本件立替金等債務に充当することができる。

（2）本件自動車について、平成18年3月31日、所有者を販売会社、使用者をYとする新規登録がされた。

（3）Xは、平成18年4月14日、販売会社に対し、本件三者契約に基づき、本件残代金を立替払いした。

（4）Yは、平成18年12月25日、本件立替金等債務について支払を停止し、期限の利益を喪失した。

（5）Yは、平成19年5月23日、小規模個人再生による再生手続開始の決定を受けた。

　Xは、YがAから購入した本件自動車の代金を立替払したところ、Yが小規模個人再生による再生手続開始の決定を受けたことから、本件自動車について留保した所有権に基づき、別除権の行使としてその引渡しを求めるとして、本訴を提起した。

　これに対して、Yは、本件自動車の所有者として登録されているのは販売会社であり、Xは本件自動車について留保した所有権につき登録を得ていないから、上記別除権の行使は許されないと主張した。

【第1審】請求棄却

　民事再生法第45条[3]は、再生債務者の有する財産関係、債権債務関係、別除権の有無等について画一的処理を図るための規定であるから、特定の債権者との契約関係、即ち、特定の当事者間の合意で同条の適用を除外しえない。法第45条が適用されるか否かを判断するには、Xが必要とする登録が、同条に定める、権利の設定、移転もしくは変更に関する登録にあたるか否かで決するほかなく、これに該当する場合は、再生手続開始決定前にこれを備えるべきものである。

　本件では売買契約と立替払契約は同時に成立し、売買契約の効力が発生する時点では、立替払制度の利用により、販売会社は代金を回収できる仕組みとなっており、現実に、Xが立替払を実施し、その回収のために所有権留保を必要とする

（3）民事再生法第45条　不動産又は船舶に関し再生手続開始前に生じた登記原因に基づき再生手続開始後にされた登記又は不動産登記法（平成16年法律第123号）第105条第1号の規定による仮登記は、再生手続の関係においては、その効力を主張することができない。ただし、登記権利者が再生手続開始の事実を知らないでした登記又は仮登記については、この限りでない。

　2　前項の規定は、権利の設定、移転若しくは変更に関する登録若しくは仮登録又は企業担保権の設定、移転若しくは変更に関する登記について準用する。

状況が発生する時点では、販売会社の代金債権は消滅し、販売会社の段階で、代金債権担保のための所有権留保を発生させる前提を欠く状況にある（この見解は、謬見である〔筆者註〕。契約の文言でさえ、販売会社の留保所有権をローン会社に譲渡する旨が約定されている）。

Xの所有権留保は、上記三者契約がされ、代金が即日決済された時点で、自己の利益のために設定した担保権と認めるのが相当であり、これは、民事再生法第45条に規定する「権利の設定」に該当するから、その効力を民事再生手続において主張するためには、権利の設定者であるX自身の登録を要する。

【原審（札幌高判平成20年11月13日）】請求認容

Xは第1審判決を不服として控訴し、X自身に本件自動車の所有権登録がなくても、販売会社が有している所有権登録により、Yに対し、留保所有権を主張できるものと解すべきであると主張した。

これに対して、Yは、民事再生法第45条1項本文は、再生手続においては、登記を一般的な対抗要件としてではなく、端的に権利主張要件としたものであるから、再生手続の開始決定時の登記名義の有無により、一律に権利の帰属を決するのが相当であり、同開始決定までに自己名義の登記を具備していない担保権は、再生手続において担保権として扱われない旨を主張した。

原審は、以下のように解し、Xの控訴を容れ、Xの請求を認容した。

Xの販売会社に対する立替払は、販売会社がYに対して有していた本件自動車の売買代金債権及びその留保所有権がそのままXに移転し（民法第500条、第501条による法定代位構成）、Xは、Yに対し、立替金等債権の範囲内で上記移転を受けた売買代金債権及び留保所有権自体を行使するという側面を有する。したがって、Xが販売会社に対する立替払によって取得した本件自動車の留保所有権を主張する場合において、その担保権として扱うべきものは、販売会社がYに対して有していた本件自動車の留保所有権であり、XがYに対して独自に取得した立替金等債権の担保のため新たに本件自動車の留保所有権が設定されたものとみるべきではない（設定行為の不存在）。

Xが販売会社に立替払することにより、弁済による代位が生ずる結果、販売会社が本件残代金債権を担保するために留保していた所有権は、販売会社のYに対する本件残代金債権とともに法律上当然にXに移転するのであり、本件三者契約はそのことを確認したものであって、Xが立替払によって取得した上記の留保所有権を主張するについては、販売会社において対抗要件を具備している以上、自らの取得について対抗要件を具備することを要しない（法定代位は当然の代位であり、対抗要件は不要）。

【上告受理申立理由】

Yは上告受理を申し立て、原審におけると同様の主張をした。

【判旨】破棄自判

「事実関係によれば、<u>本件三者契約は、販売会社において留保していた所有権が代位によりXに移転することを確認したものではなく、Xが、本件立替金等債権を担保するために、販売会社から本件自動車の所有権の移転を受け、これを留保することを合意したものと解するのが相当であり、Xが別除権として行使し得るのは、本件立替金等債権を担保するために留保された上記所有権であると解すべきである。</u>すなわち、Xは、本件三者契約により、Yに対して本件残代金相当額にとどまらず手数料額をも含む本件立替金等債権を取得するところ、同契約においては、本件立替金等債務が完済されるまで本件自動車の所有権がXに留保されることや、Yが本件立替金等債務につき期限の利益を失い、本件自動車をXに引き渡したときは、Xは、その評価額をもって、本件立替金等債務に充当することが合意されているのであって、Xが販売会社から移転を受けて留保する所有権が、本件立替金等債権を担保するためのものであることは明らかである。立替払の結果、販売会社が留保していた所有権が代位によりXに移転するというのみでは、本件残代金相当額の限度で債権が担保されるにすぎないことになり、本件三者契約における当事者の合理的意思に反するものといわざるを得ない。

そして、<u>再生手続が開始した場合において再生債務者の財産について特定の担保権を有する者の別除権の行使が認められるためには、個別の権利行使が禁止される一般債権者と再生手続によらないで別除権を行使することができる債権者との衡平を図るなどの趣旨から、原則として再生手続開始の時点で当該特定の担保権につき登記、登録等を具備している必要があるのであって（民事再生法45条参照）、本件自動車につき、再生手続開始の時点でXを所有者とする登録がされていない限り、販売会社を所有者とする登録がされていても、Xが、本件立替金等債権を担保するために本件三者契約に基づき留保した所有権を別除権として行使することは許されない。</u>」

最高裁は、このような理由から、原審の判断には判決に影響を及ぼすことが明らかな法令の違反があるので、論旨は理由があり、原判決は破棄を免れないとし、本件におけるXの請求は理由がなく、これを棄却した第1審判決は結論において是認することができるとして、Xの控訴を棄却し、自判した。

第2節　最（二小）判平成22年6月4日に現れた問題点　119

第2項　最判平成22年6月4日から導かれる判例規範

　本件は、自動車の販売会社Aが顧客Yに自動車を販売する際に、信販会社Xがその代金を立替払するという内容の契約を三者間において締結し、その契約上、Aは代金の完済を受けるまで自動車の所有権を留保するが、XがAに立替払によって代金を完済した時点でAの留保所有権がXに移転するということについてYが承諾したという三者間契約による所有権留保の合意に関する問題である。本件は、この契約締結後、Yが支払停止に陥り、立替払債権者Xに対して期限の利益を喪失したが、Yが小規模個人再生による再生手続開始を申し立て、その決定を受けたことから、Xが本件自動車の留保所有権に基づき、別除権の行使としてその引渡しを請求したという事案である。

　このような事案において、本判決は、民事再生手続開始前に生じた登記・登録原因に基づいて、再生手続開始後にされた登記・登録等の効力を認めない旨を規定する民事再生法第45条を適用して、本件再生手続開始時においてXが本件自動車の所有者として登録を受けていない以上、留保所有権に基づく別除権を行使することは許されないと判示した（第1審も同趣旨）。即ち、本判決が示した判例規範は、登録自動車の留保所有権者が民事再生法上の別除権を行使するためには、再生手続が開始される時までに自己所有名義の登録を受けていなければならないということである。

第3項　最判平成22年6月4日における個別問題

　本判決が理由付けとして引用した民事再生法第45条は、その1項において、民事再生手続の開始決定後の不動産及び船舶の登記等の効力を否定し、その2項において、権利の設定、移転もしくは変更に関する登記もしくは仮登記、または企業担保権の設定、移転もしくは変更に関する登記について1項を準用している。

　最高裁は、この規定を本件に適用するについて、民事再生手続が開始した場合において再生債務者の財産について特定の担保権を有する者の別除権の行使が認められるためには、個別の権利行使が禁止される一般債権者と、再生手続によらずに別除権を行使しうる債権者との衡平を図るなどの趣旨か

ら、原則として、再生手続開始の時点において、当該特定の担保権について登記・登録等の対抗要件を具備している必要がある旨の理由を述べている。この理由付けから、本件において、Xが立替払をし、Aから留保所有権を譲り受けると同時に所有者登録を変更していたならば、結論は変わっていたものと思われる。

しかし、本判決が破棄した原審判決は、Xの立替払により、販売会社Aの売買代金債権及びその留保所有権が代位弁済による法定代位によってそのままXに移転し（第500条）、Xは、Yに対し、立替金等債権の範囲内で、Aから移転を受けた売買代金債権及び留保所有権自体を行使しうるという解釈を展開し、販売会社Aが登録を受けている以上、Xは自ら民事再生法第45条の登録を受ける必要はないと判示している。これらの解釈のうち、いずれが「留保所有権の譲渡」という問題に関して適合的であるのかが問題となる。

本判決は、直接的にはこのような内容と問題点を示したものであるが、問題はこの点に尽きるのであろうか。筆者は、本判決の問題を論ずる前提として、信販会社の保有する留保所有権の法的性質ないし構成、この所有権留保と売主・買主間における二当事者間の所有権留保との違い、留保所有権の譲渡と譲受人の地位、そして、民事再生法に関連して、倒産法一般における留保所有権の譲受人の地位について問題があると理解している。以下、これらについて、論を進めることとする。

第3節　留保所有権の法的性質・構成
——留保売主と留保買主の法的地位

第1項　留保売主（留保所有者）の法的地位
1．問題の所在

平成22年最判においては、単純類型の所有権留保が問題となっているが、売主・買主という二当事者間の所有権留保ではなく、売買契約の当事者間である両者の間に信販会社が割って入り、買主に代わって立替払をしている。この立替払を利害関係ある第三者による弁済[4]と見るかどうかはさておき、序章においても触れたが、この類型の所有権留保は、立替払を業としている

信販会社が入ることによって、フルペイアウト方式のファイナンスリースと類似の金融信用取引が成立するものと解される。ファイナンスリース契約は、ユーザーがリース会社に対してリースの申込みをし、リース会社は、目的物の所有者（製造メーカーなどの供給者〔サプライヤー〕）から目的物件を買い求めた上で、これを顧客たるユーザーに提供し使用させ、ユーザーは、その使用利益の対価として、リース料を月極の分割払いによって支払い、リース会社はサプライヤーからの買受費用（ある意味、立替費用である。）を回収するとともに、一定の利潤（利息、手数料、保証料など）を獲得するものである。この場合におけるリース会社は、商品の購入という点において信販会社とは立場が違うものの、いずれも金融信用取引における与信者であり、その目的は金融であるから、両者は類似するものと言うことができる（但し、リースでも、ユーザーが直接売主から購入し、これをリース会社との間におけるリース契約の目的物とするという類型もある）。

2．ドイツ法における留保売主の地位

本稿の問題について先行的に解決策を提示してきたドイツにおいては、二当事者間の単純類型の所有権留保は「商品信用取引（Warenkredit）」であることを理由として、留保売主には「完全所有権」が留保されているものと解されてきた。即ち、ドイツ民法上、動産所有権移転の成立要件は物権的合意（Einigung）と引渡し（Übergabe）であるが（BGB第929条1文）、留保所有者は、所有権移転の物権的合意を停止条件付で行い、買主への引渡しを済ませているものの、完全所有者（Volleigentümer）であるとされる[5]。その結

（4）信販会社の立替払を正当な利益（利害関係）のある第三者による弁済と見て、弁済による代位と構成する見解を法定代位説という。この見解は、信販会社は利害関係を有する者として代位弁済する結果、法定代位により（第500条）、留保所有者となるのだという。小峯勝美「クレジット取引と自動車の所有権留保（5・完）」NBL435号（1989年）22頁（25頁以下）、三上威彦『倒産判例百選』（有斐閣、第3版、2002年）121頁、千葉恵美子「複合取引と所有権留保」『民法の争点』（有斐閣、2007年）153頁などを参照。田高・前掲「論文」金法1950号54頁以下、そして、最判平成22年6月4日の原審判決もまた、この構成を認めている。

（5）Vgl. Rolf Serick, Eigentumsvorbehalt und Sicherungsübertragung, Bd. I, Der einfache Eigentumsvorbehalt, 1963, §15Ⅵ1 a S. 439.

果、留保買主の倒産手続において、倒産管財人が留保所有者に対する対価弁済の履行を拒絶すれば、留保売主は、取戻権（InsO 第47条）もしくは代償的取戻権（InsO 第48条）を有するものとされる[6]。他方、留保買主は、留保商品に対して保護義務（Obhutspflicht）を有しており、留保商品の保管者（Verwahrer）ないし管理者（Verwalter）として占有を許されている他主占有者（Fremdbesitzer）に過ぎないものと解されている[7]。

しかし、この完全所有者たる留保所有者の地位は、あくまでも、売主・買主という二当事者間における「単純類型の所有権留保（einfacher Eigentumsvorbehalt）」に限られており、第三者を交えての「延長類型の所有権留保（verlängerter Eigentumsvorbehalt）」及び「拡張類型の所有権留保（erweiterter Eigentumsvorbehalt）」は、従来から全体としては譲渡担保と解されており、この場合には、留保所有者は買主の倒産に際して別除権者として扱われてきた[8]。この解釈の延長線上の解釈として、近時のドイツ連邦通

---

(6) Vgl. Serick, ibid., §13Ⅱ S. 333ff. [339].
(7) RG, Urt. vom 4. 3. 1919, RGZ 95, S. 105; BGH, Urt. vom 27. 9. 1961, WM 1961, S. 1197; Serick, a.a.O.[EV Ⅰ], S. 232; J. von Staudingers Kommentar zum BGB. 13.Aufl., 1995, §455 BGB [Heinrich Honsell] Rdn. 33,; Werner Flume, Die Rechtsstellung des Vorbehaltskäufers, AcP 161(1962), S. 385, 397. usw. このうち、フルーメ博士は、「多数説によると、留保売買の場合には、売買代金の完済まで、売主は間接自主占有者であり、留保買主は直接他主占有者である。」と明確に位置づけている。しかし、留保買主の地位を直接自主占有者であるとして、留保売主の間接自主占有を認めないライザー博士は、「買主は売主のためにする保管者または管理者であるに過ぎない」という通説の見解は、時代遅れの議論であるとして、これを批判している。vgl. Ludwig Raiser, Dingliche Anwartschaften, 1961, S. 73.

また、ドイツの判例及び通説は、留保買主に対して、他人所有物の保管者として保護義務を課し、留保売主の取戻事由として、買主の支払遅滞、売買目的物の不適切な取扱い（unsachgemäße Behandlung）、第三者への転売等の二次的譲渡（Weitergabe, Weiterveräußerung）など、契約違背行為を掲げている。この点については、拙著『所有権留保の現代的課題』（成文堂、2006年）75頁、114頁を参照。このような解釈は、「売却され買主に引き渡された商品でも、代金完済までは買主は所有権を取得せず、買主による物の占有・利用は売主から許容された占有（容仮占有〔precarium〕の合意に基づく占有）に過ぎず、買主が代金を完済しないときには、売主は所有物の返還を請求することができる。」（Ulp. D. 43, 26, 20）というローマ法以来の伝統的な考え方である。ドイツにおいて、留保買主の地位を直接他主占有者たる使用賃借権者（Mieter）に過ぎないと解する通説・判例は、このローマ法以来の考え方に基づいている。

常裁判所（BGH）の判例は、買主の商品購入費用を融資して立替払をした銀行が留保売主から留保所有権を譲り受けた場合には、これが単純類型の所有権留保であっても、その銀行は、買主の倒産手続においては、取戻権ではなく、譲渡担保権者と同様、別除権を有するに過ぎないものと判示した[9]。な

---

(8) BGH, Urt. vom 10. 2. 1971, NJW 1971, S. 799; MünchKomm-InsO/ Ganter, 2.Aufl., §47 Rdn. 93, 114; Jaeger/ Henckel, InsO, §47 Rdn. 51, usw.

　周知のように、拡張類型の所有権留保（erweiterter Eigentumsvorbehalt）は、改正後のBGB第449条3項によって絶対無効（nichtig）と規定された。しかし、ここで無効とされた拡張類型の所有権留保は、この類型のうち、所謂「コンツェルン留保（Konzernvorbehalt）」による所有権留保を禁止するものである。コンツェルン留保とは、「買主が留保売主と提携関係にある事業者の債権を履行することを所有権移転の停止条件とする」ものであり、従来の多数説により、留保買主の所有権取得を不確定要素の多い将来に延期し、これにより、その行動の自由を過度に制限する旨を理由として、この類型は、BGB第138条（良俗違反の法律行為）、ならびに、約款規制法第9条2項2文（現行BGB第307条2項2文：契約目的の不達成をもたらすような契約の性質上明らかな本質的権利・義務を制限する条項）によって無効と解されてきた（vgl. Soergel/ Henssler, BGB Bd.14. Sachenrecht 1, 13.Aufl., 2002, Anhang nach §929, S.398）。そこで、債務法改正時に、コンツェルン留保の絶対無効を明文化したのである。

　この規定は、長期にわたる買主の拘束のみならず、他の法律上の規定によっても回避することができたであろう合意の不透明さを阻止するという目的を有する。即ち、商品信用債権者の保護は、倒産法における単純な所有権留保による取戻権の存在、延長・拡張類型による保護などによって図られるので、コンツェルン留保だけは絶対無効としたのである（BT- Drucks. 12/ 3803, S. 135）。したがって、この規定によっても、例えば、留保売主がファクタリングを利用して代金債権を譲渡し、買主が債権譲受人に対して弁済することを所有権移転の停止条件とするという類型は、通常の拡張類型の所有権留保として有効と解されている（Soergel/ Henssler, a.a.O., S. 398）。

(9) BGH, Urt. vom 27. 3. 2008, BGHZ 176, S. 86=NJW 2008, S.1803 =ZIP 2008, S. 842.

　本件は、Bが所有権留保特約付でAに自動車を供給し、その際、X銀行がBに代金を立替払して、BがXに債権と留保所有権を譲渡したところ、留保買主Aに倒産手続が開始され、Yがその倒産管財人に就任したので、XがYに対し、自動車（新車）の換価代金額を請求したという事案である。

　この事案において、連邦通常裁判所（BGH）は、上級地方裁判所（OLG Oldenburg）が留保所有者Xには取戻権が存在するものと解して、既にYにおいて換価した後はその代金額のうち換価費用として8万9278.41ユーロを控除した全額をXに支払うよう判示したのに対して、本件の留保所有者Xは譲渡担保権者と同様の担保権者に過ぎないので、Xは別除権者として扱われるべきであるとして、売却代金の配当に関する倒産法第170条に従い、「目的物の査定及び換価費用」の合計額がYに属すべきであるとして、更に5万9402.02ユーロの控除を認め、結局、Xには全換価代金額212万4911.45ユーロからこれら費用を控除した197万6231.02ユーロが帰属すべきものと

お、このドイツにおける解釈上の問題については、本稿において論ずるには無理があるので、本書においては、第3章において詳細に論ずることとしたい。

このような意味において、私見は、近時のわが国の判例及び多数説が所有権留保の類型を問わず、すべて「単なる担保権に過ぎない」ものと処遇してきたという点に対して、異議を唱えるものである。

確かに、売主・買主という二当事者間における単純類型の所有権留保を締結するという目的には、その約款中に「1回の支払遅滞による解除・引揚条項」を入れ、買主に割賦払代金の支払について心理的圧迫を加えるとともに、留保売主が私的実行の準備を整えているという意味においては、代金債権の担保という意味合いは存在する。しかし、売買目的物は既に留保買主の占有・使用するところであり、留保買主が所有者らしい外観をもって使用しているという状況は、留保売主にとっては大変危険を伴う契約であり、また、買主の履行遅滞や、ありうべき二次的譲渡（保護義務違反行為たる転売）という更なる危険に対して万全の姿勢で対処するには、「単なる担保権」の実行に基づく引揚権の行使だけでは不十分である。「単なる担保権」と構成してしまうと、買主を実質的所有者として扱う必要があり、また、担保権であれば、他の債権者との競合もありうるからである（但し、1番抵当権者のように、不可分性と順位による完全弁済の原則を採れば、この問題は生じない）。

このようなリスキーな状況を回避するには、留保売主に「所有権に基づく返還請求権」（BGB 第985条）を確保する必要がある。通常、留保商品は、所謂「足が速い商品」であり、短期での大きな経年減価（短期耐用年数の採用）、新製品の出現に伴う陳腐化による価格減少という、当該商品が元々抱

判示した。

本件の争点は、XがBから譲り受けた留保所有権が売主・買主間におけると同一の留保所有権（完全所有権）なのか、それとも、立替払した銀行の目的が債権回収に過ぎないことから、譲渡担保の設定と同視して、担保権としての留保所有権（譲渡担保権と同様の担保所有権）なのかという点である。この争点に関して、OLGは完全所有権としての留保所有権であるとして取戻権者としたが、BGHは担保所有権としての留保所有権であるとして、別除権者と認定したのである。なお、本判決の提起した諸問題に関する考察は、本書第3章において論ずる。

えている問題が露見しやすく、買主の債務不履行の場合には、留保売主は一刻も早く中古市場で換価し未回収の債権回収を必要とするからであり、この場合には、他の債権者との競合リスクを負わせることは妥当性を欠くからである。これが、本源的な単純類型の所有権留保における留保売主の、ひいては所有権留保の目的である。これこそが商品を媒介とする与信（商品信用取引）の本質であり、金融を媒介とする与信（金融信用取引）との違いである。この点も、別稿（本書第3章）において検討するドイツの判例・通説の採用する理論構成である。

しかし、平成22年最判の事案や2008年BGH判決の事案に現れたような三者間契約に基づく所有権留保の場合には、留保所有権の譲渡を受けた金融機関は文字通り金融を媒介として与信行為をしているのであるから、たとえ単純類型の所有権留保であったとしても、本源的な所有権留保と解する必要はない。したがって、このような金融機関が立替払をして留保所有権を譲り受けた（留保売主は弁済を受けて所有権留保特約付き売買から脱退した。）という場合には、金融機関による金融信用としての与信行為であることから、金融機関たる留保所有者を当然に「担保権者」として処遇することになる。

したがって、この場合における金融与信者たる留保所有者は、譲渡担保権設定契約による譲渡担保権者が「担保所有権（Sicherungseigentum）」を有するのと同様、「担保のためにする留保所有権（Sicherungsvorbehaltseigentum）」を有する者、即ち、譲渡担保権者と同じ担保所有者（Sicherungseigentümer）として、留保買主の倒産手続においては、取戻権（InsO. 第47条、日本破産第62条―第64条）ではなく、別除権（InsO. 第50条、第51条1項、日本破産第65条）を与えられるに過ぎないということになる。

3．日本法における留保売主の地位

（1）判例法理

従来、わが国の最高裁は、留保買主の民事再生（旧和議法による和議手続）と所有権留保との関係に関する事案において、留保買主Bの和議開始申立てを理由として、留保売主Aが売買契約を解除し（約定では、破産、和議、会社更生手続の開始申立てによって解除権が発生するという解除約款付きであっ

た。)、目的物を取り戻して、第三者 X に転売したところ、留保買主の債権者 Y から差押えがなされたので、この転得者 X が第三者異議の訴えを提起したという事案において、この第三者異議訴権を認めていた[10]。

しかし、解釈によっては、留保買主の和議開始決定後における解除・取戻しをすることが禁じられる。即ち、現在の民事再生手続に相当する旧和議手続は、企業の再生のために利用される制度であり、当該留保商品が企業の再生にとって欠くことのできない財産である場合には、留保売主による解除・取戻しは許されないという解釈をすることもできるのである[11]。この解釈を採った場合には、留保売主からの転得者であったとしても、即時取得（第192条）の要件を満たさない限り、留保商品の所有権を取得することはできなくなる。したがって、この解釈を採った場合には、転得者はおろか、留保売主からでも、第三者異議の訴えによって留保買主の差押債権者に対抗することはできない。しかしながら、昭和49年最判は、このような解釈を採らず、転得者 X による第三者異議訴権を認めたのであるから、この点は、留保売主からの第三者異議訴権を認めたのと同じに帰着する。この点において、従来の判例は、留保所有者の権利を担保権ではなく、所有権として認めていたものと言うことができる。

しかし、その後、下級審の裁判例においては、「本件所有権留保ないし本件譲渡担保の実質的な目的は、あくまでも本件立替委託契約とこれによる本

---

(10) 最判昭和49年7月18日民集28巻5号743頁。
(11) 最判昭和57年3月30日民集36巻3号484頁：X は、所有権留保特約付でA会社に機械を売却した後、代金完済前に、A 会社に会社更生手続が開始された。X・A 間の約款には、①代金は30回にわたり毎月割賦弁済すること、②所有権は代金完済まで X に留保する、③ X は、所有権移転までの間、本件機械を A 会社に無償で貸与する、④ A 会社につき手形の不渡りまたは会社更生手続申立ての原因となるべき事実が発生したときには、X は催告なくして売買契約を解除することができる旨の約定があった。A 会社について会社更正手続の開始申立てがなされたので、X は、④の倒産解除条項に基づいて契約を解除し、留保商品たる機械の返還を求めたという事案である。
　このような事案において、最高裁は、（1）A 会社に対して、旧会社更生法第39条（現行第28条）の規定により、弁済禁止の保全処分が命じられた後に、A 会社の約定債務の弁済期が到来しても、債権者 X は、A 会社の履行遅滞を理由として契約を解除することはできない、（2）買主たる A 会社に更生手続開始申立ての原因となるべき事実が生じたことを売買契約の解除事由とする旨の特約は無効であると判示した。

件弁済に基づく抗告人の求償債権を担保することにあり、いずれにしても本件自動車の所有権の抗告人に対する移転は確定的なものではない」として、留保所有者は別除権者であるとした[12]。しかしながら、この裁判例（昭和61年札幌高決）の事案は、信販会社が留保売主に代位弁済して、留保所有権を譲り受けたという事案であり、元々、留保所有者を譲渡担保権者として処遇すべき事案であるから、この裁判例の結論のみをもって、所有権留保一般について、担保権的構成説の論拠とすることは妥当ではない[13]。

(2) 学説の展開

ところが、わが国の多数学説において、なぜか、「所有権留保は個別動産の譲渡担保の裏返しの担保権に過ぎない」と解された[14]結果、物権的期待権説（留保売主を担保権者と解する立場のもの）[15]、担保権説（所有権分属構

---

(12) 札幌高決昭和61年3月26日判タ601号74頁。
(13) しかし、担保権的構成説の論者の多くは、この昭和61年札幌高決をもって、「所有権留保は単なる担保権に過ぎない」ことに決したかのような論述を繰り返している。また、このような論者は、昭和61年札幌高決以前の裁判例においても同様の裁判例があることを根拠としている。即ち、諏訪簡判昭和50年9月22日（判時822号93頁）は、売主・買主二当事者間の所有権留保の解釈として、「契約の実質に即してみれば、売主から買主に一旦目的物件の所有権を移転し、次いで、買主から売主にその物件を譲渡担保に供する関係と同じである」と解して、担保権的構成説を採用していた。また、大阪地判昭和54年10月30日（判時957号103頁）も、「譲渡担保権者は、会社更生手続上、目的物の取戻権がない（最判昭和41年4月28日民集20巻4号900頁参照）。これとの権衡上、留保売主の目的物の取戻権を否定し、譲渡担保権者と留保売主とを会社更生手続上同一に取り扱うのが、公正、衡平の理念（会社更生法199条、228条、233条、234条）に合致する」として、留保売主の取戻権を認めなかった（いずれも会社更生手続に関する事案）。

　これら裁判例の動向をもって、所有権留保においても担保権的構成説が有力に主張されていったというのが、わが国における所有権留保の法的構成に関する解釈の変遷であり、更に、平成21年（最判平成21年3月10日）、平成22年両最判の出現が、所有権留保における担保権的構成説の一般化を後押ししているのである。
(14) この点は、当時、道垣内弘人『担保物権法』（三省堂、1990年、以下、「旧著」と称する。) 304頁も、学説の多数は「個別動産譲渡担保とパラレルにとらえている」と指摘している。道垣内教授は、その当時、この多数学説の見解について、基本的には正当であると賛意を示しつつ、①譲渡担保と異なり、所有権の移転は起こらないこと、②個々の解釈にあたって売買契約の存在を無視しえないことから、特別な考慮が必要な場面が多いという点を指摘していた（同・305頁）。

成)[16]、動産抵当権説[17]、設定者留保権説[18]、そして、少し間隔をあけて

---

(15) 竹下守夫「所有権留保と破産・会社更生」『担保権と民事執行・倒産手続』（有斐閣、1990年）267頁以下、幾代通「割賦売買」『契約法大系Ⅱ贈与・売買』（有斐閣、1962年）293頁は、留保買主の地位を停止条件付所有権取得者と見て、これを期待権者と構成した上で、実質的所有者と解するので、留保所有者は、必然的に担保権者に過ぎないものと解している。

　　竹下博士は、「条件付所有権」は条件付所有権移転請求権という純粋に債権的権利であるが、買主が引渡しを受けることによって物権的性質を具有すると言う。買主が物権的効力を取得する理由は、民法上、①買主の権利は第128条によって保護されていること、②買主は、第129条により、留保売主の承諾なくして「条件付所有権」を譲渡することができること、③無権利者から所有権留保特約付きで動産を購入した留保買主が、第192条の要件を具備すれば、条件付所有権を即時取得することを挙げている。また、竹下博士は、この前提から、目的物の所有権は留保売主と買主とに分属しているので、留保売主の所有権は形式的なものに過ぎず、その実質は、所有権価値の分属に見合い、かつ、売買代金債権担保の目的に必要な限度の内容のものに制限されているものと解すべきであると言い、具体的には、私的実行と清算義務に触れている。この構成は、次の高木博士とほぼ同じである。

(16) 高木多喜男『担保物権法』（有斐閣、第4版、2005年）379-380頁。

　　高木博士は、所有権留保を売主の残代金債権担保のための担保権であるとし、所有権は留保売主と留保買主とに分属するものと構成し、債務額の減少に応じて、買主の物権的地位は拡大していくと言う。この構成は、また、譲渡担保と異なり、真正な売買を利用することから、残代金額と目的物の価額との差額はあまり大きくないのと、目的物が動産であり、継続的な利用と新製品の出現による減価率が高いので、清算金額はそれほど高額にならないとし、譲渡担保ほどには清算の必要性は高くないと言う。

　　この見解は、後掲するように、ドイツの議論を彷彿させるものである。なお、高木博士は、留保所有権は担保権であることから、留保売主に占有改定による引渡しがなされているものと解し、これを対抗要件と解しているが、実際上は、留保売主のネームプレートが付着されるので、第三者による即時取得などへの対抗といった問題は生じないと言う（同・381頁）。

(17) 米倉明『所有権留保の実証的研究』（商事法務、1977年）36-37頁及び300頁は、物権的期待権説が買主を実質的所有者とし、売主を法律的所有者と解している点に疑問を投げかけ、所有権留保売買においては、実質的にも形式的（法律的）にも所有権は買主に移転し、売主は目的物について売買代金債権を被担保債権とする抵当権を設定したものと構成すべきであると主張する。所有権留保契約の当事者は、抵当権の設定を目的としているのであるが、適切な法概念を発見しえないために、抵当権設定を所有権留保と表示したに過ぎないというのが、この立論の理由である。

　　では、この場合に、動産抵当権の公示はどうするのかと言うと、米倉教授は、動産物権変動に関する限り、民法は、占有改定のようなほとんど無意味に近い公示方法にも対抗力を付与しているので、動産抵当権の設定にも特段の公示方法は不要であると言う（同・301頁）。では、抵当権の設定であるにもかかわらず、公示方法なくして、第三者を害することはないのかと言うと、米倉教授は、それは動産物権変動に宿命的

第3節　留保所有権の法的性質・構成―留保売主と留保買主の法的地位―　　129

新設定者留保権説[19]などが次々と発表されていった。

に付随する事態であり、しかも、強制執行してくる債権者は別として、取引の安全は即時取得制度（第192条）によって保護されるので、第三者が害されるおそれもないと言う。そして、この公示方法の問題をクリアし、また、内容の定式化を実現することによって、物権法定主義（第175条）とも牴触しないと言う（同・301-302頁）。

(18) 鈴木禄彌『物権法講義』（創文社、5訂版、2006年）403-404頁。

鈴木（禄）博士は、売主と買主との関係について、目的物の売買により、買主に所有権が移転し、現実の引渡しによって、買主は対抗要件を具備するが（第178条）、所有権留保特約によって、売主が未払い代金債権の担保としての留保所有権の設定を受け、占有改定によって引渡しを受けることによって、対抗要件を具備するものと構成する。この留保所有者の法的地位は担保権者であり、買主の法的地位は、物権的な所有権取得期待者であると言う。しかし、留保所有者の法的地位も、買主の債務不履行に伴う私的実行の結果、完全所有権の復帰となるので、両者ともに、所有権取得権であると言う。つまり、鈴木博士によると、代金完済または私的実行までの暫定期間内は、目的物の上に二つの物権が並立するという関係になっており、この両物権は「準所有権」であると言う。これを所有権の分属状態であると解するのであれば、高木説と同様の構成となる。

更に、譲渡担保との関係について、鈴木博士は、所有権留保は目的物と被担保債権との間に牽連関係が存在するという点において、譲渡担保とは異なるが、譲渡担保権は、設定者の債務不履行に伴う私的実行の結果、担保権者への所有権移転が完結し、所有権留保は、被担保債務の履行によって買主への所有権の移転が完結するという意味において、両者は裏返しの関係となっていると言う（同・405頁）。ただ、鈴木博士は、留保買主の破産手続において、前掲昭和61年札幌高決が担保法の構成説により留保所有者を別除権者と解した点について、これを否定し、原則として取戻権者であると主張している。その理由は、留保所有者の被担保債権回収にとっては、取戻しを認めることが法政策上妥当であるからだと言う（同・408-409頁）。

(19) 道垣内『担保物権法（旧著）』304-305頁、同『担保物権法（新著）』（有斐閣、第4版、2017年）367―368頁。

道垣内教授は、所有権留保特約によって物権変動は生じておらず、留保売主に所有権は帰属するものの、それは担保目的によって制限された留保所有権であり、他方、買主には、物権的期待権が帰属すると言う。この買主に帰属する権利関係は、基本的には、道垣内教授が譲渡担保の法的構成において論じている「設定者留保権」と同じであるが、道垣内教授自身、この留保買主の権利については特に物権的期待権と称している。しかし、構成自体は同じであることから、本稿においては、「設定者留保権説」と分類し、時期の早い鈴木（禄）説を設定者留保権説と分類する関係上、道垣内説を「新設定者留保権説」と称している。

この学説の特徴は、所有権留保を担保権と構成するものの、代金完済までは「所有権」が留保売主にあり、まだ物権変動が生じていないことから、留保売主には対抗要件は不要であり、留保買主の物権的期待権については、現実の引渡しを受けているということで、対抗要件を充たしているという点にある（実際には公示機能はないと言う）。そして、留保買主の使用・収益権は、物権的期待権に基づくものと解している

このわが国における「買主実質所有者論」ないし「所有権分属論」なる現象は、ドイツにおいて、ブロマイヤー（Arwed Blomeyer）博士が『条件論の研究（Studien zur Bedingungslehre, 1938-1939）』を皮切りとして、1960年前後に所有権留保の法的構成に関する論文を発表し[20]、その中で、所有権留保は代金債権担保の目的を有するに過ぎない「非占有の動産質権」と構成し、留保買主を実質的な所有者と構成したこと、ならびに、その当時のドイツ学説の論争（特に、A.Blomeyer博士とL.Raiser博士の「所有権の断片的移転」をめぐる論争）に影響されたことに端を発しているものと思われる[21]。

（3）近時の判例法理への影響

そして、近時、新設定者留保権説が「通説」として位置づけられた[22]ことに影響されたのか、あるいは、前掲した昭和50年代の下級審裁判例に同調したのか、最近の裁判例は、事もあろうに、売主・買主という二当事者間の売買における単純類型の所有権留保の事案であるにもかかわらず、「本件売

（同『新著』368-369頁）。

(20) Arwed Blomeyer, Studien zur Bedingungslehre, 1938-1939; ders., Die Rechtsstellung des Vorbehaltskäufers, AcP 162 (1963), S. 193ff.; ders., Die Rechtsstellung des Vorbehaltskäufers, JZ 1959, S. 15f. なお、このブロマイヤー博士の理論については、大島和夫『期待権と条件理論』（法律文化社、2005年）がその111頁以下において詳しく紹介している。

(21) その証拠に、わが国においては、この時期に集中して所有権留保に関する論文が続々と公表され、その後は、先駆者の一人である米倉明教授が、ドイツと日本の法制度ないし商慣習の違いから、所有権留保研究（特に、原材料等の延長類型の所有権留保）の意義に関して消極的立場を表明されたこともあり、研究は下火になっていったという経緯がある（但し、米倉教授はアメリカ法研究にその希望を見出していた）。この点については、米倉明『所有権留保の研究』（新青出版、1997年）258-283頁（特に、262頁以下、277頁以下）を参照。

　しかし、米倉教授が最も懸念していた延長類型の所有権留保に不可欠な「将来債権の譲渡担保」に関する特定性と対抗要件の具備という問題については、現在では既に判例・学説ともにその要件化が確定しているので、何ら問題はない。したがって、ドイツ法に依拠した延長類型の所有権留保は、わが国においても十分その適用が可能である。この点に関しては、既に、拙著『現代的課題』326頁以下において検証済みであるので、是非参照されたい。

(22) 例えば、山本和彦「倒産手続におけるリース契約の処遇」金法1680号（2003年）8頁（9頁）は、道垣内教授の設定者留保権説を「通説」として位置づけ、これを前提として論を進めている。

買契約は、所有権留保特約付売買契約の形式を採っているものの、実質的には、債権担保の目的のために締結されたものであり、……本件各自動車について非典型の担保権（いわゆる所有権留保）を設定したものと認めることが相当である。」と構成した上で留保売主を別除権者と認定してしまっている[23]。

そして、ついに最高裁も、留保所有権を単なる担保権と構成して、留保買主の残債務弁済期の前後で所有権（処分権）の所在を認定し、残債務弁済期の到来前は買主が実質的な所有者であり、妨害排除請求の相手方であると認定した上で、その弁済期が経過した後は、留保所有者が完全所有者となるものと判断したのか、あるいは、譲渡担保権者と同様、担保権の実行権（換価権）の発生に伴う占有権原を保有するに至ると判断したのかは判然としないが、弁済期経過後は「担保権の性質を有するからといって上記撤去義務や不法行為責任を免れることはない」と判示した[24]。

（4）解釈論に対する批判的考察

しかし、この平成21年最判もまた、平成22年最判と同様、自動車の購入代金を信販会社が立替払し、買主の立替金債務の担保として当該自動車の所有権を留保したという三者間合意による所有権留保の事案であり、この場合において、買主が目的物である自動車を第三者の土地（月極駐車場）の上に置いたままとし、その土地所有権の行使を妨害しているときには、留保所有権者は、自動車の撤去義務や不法行為責任（賃料相当損害金の支払義務）を負うのかが問題となった事案である。それゆえ、前述したように、私見の構成によっても、この場合における信販会社の留保所有権は「担保権」であり、実質的には譲渡担保権と構成すべきものである。

したがって、この平成21年及び同22年最判をもって、最高裁は所有権留保一般について「単なる担保権」として扱うことに確定したなどと論ずることは妥当ではない。近時の判例及び学説の多くは、商品信用と金融信用の違い

---

[23] 東京地判平成18年3月28日判タ1230号342頁。この裁判例の構成は、本稿において論じてきた理論構成から考えると、誤謬的構成と言うことができる。
[24] 最判平成21年3月10日民集63巻3号385頁。

を理解せず、あるいは故意に無視した結果、所有権留保の基礎的な構成に関して混乱を来しているものと言うことができる[25]。

　因みに、研究会などにおいて、「所有権留保の構成を二当事者間の場合と三者間合意の場合とに分ける実益はどこにあるのか」という質問的反論を受けることがある。しかし、抑も、制度の本質論を論じる際に、「実益云々」を持ち出すことは、議論の本質をすり替える論理構成に過ぎないのではないか。もちろん、所有権留保という「制度」を作り上げたこと自体、それは、留保売主に完全所有権を留保することによる何らかの実益があるからにほかならない。それは、冒頭や途中にも論じたとおりであるから、繰り返さないが、要するに、商品信用取引としての二当事者間売買における所有権留保の目的は、完全所有権の留保による各種のリスク回避、即ち、留保買主の履行遅滞、不当転売における留保売主の地位の確保、そして、他の債権者や担保権者との競合の回避である。然るに、この目的を達成するためには、留保売主に真正かつ完全な所有権を留保することが不可欠であり、この解釈によってのみ可能となる。したがって、二当事者間所有権留保の目的は、所有権に基づく返還請求権（BGB第985条）を保全するという点にある。

　しかし、いくら停止条件付であるとはいえ、留保買主には「所有権取得の期待」があり、これを「権利」と構成した上で物権的効力を付与するということと、この期待権によって留保所有者の所有権が「制限を受ける」ということとは、別次元の問題である。留保売主の処分権能が制限を受けるということは、条件付であるにせよ、留保買主に将来の所有権移転を確約した以上、当然の話であり、だからこそ、留保売主は民法第128条の相手方の条件付権利取得に対する侵害行為の禁止という制限を受けるのである。この場合

---

[25] その証左として、判タ1332号60頁以下の平成22年最判に関するコメントは、『改正法対応事例解説個人再生―大阪再生物語―』（新日本法規、2006年）228頁及び伊藤・前掲『破産・民事再生』704頁（第3版903頁）、346頁（第3版446頁）を引用しつつ、「倒産手続上は、所有権留保について、担保権であり、別除権として扱うとする考え方が実務上定着しており、学説も通説であるといえよう」と論じており、また、「所有権留保の担保としての実質は、買主についての倒産手続においても変わらないことから、担保権として処理すべきであるとするものであり、本判決も、この考え方を前提にしているものと思われる」と論じている（同・61-62頁）。

において、留保買主の期待権の譲渡という概念を認めず、同人を非所有者と扱うときには、留保買主から信義に反して留保物件の処分を受けた第三者が善意・無過失であれば、特別に、即時取得（第192条）の適用によって保護されるケースとして、取引安全という問題が展開されるに過ぎない。所有権留保における当事者の関係は、留保所有者の留保所有権の上に、留保買主の期待権という物権的効力を付与された権利が存在しているといえば十分である。それゆえ、所有権留保のすべての類型を「担保権に過ぎない」という必要はない。

更に言うと、この留保買主の期待権は、経済的な意味においては、残債務額が減少していくにつれて、財産的な価値としては上昇していくが、この事実と、「所有権」が留保売主と留保買主とに分属するという理論とは全く脈絡がない。なぜなら、所有権は単一であり、代金完済という停止条件の成就まで所有権が売主に留保されている限り、割賦弁済中は、所有権は買主には全く移転していないからである[26]。

私は、かねてより、所有権分属構成に対して大いに疑問を抱いてきた。抑も、留保売主と留保買主に分属する「所有権」とは、一体、何を指すのであろうか。所有権の内容は、民法第206条において、法令上の制限という名の下に、使用・収益・処分という３つの権能を有する「所有権」が法定されており、これ以外に所有権は存在しない。然るに、区分所有権という概念があるが、これは一棟の建物の中にあっても、構造上かつ利用上の独立性が認定されることによって、その一部に特定の独立した所有権が認定されるだけであり、所有権の本質には何ら変わりはない。

しかし、一個の所有権が何ら特定性・独立性と関係なく、経済的な意味における価値の漸次的移転のみで複数の者に「分属する」ということは、物権法の大原則である一物一権主義に反するのみならず、物権法定主義（第175条から導かれる内容固定主義）にも反することになる。したがって、このような解釈は、民法典の本質に反することになり、また、抑も、所有権の本質にも反することになるので、到底許されるものではない。もちろん、「慣習法

---

(26) この限りにおいて、道垣内・前掲『担保物権法』363頁は正当である。

上の特別所有権」もありえない[27]。この点は、所有権の使用・収益権能と処分権能との分割的把握という便宜的な解釈（言わば、場当たり的な解釈）によって払拭しうるような問題ではないのである。

更に追加的にいえば、経済的な意味における財産的価値の移転という観点からは、割賦弁済による残代金額が減少していくにつれて留保所有権の財産的価値が漸減すると同時に、留保買主の物権的期待権の財産的価値が漸増するだけであり、この現象からは、所有権の分属という観念は出てこない。いうなれば、留保売主と留保買主との間における商品所有権の漸次的価値の移転があるに過ぎないのであり、この価値の移転に意味があるのは、留保買主が物権的期待権を利用して事業資金を調達し、あるいは、留保買主の債権者が買主の物権的期待権を差し押さえる場合における価値それ自体に過ぎない。この意味において、所有権分属説は、この財産的価値の移転と所有権の帰属とを混同するものであり、妥当性を欠く解釈と言わざるを得ない。

第2項　留保買主の法的地位

前段において、留保所有者の法的地位について論じ、幾分かは留保買主の法的地位にも言及して、結論めいたことを論じたので、ここで一言、留保買主の期待権についても言及しておく。

1．所謂「期待権」の意義

将来、一定の条件の下に動産や不動産を取得する権利は、「物権的期待（dingliche Anwartschaft）」もしくは「物権的期待権（dingliche Anwartschaftsrecht）」と称され、今日の法律実務において重要な役割を演じている。物権的期待権に関する問題は、物権を取得するためのいくつかの独特な要件事実を実現する諸事案に関して現れる。

---

(27) 中世ドイツの封建的所有権には、同一所有土地に所有者の貢納徴収権たる上級所有権と、土地利用者の耕作権たる下級所有権という支配権の分割形態（分割所有権）が見られるが、ローマ法以来の単一所有権概念とは相容れない。また、同様に、「大阪上土権訴訟」において争われた地主の底土権と耕作者の上土権という分割所有権概念も認められない（大判大正6年2月10日民録23輯138頁）。この点に関しては、拙著『物権法』（信山社、2015年）487頁を参照。

第3節　留保所有権の法的性質・構成—留保売主と留保買主の法的地位—　135

　わが民法上では、不動産の売買予約または再売買予約の完結権（第556条）、買戻権（第579条以下）、条件付不動産物権上の権利・義務関係（第128条、第129条）などが物権的期待権の現れである。これらは、仮登記（買戻権は付記登記〔不登規第3条〕）を経由することによって権利の順位を保全し、本登記を経由することによって対抗力を取得する（不登第105条以下）。それゆえ、物権的期待権は排他性を有する。また、土地収用を受けた者が、その後、当該土地が公用廃止となったときに被収用地を買い受ける権利も、また同様の性質を有する（土地収用第106条）。この買受権は、収用の登記がされたときには、第三者に対して対抗することができる（同法同条4項）。

　この物権的期待権の理論が発展したドイツにおいては、物権的期待権は、売買代金の完済という停止条件が成就した場合において買主に所有権が移転するものとされる「所有権留保売買」（BGB第449条1項、第929条1文、第158条1項）において典型的に現れるものと言われている[28]。この場合には、留保売主は、買主による最後の代金支払まで所有者であり続けるが、買主は単

---

(28) 以下のドイツにおける物権的期待権一般に関する叙述は、Baur=Stürner, Sachenrecht, 18.Aufl., 2009, § 3 B Ⅲ Rdn. 44ff., S. 30ff. を参照。このバウアー＝シュテュルナーの物権法は、その冒頭の物権法総論部分において、期待権の意義を紹介しており、そこでは、①所有権留保売買における買主の地位、②不動産を譲渡した後、登記前における取得者の地位、③被担保債権の発生前における抵当権者の地位を掲げ、それぞれについて説明している。

　また同様に、Westermann/ Gursky/ Eickmann, Sachenrecht (begründet von Harry Westermann), 8.Aufl., 2011, § 4 Rdn. 10ff. においても、所有権留保が引き合いに出されており、この場合における留保買主の期待権について、物権に関する諸規定が準用されうるといい、経済的にも確定的な価値を現しており、究極的な権能（所有権）の一歩手前の状態（Vorstufe）の権利であるとして、その物権性を承認している。この期待権の物権性については、従来の判例・多数説の認めるところである（例えば、後掲するBGH, 24. 6. 1958, BGHZ 28, S. 16及びStaudinger/ Berg, BGB 11.Aufl., 1956, §929 BGB Rdn. 28c, S. 621を参照）。

　なお、物権的期待権については、少し古いが、Serick, a.a.O.[EV Ⅰ], §11, S. 241ff. 及びLudwig Raiser, Dingliche Anwartschaften, 1961.（この「紹介」として、山田晟・法協第79巻4号〔1962年〕509頁がある。）が詳しい。ゼーリック博士は、期待権は物権と債権の中間に位置する権利であるとして、物権的効力の承認について消極的であるが、ライザー博士は積極的である。しかし、後掲する近時の判例や文献からは、ドイツにおいては、期待権を物権（少なくとも物権的効力を有する権利）と称して差し支えないという結論を見出すことができる。

なる占有者ではなく、その物の所有権移転を代金完済という停止条件付で受けようと考えているので、買主は、「期待（Anwartschaft）」と称される物権的な法的地位を有している。

　この期待権は、経済的な観点からは、買主の支払うべき残代金が僅少のときにおいて、一層の価値を有する。買主が、かなりの割合で割賦弁済金の支払を終え、その価値配分としては、ほとんど完全な所有者である場合には、自己の有する期待を他人に譲渡する（通常は、譲渡担保の利用によるリファイナンス行為である。）という法律上の利益を有しており、この意味において、買主の債権者が自己の債権の満足を得るためにする期待権の差押えも、有意義なものとなる。更に、買主が保有している期待権付の留保商品が、第三者の故意または過失という責めに帰すべき事由によって侵害された場合には、買主には、不法行為に基づく損害賠償請求権（BGB 第823条1項、日民第709条）が認められなければならない。このように、期待権を法的に規定する場合に特徴的に発生する実体法上の諸問題として、期待権の譲渡ないし譲渡担保、期待権の差押え、そして、期待権の侵害に対する保護という問題が生ずるのである。

２．ドイツ法における留保買主の期待権
（１）判例法理

　留保売主を所有者と構成するのであれば、留保買主は所有者ではない。所有権は一つしかないからである。そうすると、留保買主の法的地位はどのようなものであるのかということが問題となる。この問題は、主として1960年前後にドイツにおいて展開された議論である。以下においては、まず、ドイツにおける留保買主の期待権に関する議論の状況についてまとめておく[29]。

　期待権の法的性質について、ドイツの判例法理は次のような構成を試みて

---

(29) 期待権に関する当時の判例及び学説の分類状況については、主として、Serick, EV Ⅰ, a.a.O., §11 Die Anwartschaften des Vorbehaltskäufers. を参照し、その他、以下に引用する諸文献、例えば、Raiser, a.a.O. などを参照した。なお、ドイツにおける期待権に関する判例及び学説の状況をつぶさに紹介するわが国の文献として、船越隆司「期待権論―所有権留保の場合を主眼に―」新報72巻4号（1965年）25頁以下所収（未完）がある。

第3節　留保所有権の法的性質・構成—留保売主と留保買主の法的地位— 137

きた。まず、ライヒ裁判所（RG）は、「期待権というものは、まだ物権を根拠付けていない」という解釈を採用し[30]、期待権の物権性を否定した。戦後、連邦通常裁判所（BGH）は、まず1953年において、譲渡担保に供された自動車を所有権留保によって購入した期待者は対抗力ある物的占有権を取得しえないと判示したが、期待権の善意取得の可能性について、これを肯定するという立場を示した[31]。この当時の解釈として、譲渡担保権者は完全所有者とされ、設定者は非所有者となるので、同人からの所有権留保では、買主は無権利者という扱いを受ける。それゆえ、このような帰結となる。

しかし、BGHは、翌1954年には一歩前進し、留保買主は「停止条件付所有者」ではあるが、条件の成就前は、まだ物権を取得していないと解しつつも、その期待権は、まさに所有権に向かって強化されるものであると判示した[32]。

次いで、1957年には、「担保所有権の取得への期待権は、BGB第823条（不法行為に基づく損害賠償請求）の文言に所謂その他の権利である」と判示した[33]。BGHは、期待権者の権利は、所有権ではないが、所有権類似の権

---

[30] RG, Urt. vom 4. 4. 1933, RGZ 140, S. 223, 228.
[31] BGH, Urt. vom 21. 5. 1953, BGHZ 10, S. 69, 72.：本判決は、留保買主の期待権に関するリーディングケースとして位置づけられている。本件は、A商事がXから融資を受け、Xのために甲自動車を譲渡担保に供し、Xが車検証を保有していたが、AはYに所有権留保売買により甲自動車を販売し、引き渡したところ、留保所有者Aが倒産したので、Xが留保買主Yに対し、甲自動車の返還を請求したという事案である。

　この事案において、BGHは、Yは他人の所有物を購入したという点において、対抗力ある占有権を取得しないが、YがAとの間における物権的合意及び引渡時に善意であれば、期待権の善意取得が認められ（BGB第932条）、条件成就時に所有者になるものと解し（BGB第934条）、また、Yの提出したXに対する悪意の抗弁は所有者Xの返還請求権にも対抗しうるものと解し、反対に、代金を3分の2程度支払済みである留保買主Yに対するXの返還請求は信義則に反し許されないものと判示した。

　本判決は、留保買主に対する自動車の返還請求について、期待権の善意取得のほか、信義則を理由として排斥したという点において、最判昭和50年2月28日（民集29巻2号193頁：権利濫用法理によって解決した。）と共通点を有するものといえよう。
[32] BGH, Urt. vom 24. 5. 1954, NJW 1955, S. 1325, 1326.
[33] BGH, Urt. vom 25. 1. 1957, WM 1957, S. 514, 515. 本件は、留保買主が自己の債権者に対して留保物件たる機械を譲渡担保に供したという事案であるところ、留保買主が留保売主に対して代金を完済するまでは、譲渡担保権者には担保所有権はないが、担保所有権取得への期待権があるとして、期待権は第三者に対する効力があり、第三

利として、第三者からの侵害に対し、保護に値する権利として認めている。

　同じ頃、BGH の解釈は更に進展し、1958年には、「期待権とは、所有権の単なる一歩手前の段階であり、所有権と比べて、別の物（aliud）ではなく、本質を同じくする、より小さきもの（wesensgleiches minus）である」と判示した(34)。この見解によると、期待権は所有権と本質を同じくするものという位置づけが行われるので、所有権と同様に扱ってもよいという考え方につながる。しかし、有力説は、BGH の解釈に反対し、期待権と所有権とを同列に考えることはできないと解していた(35)。

　この有力説に影響されてか、BGH の解釈は一時的に後退し、その翌1959年には、「留保買主の期待権は、多数説によって物権ではないとされており、他人の物に対する対抗力ある物権ではない」と判示した(36)。

　しかしながら、BGH は、またその翌1960年には、一応、この判例法理を承継しつつも、期待権は、その意義及び効力によると、真正な制限物権にほぼ等しいものであり、ある意味では、所有権の予備的段階（Vorstufe）であると付言した(37)。この判例を契機として、BGH は、1961年には、期待権は「物とつながりのある条件付所有権である」と判示した(38)。

　このように、判例法理を概観した限りでは、解釈に多少の動揺はあるもの

　　者からの不法行為に対し、法的保護に値すると判示したものである。
(34) BGH, Urt. vom 24. 6. 1958, BGHZ 28, S. 16, 21. 本判決は、所有権の上の期待権を譲渡することが動産を譲渡することと同一の基準に服するということは、従来の判例及び学説の承認するところであるという点を前提として、Staudinger/ Berg, a.a.O., § 929 BGB Rdn. 28c S. 621の一節（本文掲示部分）を引用しつつ、このように定義づけている。
(35) Flume, a.a.O., AcP 161, S. 408は、「期待権を所有権と同列に置くという内容を期待権に与えるという尽力は断念されるべきであろう。条件成就の場合には、所有権を取得するという法律上の保証給付から明らかになる法的地位は、物に関する所有者の現実的支配力と同一尺度で測ることはできない。」と論じており、期待権と所有権とを融合的に解する BGH の解釈に対し、反対の立場を表明している。
(36) BGH, Urt. vom 21. 9. 1959, BGHZ 30, S. 374, 377.
(37) BGH, Urt. vom 21. 12. 1960, BGHZ 34, S. 122, 124. 本判決は、BGHZ 30, S. 374, 377と BGHZ 28, S. 16, 21を引用しつつ、期待権の物権性について論じている。
(38) BGH, Urt. vom 10. 4. 1961, BGHZ 35, S. 85, 93. 本判決においては、期待権が物権であるかどうかという問題について、連邦通常裁判所の判例に関する概観が見られる。この詳述は、公式判例集である BGHZ には含まれていないが、WM 1961, S. 668, 669において見られる。

の、概ね、留保買主の期待権は、物権とはいえないが、少なくとも物権的効力を有する権利として承認されてきたと言うことができる。

(2) 学説の展開

他方、学説は、物権、即ち、所有権の取得へと向かう期待権それ自体の中に物権性を認めるという見解が圧倒的多数説を形成してきた[39]。しかし、これに反対する少数説は、期待権に物権という地位を認めなかった[40]。

期待権に物権性を肯定する見解には、以下のようなものがある。即ち、①物権の前兆が見られるような物権的期待、即ち、不完全な物権[41]、②完全ではない物的権利(しかし、物権と債権との中間的地位ではない。)[42]、③物権

---

(39) Raiser, a.a.O., S.63；Enneccerus/ Nipperdey, Allgemeiner Teil des Bürgerlichen Rechts. Ⅰ 2, 15.Aufl., 1960, §197Ⅱ 4, S. 1200；Lehmann, Allgemeiner Teil des BGB, 13.Aufl., 1962, §35Ⅵ 1 a bb, S. 267；Lange, BGB Allgemeiner Teil, 5.Aufl., 1961, §12Ⅳ 3, S. 90；Palandt/ Hoche, BGB Kurz- Kommentar, 21Aufl., 1962, §929 BGB. Anm. 6 Bb；Erman/ Hefermehl, BGB. Ⅱ, 3.Aufl., 1962, §986 BGB. Anm. 2；Braun, Das dingliche Anwartschaftsrecht beim Eigentumsvorbehaltskauf, NJW 1962, S. 382, 383；Mühl, Besprechung von Raiser, Dingliche Anwartschaften, AcP 160 (1961), S. 264, 270； Nipperdey, Anmerkung zu BGH, 21. 9. 1959, MDR 1960, S. 288；v. Caemmerer, Wandlungen des Deliktsrechts, Hundert Jahre deutsches Rechtsleben, Festschrift zum hundertjährigen Bestehen des Deutschen Juristentages 1860-1960, Ⅱ (1960), S. 49, 82；Schaarschmidt, Die Sparkassenkredite, 4.Aufl., 1960, Rdn. 1021, S. 384.; Zunft, Der Eigentumserwerb des Erwerbers einer Eigentumsanwartschaft, NJW 1956, S. 1420, 1421f.；Bauknecht, Eigentumsvorbehalt und Anwartschaftsrecht, NJW 1955, S. 1251；Bauknecht, NJW 1955, S. 1749；Schnorr v.Carolsfeld, Besprechung von Letzgus, Die Anwartschaft des Käufers unter Eigentumsvorbehalt, KritVjschr. 66 (1939), S. 174, 179；Letzgus, Die Anwartschaft des Käufers unter Eigentumsvorbehalt, 1938, S. 14；Holtz, Das Anwartschaftsrecht aus bedingter Übereignung als Kreditsicherungsmittel, 1932, S. 25；Schwister, JW 1933, S. 1762, 1764.; Schwister, Das Anwartschaftsrecht als Kreditsicherungsmittel, JW 1933, S. 1857, 1858.
(40) Siebert/ Oechßler, BGB. Ⅲ, 9.Aufl., 1960, §929 BGB. Rdn. 17, S. 190；BGB-RGR Kommentar, 11.Aufl., Ⅱ 1, 1959, §455 BGB. (Kuhn) Anm. 20, S. 149；Staudinger/ Ostler, BGB. Ⅱ 2, 1955, §455 BGB. Rdn. 43, S. 233；Pikart, WM 1962, S. 1230, 1231.
(41) Wolff/ Raiser, Sachenrecht 10.Aufl., 1957 (Lehrbuch des Bürgerlichen Rechts, begründet von Enneccerus, Kipp/ Wolff. Ⅲ), §2Ⅱ 3, S. 11.
(42) Staudinger/ Seufert, BGB. Ⅲ 1, 11.Aufl., 1956, Einleitung vor §854 BGB. Rdn. 3 c, S. 5.

に近い権利[43]、④物権的な特徴という性格を与えられるが、独立した物権ではないという権利[44]、そして、⑤生粋の物権ではないが、物権的効力を有する権利[45]、であると言う。

更に、判例に所謂「本質を同じくする、より小さきもの（wesensgleiches minus）」という隠喩について、学説には様々な論評があるが、概ね機能的には所有権の一部という問題と捉えられ、「機能を同じくするマイナスの状況（funktionsgleiches Minus）」と言われている[46]。即ち、完全所有権には至っていないが、物権的効力を有する権利ということである。

このように、この将来の所有権移転に関する「期待」を期待権と呼称し、物権的効力を付与するという考え方は、ドイツにおける通説的地位を築いているが、それは、留保買主の地位、即ち、期待権に対第三者効を付与し、買主のリファイナンスの用に供すべき、あるいは、買主の差押債権者の利益を考慮すべきだという金融ないし経済上の要請、更に、留保買主の使用・収益している留保商品に対する第三者からの侵害に対する保護という要請からにほかならない。この点は、期待権の譲渡ないし譲渡担保、あるいは差押えなどを認めるという方向と、期待権に基づく物権的請求権、あるいは損害賠償請求権の付与という方向へとつながる。しかし、期待権という概念は、所有権留保特約付き売買の当事者間において、特に、留保買主の物権的期待権によって留保売主の所有権を弱めるということを認める概念ではない。

然るに、ドイツにおいて、期待権の効力を物権と同視するライザー

---

[43] H.Westermann, Sachenrecht 4.Aufl., 1960, §5 Ⅲ 3 c, S. 32及び §44, 1, S. 224.

[44] Eichler, Institutionen des Sachenrechts Ⅱ 1, 1957, S. 122.

[45] Vgl. Staudinger/ Berg, a.a.O., §929 BGB Rdn. 28c, S. 621. この関係では、更に、Schlegelberger/ Hefermehl, Kommentar zum HGB. Ⅲ, 3.Aufl., 1956, Anhang zu §368 HGB. Rdn. 13, S. 1604が、条件付所有権は、確かに中間所有権ではないが、なおこれと同様、中間的権利の一類型であると論じている（Anhang zu §368 HGB. Rdn. 9, S. 1601も参照）。期待権が物権であるか否かという問題について、G. Reinicke, MDR 1959, S. 613 Fußn. 7 は、この問題は、単に術語の問題に過ぎないと述べている。期待権の認定については、Forkel, Grundfragen der Lehre vom privatrechtlichen Anwartschaftsrecht（1962）も参照。なお、以上の判例及び諸学説については、Serick, EV Ⅰ a.a.O., §11, S. 248-249を参照。

[46] J. von Staudingerskommentar zum BGB, Buch 3・Sachenrecht §§925-984, 2017, §929 [Wolfgang Wiegand] Rdn. 34 S. 198.

(Ludwig Raiser) 博士によると、期待権は、民法の体系上は権利に分類すべき物権であり、この物権は、取得を目的とし、取得の「前段階（Vorstufe）」であると表現されている[47]。また、ライザー博士は、留保売主の権利と留保買主の権利が全体的に見て完全な所有権を生み出す場合には、両者は共に「所有者」であり、譲渡人たる売主の法的地位は、既に予め取得者（留保買主）に譲渡されている権限によって弱められているものと解し、留保売主は、所有権の一部、即ち、代金完済までという期間的な所有権（zeitliches Eigentum）を有しているに過ぎないとして、結局、所有権留保買の当事者は、「事前の所有者と事後の所有者」になるものと主張している[48]。

わが国における所有権分属説は、多かれ少なかれ、このライザー博士の理論から影響を受けているものと思われる。しかし、このライザー博士によって分割所有権（所有権の分属）という概念がもたらされた当のドイツにおいても、一個の所有権が数人に分属されることはありえないという理由により、分割所有権理論は否定されており[49]、理論的な根拠に乏しい。

---

(47) Raiser, a.a.O., S. 64.
(48) Raiser, a.a.O., S. 53-54. ライザー博士は、一応、物権法定主義（種類限定主義）にも言及するなど、他の研究者から批判された場合に備えてあらゆる準備を整えた上で、取得者の手中にある「多かれ少なかれ重要な所有権の断片（Eigentumsfragment）」という言葉を用いている。vgl. Raiser, a.a.O., S. 66-67.

　しかし、ライザー博士は、売買代金の割賦弁済による所有権の交換価値の漸次的移転をもって「期間的な所有権」と論じているに過ぎず、所有権者と期待権者の両名を一個の物の上の所有者として認定するための根拠については、判例法の形成に委ねるといった論理を展開するに過ぎないことから、一物一権主義、物権法定主義に関する問題点を払拭するような十分な論証をするには至っていないように思われる。したがって、所有権分属説を主張する者は、この点に関する論証をすることができなければ、単なる場当たり的な発想といわれても仕方がないのである。

(49) Flume, a.a.O., AcP 161, S. 391-392, S. 394-395、及び A.Blomeyer, a.a.O., AcP 162, S. 194. は、ライザー博士のいう「所有権の断片」という点を批判し、留保買主の期待権は、条件成就前における条件付所有権取得の先行的効力（Vorwirkung）を抽象的に要約したものにほかならず、その法的地位は、物に関する所有者の現在の支配権能と同一の尺度では測れないという。要するに、期待権は所有権取得の前段階ではあるが、部分的にでも所有権ではないのであり、それゆえ所有権の分属などありえないと主張しているのである。

　また、Flume, a.a.O., AcP 161, S. 392は、ライザー博士が、「我々は、さしあたり、この期待に、物権という地位（Rang eines dinglichen Rechts）、即ち、所有権の断片と

次に、このライザー博士の理論を参照しつつも、これを批判して、別の構成を採っているブロマイヤー（Arwed Blomeyer）博士によると、所有権留保売買において、留保買主は、自己の購入物を代金債権の担保のために留保売主に質入れした状況と同じであるとし（解除条件付きの非占有質権の設定）、留保売主の地位は、質権者と同じ換価権者に過ぎないので、留保買主の法的地位は、期待権者であると同時に、実質的所有者であると解している(50)。しかし、このブロマイヤー博士の見解もまた、判例及び学説の多数によって拒絶されている(51)。その解釈が法政策上多くの点において満足す

   いう地位を承認した後に、占有権を与えられたすべての物権の所持人は保護されるというように、期待者に、占有者としてだけではなく、本権上の保護を与えるということが、物権法体系に鑑みても、理に適っている」（Raiser, a.a.O., S. 76）と論じている点について、抑も、「法的地位に関する帰結を導くために、ある法的地位に、本来的に、物権という地位を「承認する」ということは許されない。むしろ、法的論証の中で、法的地位の範囲を明らかにすることが重要である」とし、「所有者と同様に、第三者からの侵害に対する保護が留保買主に帰属するという結論が導かれるのであれば、その場合には、もちろん、物権的、即ち、所有権類似の権利が留保買主に帰属するという結論が導かれる」が、ライザーはこのような論証を行っていない（できていない）と批判している。
   更に、Flume, a.a.O., AcP 161, S. 397-398は、ライザー博士が留保売主の間接自主占有権を否定し、留保買主の直接自主占有権を主張している点についても、理由がないとして、これを批判している。即ち、フルーメ博士は、「ライザーによると、担保物件提供者（設定者：Sicherungsgeber）は債務の完済による停止条件付所有者であり、担保所有者（譲渡担保権者）が換価権のみを有するのに対して、留保売主は、解除によって留保買主の期待権を一方的に取り除くことができるのであるから、留保買主の法的地位は担保物件提供者の法的地位よりも脆弱である。したがって、担保所有権の場合において、担保物件提供者が他主占有者であるならば、留保買主はなおさら他主占有者でなければならない」というのである。
   このように、ライザー博士の見解は、種々の点において批判されており、否定的に解されている。
(50) A.Blomeyer, a.a.O., AcP 162, S. 193, 200-201. この見解によると、留保所有者が換価権を行使する際には、留保所有者は中間所有権ないし完全所有権を有するといい、この考え方は、ライザー博士のいうところの「断片的所有権」などという不明確な理論とは異なるものであると主張している（ders., S.198）。また、ブロマイヤー博士によると、譲渡担保の場合にも、設定者が自己の所有物を解除条件付きで質入れするのと同じであると解している。
(51) 例えば、Raiser, a.a.O., S.52f.; Wolff/ Raiser, a.a.O., §179 Fußn. 15, S. 735; Enneccerus/ Nipperdey, a.a.O., Ⅰ 1, 15. Aufl., 1959, §82Ⅱ 4, Fußn. 16, S. 476; Westermann, a.a.O. (Sachenrecht), §38, 5, S. 194; Staudinger/ Ostler, §455BGB

第3節　留保所有権の法的性質・構成—留保売主と留保買主の法的地位—　　143

べき結果をもたらすとしても、現行法とは相容れないからである[52]。即ち、BGB 第1204条以下によると、占有改定（Besitzkonstitut）による質権設定の余地はなく（特に、占有改定による質権設定を許さないというBGB 第1205条を参照。）、また、BGB 第1229条によると、売却の権限が発生する前は、質権者が満足を受けず、もしくは適時に満足を受けない場合において、物の所有権が質権者に帰属し、あるいは質権者に譲渡される旨の合意（流質合意）は禁じられているからである[53]。

次に、ドイツにおける旧来の判例・通説は、所有権留保の本質は売買代金債権の担保にあると解していたが[54]、近時の判例・通説によると、所有権

Rdn. 36, S. 231. この Staudinger/ Ostler によると、売主につき質権が設定されるに過ぎないという見解は、既に Motive zu dem Entwurfe eines Bürgerliches Gesetzbuches für das Deutsche Reich, Ⅱ, S. 319で拒絶されているというので、調べたところ、確かに、Motive, Ⅱ, S. 319においては、古い考え方として、買主は、自己に譲渡された目的物について、留保売主に対し、質権設定のために協力すべき義務を負うというものがあり、所有権の留保者において、そのような状況での合意が見られるかは分からないが、今では、そのような考え方は捨て去られたものとみなすことができると論じられていた。このように、BGB の立法者自身において、既に非占有質権説を排斥していたのである。

　反対説は、ほかにも、Flume, a.a.O., AcP 161, S. 385, 389f.; Duden, Anmerkung zu BGH, 21. 5. 1953, JZ 1954, S. 41, 42; Bauknecht, Eigentumsvorbehalt und Anwartschaftsrecht, NJW 1955, S. 1251, 1254f.; Ohr, Kann der Vorbehaltskäufer den wirtschaftlichen Wert seiner Anwartschaft auf Erwerb des Eigentums an der Kaufsache auch ohne Zustimmung des Vorbehaltsverkäufers zur Kreditsicherung nutzbar machen?, MDR 1954, S. 343, 344がある。

　更に、留保買主の期待権に関するリーディングケースたる BGH, 21. 5. 1953, BGHZ 10, S. 69, 72は、控訴裁判所がブロマイヤー説（Blomeyer, NJW 1951, S. 548）に従って留保買主に対抗力ある物権的占有権を認めたのに対して、確かに、所有者に帰属する返還請求権（BGB 第985条）から明らかになるように、所有者は占有権を有するが、停止条件の下で所有権を取得した者は条件の成就まではまだ所有者ではなく、また、BGB 第158条、第159条から明らかになるように、条件の成就には遡及効はないという理由から、この解釈には法律上の根拠が見られないとして、ブロマイヤー説に明確に反対している。なお、以上に指摘した点については、Serick, EV Ⅰ a.a.O., §10, S. 207も明確に論じている。

(52) この点の指摘とその理由づけについては、Raiser, a.a.O., S.52f. を参照。これに対して、Blomeyer, a.a.O., AcP 162, S. 193, 198f. は、ライザー博士の「断片的所有権」という見解を批判したのである。vgl. Serick, EV Ⅰ a.a.O., ibid.

(53) vgl. Serick, EV Ⅰ, a.a.O., ibid.

留保の本質は、第一に留保買主による無権限処分からの保護、第二に留保買主の債権者からの保護という点にあり、留保買主の債権者からの差押えに対しては、留保売主は第三者異議の訴え（ZPO 第771条）を提起して、執行手続の不許を求めることができるものと解されている。また、留保売主は、売買代金債権を担保するものではないから、契約関係を解消せずには、換価のための取戻しを請求することはできず、買主の履行遅滞に際しては、留保売主は、契約を解除して、原状回復（所有権に基づく返還請求権の行使）や損害賠償の請求をする権利、即ち、契約上の清算請求権を担保するものと解されている[55]。

---

(54) RG, Urt. vom 11. 7. 1882, RGZ 7, S. 147は、売買契約における所有権留保の目的は信用売買の代金によって考えられうる最大限の担保を売主に与えることにあると論じており、BGH, Urt. vom 24. 1. 1961, BGHZ 34, S. 191は、留保売主は、所有権留保により、質権や譲渡担保によるよりも強力な担保手段を留保したものと論じている。

(55) 代表的な判例として、BGH, Urt. vom 1. 7. 1970, BGHZ 54, S. 214がある。本判決は、所有権留保に特有な解除規定を含む BGB 第455条の改正の際に、従来の多数説が無解除引揚権を肯定していたのに対して、『債務法改正鑑定意見』（U.Huber, Kaufvertrag, in: Gutachten und Vorschläge zur Überarbeitung des Schuldrechts, hrsgg. vom Bundesminister der Justiz, Bd. 1, 1981, S. 911, 922.）及び『債務法改正草案最終報告書』（U.Huber, Abschlußbericht der Kommission zur Überarbeitung des Schuldrechts, 1992, S. 237.）において、無解除引揚権を否定する論拠として引用された最重要判例である。そして、この考え方により、BGB 第449条2項に「解除による引揚権」が規定されたのである。

本判決の事案は次のとおりである。X が所有権留保付で供給した缶詰の自動溶接機械に瑕疵があったので、買主 Y は60万ベルギーフランの損害が発生したとして賦払金の支払を拒絶した。これに対して、X は、BGB 旧第455条（現行第449条）の所有権留保における解除条項を援用し、3日間の猶予期間を定めた上で支払を催告し、支払なきときは機械を引き揚げる旨を通知した上で、代金支払請求訴訟を提起した。しかし、Y は代金の支払も機械の返還もせず、反対に、この機械によって Y が被った損害の賠償を求めるために訴えを提起した。原審は Y の請求を棄却したので、Y が上告した。

このような事案において、BGH は、所有権留保の本質は留保買主の無権限処分からの保護、留保買主の債権者からの保護という2つの効力の中に見られるとし、この問題は、留保買主の履行遅滞の場合において、留保売主が契約を解除せず、あるいは不履行による損害賠償を請求していないが、取戻しそれ自体によって附加的に担保され、同時に、遅滞を清算するため、留保買主に圧迫を加えることができる場合に初めてその意義を獲得するとして、この点から、売買代金債権を満足させるため、質権者（Pfandgläubiger）あるいは担保所有者（Sicherungseigentümer）が売却物を換価する

この解釈は、留保買主には、第三者との関係における物権的期待権はともかくとして、留保売主との関係においては、所有権（及び類似の権利関係）は移転しておらず、留保売主の所有権が留保買主との契約関係に拘束されてはいるものの、完全所有権の留保と考えなければ、このような権利関係を構成することはできない。この点において、純然たる担保権としての質権及び譲渡担保権と、純然たる担保権ではない留保所有権とは、当事者の権利関係に相当の開きが存在するのである。ここで、誤解されるといけないので、一応断っておくが、この理論構成は、売主・買主という二当事者間における原初的な所有権留保における法的構成に関して述べているだけである。本稿の中心に位置する三者間契約における金融機関の留保所有権について論じているのではない。

3．留保買主の期待権に関する日本法における議論について

　前述したように、わが国の多数学説は、ドイツにおける旧来の判例及び学説の影響を受け、「所有権留保の目的は売買代金債権の担保にある」という金科玉条の法命題をそのまま受け入れ、また、ライザー博士の「所有権分属説」や、ブロマイヤー博士の「非占有質権説」の影響を受けて、担保権的構成説を採用し、更に、フランスの新民法が所有権留保を明確に担保権として扱うことに決したことから(56)、もはや近時のドイツ法の解釈を採らないか

のと同じようには、留保売主には、売買契約の解消なくして売却物の取戻権を与えることはないと判示した。また、BGH は、契約を解除しないと、売買契約及び売主の所有権移転義務が存続するので、留保売主は、場合によっては、買主が未払金の支払と引き換えに再度売買目的物の返還を請求してくる可能性があるので、買主に売却物を準備して更に待つ必要があるところ、留保売主は、BGB 旧第455条、旧第326条によって行動に出る場合に初めて、この契約上の義務から解放されるので、留保条項は、およそ留保売主の売買代金債権を担保するものではなく、契約を解除した場合における留保売主の権利を保全するものであるとして、留保売主の無解除取戻権を否定した。

(56)　既に序章において詳説したが、現行フランス民法において、所有権留保は、「担保として留保された所有権（De la propriété retenue à titre de garantie）」という標題の下、担保権として規定されている（CC 第2367条１項）。

　まず、留保物が他の物に付合した場合でも、損害を与えずに分離が可能であれば、債権者の権利行使は妨げられない（CC 第2370条）。また、種類物の所有権留保は、買主に引き渡した留保物に特定されず、債務者ないしその計算で保持されている同じ種

のような姿勢を示している。

　しかし、わが国の学説にも、「所有権留保の目的は売買代金債権の担保にある」と解しつつも、「純然たる担保権というわけではない」と解する余地のある論調もある。

　例えば、鳥谷部茂教授は、所有権留保特約は留保売主の債権回収確保という目的を有し、そのために所有権が売主にあることを必要とするのであるが、債権者（留保売主）による所有権の行使は代金支払手段としてのものであるから、債権回収を確保するという範囲に限られ、それ以外の権利行使は買主に委ねられるので、目的物の占有・利用権は原則として買主にあるものと解している[57]。それゆえ、留保買主が債務不履行に陥ったときには、留保売主は、所有権に基づく返還請求権を行使することができるとし、その場合には、留保売主は買主に対して清算義務を負うと言う[58]。これに対して、留保買主の法的地位は将来の所有権取得という物権的期待権であり、この権利は、そのほかに、目的物の利用権、被担保債権の弁済による受戻権、そして、受戻権を失う場合の清算（金）請求権などを含むものと解している[59]。

　また、鳥谷部教授は、そもそも、譲渡担保の法的構成において従来の学説が「所有権的構成説」と「担保権的構成説」とを対立軸として構成し、理論

　　類、同じ品質の財産に質権が認められている（CC 第2369条）。また、転売代金債権や保険金債権への物上代位が認められている（CC 第2372条）。更に、代金が完済されないときには、債権者（留保売主等）は財産の返還を求めることができ（CC 第2371条1項）、代価による弁済充当（同条2項）、債権者の清算義務（同条3項）が規定されている。つまり、改正ドイツ民法においてさえ認められなかった「換価のための無解除引揚権」が明文で認められている。これらの規定により、フランスにおいては、所有権留保を「所有権」ではなく、「担保権」として明文化したことを意味する。

(57) 鳥谷部茂『非典型担保』『物権法（青林法学双書）』（青林書院、1993年）289頁（319頁）。鳥谷部教授は、「被担保債権」という用語を使ってはいるが、所有権分属説や抵当権説のような典型的な担保権的構成説について、前者は所有権の移転が不明確であり、後者は債権法のみならず、物権法においても基礎となるべき意思理論に反するという理由から、「採用しえない」と明確に論じている。この点は、前掲書（本註）318頁を参照。

(58) 鳥谷部・前掲『物権法』319頁。

(59) 鳥谷部・前掲『物権法』319頁。

構成してきたという点に対して批判的な検討を行っている。鳥谷部教授は、この点について、学説が担保権的構成説を強調したのは、譲渡担保の「担保としての実質」を推進するためであったと分析している。例えば、所有権的構成説の代表格とされてきた四宮和夫博士の信託的譲渡説は、債権者に所有権が移転するとしつつ、債務者に物権的追及力を付与し、対内的のみならず、対外的にも担保の実質を反映しようとするものであった。それゆえ、鳥谷部教授は、この信託的譲渡説を「所有権的構成説」として位置づけること自体、誤った見方であると指摘するのである[60]。

抑も、ドイツにおける信託的譲渡説は、1858年に、イェーリンク（Rudolph Jhering）博士が、法律行為における信託関係には虚偽表示類似の行為があり、これを虚偽的な法律行為（ein simuliertes Rechtsgeschäft）とならぶ外形行為（das Scheingeschäft）という概念を用いて類型化し、信託的な虚偽行為類似の行為を純然たる虚偽行為と区別するという意味において、これは法律行為と結びつけられた法的効果を意図的に排除する虚偽行為とは異なり、当該行為に含まれた個々のしかもおそらくは全く二義的な効果を目指して行われるものであるとし、ただ、歴史的にいえば、その多くは不便な法律を回避するという意図に由来しており、本来、虚偽行為から生まれたものであるが、その虚偽行為が正当のものとなり、古代法学においても認められ、慣習法として認められたものにほかならないと主張したという点に端を発した理論である[61]。

その後、この信託的譲渡説に関して、コーラー（Josef Kohler）博士は、1878年、イェーリンク博士の提唱した虚偽表示と外形行為との区別を承認しつつ、譲渡担保（買戻特約付売買）は法律行為の虚偽的外形（Schein）を作出する虚偽行為（Simulation）とは異なり、当事者が、「ある法律行為をその法律効果とともに欲するもの」であり、所謂「隠れた行為」として理論的に検証し、動産や債権の譲渡担保の合法性を主張した[62]。そして、この理論構

---

(60) 鳥谷部茂『非典型担保の法理』（信山社、2009年）71頁以下、特に、91頁以下を参照。
(61) Rudolph Jhering, Geist des römischen Rechts auf den verschiedenen Stufen seiner Entwicklung, 2. Theil 2. Abt. (4.Aufl., 1883), §46; 3.Theil 1. Abt. (4.Aufl.,1888), §57, §58.
(62) Josef Kohler, Studien über Mentalreservation und Simulation, Jherings Jahrbücher

成によって、その後のドイツにおける判例・通説が形成されていったのである。

　四宮博士は、これらドイツにおける一連の信託的譲渡説に従って理論構成を行ったに過ぎない(63)。それゆえ、担保権的構成説が批判するような所有権的構成説など、わが国の学説上は存在しないと言うことができる。

　しかし、ドイツにおいては、かつて破産法（Konkursordnung）時代には譲渡担保権者に完全所有権が移転するという理論が存在しており、設定者の破産手続上は譲渡担保権者に取戻権が認められていた時代もあるので、その限りにおいては、所有権的構成説は存在していた。しかしながら、この倒産法における譲渡担保権者の取戻権という理論構成は、1994年までの倒産法改正（正確には、破産法〔KO〕の廃止、倒産法〔InsO〕の制定）論議の中で消え去ったのである(64)。

　さて、わが国の学説に戻るが、次に、高橋眞教授は、譲渡担保との違いに着目し、所有権留保特約によると、債権者に所有権が移転するのではなく、元々、売主（債権者）が有している所有権が代金完済を条件として買主に移転するのであるから、一旦、買主に完全な所有権が移転するなどということは、留保所有権を担保目的に制限するために必要な前提とはならないと主張する(65)。他方、買主の地位は、売買に基づいているので、貸借型契約のように物の返還を前提としておらず、留保売主の担保を害さないという制約つきで自分の物として利用することができるものと解しており、買主は、将来、所有権を取得しうるという期待権及び目的物の利用権とから構成される

---

　　für die Dogmatik des heutigen römischen Rechts und deutsches Privatrechts, Bd. 16, 1878, S. 91 [S. 109, 140ff.].
(63) 四宮和夫「信託行為と信託」『信託の研究』（有斐閣、1965年）3頁（100頁）参照。なお、このドイツにおける信託的譲渡説に関して、詳細は、近江幸治『担保制度の研究』（成文堂、1989年）189頁以下、拙稿「集合債権譲渡担保の対抗要件と目的債権の移転時期」久留米法学第58号（2007年）1頁（8-24頁）を参照されたい。
(64) 譲渡担保権者の「所有権」は、完全所有権ではなく、換価権に過ぎないということを確定した判例として、BGH, Urt. vom 24. 10. 1979, NJW 1980, S. 226がある。この点に関しては、Rolf Serick, Eigentumsvorbehalt und Sicherungsübertragung -Neue Rechtsentwicklungen, 2.Aufl., 1993, S. 38ff. 及び本書の序章を参照されたい。
(65) 高橋眞『担保物権法』（成文堂、第2版、2010年）316頁。

第3節　留保所有権の法的性質・構成─留保売主と留保買主の法的地位─　　149

物権的地位を取得すると言う(66)。それゆえ、高橋教授は、所有権留保を特別の担保権設定契約とは考えず、留保売主が担保目的に限定された留保所有権を有するものと構成し、買主への所有権移転がないのであるから、留保所有権は対抗要件を備える必要がないと言い、買主の物権的期待権については、買主は目的物の引渡しによって対抗要件を具備したものと解している(67)。

　このように、わが国においても、売買契約の当事者間において所有権留保特約が約定されたという場合において、所有権が売主に帰属するという学説が存在する(68)。このような考え方によると、買主の権利については、停止条件付所有権移転の期待という単なる債権的権利に止まらず、第三者との関係においてもその効力を保全しうるようにするために、所有権取得の期待権を物権的期待権として構成する必要がある。この点は、このような理論構成を採用した研究者は共通して考えていることであろう。しかし、いずれも、所有権留保の目的を「売買代金債権の担保」としてしか捉えていないという点に難点があるように思われる。

　所有権留保は、「停止条件付での所有権移転の合意」であり、ここで百歩譲って、その目的が売買代金債権の確保であるとしても、これをもって「譲渡担保と同一の担保権」であると、どうして言えるのであろうか。買主の地位は、代金の完済という停止条件の成就と同時に、所有者（であると同時に他主占有者から自主占有者への転換が生ずる。）として確定するだけであり（条件付譲渡による当然の効果である。）、留保売主の地位は、同様に、代金完済によって所有者でなくなるに過ぎないのである。留保売主は、直接に融資をしているのではなく、売掛代金債権を有しているのでもない。買主に一定の分割払いによる支払猶予期間を与え、売買代金債権を割賦弁済によって回

---

(66) 高橋『担保物権法』316頁。
(67) 高橋『担保物権法』316-317頁。高橋教授も、留保所有者の所有権を担保権と構成するものではあるが、留保買主に所有権が移転しないという立場であることから、本稿においては所有権的構成・物権的期待権説として分類すべきものと考えている。
(68) もちろん、鳥谷部教授、高橋教授のみならず、前掲した道垣内教授もまた、同様の理論構成であり、物権変動は生じておらず、所有権は売主に帰属しているものと構成する。道垣内『担保物権法（旧著）』304-305頁、同『担保物権法』368頁参照。

収しているだけであり、割賦弁済が滞った場合には、契約を解除し、物権的返還請求権によって留保商品を引き揚げるだけである（言うなれば、買主の所有権留保は、この原状回復請求権を担保・保全するものである）。そうであるからこそ、商品信用取引（Warenkredit）というのであり、ここには金融信用取引（Geldkredit）という概念の入る余地はない。

したがって、割賦弁済期間中における商品所有権の帰属者は、留保売主であり、決して、留保買主ではない。留保買主は、所有者ではない「使用者（いわば、使用賃借人：Mieter）」である。本来は、債権的な使用権者のはずであるが、前述したように、留保買主の立場について、物権的な効力を付与されずに、第三者からの執行や侵害に対して対抗しえないのでは、「将来の所有権移転請求権を保持する者」としての意味がない。そうすると、この場合には、不動産所有権の移転請求権を保全するために仮登記をした条件付所有権移転請求権者のような地位を確保する必要がある。そうであれば、現実に引渡しを受けて使用しているということから、留保買主には対抗力を付与する必要があるのである（第178条）。

現行民法の制度上は、引渡し対抗要件主義を採らざるを得ないが、私見によると、留保買主は所有権留保特約の効果として使用権が与えられているに過ぎず、留保所有者から占有権原を媒介されている占有代理人に過ぎない（直接他主占有者）。民法第178条は、動産譲渡の対抗要件であるところ、留保買主はまだ譲渡を受けていない（正確に言うと、売買という譲渡行為はあるが、その効力が発生していない）。この意味において、留保売主の地位を確定し、留保買主の物権的期待権を保全するためには、本来は仮登記制度を創出する必要がある。したがって、立法論としては、動産・債権譲渡特例法において動産譲渡留保に基づく所有権移転請求権（物権的期待権）を保全する仮登記制度を創出することが望ましい。

第4節　担保目的の所有権留保の対抗力

第1項　三者間契約による所有権留保の特徴

平成22年最判の所有権留保の目的が信販会社の立替払債権の担保であり、

担保目的としての所有権留保であることを確定した上で、次に、この所有権留保契約の特徴について、再確認しておく。

本件の所有権留保は、自動車販売会社Ａと購入者Ｙ、そして、信販会社Ｘとの三者間契約により、Ａが所有権留保特約付でＹに販売し（この時点での留保所有者はＡであり、この時点では、ＡがＹに商品信用を与えている。）、次に、ＸがＹに代わってＡに売買代金を立替払して、Ａが留保所有権をＸに譲渡するという契約である。この場合には、代金を獲得したＡの与信行為は終了し、同時に、Ａ・Ｙ間の売買契約はその目的を果たして終了している。この場合には、ＹがＸから融資を受けて、Ａに代金を完済したと言えるので、Ｙが所有者であり、Ｘに自動車を担保提供して、譲渡担保権を設定するという契約でもよい。しかし、本件では、立替払によってＡの留保所有権をＸに譲渡するという三者間契約に基づいているので、譲渡担保ではなく、所有権留保となっている。しかしながら、Ｘは売主ではなく、売買契約（及びＡの商品信用行為）は終了しているので、契約上の地位の移転ではなく、留保所有権のみの移転である。これを譲渡担保と同様の担保権設定契約と解する場合には、Ｘは立替払債権（商品代金額、利息・手数料などで構成する。）を被担保債権とすることになる。それゆえ、本件の場合には、Ａの代金債権がＸに譲渡されるということではない。

本来は、この立替払の際に売主が信販会社に売買代金債権を譲渡し、信販会社は、この譲渡された債権＝立替払債権（立替払を原因とする譲受債権として存続する。）とその利息及び手数料等の債権を一括して担保するために、譲渡担保権と類似する留保所有権を取得するものと解することもできる[69]。しかし、平成22年最判の事案では、このような債権譲渡は用いられていない。そこで、原審や一部の学説において見られるような法定代位構成が検討されるのである。

---

[69] ドイツにおいては、このように売主から金融機関への債権譲渡を用いた留保所有権譲渡の合意が行われている。この点については、前掲BGH, 27. 3. 2008（詳細は本書第3章）を参照。

第2項　留保所有権の移転は法定代位によるものではない

　元々、Aの地位とXの地位とは同じではなく、Aの商品与信者という地位はXによる代金の完済によって終了し（Aは与信行為から脱退する。）、この立替払によって、新たにXの金融与信者という地位が成立する。つまり、Aは完全所有権を留保していたが、これが立替払によってXの担保所有権に転化し、Xがこれを取得したのである。Xは債務者に代わって弁済しており、形としては弁済による法定代位（第500条）が生ずるというシチュエーションとなる。この場合には、通常、債権者Aの有していた代金債権や付従性ある担保権はYとの間において相対的に消滅するが、Xに対しては相対的に存続し、移転するという解釈が用いられている。

　しかし、本件のような契約においては、Xには約定によって留保所有権が移転しているのであり、この留保所有権の移転は法定代位の効果によるものではない。たとえ、留保所有権を担保権として構成するとしても、留保所有権には債権との付従性がないからである。したがって、法定代位で移転するのは、あくまでも代金債権のみである。商品信用取引に基づく担保権ではないAの留保所有権が、純然たる担保権であるXの留保所有権に転化するのであるから、法定代位によらないということは明らかである[70]。これは

---

(70) しかし、法定代位説によれば、Aの留保所有権も担保権と構成するので、これが法定代位によってXに移転するだけだという。千葉恵美子「複合取引と所有権留保」内田・大村編『民法の争点』（有斐閣、2007年）153頁（154頁）、田高・前掲「論文」金法1950号54頁以下、及び前掲最判平成22年6月4日の原審判決などを参照。
　この法定代位説に立つと、平成22年最判の場合には、留保所有者Aの顧客Yに対する債権及び留保所有権について、Xがそのまま代位するので、Aの保有していた権利関係及び対抗関係がそのまま承継されるという点において、大変便利ではある。この法定代位においては新たな対抗要件の具備を必要としないという解釈は、夙に、我妻榮『新訂債権總論』（岩波書店、新訂10刷、1972年）254頁が、法定代位は「弁済によって消滅すべきはずの権利が、法律上当然に、弁済者に移転するのであって、譲渡ではない。従って、対抗要件を必要としない」と論じており、これは通説・判例（大判昭和2年7月7日民集6巻455頁）であると論じていたという点を論拠とする。因みに、この判例は、任意代位においては債権譲渡の対抗要件である第467条の準用があるが（改正前民法第499条2項）、法定代位においてはその準用はないので（第500条参照）、対抗要件は必要ないという文理解釈を行ったものである。
　しかし、所有権留保に基づく留保所有権が法定代位によって移転するかどうかという問題については、所有権留保の法的構成によっては難点があり（本稿で紹介したドイツの判例・通説と私見を顧慮されたい。）、また、破産法や民事再生法上の別除権者

第4節　担保目的の所有権留保の対抗力　153

約定による留保所有権の移転ではあるが、この移転合意は、実は購入者を交えての譲渡担保権類似の担保権設定行為にほかならない[71]。つまり、この場合には、三者間合意による物権変動（担保権設定契約）があり、留保所有権の譲受人は、この合意に基づいて、譲渡担保権類似の担保権の設定を受けたものと解することになる。

第3項　譲受け留保所有権の対抗要件

次に、それでは、この譲渡担保権に等しいXの留保所有権は、第三者に対抗しうるものであろうか。譲渡担保権の設定であれば、Xは設定者であるYから占有改定による引渡し（第183条）を受けるのであるが、留保所有権の譲渡による場合にはそれがない。それでは、どのように対抗力を保持するのであろうか。前述した学説の多くは、留保所有者には対抗要件は不要であると論じていた。しかし、所有権留保特約は債権契約における条件付の物権的合意であるから、留保所有者の地位を第三者との関係においても確保・

の認定手続における権利確定という要求に対しては、その公示性という点において明確性に欠ける。したがって、平成22年最判が法定代位構成を採用しなかったことには相応の理由がある。

(71) これを特別の合意と解する説として、安永正昭「所有権留保の内容・効力」加藤・林編『担保法体系Ⅳ』（金融財政事情研究会、1984年）370頁（386頁）があり（同・柚木＝高木編『新版注釈民法（9）物権（4）』〔有斐閣、改訂版、1988年〕911頁）、また、譲渡担保権の設定と解する説として、佐藤昌義「クレジット会社の所有権留保」NBL463号（1990年）37頁（38-40頁）がある。

　私見はこの両説と密接に関連するが、「留保所有権」は約定によって販売店から信販会社に移転するのであり、この過程において譲渡担保の設定があったものとみなす場合には、買主を設定者と擬制することになる。決して、販売者から買主に所有権が移転し、購入者が信販会社との約定によって譲渡担保権を設定するという構成ではない。そうでなければ、純粋に三者間合意とはならないからである。担保目的の留保所有権が信販会社にあるので、その反射的効果として、買主は実質的所有者となりそうであるが、法的には制限物権者たる物権的期待権者に過ぎない（担保所有権は真正所有権の転化類型である）。

　なお、印藤・前掲「論文」金法1928号84頁は、「所有権留保に物権変動を認めるのか」ということで、三者間契約による所有権留保に特化せず、一般的に所有権留保に物権変動があるのかという観点から従来の学説（道垣内説、高木説など）を掲げて検討しているが、この点は、売主・買主という二当事者間の所有権留保との違いを顧慮していない昨今の判例・多数説の立論と同一観点からの立論である。

確定するためには、対抗関係が発生する前においても、占有権の保持が必要であろう（第178条類推）。

しかしながら、この点は、売主・買主という二当事者間の所有権留保においては、元々、留保売主が間接自主占有権を保持しているので、全く問題はない。この意味において、売主と買主との間においては、物権変動は生じていないのと同じことに帰着する。

問題は、担保所有権に転化する本件のような譲受け留保所有権の場合においても、この留保売主の間接自主占有者という状況に変化はないのかである。留保所有権の譲渡を受けた信販会社の所有権が担保所有権（担保権）であるとすれば、購入者の有する物権的期待権は実質的には所有権である（但し、譲渡を予定する留保商品で転売授権がなされた場合以外は、一般的に買主に処分権能はない）。このように解すると、担保権者である留保所有者は、対抗要件を必要とするので、原則として、占有改定によって引渡しを受けたものと解さざるをえない。このような意味において、本件のような登録自動車の所有権留保においても対抗要件を必要とする。本件のような登録自動車の場合において、自己の留保所有権として、この権利関係を確定するには、登録変更が必要である。

元々、A・Y間の約定では、代金完済まで売主Aに所有権が留保されており、留保買主Yは引渡しこそ受けているが、Yには所有権が移転していない。しかし、この関係は、原留保所有者Aが所有権と間接自主占有権を保持しており、留保買主Yは直接他主占有権の付与による使用権を保持しているという状況である。本件のような約定においては、このAの所有権のうち、処分権能が停止条件付で担保所有権という形でXに移転したものと解すべきである（私見によると、およそ譲渡担保権の設定契約も同様の構成となる）。したがって、Xは担保所有権としての留保所有権を保持しており、間接自主占有権をAから取得している。つまり、占有権の意味としては、占有改定によって引渡しを受けた譲渡担保権者と同じく間接自主占有者となるものと解すべきである（しかし、原留保所有者の場合には、この間接自主占有権が契約時から備わっているという点において、両者は観念的には異なる）。この意味において、担保所有権としての留保所有権もまた、元々、約定による

対抗力（ある意味、占有改定による引渡しと類似する関係である。）を保持しているのである。ただ、この代理占有は公示性がないので、第三者との間において紛争になりやすい。そこで、前述したように、条件付法律行為として、動産・債権譲渡特例法に仮登記制度を設ける必要がある。誤解があるといけないので、重ねて述べておくが、本件の場合には、登録自動車が留保商品であるということで、特別に、登録変更という対抗要件を必要とするだけであり、通常は、原則として、譲受け留保所有者が新たに特別な対抗要件を具備することは不要ということである。

第4項　平成22年最判における譲受け留保所有者の地位

さて、Xの留保所有権に関する対抗力について整理がついたところで、平成22年最判における譲受け留保所有者Xの第三者対抗力に関する処理について考察を加えることとする。

平成22年最判の構成は、①Aの留保所有権がXに移転したのは、Aの所有自動車をXに譲渡したことによる、②Aの留保所有権は代金債権を担保するものであるが、Xの留保所有権は代金以外の手数料を含む立替払債権を担保するものである、③Aの留保所有権とXのそれとは被担保債権を異にするので、Xは弁済による代位の効果として立替払債権担保のための留保所有権を取得していない、④それゆえ、Xの取得した留保所有権の被担保債権である立替払債権の全額を担保・保全するには、その対抗要件として、Aの有していた自動車の登録では足りず、自ら登録変更手続きを取る必要がある、⑤したがって、民事再生手続開始の時点でXを所有者とする登録がされていない限り、Xは、留保所有権を別除権として行使することは許されない（民再第45条参照）としている。

この最高裁の構成のうち、①は、商品信用取引と金融信用取引に基づく所有権留保の違いを理解しておらず、これらを混同するものであり、妥当性を欠く。次に、②も、Aの原留保所有権の意味を①の理解に基づいて行っているという意味において妥当ではないが、原留保所有権と譲受留保所有権は異なるものだという意味においては、誤りはない。次に、③は、被担保債権の違いを強調するだけであり、留保所有権の譲渡という類型の担保権設定行

為の意味を理解していない。また、法定代位（民法第500条）については、前述したように、弁済による代位によって債権がAからXに当然に移転するというのが従来の通説・判例であるのに、この点を無視しているという点において、妥当ではない。更に、④は、留保所有者の地位に関する基本的な理解が足りない。Aの立場であれば残代金債権額を全額保全しうるのに、Xの立場では立替金債権額を一銭も保全しえないこととなる。この点は、代金債権額にプラスアルファの利息・手数料債権額が加算されたことで、別の債権が発生したという解釈なのか、それとも債権の範囲の問題であるのかであり、判旨からは、後者の問題であるということが分かるが、これを「当事者の合理的意思に反する」という理由によって代金債権額を含む全額の対抗力を否定するという解釈は、Aの代金債権部分はそっくりそのままXに法定代位により移転したという事実を故意に隠蔽するものである。この点も看過しえない程度に不当である。

登録自動車の所有権に関する対抗力という点に関しては、登録の変更手続が用意されているので、これに従うほかはない。ただ、民事再生法第45条の規定が、別除権者としての基本的な権利関係を確定しておかなければ、別除権者としての資格を付与されないという意味であれば、これも全く問題はない。この点は、登記・登録制度の完備されている物件については、この制度の範囲内でのみ対抗力を取得することに間違いはないのである。しかし、同条の文言は、再生手続開始前に登記・登録を具備しておかなければ、開始後は、その登記・登録の効力を主張しえないと規定するのみであり、「別除権者の地位確保」という効力は、直接的には導かれない。むしろ、この点は、明文をもって確定すべきである。

また、再生手続開始前に経由しておくべき「対抗要件」としての登記・登録の必要という観点からは、Xは誰との間において対抗関係に立つのかという問題が生ずる。この点は、従来、再生債務者Yとの対抗関係が生ずるという見解が多数説及び裁判例である[72]。その理由は、破産手続の管財人

---

[72] 伊藤『破産・民事再生』673頁、675頁（第3版868、870頁）、山本克己「民事再生手続開始の効力」ジュリ1171号（2000年）27頁、山本和彦「再生債務者の地位」園尾ほか編『最新実務解説一問一答民事再生法』（青林書院、2011年）411頁など参照。

が総債権者の利益のために破産財団に属する財産を差し押さえたものと解するのと同様（差押債権者は「第三者」である。）、民事再生手続の再生債務者も、再生債権に関して再生計画を定め、債権者との間の民事上の権利関係を適切に調整し、再生債務者の事業または経済生活の再生を図るという目的から、再生債務者の財産を差し押さえた差押債権者類似の地位を認めるという点にある[73]。

そうすると、再生計画に支障を来す別除権者の存在を認めさせるということは、再生債務者との関係において対抗関係に立ち、別除権を行使するには、民事再生法第45条の登記・登録を必要とするという意味になる。

自動車業界の実情を顧慮すると、自動車の登録変更は必要に応じて行われるというのが実情であり、特に、自販業者と自販業者系の信販会社（販売金融会社）との間においては、業務効率との関係上、諸費用を削減したいため、当初の自販業者の「所有者」登録と、購入者の「使用者」登録のままにしておくというのが一般的であり、立替払時に敢えて系列の信販会社に登録変更することの実益は少ないと考えられている[74]。この意味において、平

　また、裁判例として、大阪地判平成20年3月31日（判時2039号51頁）は、「再生手続が開始された以上、再生債務者は、再生債権者のために公平かつ誠実に、財産を管理処分するとともに再生手続を遂行する責務を有する再生手続の機関として、民法177条の第三者である再生債権者の利益の実現を図るべき再生手続上の責務を有するのである。このように考えると、再生債務者は、登記をしなければ物権の取得を対抗できない民法177条の第三者である再生債権者の利益を実現すべき再生手続上の機関として、再生債権者と同様、民法177条の第三者にあたる」ものと解している。

(73) 伊藤『破産・民事再生』174頁、652頁（第3版233頁、839頁）によると、破産手続開始決定、再生手続開始決定により、前者は破産管財人が、後者は再生債務者が、それぞれ「機関」として、財産の管理処分権を有し、いずれも破産債権者、再生債権者の利益に資するように行動すべき義務を負担するので、この意味において、総財産について差押債権者類似の地位を認めるという解釈につながるのである（同・248-249頁〔同・326頁以下〕、672-673頁〔同・867頁以下〕）。

(74) この点に関して、田高・前掲「論文」金法1950号55-56頁は、登録名義変更には実益がないこと、また、現実に、購入後における自動車の使用者と自販業者とのつながり（定期点検や車検、修理など）の深さ、更に、登録名義変更費用が買主に転嫁されるのを防ぐという意味などから、登録名義は変更しないことが多いと言い、この点に一定の合理性があると言う。

　また、佐藤・前掲「論文」NBL463号41頁は、三者間契約とはいっても、信販会社の従業員が販売店に出向いくわけではなく、営業コスト削減のため、販売店に契約書面を

成22年最判のXファイナンスにおいても、上記業界の常識に基づいて、登録変更を行わなかったものと思われる（実際、トヨタファイナンスなど、業界筋の話では、売主と買主との売買時に信販会社が契約に立ち会うこともなく、コスト削減のため、全て売主にお任せ状態と言われている）。

しかし、いくらXが業界の慣行で行動していたとしても、当該慣行を認める最高裁の判例法理のないままで、名義変更をしないという慣行に任せた行動を取ることに対するXのリスク管理は甘かったのではないかと思われる（近時の学説は、業界の慣行を「ビジネスモデル」と称して、擁護するが、単なる費用削減策に過ぎない）。Xは、おそらく、登録変更をしなくとも、原審の解釈のように、最高裁も法定代位によって別除権者として認めるものと考えていたのであろう。しかしながら、法定代位制度の本質を理解し、また、自動車登録制度を不動産の登記とリンクさせて意識していれば、平成22年最判で別除権を否定されるという事態は避けることができたはずである。Xの事情が営業コストの削減ないし営業の効率化にあるにせよ、法形式上は、Xは信販会社としての債権管理ないしリスク管理に関して、今少し気を配る必要があった。

第5節　私見的考察の総括

本稿においては、平成22年最判の事案について詳細に検討し、それぞれの論点において私見を提示してきたが、本稿において中心に位置づけた三者間契約による所有権留保の合意に関する理解について、現在の判例・多数説と私見との間には大きな相違点がある。私見は、売主・買主という二当事者間の所有権留保は「商品信用取引」であり、信販会社を交えての三者間契約による所有権留保は「金融信用取引」であるという考え方を大前提としているので、ここからの帰結として、留保売主は「真正所有権を留保」しており、信販会社は「担保所有権を留保」していることになる。

預けておき、実質的には契約事務を委託しているという実情があるからだという。つまり、所有名義を変更するために書類と印鑑証明書を陸運局へ持っていくという事務を信販会社が行えば、販売店に事務委託している意味がないということである。

本件は、後者の事案ではあるが、その前提として前者（原留保所有者）の法律関係が存在している。この点を無視する（存在しないとする）見解もあるが、それは、契約の本質を見落とした謬見である。序章から繰り返し述べてきたことであるが、二当事者間の原初的所有権留保は、確かに売買代金債権の担保という側面はあるが、この点は、「担保・保証給付（Sicherungszweck, Gewährleistung）」というよりは、むしろ、「保全・確保（Sicherheit）」という意味である。そのため、ドイツにおいては、債権担保というよりは、支払遅滞に陥った買主に対する物権的の返還請求権の保全という側面が重視され、これが商品信用取引たる二当事者間所有権留保の本質であるとする見解が判例を含む通説たる地位を築いているのである[75]。この意味において、二当事者間における所有権留保は「担保物権」ではない[76]。それゆえ、留

---

(75) BGH, Urt. vom 1. 7. 1970, BGHZ 54, S. 214. 本判決は、代金債権担保というよりは、BGB 第985条の物権的返還請求権の保全が中心と論じている。; BGH, Urt. vom 27. 3. 2008, BGHZ 176, S. 86. 本判決は、二当事者間取引による所有権留保は商品信用の担保なので、解除による返還請求権の保全となるものと論じている。この点は、第3章において詳論する。

(76) 田高寛貴「自動車割賦販売における留保所有権に基づく信販会社の別除権行使」金法2085号（2018年）24頁（32頁）は、「実質が担保であることを認めながら、二者間の所有権留保の場合のみ、別除権の行使に手続開始までの対抗要件具備を求める手続に例外を認めるのは、倒産法秩序を乱す」と述べる。

しかし、筆者は、少なくとも、『所有権留保の現代的課題』（成文堂、2006年）を始めとする代表的論攷において、所有権留保売主の所有権が担保物権であると述べたことはない。それでも、本書においては、この点に関して明確を期するため、二当事者間の所有権留保における留保売主の所有権は担保物権ではないと明言しておく。

所有権留保の意義・目的は、買主の支払遅滞に際して、売主に解除による物権的返還請求権を確保するという点にある。しかし、この権利関係は「担保」とは言わない。言うなれば、物権的請求権、即ち、所有権の効力保全である。

担保物権というからには、設定者の支払遅滞を原因とする担保権者への「担保のための給付（Gewährleistung）」がなければならない。Gewährleistung は、元来、「瑕疵担保」と称されるが、この用語は、元々、契約当事者間に「期待に反した事情」が発生した場合に、本来の期待との溝を埋めるために給付をするという意味を有する。それゆえ、売買目的物に期待に反した瑕疵（物・権利）があった場合と、債務者に期待に反した支払遅滞が生じた場合において、いずれもその保証に備えて給付を予定するのである（担保のための保証給付、信用の種類などに関しては、Peter Bülow, Recht der Kreditsicherheiten, 8. Aufl., 2012, Rdn. 2 ff. S. 1 ff. を参照）。

担保物権たる譲渡担保には目的物の終局的帰属という担保給付がある。しかし、所有権留保にはそれがない（停止条件の不成就のみ）。この点が、両者の相違点である。

保所有権と言えども、売主の元では「真正所有権」なのである。

次に、民事再生法第45条の解釈問題であるが、平成22年最判の原審判決は、「法定代位構成」を採用し、原留保所有者の権利関係の範囲内でその譲受人が代位するものと解し、同条の適用に関して、信販会社自身の自動車登録は不要と解していた。しかし、最判は、原留保所有者の債権が代金債権であり、譲受け留保所有者の債権が手数料を含んだ立替金債権であることを理由として、同一の留保所有権が移転したものと解するのは契約当事者間の合理的意思に反するものと解し、同条の適用に関して、信販会社自身の自動車登録が必要であると解したのである。

この点に関しては、その対策として、契約書の文言において明確に法定代位を規定しておけば、原留保所有者の有していた代金債権の範囲内では別除権の行使が認められるものと解し、これによって平成22年最判対策となる旨を論ずる向きもある[77]。しかし、民事再生法第45条の趣旨が、別除権者としての地位を明確にし、権利資格付与（権利の主張または保護）の要件として登記・登録を要するという趣旨であれば、たとえ、契約書において法定代位を明確にしたとしても、自身に登記・登録を具備しない譲受け留保所有者に別除権を付与することは認められないということになる[78]。

この結論は、登記・登録を要件とする対抗ないし権利資格付与という要請のある制度との牴触問題に限るのであり、たとえ、三者間契約による所有権留保であり、担保所有権としての留保所有権の場合であっても、約定による

したがって、留保所有権は担保物権ではなく、買主の倒産処理に当たっては、別除権ではなく、取戻権が認められて然るべき権利関係である。このように論じたとしても、別除権と取戻権でさしたる差があるわけでもないと言われる（伊藤眞『破産・民事再生〔第3版〕』446-447頁）。しかし、別除権の場合には、倒産管財人の管理権が及ぶが、取戻権の場合にはそのような管理は及ばない。それゆえ、やはり、権利の本質論という意味において、留保売主の所有権を「真正所有権」と位置づけるのである。この点は、本書の全体を通じての構成である。また、この点は、前著『現代的課題』においても、「解除に伴う物権的返還請求権の担保（保全という趣旨）」として、既に論じていたところである（「第7章　留保売主の返還請求権・再論」148頁以下参照。但し、当時の私見は無解除取戻権を主張していた）。

(77) 田高・前掲「論文」金法1950号56頁、61頁参照。
(78) 小山・前掲「判研」金法1929号59頁は、公平の観念という視点から、私見と同旨の見解を採用している。

対抗力が付与される場合には、不要な議論となろう。

　いずれにせよ、前述したように、現代において存在意義のある所有権留保を類型別に制度化し、留保売主、留保買主、それぞれの地位に関して、留保売主の所有権保存登記、留保買主の所有権移転請求権保全仮登記という公示方法を用いた権利関係の明確かつ確定的な保全を図るべきことが求められる。これは、予防法学的観点からの帰結である。

　なお、留保所有権の譲渡と譲受人の法的地位に関するドイツ法との比較検討について、詳細は、第2章と第3章において検討することとしたい。

【初出】
「留保所有権の譲渡と譲受人の法的地位―最（二小）判平成22年6月4日の再検討・日独比較法の観点から―」千葉大学法学論集第28巻1・2号（2013年9月）39頁（横組）以下所収。本書に収録するに際して、加筆・修正を施した。

第2章　所有権留保における信販会社の法的地位

第1節　問題の所在

　本稿は、自動車の所有権留保特約付売買において、販売会社（留保売主）、買主、信販会社の三者間契約による所有権留保を巡り、留保買主の破産手続または民事再生手続の開始と留保所有者による別除権の主張ないし行使に関して争われた判例を中心として、民法、破産・民事再生法、信販会社の約款の解釈問題に関して考察するものである。

　近時の自動車売買における所有権留保約款には、メーカー系列の販売会社（留保売主）と買主の二当事者間契約にメーカー系列の信販会社（販売金融会社、略して「販金会社」とも言われる。）が加わる類型が多い。後述するように、この三者間契約による所有権留保約款により、信販会社が販売会社へ立替払をし、あるいは集金保証による連帯保証債務の履行（代位弁済）に基づいて、販売会社から信販会社へ留保所有権が移転し、その後の留保買主の破産・民事再生手続開始に伴う留保所有者たる信販会社の別除権の成否に関して争われた判例・裁判例が多数現れている。

　この場合において、販売会社から信販会社への留保所有権の移転が物権変動としてなされたのであれば、第三者対抗要件としての登録手続が必要となるところ（道路運送車両第5条）、買主の破産・民事再生手続開始後に信販会社が別除権者として認められるためには、少なくとも、権利主張要件としての登録が必要となるのではないかという問題がある（破産第49条、民再第45条）[1]。

---

(1) 破産法第49条（開始後の登記及び登録の効力）
　　1項　不動産又は船舶に関し破産手続開始前に生じた登記原因に基づき破産手続開始後にされた登記又は不動産登記法（平成16年法律第123号）第105条第1号の規

周知のように、この問題に関する最高裁判所の判例として、最（二小）判平成22年6月4日（民集64巻4号1107頁）がある。この平成22年最判は、所謂「立替払方式」の所有権留保約款の事案において、信販会社の取得する留保所有権の被担保債権（立替金等債権）と、販売会社の留保所有権の被担保債権（売買代金債権）との相違点に着目し、信販会社が販売会社から譲り受けた留保所有権の取得に関して、立替払の結果、販売会社の有していた留保所有権の代位弁済（民法第474条）に伴う法定代位による信販会社への移転（同法第500条、第501条）を否定し、信販会社が取得した留保所有権を別除権として行使するためには、再生手続開始前に信販会社自身の登録所有名義が必要である（民再第45条）と判示した。

　ところが、最高裁判所で敗訴したメーカー系信販会社は、所有権留保約款に関して、立替払方式をやめて集金保証方式へと切り替え、信販会社が、販売会社の売買代金債権等（代金債権と割賦手数料債権）を留保買主の連帯保証人として弁済することを停止条件として留保所有権を代位により信販会社へ移転させるという方法により、あくまでも法定代位構成にこだわる約款を考案した。これは、販売会社から信販会社への所有名義の移転に関する人的負担と費用負担を削減するという業界の常識に基づく判断であった。

　その甲斐あって、最近では、後掲するように、下級審の裁判例においては、この約款によって続々と勝訴判決を勝ち取り、2017（平成29）年12月には、遂に、最高裁においても、法定代位構成による勝訴判決を勝ち取るに至った[2]。

　　定による仮登記は、破産手続の関係においては、その効力を主張することができない。ただし、登記権利者が破産手続開始の事実を知らないでした登記又は仮登記については、この限りでない。
　　2項　前項の規定は、権利の設定、移転若しくは変更に関する登録若しくは仮登録又は企業担保権の設定、移転若しくは変更に関する登記について準用する。
　　民事再生法第45条（開始後の登記及び登録）も「破産手続」が「民事再生手続」に変わるだけであり、同じ文言である。
（2）本件は、本稿の執筆時（2017年秋）には最高裁へ上告受理申立て中であったが、本稿を掲載した愛大法経論集213号（2017年12月）の校正が確定した後、最判平成29年12月7日金法2080号6頁として公表され、その後、最高裁判所民事判例集71巻10号1925頁に掲載された。それゆえ、本書への収録にあたっては、明確性を期すため、平成29年最判として掲げることとした。

そこで、本稿においては、平成29年最判の概要を起点とし、これを中心とする判例法理を分析し、考察することから出発する。

第2節　最（一小）判平成29年12月7日の概要

第1項　事案の概要等

1．事案の概要

　A自動車販売会社（以下「A販売」という。）は、B（以下「B」または「破産者B」という。）に対し、本件自動車を平成25年8月20日に割賦販売した際に、その割賦金等債権の担保として本件自動車の所有権を留保した（以下「本件留保所有権」という。）。しかし、Bが割賦金等の支払を遅滞したため、Bの委託を受けて、前同日、A販売との間において、前記割賦金等の支払債務を連帯保証したXファイナンス会社（以下「X」という。）は、保証債務の履行としてA販売に前記割賦金等の残額を弁済し、法定代位により本件留保所有権を取得したと主張して、Bの破産管財人たるYに対し、本件留保所有権に基づき、破産法第65条の別除権行使として本件自動車の引渡しを求めた。

2．前提事実

（1）当事者

　ア　X（東京都所在）は仕入先及び販売店ならびに顧客に対する金銭の貸付け及び債務保証等を目的とする会社であり、A販売（札幌市所在）は自動車の販売等を目的とする会社であり、いずれもC自動車会社の系列会社であるが、XとA販売との間には、直接の資本関係等は存在しない。

　イ　Yは、破産者Bの財産に関する破産手続開始決定（以下「本件開始決定」という。）により、破産管財人に選任された。

（2）本件売買契約

　Bは、平成25年8月20日、A販売との間において、以下の内容を含む約定により、本件自動車を割賦購入する旨の本件売買契約を締結した。

ア　売買代金

　割賦金等合計253万4868円（以下「本件割賦金等」という。）

　（内訳）本体価格181万500円、値引き－13万5196円、付属品27万9006円、諸費用14万5690円、（割賦元金210万円）、割賦手数料43万4868円。

イ　支払方法

　Bは、本件割賦金等を、平成25年10月から平成32年9月まで、毎月2日限り3万100円ずつ（合計84回払い。初回支払金額は3万6568円。）、A販売に対して支払う。

ウ　所有権留保

　本件自動車の所有権は、A販売のBに対する本件割賦金等債権を担保するため、A販売が留保する。

エ　期限の利益喪失

　Bは、本件割賦金等の支払を怠り、A販売又はXから20日以上の相当な期間を定めてその支払を書面で催告されたにもかかわらず、当該期間内にその支払をしないときは、本件割賦金等債務につき、当然に期限の利益を失う。

(3) 本件保証契約

　Xは、本件売買契約と同日、A販売及び破産者Bとの三者間契約の方式により、A販売から本件割賦金等の取立て及び受領の委任を受けるとともに、Bの委託を受け、以下の内容を含む約定により、BのA販売に対する本件割賦金等債務につき連帯保証する旨の本件保証契約を書面により締結した。

ア　保証債務の履行

　Bが本件割賦金等の支払を1回でも怠り、Xが本件割賦金等の残額を一括で弁済する必要があると認めたときは、Xにおいて、Bに通知・催告することなく、保証債務の履行として本件割賦金等の残額をA販売に弁済しても、Bは異議のないものとする。

イ　本件割賦金等債権及び本件留保所有権の行使

　A販売、B及びXは、Xが、前記アに基づきA販売に対して弁済した場合、民法の規定（第500条、第501条）に基づき、Xは、当然にA販売に代位し、A販売のBに対する本件売買契約に基づく債権の効力及び本件留保所有権としてA販売が有していた一切の権利を行使しうることを確認する。

ウ　本件自動車による弁済

　Bが期限の利益を喪失したときは、Xからの催告がなくても、前記イのとおり、Xが代位取得した債権の弁済のため、直ちに本件自動車の保管場所を明らかにするとともに、本件自動車をXに引き渡すものとする。

(4) 本件自動車の登録等

　A販売は、平成25年8月20日、本件自動車につき、所有者をA販売、使用者をBとする自動車登録手続をし、同日頃、Bに本件自動車を引き渡した。

3．争点

本件開始決定の時点において、本件自動車の登録所有名義人ではなかったXは、破産管財人たるYに対し、本件留保所有権を別除権として行使しうるか。

4．認定事実

（1）本件基本契約の締結

　ア　Xは、平成10年1月22日、A販売との間において、自動車販売における保証方式に関する本件基本契約を締結し、

　〔1〕Xは、購入者のA販売に対する自動車の割賦金等債務を連帯保証するとともに、A販売の委託により売買代金の集金業務を行うこと、

　〔2〕A販売が販売する自動車の所有権は、所有名義の如何を問わず、A販売と購入者との間の売買契約、A販売とXとの間の保証契約の締結後、A販売からXに移転し、XがA販売に保証債務を履行した場合には、購入者がXに求償債務を履行するまではXに留保すること、とした。

　イ　また、Xは、平成25年3月7日、A販売との間において、本件基本契約中の自動車の所有権移転に関し、上記ア〔2〕の内容に替え、「2．前提事実（3）本件保証契約」のイのとおり、Xによる代位弁済と弁済による代位に関する契約を合意した。

（2）本件売買契約及び本件保証契約の締結

　「2．前提事実（2）本件売買契約（3）本件保証契約」と重複するので、省略する。

（3）D（破産者Bの父親）の連帯保証

　Dは、BのA販売又はXに対して負う一切の債務について書面にて連帯保証し、A販売に対する保証債務に関するDの負担割合を10割、Xの負担割合を0割とした。

（4）本件自動車の登録・引渡し

　「2．前提事実、（4）本件自動車の登録等」と重複するので、省略する。

（5）Xによる保証債務の履行及び破産者Bの期限の利益喪失等

　ア　Bは、平成25年10月28日から平成26年8月26日までの間に、本件割賦金等のうち、合計33万7568円（平成25年10月分の3万6568円＋3万100円×10か月分）を、各期限に遅れながら、支払った。

　イ　Xは、平成26年9月2日、約定に基づいて、A販売に対し、本件保証契約の履行として、本件割賦金等の残額219万7300円を支払った。

ウ　Dは、Xからの催告を受け、平成26年11月10日、Xに対し、保証債務の履行として、本件割賦金等の2か月分（同年9月分及び10月分）たる6万200円を支払った。
　エ　破産者Bは、Xからの催告に対して催告期間内に請求金額を支払わないので、約定により、Bは本件割賦金等について期限の利益を喪失した。しかし、代理人弁護士は、Xからの本件自動車の引渡請求に対し、平成22年最判を理由として、本件自動車をXに引き渡さなかった。
（6）本件開始決定
　破産者Bは、平成27年4月30日、札幌地方裁判所に対し破産手続開始の申立てを行い、同年5月13日午前11時、本件開始決定を受け、Yが破産管財人に選任された。
（7）XのA販売に対する保証債務の履行後も本件自動車の登録所有名義はA販売のままであり、破産者Bが本件自動車を使用している。

第2項　争点に対する裁判所の判断

1．第1審（札幌地判平成28年5月30日金法2053号86頁）の判断

【判旨】請求認容。

　判旨第1点。「Xが、A販売に対し、本件保証契約に基づいて本件割賦金等の残額を弁済した場合、破産者Bに対しては受託保証人としての求償権を取得するとともに、民法第500条、第501条により当然にA販売に代位して、前記求償権の限度で、A販売が破産者Bに対して有していた本件割賦金等債権及びその担保である本件留保所有権を行使できるようになるが、上記三者間の合意は、これと同趣旨の内容を定めたものと解され、Xが、前記弁済後に、A販売が有する本件割賦金等債権とは異なる債権を独自に取得して、破産者Bとの間で、これを被担保債権とする新たな担保権を設定するものではないと解される。」「前記三者間の合意では、（Bの期限の利益喪失後は）Xは、本件評価額等をもって、本件割賦金債務及び同債務の遅延損害金のみならず同債務の回収費用にも充当できるとされているが、A販売から取立て及び受領を委任されたXが負担する回収費用は、元来、破産者BがA販売に対し負担すべきものであり（民法第485条）、原債権たる本件割賦金等債権に含まれる（。）」

　判旨第2点。「本件自動車についてA販売の登録所有名義があることによって、A販売は、本件留保所有権を第三者に対抗することができ、……弁済によって、本件割賦金等債権及びその担保である本件留保所有権は、法律上当然にXに移転

したものであるから、……本件自動車の登録名義がA販売にある以上、破産者Bが本件自動車の交換価値を把握するものでないことも公示されているから、Xは、本件自動車の登録所有名義を得ることなく、法定代位による本件留保所有権の取得を、破産者Bの一般債権者にも対抗することができたというべきである。」

判旨第3点。「破産法第49条の趣旨は、〔1〕破産手続開始時を基準として法律関係を整理するという点で効率的な破産手続の実現を図ること、及び〔2〕破産手続開始により個別の権利行使が禁止される一般債権者と破産手続によらないで別除権を行使することができる債権者との衡平を図ることにあるものと解される。しかし、本件においては、……Xは、本件自動車の登録所有名義を得ることなく、破産管財人であるYに対し、本件留保所有権をもって対抗し得ると解されるところ、破産法第49条2項が、実体法上の権利が認められるものについて、手続的理由でこれを制限する趣旨を定めたものとは解されず、……本件開始決定の前に、A販売の所有名義で登録されたことによって、同条の要件は充たされているというべきである。……

A販売が契約成立と同時に全額の立替払を受けるような事案とは異なり、<u>本件においては、本件割賦金等が完済されるまでの間、その債権者はA販売であって、本件自動車の所有権は実際にA販売に留保されるべきこと、本件割賦金等については順調に弁済されるのが本来であり、保証人であるXが弁済して法定代位が生じるのは、いわば例外であること、完済時や転売時の本件自動車の登録名義の変更についても、東京都にあるXではなく、札幌市にあるA販売と破産者Bとの間で行うのが便宜であること等の事情を総合すると、本件自動車をA販売の名義で登録したことには、一定の合理性が認められる</u>（。）……少なくとも、<u>本件自動車がA販売の名義で登録されている以上、Yにおいて直ちにこれを破産者Bの一般財産に属するものとして扱えないことについては、公示がされているというべきであるし、本件割賦金等の弁済の程度、破産者Bの期限の利益喪失の有無、受託保証人であるXの弁済の有無については、破産管財人であるYにおいて調査可能な事項と解されるから、……画一的処理の要請から、本件開始決定前にXが登録所有名義を得ない限り、別除権を行使することができないと解する理由はないというべきである。</u>」

2．第2審（札幌高判平成28年11月22日金法2056号82頁）の判断

Yは、第1審判決を不服として控訴し、補充的に、販売会社や信販会社の経済的合理性に適っても、当事者が選んだ権利よりも大きな権利を与える必要はなく、Xは費用節約等から簡易な担保権を選択したのであるから、それ相応の処遇

で満足すべきであり、より権利関係が明確となる抵当権のような典型担保と同様の特別な処遇をする必要はないと主張した。

【判旨】控訴棄却・請求認容。

札幌高裁は、第1審判決を補正しつつXの請求を認容し、Yの控訴を棄却した。

「破産法第49条……の規定は、<u>破産債権者を保護するために破産手続開始後にされた登記等の効力を破産管財人に主張することができないことにして破産財団の保全を図りながら、破産手続開始について善意の者を例外的に保護して、取引の安全を図るための規定であると解される</u>。そして、<u>法定代位の制度は、代位弁済者が債務者に対して取得する求償権を確保するために、原債権及びその担保権を……法律の効果として当然に求償権者に移転することを認めるものであるから、上記移転について対抗要件は必要とされない</u>と解されるところ、……<u>破産法第49条2項は、破産債権者の保護を図りつつ善意者保護のために特別の定めをしたものであって、移転について対抗要件としての登記・登録が必要とされない法定代位について破産手続において特別に登記・登録をすべきことを同条が求めているとは解されない</u>。」

Xは、自身に本件自動車の登録所有者名義がなくとも、破産管財人Yに対し、留保所有権を行使することができる。本件自動車は本件開始決定の前に、A販売の所有名義で登録されたので、別除権取得の要件は満たされている。

〔Yの補充主張に対する判断〕

破産法上、所有権留保などの非典型担保について明文の規定はなく、その取扱いは破産法の解釈に委ねられている。<u>留保所有権は担保権として破産法上の別除権としての扱いを受けるものと解される</u>（平成22年最判参照）。<u>留保所有権に担保権としての行使を認める以上、抵当権等の典型担保と同様の処遇をすることが破産法上否定されない</u>。

3．最高裁の判断

Yは、最高裁へ上告受理を申し立て、破産法第49条の登記・登録は法定代位によると否とを問わず、要求されるものであり、登記・登録を不要と解した原判決には法令の解釈を誤り、判例（平成22年最判）に違背した違法がある旨を主張した。

【判旨】棄却。

「自動車の購入者と販売会社との間で当該自動車の所有権が売買代金債権を担保するため販売会社に留保される旨の合意がされ、売買代金債務の保証人が販売会社に対し保証債務の履行として売買代金残額を支払った後、購入者の破産手続が開始した場合において、その開始の時点で当該自動車につき販売会社を所有者と

する登録がされているときは、保証人は、上記合意に基づき留保された所有権を別除権として行使することができるものと解するのが相当である。その理由は、以下のとおりである。

保証人は、主債務である売買代金債務の弁済をするについて正当な利益を有しており、代位弁済によって購入者に対して取得する求償権を確保するために、弁済によって消滅するはずの販売会社の購入者に対する売買代金債権及びこれを担保するため留保された所有権（以下「留保所有権」という。）を法律上当然に取得し、求償権の範囲内で売買代金債権及び留保所有権を行使することが認められている（民法第500条、第501条）。そして、購入者の破産手続開始の時点において販売会社を所有者とする登録がされている自動車については、所有権が留保されていることは予測し得るというべきであるから、留保所有権の存在を前提として破産財団が構成されることによって、破産債権者に対する不測の影響が生ずることはない。そうすると、保証人は、自動車につき保証人を所有者とする登録なくして、販売会社から法定代位により取得した留保所有権を別除権として行使することができるものというべきである。」

最高裁は、このような理由により、留保所有者たるXファイナンスは、本件留保所有権を別除権として行使することができると判示するとともに、平成22年最判は本件と事案を異にし、本件に適さないとした。

第3節　平成29年最判における問題の所在

第1款　本判決から導かれる判例法理

本件は、A・B間の自動車販売契約とBの保証委託に基づくX・A間の割賦金等債務の連帯保証契約（集金業務委託・集金保証方式）が、A・B・Xの三者間契約として行われ、その際、本件自動車の所有権は、A販売のBに対する割賦金等債権を担保するためにA販売が留保し、Xが保証債務の履行としてA販売に割賦金等の残額を弁済した場合には、Xは、民法第500条などに基づき、A販売に法定代位して、割賦金等債権及び留保所有権を行使しうる旨を合意したという事案である。

このような事案について、本判決は、本件が平成22年最判の立替払方式とは異なる集金保証方式であることを重視し、Aの割賦金等債権の回収が滞った場合に、Xが代位弁済したときには、Xの求償債権を担保するために

法定代位（民法第500条）が発生するものと解し、Aの債権と担保権たる留保所有権がXに帰属するものと解して、Bの破産手続においてXの別除権行使（破産第65条）を認めたものである。

この場合には、Xにおいて、担保権の取得に関する対抗要件具備の要否が問題となる。この問題について、本判決は、従来の通説・判例に基づき、法定代位は法律上の当然の権利移転であるから、対抗要件は不要であると解し、破産手続開始前に生じた原因に基づき破産手続開始後にされた登記・登録などの効力は、破産手続の関係においては主張しえないという破産法第49条も適用しないと判示した。

そこで、平成29年最判（同28年札幌地判・高判）の判例規範（規範命題）として、次のように構成しうる。

〔命題１〕
集金保証方式の自動車所有権留保売買・保証契約においては、信販会社の販売会社に対する代位弁済による法定代位（民法第500条）が生じ、販売会社の割賦金等債権と留保所有権は信販会社に帰属する（同法第501条）。

〔命題２〕
法定代位による債権・担保権の取得者（求償権者）には第三者対抗要件は不要である（従来の通説・判例）。（この場合には）破産法第49条は適用しない（別除権の対抗要件ないし権利主張要件として不要とする）。

第2款　判例法理から導かれる問題点
第1項　最（二小）判平成22年6月4日との整合性

平成22年最判は、自動車の所有権留保売買に際し、販売会社A、信販会社X及び購入者Bの三者間合意により、BがAから自動車を買い受けるとともに、その売買代金をAに立替払することをXに委託し、当該自動車の所有権がBに対する債権の担保としてAに留保されること、また、登録所有名義の如何を問わず、Aに留保された当該自動車の所有権が立替払によりXに移転し、Bが立替金等債務を完済するまでXに留保されることなどを内容とする契約を締結したという事案である。

この事案において、最高裁は、Xの取得する留保所有権の被担保債権（立

替金等債権）が、Aの有していた留保所有権の被担保債権（売買代金債権）とは異なることから、XがAから譲り受けた留保所有権の取得については、立替払の結果、Aが留保していた所有権が代位弁済による法定代位によりXに移転するという原審の示していた構成を否定し、Xが取得した留保所有権を別除権として行使するためには、再生手続開始前にX自身の登録所有名義が必要と判示した（民再第45条）。その理由は、Aの売買代金等債権とXの立替払等債権（利息、手数料込み）との相違にある。即ち、代位弁済と言うためには、XがBのAに対する債務を弁済し、その効果として代位が生じ（民法第499条、第500条）、XがBの債権者となるのであるから（第501条）、原債権者Aの債権と代位者Xの債権は同一のものでなければならないという解釈が採用されている。

平成22年最判と平成29年最判との共通問題は、前掲した破産手続開始後の登記及び登録の効力（破産第49条）の適用問題である。即ち、平成22年最判においては、民事再生手続開始後の登記及び登録の効力（民再第45条）の適用が問題となったが、平成29年最判において問題となった破産法第49条も、破産手続開始後に担保権者（別除権者）として優先権を行使するためには、破産手続開始前に権利に関する登記・登録を具備することを要するという規定である。この規定が本件に適用されると、留保所有権の取得者が債務者の破産手続において留保所有権を別除権として行使するには、「所有権の公示」が必要となる。それゆえ、本条の規定内容は、平成22年最判で問題となった民事再生法第45条と規定構造を同じくするものである。

両者の規定構造は、既に別稿[3]において論じたように、「権利主張要件ないし権利保護要件（権利保護資格要件ともいう。）としての登記・登録」規定である[4]。本条は権利の効力要件規定であるから、本来、別除権（破産第65条、民再第53条）を行使するためには、その前提として、この規定をクリア

---

(3) 拙稿「留保所有権の譲渡と譲受人の法的地位」千葉大学法学論集28巻1・2号（2013年）39頁〔横組み〕以下所収（本書「第1章」）。
(4) しかし、山田真紀「判解（最判平成22年6月4日）」『最高裁判所判例解説・民事篇平成22年度（上）』（法曹会、2014年）376頁（387-388頁）は、破産管財人や再生債務者を第三者と見て、破産法第49条、民事再生法第45条は、これらの「第三者」に別除権を対抗するための対抗要件規定と解するのが一般的であると説明する。

しないと認められないこととなる。したがって、本稿は、三者間合意による所有権留保約款の解釈とともに、破産法第49条、民事再生法第45条の適用を回避（脱法）する目的で制定された自動車販売・信販業界の約款に関する解釈的評価という問題でもある。

平成22年最判と平成29年最判との相違点は、平成22年最判における三者間合意の内容は、信販会社Xの立替払方式であるが、本件におけるその内容は、信販会社Xの集金保証方式である。この点において、解釈上の違いが生じている。

本件における集金保証方式とは、信販会社が、販売会社の購入者からの集金業務を受託し、かつ、購入者の代金支払債務について連帯保証するという契約類型であり、形式上、信販会社が購入者に対して独自の債権を取得しないという点に特徴があり、その結果、販売会社の留保所有権の被担保債権と、信販会社の留保所有権の被担保債権の内容は同一とされる（しかし、現実には原債権プラスアルファの利息・手数料債権があるはずである）。この約款は、平成22年最判後も登録名義を自販会社名義のままにするという、自販会社と信販会社相互の利益（特に信販会社のコスト削減）のため、考え出された手法である（本件の当事者となった大手自動車会社系列の信販会社によれば、今後も、この方針に変わりはないという）。それゆえ、平成29年最判の判断も、平成22年最判の判断とは異なり、反対に、集金保証をして代金を弁済した信販会社の留保所有権に基づく別除権の行使を認めたのである。

そして、最高裁においても、原々審、原審たる平成28年札幌地判・高判と同様、「支払保証方式による三者間契約類型の所有権留保における信販会社は保証債務の弁済により留保売主に法定代位するから、販売会社に所有者登録があれば、信販会社に登録がなくとも、買主の破産手続において信販会社は別除権を有する」と判示し、単純な集金保証類型の所有権留保における譲受け留保所有者Xは、法定代位により、自動車の登録を受けることなく、A自販の登録の対抗力を承継し、別除権者として担保権を実行しうるものとした。

次段においては、平成29年最判に至る過程という意味において、近時の下級審裁判例の流れを分析する。

第2項　最近の下級審裁判例の動向
1．集金保証・包括担保類型＝法定代位否定事案に関する検討

　平成29年最判（同28年札幌地裁・高裁）の事案と同様、集金保証約款を利用したという事案において、法定代位を否定した平成28年11月の名古屋高裁判決[5]が1件だけあるので、これを分析する。事案は、留保売主Ａ、買主Ｂ、保証委託による連帯保証人Ｙの三者間契約による所有権留保である。本件自動車の割賦販売契約及び保証委託契約は、

① Ｂは、Ａ販売及びＹとの三者間において、本件自動車の割賦販売及び保証委託契約を締結し、Ａ販売から割賦販売で本件自動車を買い受け、頭金を控除した残金を分割して支払う旨を約定し、

② Ｙは、保証委託に基づき、Ａ販売に対するＢの割賦代金債務を連帯保証する、というものであった。

③ 割賦販売契約・保証委託契約共通条項は、

　〔1〕本件自動車の所有名義は原則としてＡ販売とする、

　〔2〕本件自動車の所有権は、本件契約の効力発生と同時にＡ販売からＹに移転する、

　〔3〕Ｙは、ＢのＡ販売に対する本件自動車の賦払金の支払債務、ＢのＹに対する求償債務、その他ＢのＹに対する全ての債務をＢが履行するまで、本件自動車の所有権を留保する（後述するドイツ法に所謂「交互計算留保」〔拡張類型の所有権留保の一種〕と類似する〔筆者註〕。）、

　〔4〕ＢがＹに対する全ての債務を履行しても、Ｂが本件自動車に関して、Ａ販売に対し、部品代、整備代、修理代、立替金等の債務の支払を遅滞しているときは、本件自動車の所有権がＹからＡ販売に移転する、

　〔5〕Ａ販売又はＹが同条に基づいて本件自動車の所有権を留保している間は、Ｂは善管注意義務を負い、一定の行為に関しては、Ａ販売又はＹの承諾を要する（以上の内容は所謂「包括担保約款」である〔筆者註〕）、というものである。

　本件は、留保買主Ｂが破産し、Ｂの破産管財人Ｘは、Ｙに対し、ＢがＹ

（5）名古屋高判平成28年11月10日金法2056号62頁（確定）。

に本件自動車を引き渡したことは偏頗的債務消滅行為たる代物弁済に該当するとして、否認権（破産第162条1項1号イ、第165条）を行使し、原状回復（同法第167条）として、本件自動車の現在の時価相当額及び遅延損害金の支払を求めたというものである。

第1審（名古屋地岡崎支判平成27年12月3日）は、①Bが破産手続開始決定を受けた時点では、本件自動車はBの責任財産を構成していなかった、②Yが留保所有権を実行したことには有害性が認められないとして、Xの請求を棄却した。

Xは、控訴し、YがBから本件自動車の引渡しを受けてこれを換価し、その代金を自己の債権に充当したという一連の行為及び第三者が本件自動車の売買代金をYに支払ってBの債務を消滅させた行為も否認の対象とする旨の主張を追加した。

名古屋高裁は、次のように判断し、第1審判決を取り消した上で、自判した（控訴・請求認容）。

まず、本件自動車は破産者の責任財産を構成していたかという問題（争点1）については、BのA販売に対する代金完済まで本件自動車の所有権はYに留保され、Bが期限の利益を喪失した場合等には、Bは債務の弁済のため、直ちに本件自動車をYに引き渡すことが約定され、本件所有権留保は債権担保目的で設定されたことから、本件自動車の所有権留保は、破産手続との関係では別除権として扱われ（平成22年最判参照）、本件自動車はBの責任財産を構成するとした。

次に、本件自動車の留保所有者はYのみか、A販売も留保所有者かという問題（争点2）については、本件自動車の留保所有権がA販売からYあるいはYからA販売に移転する旨が約定されていることからすると、本件自動車の留保所有権はA販売又はYのいずれかに帰属し、A販売独自の留保所有権とY独自の留保所有権との併存は約定されず、YがBから本件自動車の引渡しを受けた時点では、Yのみが本件自動車の留保所有権者であったとした。

更に、Yが本件自動車の引渡しを受けたことは、偏頗的債務消滅行為として否認の対象となるかという問題（争点3）については、本件では、本件

自動車の留保所有権者はYのみと解されるが、本件自動車の所有名義はA販売にあり、Yは対抗要件を備えていないので、Yが仮処分の執行としてBから本件自動車の引渡しを受けたことは、破産法上、別除権者としての地位が認められない担保権を実行したことにほかならないとした（最高裁平成22年判決参照）。

　本件は、平成29年最判の事案と同様、集金保証方式による留保所有権の譲渡事案において、原留保所有者に自動車の所有権名義を残していたという事案であり、両者は事案を同じくするにもかかわらず、結論を異にしている。その理由について検討する。

　本件において、名古屋高裁は、YはBの破産手続開始申立てという予定を知っており、Bの賦払金合計の残額全額をA販売に代位弁済し、本件自動車の引渡しを受け、本件自動車を売却し、その代金を自己の債権に充当したから、Bの本件自動車の引渡行為ないしYによる留保所有権の実行は、偏頗的債務消滅行為としての代物弁済（破産第162条1項1号イ）に該当し、否認権行使の対象となると判示した。

　平成22年最判の基準によると、第一に、買主Bに対する債権の種類が、留保売主Aの代金債権等と、集金保証人Yの求償債権のみであれば、ほぼ同一の債権と言うことができるので、平成29年最判と同様、法定代位構成を打ち出すことができるはずである。しかし、本件においては、所有権留保特約の所有権移転の停止条件が、Yの求償債権プラス「その他BのYに対する全ての債務をBが履行するまで」と拡張されているという点において、譲受け留保所有者Y自身の継続的契約関係に基づく債権までが被担保債権となっているので、平成22年最判の法定代位否定基準に合致してしまう。それゆえ、次に、判旨は、「対抗要件」の適用に関する判断をしている。

　本件の譲受け留保所有者たるYは、自動車の所有名義を有していないので、破産手続開始後に担保権者（別除権者）として優先権を行使するためには、破産手続開始前に権利に関する登記・登録を具備することを要すると規定する破産法第49条の要件を充たしていない。そこで、Yの私的実行は正当な行為ではなく、反対に、否認権の対象となる偏頗的債務消滅行為としての代物弁済（破産第162条1項1号イ）とされたのである。

本件の三者間契約は、ドイツ法に所謂「交互計算留保（Kontokorrent-vorbehalt）」と同様の所有権移転に関する拡張的な債務負担を停止条件として採用しているところ、後述するように、ドイツの判例・通説は、留保所有者（留保売主や譲受け留保所有者）自身の有する債権の範囲内における被担保債権の拡張であれば、良俗違反の法律行為（sittenwidriges Rechtsgeschäft：BGB第138条）に該当しないとして、有効と解している。この点は、所有権留保売買と牽連性ある債権・債務関係であるならば、特段に債務者に対する予測不能な債務負担を課すといった良俗違反の要素はないので、むしろ、有効な契約内容ということになるのである。しかし、拡張類型の所有権留保ということであれば、譲受け留保所有者自身に登録を移転しておかなければ、別除権を主張する要件に合致しないということで、単なる集金保証類型ではないと判断されたのである。しかしながら、YがA自販から移転を受ける債権を法定代位による取得と解すると、その債権を担保する留保所有権が付従性・随伴性原理によってA自販からYに移転するのであるから、何故に法定代位を否定したのか分からない。この点は、Aの停止条件たる代金債権の範囲とYの停止条件たるローン債権の範囲との相違を重視した結果であろう（平成22年最判の解釈）。しかし、平成29年最判（同28年札幌地判・高判）の解釈を以てすれば、本件においても、法定代位は認められるであろう。なぜなら、法構造的には、Yのローン債権は、法定代位によって取得した債権（原債権）に、法定代位後に利息・手数料を追加した債権と解することもできるからである（平成22年最判とは別事案）。いずれにせよ、解釈問題に帰着する。

それでは、次に、法定代位を肯定した一連の裁判例を概観する。

2．単純な集金保証類型＝法定代位肯定事案に関する検討

まず、平成29年最判と同様の単純な集金保証類型の事案として、平成29年1月の大阪地裁判決がある[6]。事案は、A販売、B、Yの三者間契約により、〔1〕A販売が、Bに対し、本件車両を売却し、Bが本件車両の代金をA

---

(6) 大阪地判平成29年1月13日金法2061号80頁（確定）。

販売に立替払することをYに委託する、

〔2〕本件車両の所有権はA販売に留保され、YがA販売に対し立替払した場合に、民法の規定（第500条、第501条）に基づき、YはA販売に法定代位し、A販売のBに対する売買契約に基づく債権の効力及び本件車両の留保所有権としてA販売が有していた一切の権利を行使しうること、を約定したというものである。

Yが約定に基づき、A販売に対し本件所要資金を立替払した後、Bが破産し、その破産管財人たるXは、本件自動車の売却代金を保管するYに対し、不当利得に基づき、代金相当額及び遅延利息の支払を求めたところ、Yは、BのA販売に対する代金等の支払債務をA販売に立替払し、A販売が本件自動車につき留保した所有権を法定代位によって取得し、留保所有権を別除権として行使しうるので、Yに不当利得はないと主張し、Xの請求を争った。

このような事案において、大阪地裁は、次のように判断して、Xの請求を棄却した。

まず第一に、A販売は、本件車両の売買契約に基づく、本件車両の代金を含む本件所要資金の支払債権（原債権）を被担保債権として、本件車両に対し留保した所有権を有し、Yは、Bの委任に基づき、本件所要資金をA販売に立替払いし、Bに対し委任に基づく事務処理費用の償還請求権を取得したと認められるから、Yは、本件車両の売買契約に基づく本件所要資金の支払債権（原債権）を被担保債権として、法定代位（民法第500条）により、A販売が本件車両に対し留保した所有権を行使することができるとした。その理由は、法定代位は代位弁済により債権者の有する債権と担保権が法律上当然に代位者に移転するものであるから、債権者A販売の担保権に対抗力がある限り、代位者Yは担保権を第三者に対抗しうるので、A販売が本件車両の所有者として登録されている以上、本件車両の所有者としてYが登録されている必要はないということである（立替金等債権を担保する類型たる平成22年最判とは事案を異にする）。

次に、Yは、本件車両の売買契約に基づく本件所要資金の支払債権（原債権）を被担保債権として、法定代位（民法第500条）により、A販売が本件車

両に対し留保した所有権を行使することができるので、Y には、本件車両の売却代金相当額の全額を獲得する法律上の原因があるとした。

　平成29年大阪地判は、平成29年最判の事案と同様、集金保証方式による留保所有権の譲渡事案（但し、立替払方式）であり、本件においては、法定代位構成により、信販会社 Y による別除権行使を認め、不当利得を否定した。

　このように、裁判所サイドにおいても、集金保証方式による留保所有権の譲渡事案において、平成22年最判と同様の対抗要件ないし権利主張要件としての登録を必要とするという解釈（登録必要説）と、法定代位説とが対立関係にあり、必ずしも判例法理が法定代位説を採っているとは言えないのかという状況を呈している。

　しかし、平成28年名古屋高判の事案は、単純な集金保証類型ではなく、これに拡張類型の所有権留保が加わる「包括担保類型」であるから、この点において集金保証類型のみの事案とは異なり、被担保債権の拡張という意味において、平成22年最判と同様の判断になったに過ぎない。

　事実として、次の裁判例も、集金保証方式による留保所有権の譲渡事案であるが、法定代位説を採用し、譲受け留保所有者への登録移転を不要と解している。即ち、平成29年3月札幌高判[7]は、平成28年札幌地判・高判の事案と契約内容が同様であり、集金保証をした譲受け留保所有者たる X が、保証債務の履行として A 販売に割賦代金の残額を弁済し、法定代位により、A 販売の留保所有権を取得したと主張して、同所有権に基づき、B の破産管財人たる Y に対し、別除権の行使として自動車の引渡しを求めたという事案である。

　第1審（札幌地判平成28年9月13日）は、X は、民法第500条の法定代位により、当然に、自己の求償権の範囲内において割賦代金債権と本件留保所有権を行使しうるものとし（同法第501条本文）、法定代位には、債権及び担保権の移転につき対抗要件は不要であるから、X は、自己に登録なくして本件留保所有権を行使しうるものと判示した。

　Y が控訴したが、札幌高裁は、次のように判断して、Y の控訴を棄却

---

(7) 札幌高判平成29年3月23日（判例集等未登載・TKC 提供）。

第3節　平成29年最判における問題の所在　181

し、Xの請求を認容した。

　まず、前提として、本件の三者間においては、民法上の法定代位の規定（第500条、第501条）と同趣旨の内容が合意または確認されているので、Xが弁済後にA販売の有する本件割賦代金とは異なる債権を独自または新たに取得して、Bとの間で、これを被担保債権とする新たな担保権を設定するなどの合意をしたものとは見られないとした。

　また、本件割賦販売契約上、X・B間において、同契約に基づく債権と異なる債権を本件留保所有権の被担保債権とする合意がされたと認められず、本件基本契約における本件保証料は、本件割賦販売契約における割賦手数料とは異なる目的、性質の金員であることは明らかであるから、本件保証料が本件留保所有権の被担保債権たる本件割賦販売契約に基づく債権に含まれるものとも認められず、集金保証をしたXが負担する回収費用は、BがA販売に対して負担すべきものであり（民法第485条）、本件割賦代金債権に含まれると解し得るので、上記の充当合意について、Xが本件販売店の有しない債権を別途取得し、これについて新たな担保権を設定することを合意したものとも解されないとした。

　更に、破産法第49条の趣旨は、破産債権者を保護するために破産手続開始後にされた登記等の効力を破産管財人に主張しえないこととして、破産財団の保全を図りつつ、破産手続開始について善意の者を例外的に保護する取引の安全を図る特別規定と解されるので、原債権と担保権の移転を債務者に対抗するために対抗要件を必要としない法定代位について、同条が、破産手続上特別に登記・登録をすべきことを求めているとは解されないとした。

　既に検討してきたように、本件も集金保証方式による留保所有権の譲渡事案において、登録必要説を排し、法定代位説を採用したものである。もっとも、本件は平成28年札幌地判・高判に続く札幌高裁判決であるから、同一構成・結論となったことに特段の違和感はない（むしろ当然である）。

　しかし、最近の下級審裁判例において繰り返し述べているように、法定代位の場合には対抗要件を必要としないという解釈と、破産法第49条の対抗ないし権利主張要件たる登記・登録の目的とは、果たして整合性があるのかという疑問が生ずる。

弁済による代位のうち、任意代位の場合には、債権譲渡と同様に通知または承諾を対抗要件としたのに対し（改正前民法第499条２項、第467条）、法定代位の場合には、そのような対抗要件が必要とされていない（抑も規定がない）。その理由は、法定代位による代位者（連帯債務者、保証人、抵当不動産の第三取得者など）は、弁済するについて利害関係のある者に限定されており、弁済者の範囲が自ずと画定されることから、債務者その他の第三者に不測の損害を及ぼすおそれがないからである[8]。

しかし、この理由付けに関して、連帯債務者や保証人からの弁済に際しては、同人から他の債務者への通知義務が規定され（民法第443条、第463条）、また、不動産上の担保物権の代位に関しては、予め代位の付記登記を経由することが第三取得者への対抗要件として規定されている（改正前第501条１号[9]）。この点について、旧来の通説は、これらの規定により、法定代位に

（８）我妻榮『新訂債権總論』（岩波書店、新訂10刷、1972年）251頁。

（９）2017年の改正に係る民法新規定第501条３項（新設）においては、「代位の付記登記」規定（旧規定１号）が削除されたので、法定代位者たる保証人のする抵当権登記への代位付記登記は不要となった。本規定は、法定代位者が担保不動産の第三取得者に対して債権者に代位したという事実を主張するための要件として位置づけることができる。その趣旨は、代位弁済によって抵当権が消滅した後に抵当不動産を取得した第三取得者の保護にあるから、第三取得者の所有権取得登記より前に代位者は代位付記登記をすべきものと解されていた（最判昭和41年11月18日民集20巻９号1861頁）。しかし、例えば、抵当債権の譲渡に伴う抵当権の移転においては、抵当権移転の付記登記を行うのが通常であり、これは物権変動の公示たる登記の移転として行われる（第176条、第177条）。この意味においては、代位の付記登記など不要のはずである。また、保証人が弁済した場合に、被担保債権と抵当権が消滅するという第三取得者の期待や保護という態様は現れないというか、考えられない。なぜなら、代位弁済によって債権と抵当権は法律上当然に代位者に移転（法定移転）するのであり、消滅するものではないからである。債権法改正中間試案（2013年４月〔７月４日補訂〕）の補足説明（296頁）も同様の説明をしつつ、民法第501条１号は不要であり削除すべきものと主張していた。

確かに、この点には理由がある。しかし、この制度も、元々は不都合を回避するために立法されたのである。即ち、第三取得者は担保権付きの不動産を買ったのだから、実行され所有権を失っても仕方がないが、第三取得者には滌除権（現行は抵当権消滅請求権〔第379条以下〕）があるので、その機会を担保するため、その相手方として代位者を公示するのが公平と考え、民法第501条１号を規定したのである（梅謙次郎『民法要義巻之三債権編』〔法政大学、初版、1897年〕302-305頁で詳細に説明している）。この点において、不都合回避の意味がある。

ついて対抗要件を必要としないことから生ずる「不都合を防止する」ことができると解している[10]。つまり、従前から、「法定代位者に対抗要件は不要」という解釈には、何らかの不都合を生ずる場合があるという懸念が存在するのである。破産法第49条が破産債権者を保護するために、破産手続開始前の原因により権利変動（所有権移転、担保権の設定）が生じている場合において、破産手続開始後に優先権（取戻権、別除権）を主張するための要件として、手続開始前に登記・登録を必要としているのは、「不都合を防止する」ことになるのではないだろうか。このように解すると、法定代位説の主張にも「ほころび」が生ずることとなりうる。

3．登録を要しない軽自動車、建設工事用車両の事案
（1）軽自動車の集金保証類型による所有権留保

他方、陸運局の登録を必要としない軽自動車や建設工事用車両の場合には、どのように構成されるのであろうか。

まず、平成27年2月の名古屋地判[11]は、A販売、Yファイナンス、買主Bの三者間契約による集金保証方式を用いた所有権留保特約付自動車売買契約の事案であるところ、目的物が陸運局の所有者登録を不要とする軽自動車の事案である。

本件の合意内容は、①契約発効と同時に本件自動車の留保所有権はYに移転する、②所有権留保期間中、BはYに対し、自動車の使用・保管につき善管注意義務を負い、Yの承諾のない限り、転売、貸与、入質等の担保供与、改造、毀損等を一切禁止する、③期限の利益喪失による本件自動車のYへの返還義務、などが約定され、④Yの留保所有権の対抗要件として、占有改定による引渡し（民法第183条）が、第三者対抗要件（第178条）として認識されていた。

本件は、Bの破産手続開始前に、Yが留保所有権の実行としてBから本件自動車の返還を受け、第三者に売却処分し、売得金をYのBに対する割賦金等債権に充当したので、Bの破産管財人Xが、Yに対し、本件自動車

---

(10) 我妻『新訂債権』251頁。
(11) 名古屋地判平成27年2月17日金法2028号89頁（確定）。

の引渡行為及び本件充当行為はBのYに対する偏頗弁済行為に該当するとして、破産法第162条1項1号に基づき否認し、Yに対し、本件充当行為に基づくYの受領額について価額償還を請求したという事案である。

このような事案において、名古屋地裁は、譲渡担保に関する最（一小）判昭和30年6月2日（民集9巻7号855頁）を引用しつつ、「買主（B）の占有は、本件契約の効力発生時点において当然に他主占有（所有する意思をもたずに行う占有）となる上、所有権者であるYのために善管注意義務をもって本件自動車を占有し、転売や貸与、改造等も禁止されるなど、明らかに占有改定による占有の発生を基礎付ける外形的事実が存在している」として、本件自動車に関する留保所有権の第三者対抗要件は占有改定による引渡しと認めた上で、Yは本件自動車につき所有権留保をXに対抗できるとして、本件引渡行為及び本件充当行為はBのYに対する偏頗弁済行為に当たらないと判示して、Xの請求を棄却した。

本判決は、破産者Bの破産手続において、破産管財人Xが留保所有者Yの引揚げ・売却処分行為を破産会社Bとの間における偏頗代物弁済行為であるとして否認権を行使し、価額の償還を請求したのに対し、登録手続のない軽自動車については、動産物権変動の対抗要件たる引渡し（第178条）が適用され、三者間契約により信販会社Yが留保所有権を取得した際に、Yは占有改定による引渡し（第183条）を受けており、これで第三者対抗要件を充たすとして、Yの引揚げ・換価行為を正当として認めた。即ち、本裁判例は、Yは留保所有権を取得した段階で、本件自動車について占有改定による引渡し（第183条）を受けており、これは、従来の判例・通説により、動産譲渡に関する対抗要件としての引渡し（第178条）と認められているので、破産法第49条の優先権主張要件を充足していると認め、Yによる自動車の引揚行為は、別除権の行使として、軽自動車の引揚げ・換価権を認めたのである。

本件は、集金保証方式による所有権留保の事案であるから、法定代位構成を採ってもよさそうなものである。しかし、本件は、通常の対抗要件たる占有改定による引渡し（第183条、第178条）を採用し、破産法第49条の要件充足と判示した。この意味において、別除権の行使認容要件（破産第49条など）

を充足している限り、法定代位構成は必要ないことに帰着すると言ってよい（いわば、二次的な対抗ないし権利主張要件である）。

(2) 建設工事用車両の二当事者間所有権留保

次に、留保売主XとAとの間における二当事者間所有権留保において、Aの信用危殆発生（約束手形の不渡り）を理由として、XがAの承諾に基づいて本件工事用車両を引き揚げ、換価処分したので、Aの破産管財人YがXに対し、その売得金を財団債権に組み入れるべきものと主張し請求したのに対し、XがYに対し請求権不存在確認を訴求したという事案がある。

このような事案において、東京地裁(12)は、留保所有権の実行に関して、譲渡担保権の実行と同視し、帰属清算の場合において、①目的物の評価額が債務の額を上回る場合には、債権者が債務者に清算金の支払又はその提供をした時に、②目的物の評価額が債務の額を上回らない場合には、債権者が債務者にその旨を通知した時に担保権の実行が完了し、処分清算の場合には、その処分時に担保権の実行が完了したと評価すべきものと解しつつ、本件においては、Xが破産者Aに対し、本件引揚げの際に清算義務の不存在を通知したという事実はないので、本件破産手続の開始前に、担保権実行が完了したとはいえないとした。

また、所有権留保は、法形式的には、留保売主が買主の代金完済があるまで（停止条件として）自己に所有権を留保しており、この限りにおいて、所有権に関する物権変動の対抗要件は観念しえない。しかし、その目的は代金債権の担保にあり、この限りにおいて担保権の設定という物権変動を観念しうるので、破産手続との関係においては別除権（破産第65条）として扱われるべきものと解されている。しかしながら、別除権を行使するためには、個別の権利行使が禁止される一般債権者との衡平を図る趣旨から、破産手続開始の時点で、当該担保権につき、対抗要件を具備することを要するので（破産第49条）、建設機械の割賦販売における所有権留保の実情として、第三者と留保所有権者の利益調整を図る方法たる譲渡証明書の制度が普及している

---

(12) 東京地判平成27年3月4日判時2268号61頁。

（商慣習ないし慣行）。このような前提があるところ、本件各機械には所有権留保のステッカーが貼られ、破産者の下に存する他の機械と混同することのないように管理されていることからすると、破産者Ａは、本件各機械を使用貸借に基づき直接占有し、その際、以後代金完済までの間は、Ｘのために本件各機械を占有する意思を表示したものと言えるとして、Ｘは占有改定による引渡し（民法第183条）という対抗要件（同法第178条）を具備したものとして、Ｘの請求を認容した。

　本件においても、別除権行使の前提として破産法第49条の対抗要件具備が必要と判断され、本件の場合には、占有改定による引渡しがあったとして、留保所有者たるＸの本件物件の引揚げ・換価行為を別除権の行使として認めた。然るに、本件は留保売主・買主という二当事者間の単純類型所有権留保の事案であるが、本判決も、後掲札幌高決昭和61年3月26日（判タ601号74頁）などと同様、留保所有権を「単なる担保権」として扱っている。

　しかし、次段以降において詳述するように、二当事者間の所有権留保は金融信用（Geldkredit：金銭与信行為）ではなく、販売会社による商品信用（Warenkredit：商品〔売却物〕による与信行為）に過ぎないので、留保売主の留保所有権は「完全ないし真正所有権（Volleigentum oder echtes Eigentum）」と解される。それゆえ、この場合における留保買主の破産手続においては、留保売主は所有権に基づく返還請求権を行使しうるものと解すべきであり、即ち、取戻権（破産第62条）を認めるのが正しい解釈である。これが商品信用たる所有権留保の究極の効力（物権的返還請求権の保全）である。

第3款　平成22年最判に対する学説との関係
第1項　総　説

　平成22年最判の問題点、即ち、信販会社による代位弁済的立替払による留保売主からの留保所有権の譲渡に関する学説の立場は、法定代位説、担保権設定（特別合意）説、譲渡担保説に分かれている。因みに、従来の多数学説は、特に昭和61年札幌高判[13]以降、二当事者間の所有権留保を含む所有権

---

[13]　札幌高決昭和61年3月26日判タ601号74頁。これ以前でも、下級審裁判例は、諏訪簡

留保の法的構成について、一般的に、「譲渡担保の裏返し」という意味における「担保権」と構成する[14]。それゆえ、学説は、一般に、平成22年最判と本稿の問題点についても、この法的構成を前提ないし起点としている。

確かに、伊藤眞教授は、「最近の学説は、すでに買主が条件付所有権という物的支配権を目的物について取得している以上、留保所有権は本来の意味での所有権ではありえず、代金債権を担保する目的の担保権の一種であるとする点ではほぼ一致している。これを前提とすれば、留保所有権は別除権とみなされる。判例法理としても、留保所有権を担保権の一種とする考え方が確立されている。」と主張し、判例として平成22年最判等を引用している[15]。

しかし、留保売主・買主という二当事者間の所有権留保において、留保買主が有している停止条件付所有権とは、留保売主との関係上は、代金完済を

判昭和50年9月22日（判時822号93頁）、大阪地判昭和54年10月30日（判時957号103頁）の、いずれも、留保所有権と担保所有権との区別をせずに、同種の担保権という位置づけを行い、債務者の破産手続において取戻権を否定していた。担保権的構成説の論者の多くは、この昭和61年札幌高決までの裁判例の趨勢により、「所有権留保は単なる担保権に過ぎない」ことに決したかのような論述を繰り返してきた。

　この点について、道垣内弘人『担保物権法』（三省堂、1990年）304頁（現在は『担保物権法』〔有斐閣、第4版、2017年〕367頁）も、学説の多数は「個別動産譲渡担保とパラレルにとらえている」と指摘している。道垣内教授は、この多数学説の見解について、基本的には正当であると賛意を示しつつ、①譲渡担保と異なり、所有権の移転は起こらないこと、②個々の解釈にあたって売買契約の存在を無視しえないことから、特別な考慮が必要な場面が多いと指摘していた（同・305頁。有斐閣第4版367頁では表現が簡素化されているが、基本的には変わっていないであろう）。

(14) 判タ1332号60頁以下の平成22年最判に関するコメントは、『改正法対応事例解説個人再生―大阪再生物語―』（新日本法規、2006年）228頁及び伊藤眞『破産法・民事再生法』（有斐閣、第2版、2009年）346頁（破産手続）、704頁（再生手続）を引用しつつ（第3版、2014年ではそれぞれ446頁、903頁）、「倒産手続上は、所有権留保について、担保権であり、別除権として扱うとする考え方が実務上定着しており、学説も通説であるといえよう」と論じており、また、「所有権留保の担保としての実質は、買主についての倒産手続においても変わらないことから、担保権として処理すべきであるとするものであり、本判決も、この考え方を前提にしているものと思われる」と論じている（同・61-62頁）。

(15) 伊藤眞『破産法・民事再生法』（有斐閣、第3版、2014年）446頁。同「最二小判平22．6．4のNachleuchten（残照）―留保所有権を取得した信販会社の倒産法上の地位―」金法2063号（2017年）36頁（38-39頁）も、昭和61年札幌高決、平成21年最判、平成22年最判等を引き合いに出し、所有権留保は担保権であり、別除権として扱うことに決しているという趣旨を展開する。

停止条件とする将来の所有権移転請求権であり、留保売主との関係では、債権を有するに過ぎない。また、伊藤教授は「買主に物的支配権がある」と言われるが、留保買主の占有権は、留保売主との関係では、債権的使用・収益権でしかない（留保買主の地位はローマ法における代金未払の買主に許された「容仮占有〔precarium〕」による占有、ドイツ民法の「使用賃借権〔Miete〕」または「使用借権〔Leihe〕」、わが民法の「賃借権」、「使用借権」と同義である）。留保買主の期待権を排他的な物権的期待権として扱うのは、第三者との関係における物権的効力であり、当事者間においては、留保買主に物権的効力はありえない（むしろ、当事者間で物権的効力を保持するのは、留保売主の側である）[16]。したがって、留保買主の地位について、第三者との間においてはいざ知らず、当事者間においても物権的効力を有するものと位置づける解釈は誤りである。留保買主の物権的期待権は第三者との関係においてのみ認められる権利関係だからである。

　更に、最高裁において、留保所有権を担保権として処遇することに確定したとされる平成21年最判（最判平成21年3月10日）、平成22年最判ともに、三者間合意による所有権留保（純然たる金融信用取引）による留保所有権の事例である。即ち、これらのケース（昭和61年札幌高決を含む）は、いずれも三者間契約類型の所有権留保であり、典型的な信販会社による金融信用であって、この場合において、信販会社が留保売主から譲り受けた留保所有権は純然たる担保権であり、この場合における留保所有権は譲渡担保権と同様の担保所有権（Sicherungseigentum）である（詳細は本書「序章」及び「第3章」を参照）。したがって、二当事者間の所有権留保（商品信用）を三者間契約による所有権留保と同一に扱うべきだという理由にはならない。むしろ、後述するように、ドイツの判例・通説と同様、留保売主・買主間の所有権留保は金融ではない（むしろ「物融」である）から、留保売主の留保所有権は完全所有権（Volleigentum）であり、買主の倒産手続においては、取戻権（ドイツ倒産法〔InsO〕第47条、日破産第62条）を認めるべき権利関係である。

---

[16] ドイツの判例・通説は、ローマ法、ドイツ普通法以来の伝統的な考え方を継承した形で、留保買主は留保売主に対し、間接自主占有権を媒介する占有代理人に過ぎないと解している。拙著『所有権留保の現代的課題』（成文堂、2008年）2頁以下参照。

第2項　法定代位説

まず、法定代位説は、信販会社を弁済に関して利害関係を有する者と位置づけ、信販会社の立替払を代位弁済（民法第474条）と解し、法定代位によって（第500条）、販売会社の代金債権と担保権（留保所有権）が信販会社に移転するという[17]。この解釈は、「集金保証方式」を採用した場合でも異ならない。この論者は、三者間契約締結の時点で販売会社が信販会社に留保所有権を移転する「当初移転型」の集金保証約款にも言及し、これを将来保証債務の履行時に取得する求償権を担保するための抵当権設定[18]と同視して、「契約の趣旨からして当然に、信販会社の弁済期に留保所有権が移転することを明らかにしたもの」であり、「その時点における法定代位の効果発生を妨げる約定とみる必要はない」と言う[19]。但し、この論者も、保証債務の履行として支払った残代金額とは別に、信販会社の元で手数料等が被担保債権に付加された場合には、立替払方式と同様、法定代位は認められないと解しているので[20]、その限りにおいて、解釈上の正当性を担保している。

もっとも、この限定も、留保買主に対する被担保債権を販売会社と信販会社が買主に対して有する一切の債権とする「包括担保約款」を利用すること

---

(17) 小峯勝美「クレジット取引と自動車の所有権留保（5・完）」NBL435号（1989年）22頁（25頁以下）、三上威彦『倒産判例百選』（有斐閣、第3版、2002年）121頁、千葉恵美子「複合取引と所有権留保」内田・大村編『民法の争点』（有斐閣、2007年）153頁（154頁）、田高寛貴「多当事者間契約による自動車の所有権留保」金法1950号（2012年）48頁（54頁以下）、同「倒産手続における三者間所有権留保」金法2053号（2016年）24頁、和田勝行「判解（札幌地判平成28年5月30日）」法教435号（2016年）64頁（70頁）、伊藤隼「判研（札幌地判平成28年5月30日）」ジュリ1506号（2017年）108頁（111頁）及び最判平成22年6月4日の原審判決（札幌高判平成20年11月13日）などが法定代位説を採っている。

(18) 最判昭和33年5月9日民集12巻7号989頁：Yは、A会社の代表取締役たる友人Xから委託を受け、A会社と取引関係を有するBその他の債権者との間において保証契約を締結したが、Yは不安を感じて将来発生することあるべき求償債権を担保するため、Xの所有する不動産に抵当権の設定を受けた。その後、Xは、将来発生する数種の債権を担保するため、一個の抵当権設定契約をすることは許されず、無効と主張して、抵当権設定登記の抹消を求めた。このような事案において、最高裁は、将来債権もしくは条件付債権を担保するための抵当権として、普通抵当権を用いることの有効性を認めた。

(19) 田高・前掲「論文」（註17）金法2053号28頁。

(20) 田高・前註「論文」同頁。

により、なし崩し的に解決されてしまう[21]。なぜなら、この約款を用いると、信販会社が売買代金等を立替払ないし保証債務の履行として支払い、以後は留保買主が信販会社に割賦弁済するのだが、留保買主が売買代金等を完済して信販会社の留保所有権は消滅しても、販売会社に修理代金債権などが残存すれば、販売会社の留保所有権はなお生きており、留保買主がこの債務を弁済することにより、漸く停止条件が成就し、販売会社から買主へと自動車の所有権が移転することとなるのであり、担保権としての留保所有権を準共有することにより、販売会社名義の登録も実質的な意味があり、信販会社にとっても有効とされる可能性が高いからである。論者によれば、この点は、平成22年最判の事実関係において主張がなかったとのことであるが[22]、利息・手数料債権を独自に有する信販会社の登録は隠れているので、たとえ主張がなされていたとしても、平成22年最判の事案においては、法定代位による権利主張は認められなかったであろう。

---

[21] 包括担保約款とは、留保買主に対して有する一切の債権を担保するため、販売会社がメーカー系信販会社との間で自動車の留保所有権を準共有とするが、両者の間に優劣関係があり、主たる債権たる売買代金債権等の求償債権を有することとなる信販会社を優先とし、修理代金債権等を有する販売会社を劣後として、まずは、信販会社が留保買主からの割賦払金債権の担保とする三者間契約による所有権留保の一類型である。買主に対する「一切の債権」の構成は、①販売会社の売買代金・分割払手数料（売買代金等という。）、②売買後における販売会社の修理代金などである。この点に関しては、伊藤和規「自動車メーカー系販売金融会社の留保所有権と倒産手続での処遇に関する考察」金法2052号（2016年）18頁（19-20頁）を参照。

伊藤氏（トヨタファイナンス）によると、「留保所有権の準共有」という取扱いは、数個の債権を担保する抵当権の被担保債権のうちの1個が第三者弁済され一部代位が生じた場合に関する最判平成17年1月27日民集59巻1号200頁を参考にしているようである。しかし、被担保債権の一部の弁済による代位の場合とは異なり、数個の被担保債権のうちの1個の弁済により代位した結果発生する抵当権の準共有の場合には、原抵当権者と代位者との間には優劣関係がないはずであり（上記判例は、配当について債権金額の割合による按分比例としている。）、上記約款の中で何のために優劣関係を設定するのであろうか。売買代金債権の立替払により留保所有権の準共有状態が生じて、買主の完済により信販会社が準共有状態から離脱するという構成で差し支えないようにも思われる。将来起こりうべき留保買主の履行遅滞などの場合に、残債権額の大きいであろう割賦払債権の優先弁済を明確に約定しておくという考え方であろうか。おそらくは、経年減価の大きい自動車の換価金額の低さならではの措置と考えられる。

[22] 伊藤（和）・前註「論文」金法2052号19頁。

このような包括担保類型の所有権留保が、後述するドイツにおけるコンツェルン留保と同様、「所有権の移転が、買主が第三者の債権、とりわけ売主と提携関係にある事業者の債権を履行することに係らしめられているとき」という要件に該当するときには、留保買主にとって予測し得ないほどの負担が強いられることになり、良俗違反の法律行為という扱いを受けるので（BGB 第138条、日民第90条参照）、上述の要件を充足する場合には、「所有権留保の合意は無効（nichtig）」とされる（BGB 第449条3項）。

わが国の包括担保約款による所有権留保は、提携先が、三者間合意をした留保売主と信販会社の範囲に留まっているので、両者の債権には留保商品との牽連性が認められ、また、その範囲も極端に拡張されているとは言えないので、有効として認められる。しかし、提携先がこれ以上拡張される場合、例えば、留保買主の停止条件が留保商品とは関係のない信販会社の第三債権者に対する債務の弁済にまで拡張されるような場合には、公序良俗違反（民法第90条）の法律行為として、その限りにおいて無効と解すべきである（但し、その場合でも、契約の一部無効の場合における契約分離解釈により、留保売主・買主間の所有権留保は有効として残存するものと解される）。

第3項　担保権設定説

次に、法定代位説に一定の理解を示しつつも、確かに、信販会社の留保所有権は留保売主から譲り受けたものではあるが、買主との関係においては、立替払金等債権を被担保債権とする所有権留保特約が、信販会社と買主との間において改めて約定されるものと解した上で、留保売主と信販会社との間において法定代位構成が約定されたとしても、民事再生法第45条の趣旨から、信販会社に常に対抗要件が必要と解する説がある[23]。

次に、担保権設定（特別合意）説は、上記学説と同様、信販会社の弁済によって留保売主から信販会社に移転する留保所有権の取得原因について、約定による留保所有権の移転ではあるが、この移転合意は、購入者を交えての譲渡担保類似の担保権設定行為にほかならないと解している[24]。また、

---

(23) 小山泰史「判研（最判平成22年6月4日）」金法1929号（2011年）56頁（59頁）。

この類型に属する説ではあるが、三者間所有権留保では、実質的には売主の与信行為がないという理由付けをして、買主と信販会社との間において、担保権としての留保所有権が新たに設定されるという見解もある[25]。

更に、譲渡担保説は、担保権設定説と基本的には同じ効果を導くが、担保権設定説の担保権を端的に譲渡担保権と解するものである[26]。

これら譲受け留保所有者の留保所有権について、新たな担保権設定契約と解する解釈は、後掲するドイツの判例・通説のように、留保売主の所有権留保は商品信用、譲受け留保所有者の所有権留保は金融信用というように分けて考える一般的な理解に立つのであれば、このような解釈にも一理ある。

第4款　小　括
第1項　判例・学説の解釈論

平成22年最判以降、下級審裁判例は、信販会社の考案した「集金保証方式」による信販会社の譲受け留保所有権について、信販会社の連帯保証債務の弁済を代位弁済（民法第474条）とし、この場合には、販売会社の売買代金債権と信販会社が負担した連帯保証債務とが同一の債権であるとして、信販会社の求償権を確保するため、信販会社に法定代位（同法第500条）を認め、通説・判例に基づき、法定代位による債権と担保権の取得には第三者対抗要件を不要と解し、優先権主張要件たる登記・登録（破産第49条）を不要と解している。

---

(24) 安永正昭「所有権留保の内容・効力」加藤・林編『担保法体系第4巻』（金融財政事情研究会、1984年）370頁（386頁）がある（同・柚木＝高木編『新版注釈民法（9）物権（4）』〔有斐閣、改訂版、1988年〕911頁）。

(25) 印藤弘二「倒産手続における所有権留保の取扱い—最二小判平22．6．4の検討—」金法1928号（2011年）80頁（88頁）。この考え方は、おそらく実質論を述べているものと思われる。しかし、三者間取引による所有権留保といえども、留保売主と留保買主間の所有権留保が基本にあり（商品与信行為）、同時に、信販会社が両者の間に入り、立替払または支払保証による契約引受類似の行為（金融与信行為）をすることによって、約定または法定移転という方式により、留保売主の真正所有権（判例・多数学説は担保所有権）が信販会社に移転するという類型（外形）は存在する（私見は真正所有権が担保所有権に転化するという見解である）。したがって、印藤弁護士の見解が実質論からのものであるとしても、法理論上は無理な立論である。

(26) 佐藤昌義「クレジット会社の所有権留保」NBL463号（1990年）37頁（38-40頁）。

破産法第49条の制度趣旨について、下級審裁判例は、①破産手続開始時を基準として法律関係を整理するという点において効率的な破産手続の実現を図ること、また、②破産手続開始によって個別の権利行使が禁止される一般債権者と、破産手続によらないで別除権を行使することができる債権者との衡平を図ることを掲げている[27]。また、裁判例は、この規定は破産債権者を保護するために破産手続開始後にされた登記等の効力を破産管財人に主張することができないことにして、破産財団の保全を図りながら、破産手続開始について善意の者を例外的に保護して、取引の安全を図るための規定であると解している[28]。

これらの点は、平成22年最判が、民事再生法第45条の趣旨について、「再生手続が開始した場合において再生債務者の財産について特定の担保権を有する者の別除権の行使が認められるためには、個別の権利行使が禁止される一般債権者と、再生手続によらないで別除権を行使することができる債権者との衡平を図るなどの趣旨から、原則として再生手続開始の時点で当該特定の担保権につき登記、登録等を具備している必要がある」と解している点と軌を同じくするものと言えよう。いずれの規定も、破産・民事再生手続における一般債権者と担保権者との公平性の担保、手続開始後の登記・登録の対抗力を喪失させることにより、破産財団の保全と取引安全の保護を図るという目的において一致している。

そうすると、平成28年札幌地判・高判に代表される最近の判例法理の解釈は、破産法第49条、民事再生法第45条という制度それ自体ではなく、信販会社の利用する「集金保証方式による留保所有権譲渡約款」に依拠ないし依存していると言ってよい。このように解すると、ここでの問題点は、ただ一点、従来の通説・判例によって対抗要件を不要とされる法定代位を利用した集金保証方式約款による留保所有権の移転を合理的とみるのか、それとも、法の潜脱（破産・民再法規の脱法行為）とみるのかという約款の解釈問題に帰着すると言うことができる。

---

(27) 前掲札幌地判平成28年5月30日。
(28) 前掲札幌高判平成28年11月22日、前掲札幌高判平成29年3月23日など参照。

第2項　実務家有力説からのアプローチ

　前段までの資料とその解釈から信販会社の倒産法上の地位について考察してきたが、判例及び学説の到達点としては、集金保証類型の所有権留保における譲受け留保所有者の地位は、法定代位に合わせた約款の思惑に依拠することに決している。しかし、それでは、法解釈としての意味がない。そこで、本段においては、この問題点に関する現職判事による注目すべき論考について検証する。

　坂本隆一判事は、倒産手続と法定代位との関係性について、①法定代位と矛盾し、または法定代位を阻害するような合意の場合には、法定代位構成を否定するという矛盾阻害否定説と、②法定代位者が倒産手続で別除権者としての地位を主張する場合には、倒産法公序に照らし、権利保護要件としての公示を必要とするという倒産公序権利保護要件説（倒産公序説）を掲げ、内容を検討している。

　まず、①の矛盾阻害否定説について、坂本判事は、クレジット会社が代位弁済する金額が売買代金と少しでも相違する場合には、法定代位構成を認める余地は乏しいと解している[29]。

　次に、②の倒産公序説については、クレジット会社が所有権移転の登録を受けようと思えば登録を得られたという前提に立ち、ただ、倒産手続開始よりも前から登録を売主からクレジット会社へ変更すると、その時点で、販売会社の所有権留保に対抗要件がなくなるので、妥当ではないから、倒産開始時に権利保護要件としての公示が求められている（破産第49条、民再第45条）として、制度を理解する必要があると論じている[30]。

　そして、坂本判事は、約款がどのような内容であっても、クレジット会社の利益を図るためには、手数料債権の回収を全く考慮せずに三者間契約を締結することは想像しがたいので、クレジット会社が手数料債権を回収することを予定していないことなどが立証されない限り、法定代位構成を否定するという結論を述べる。また他方、破産法第49条、民事再生法第45条または総

---

(29) 坂本隆一「倒産実務における自動車の（第三者）所有権留保に係る問題点の整理と今後の課題についての一考察」金法2042号（2016年）18頁（33頁）。
(30) 坂本・前註「論文」金法2042号35頁。

債権者の利益のための破産管財人もしくは再生債務者の第三者性を強化した見解（②倒産公序説）の採用に関しては、慎重に検討すべきであるとして、議論を締め括っている(31)。

第3項　解釈論のまとめ

坂本判事のような検討を前提とすると、私見は、従前と同様、破産法第49条、民事再生法第45条の位置づけについては、別除権に関する「権利資格付与ないし権利主張要件としての登記・登録」を義務づける公序規範と解することとなる(32)。

また、留保売主たる販売会社の売買代金債権と譲受け留保所有者たる信販会社の求償債権（この点も大変疑問であるが）との同一性を述べる判例・学説に対しても、信販会社の利息・手数料債権を顧慮すれば、「同一」などありえないと言うほかはない。それとも、譲受け留保所有者は譲渡担保権者と同様の地位であるから、一旦、法定代位により債権と担保権を取得した上で、利息・手数料を新たに加算して交互計算留保のような包括担保の合理性を主張するのであろうか。これらの解釈論に関する更なる最高裁の判決及び解釈論を待ちたい(33)。

---

(31) 坂本・前掲「論文」金法2042号36頁。

(32) 拙稿・前掲（註3）「論文」千葉大学法学論集28巻1・2号91頁参照。私見は、同所において、「民再法第45条の趣旨が、別除権者としての地位を明確にし、権利資格付与の要件として登記・登録を要するという趣旨であれば、たとえ、契約書において法定代位を明確にしたとしても、自身に登記・登録を具備しない譲受け留保所有者に別除権を付与することは認められない」と主張し、民再法第45条の趣旨は権利資格付与ないし権利主張要件の具備を求めているものと解すべき旨を主張した。しかし、私の見解が、上記とは異なるかのように、単に対抗要件具備を懈怠した信販会社に別除権を認める必要はないという説と紹介する論文（田高・前掲「論文」金法2053号25頁ほか）もあるので、本書第1章に収録するにあたり、誤解のあった論述箇所については修正を施した。

(33) しかし、最判平成29年12月7日民集71巻10号1925頁は、倒産公序などには言及せず、漫然と集金保証類型の所有権留保に法定代位説を適用して、「対抗要件」を不要と判示した。平成22年最判は立替払方式では原債権とローン債権とが相違するので、法定代位は認められず、平成29年最判は集金保証（支払保証）方式であり、原債権が代位弁済によりそのまま信販会社に移転するとして、法定代位を認めている。

確かに、法定代位という解釈は法技術的には筋が通っている。しかし、平成22年最

第4節　留保所有権の対抗要件

第1款　従来の学説の考え方
第1項　対抗要件不要説

1．動産抵当権説

　米倉教授は、所有権留保売買においては、実質的にも形式的（法律的）にも所有権は買主に移転し、売主は目的物について売買代金債権を被担保債権とする抵当権を設定したものと構成すべきであると主張する。しかし、対抗要件については、動産物権変動に関する限り、民法は、占有改定のようなほとんど無意味に近い公示方法にも対抗力を付与しているので、動産抵当権の設定にも特段の公示方法は不要であるという[34]。

2．新設定者留保権説（物権変動不存在説）

　道垣内教授は、所有権留保特約によって物権変動は生じておらず、留保売主に所有権は帰属するものの、それは担保目的によって制限された留保所有権であり、他方、買主には、物権的期待権が帰属するという。この学説の特徴は、所有権留保を担保権と構成するものの、代金完済までは「所有権」が

　　判のように、ローン債権の構成を代金債権プラス利息・手数料債権と位置づける限り、原債権とは一致しない。それゆえ、買主の倒産手続において別除権を認めさせるには、自動車の移転登録が必要である（破産第49条、民再第45条）。
　　本件において、法定代位構成を採る際には、原債権と留保所有権が法定代位によって移転し、同時に、信販会社と留保買主との間において、所有権留保の停止条件が利息・手数料債権にまで拡張されると解するほかない。しかしながら、平成28年札幌地判・高判も、平成29年最判も、このような解釈を採っていない。この問題は約款技術論的な問題に尽きない解釈問題をはらんでいる。この点に関しては、丁寧な解釈論が欲しいところである。なお、この問題について、約款技術論と法解釈論との双方から問題を提起する試みとして、田村耕一「信販会社による所有権留保に関する最判平成22年6月4日と最判平成29年12月7日に基づく三者関係の構造に関する一考察」広島法科院論集14号（2018年）95頁以下所収がある。
(34)　米倉明『所有権留保の実証的研究』（商事法務、1977年）36-37頁及び300-301頁。米倉教授は、第三者問題は動産物権変動に宿命的に付随する事態であり、強制執行してくる債権者は別として、取引の安全は即時取得制度（第192条）によって保護されるので、第三者が害されるおそれもないという（同・301-302頁）。

留保売主にあり、まだ物権変動が生じていないことから、留保売主には対抗要件は不要であり、留保買主の物権的期待権については、現実の引渡しを受けているということで、対抗要件を充たしているという点にある（実際には公示機能はないという）[35]。

第2項　占有改定説

1．担保権説

　高木博士は、所有権留保を売主の残代金債権担保のための担保権であるとし、所有権は留保売主と留保買主とに分属するものと構成し、債務額の減少に応じて、買主の物権的地位は拡大していくという。高木博士は、留保所有権は担保権であるから、留保売主に占有改定による引渡しがなされているものと解し、これを対抗要件と解している[36]。

2．設定者留保権説（鈴木説）

　鈴木（禄）博士は、売主と買主との関係について、目的物の売買により、買主に所有権が移転し、現実の引渡しによって、買主は対抗要件を具備するが（第178条）、所有権留保特約によって、売主が未払代金債権の担保としての留保所有権の設定を受け、占有改定により引渡しを受けることによって、対抗要件を具備するものと構成する[37]。

---

[35] 道垣内弘人『担保物権法』（有斐閣、第3版、2008年）361-362頁（第4版368-369頁）。

[36] 高木多喜男『担保物権法』（有斐閣、第4版、2005年）379-380頁。高木博士は、担保権であることから、留保売主に占有改定による引渡しがなされているものと解し、これを対抗要件と解しているが、実際上は、留保売主のネームプレートが付着されるので、第三者による即時取得などへの対抗といった問題は生じないという（同・381頁）。

[37] 鈴木禄彌『物権法講義』（創文社、5訂版、2006年）403-404頁。鈴木博士は、留保所有者の法的地位は担保権者であり、買主の法的地位は、物権的な所有権取得期待権者であるという。しかし、留保所有者の法的地位も、買主の債務不履行に伴う私的実行の結果、完全所有権の復帰となるので、両者ともに、所有権取得権であるという。

第2款　本稿の問題における学説と対抗要件
第1項　法定代位説

　法定代位説に立つと、平成22年最判の場合には、留保所有者Aの顧客Yに対する債権及び留保所有権について、Xがそのまま代位するので、Aの保有していた権利関係及び対抗関係がそのまま承継されるという点において、大変便利ではある。

　法定代位の場合には対抗要件不要という解釈は、我妻榮博士が、法定代位は「弁済によって消滅すべきはずの権利が、法律上当然に、弁済者に移転するのであって、譲渡ではない。従って、対抗要件を必要としない」と論じ、この解釈が通説・判例（大判昭和2年7月7日民集6巻455頁）であると論じていた[38]という点を論拠とする。因みに、この大審院判例は、任意代位においては債権譲渡の対抗要件である第467条の準用があるが（改正前第499条2項）、法定代位においてはその準用はないので（第500条参照）、対抗要件は必要ないという文理解釈を行ったものである。

第2項　担保権設定説・譲渡担保説

　三者間合意により、信販会社が販売会社から留保所有権を取得するプロセスとして、信販会社と購入者との間に担保権の設定を擬制するという立場からは、少なくとも、両者の間には担保物権の設定があるものと見做されるので、物権変動が生じていることとなる。そうすると、第三者対抗要件を必要とするという構成と親和的である。従来の担保権的構成説によると、譲渡担保権の設定とパラレルに考えるので、対抗要件は占有改定による引渡し（第183条、第178条）ということになる。

第3款　小　括
第1項　総　説

　留保所有権の対抗要件とは、即ち、留保所有者の地位を第三者に対抗するためには対抗要件を必要とするかという問題に等しい。二当事者間取引によ

---

[38] 我妻榮『新訂債権總論』（岩波書店、新訂10刷、1972年）254頁。

る場合には、売買当事者間以外、また、三者間取引による場合には、留保売主、買主、信販会社以外の第三者は、所有権留保の存在や現在の留保所有者が誰なのかという点について知りえない。そこで、留保売主や譲受け留保所有者が留保所有権を実行する場合、例えば、買主の手元から留保商品を引き揚げる行為を有効な行為と主張する場合などには、当該留保商品に関する利害関係人、例えば、留保買主の差押債権者、同人からの譲渡担保権者などに対して、留保売主や譲受け留保所有者には対抗要件が必要なのかという問題が生ずる。

第2項　留保売主・留保買主二当事者間の所有権留保

まず、二当事者間取引による所有権留保に代表される留保売主の留保所有権については、買主との約定は「代金完済という停止条件付の所有権移転」である。私見によると、この場合には、商品信用を与えた留保所有者たる売主は、真正所有権（完全所有権）を留保しており、買主への物権変動は起こりえないので、留保売主が第三者に留保所有権を対抗するための要件は不要である。即ち、留保売主は、留保買主の差押債権者に対しては、第三者異議の訴えによって、強制執行の不許を求めることができ（民執第38条)[39]、留保買主から留保物件の担保提供を受けた譲渡担保権者に対しては、非所有者たる留保買主からの担保所有権の移転を否認することができる[40]。したがって、留保売主は、買主の差押債権者や譲渡担保権者などの利害関係人に対して、留保所有権を対抗することができる。

---

[39] 最判昭和49年7月18日民集28巻5号743頁：動産の割賦払約款付売買契約において、代金の完済まで売主に所有権を留保し、買主に対する所有権の移転は代金完済を停止条件とする旨が合意された場合において、代金完済に至るまでの間に買主の債権者が目的物に対し強制執行したときには、売主または売主から目的物を買い受けた第三者は、所有権を主張し、第三者異議の訴えによって執行を排除することができる。

[40] 最判平成30年12月7日金法2105号6頁（原審：東京高判平成29年3月9日金法2091号71頁）：Y・A間における金属スクラップ等の継続的売買契約において、代金の完済までに売主に所有権を留保する旨が合意された場合には、留保買主Aが保管する金属スクラップ等を含む在庫製品等につき、Aが自己の債権者Xに対し、集合動産譲渡担保権を設定したとしても、Xは、代金完済未了の金属スクラップ等につき留保売主Yに対し譲渡担保権を主張できない。

次に、前段の場合において、非所有者たる留保買主から処分を受けた第三者に即時取得（民法第192条）が認められるかが問題となる。しかし、留保商品が自動車の場合には、登録があるので、即時取得を観念することは難しい。また、高額機械の場合には、業界発行に係る譲渡証明書の交付があることから、これを確認しなかった第三者には過失が認定されるので、即時取得は成立しない。その他の留保所有権の場合でも、第三者が業者である場合には、第三者の権利関係に関する問い合わせ義務を観念することが業界の常識であると認めるときには、やはり、所有権の所在に関する問い合わせや確認義務が生ずるので、これを怠ったとみられるときには、即時取得は成立しない。

第3項　三者間取引による所有権留保

次に、三者間取引による譲受け留保所有者の場合には、信販会社と買主（クレジット債務者）との間の問題となる。単なるクレジット契約と見る場合には、融資債権者と債務者という関係となり、留保商品はその担保となるので、両者の関係は、譲渡担保権者とその設定者という関係に等しい。したがって、たとえ、両者の間に明確な合意がなくとも、通常は、債務者たる買主から担保権者に対し、占有改定による引渡し（民法第183条）が観念される。これによって、信販会社には第三者対抗要件たる引渡し（占有の移転）が完了する（第178条）。

次に、譲受け留保所有者の場合でも、信販会社が、留保売主に対して立替払として弁済した場合には、どのように解すべきであろうか。この場合における法律構成は、立替払のときには、一見すると、代金債権については法定代位が成立しそうである。しかし、信販会社の手数料債権その他の債権がある場合が多いというか、すべてであろうから、プラスアルファの債権については信販会社が独自に買主（支払債務者）に対して債権を有するので、留保売主から譲り受けた買主に対する留保所有権があるといっても、債権の範囲は拡張している（それゆえ、平成22年最判は法定代位構成を否定したのである）。この場合には、後述するドイツの制度上は交互計算留保という類型の所有権留保（代金相当額と利息、その他、継続的契約関係から発生する債権を担

保する類型）が設定されたことになる。この場合には、形式的には、金融信用であるから、留保所有者は譲渡担保権者扱いである。それゆえ、これをわが国の制度で考えると、やはり、対抗要件として、占有改定による引渡し（第183条）を必要とするものと解するしかない。

　最後に、譲受け留保所有者の場合でも、留保売主との間において集金ないし支払保証を引き受けた信販会社の法的地位について考える。わが国の最近の多数説や下級審の裁判例は、この場合には、留保売主の代金債権と信販会社の求償債権との同一性に着目し、法定代位（民法第500条、第501条）が成立するものと解している。この解釈においては、任意代位における債権譲渡構成とは異なり、法定債権移転構成となるので、前者にとって必要な債権譲渡の対抗要件たる通知・承諾（第467条）は、後者の場合には不要と解される。

　しかし、この場合でも、所有権留保それ自体が債権との付従性を有しないという本質論との兼ね合いにおいて、法定代位を適用することができないと解するときには、別の解釈が必要となる。そこで、次に、この問題を含め、同様の問題点を包含するドイツ法における譲受け留保所有者のケースとその解釈論について考察する。

第5節　ドイツ法の解釈

第1款　総　説

　本節においては、日本法の解釈問題とパラレルに考察することのできる問題を提起しているドイツにおける状況について概観する。わが国と同様、ドイツにおいても、留保売主と買主との間に金融機関が入り、三者間取引によって、留保売主から金融機関に留保所有権が譲渡された場合において、①留保所有権の譲渡性、②三者間取引による所有権留保が良俗違反となる「拡張類型の所有権留保」の問題、③譲受け留保所有者の地位に関する解釈問題がある。わが国における解釈論よりも、ドイツにおける解釈論のほうがよりグローバルに展開されているようにも思われる。以下においては、この問題に関するリーディングケース（BGH, 27. 3. 2008, BGHZ 176, S. 86[41]）を分析

し、その内容に関する諸問題について、解釈論を展開する。

第2款　ドイツ連邦通常裁判所の判例に見る立替払による留保所有権の譲渡（BGH, Urt. vom 27. 3. 2008, BGHZ 176, S. 86）

第1項　本件の事案、争点、判決概要

本件は、A 会社が所有権留保特約付で B に自動車（新車）を供給し、その際、X 銀行（以下、「X」と称する。）が留保売主 A に代金を立替払して、A が X に債権と留保所有権を譲渡したところ、既に留保買主 B の財産について倒産手続が開始され、Y が倒産管財人に就任し、本件自動車を換価した後だったので、譲受け留保所有者 X が、Y に対し、自動車の換価代金額を請求したという事案である。

本件の争点は、X が A から譲り受けた留保所有権が売主・買主間におけると同一の留保所有権（完全所有権〔Volleigentum〕）なのか、それとも、立替払した X の目的が貸付債権の回収に過ぎないことから、譲渡担保の設定と同視して、担保権としての留保所有権（譲渡担保権と同じ担保所有権〔Sicherungseigentum〕）なのかという点である。

この事案において、上級地方裁判所（OLG Oldenburg）は留保所有者 X には取戻権が存在するので、既に Y において換価した後はその代金額のうち換価費用として 8 万9278.41ユーロを控除した全額を X に支払うよう判示した（代償的取戻権の認定）。

しかし、これに対して、連邦通常裁判所（BGH）は、本件の留保所有者 X は譲渡担保権者と同様の担保権者（担保所有者）に過ぎないと認定し、X は別除権者として扱われるべきものと解し、売却代金の配当に関する倒産法第170条に従い、「目的物の査定及び換価費用」の合計額が Y に属すべきであるとして、更に 5 万9402.02ユーロの控除を認め、結局、X には全換価代金額212万4911.45ユーロからこれら費用を控除した197万6231.02ユーロが帰属すべきものと判示した（別除権の認定。判決は破棄自判）。

---

(41) 本稿においては、本判決が示した問題点のうち、「①留保所有権の譲渡性」に関して概観するのみであり、詳細は別稿（本書第 3 章）において論ずることとする。

第2項　留保所有権の譲渡性に関する判決理由

「16　aa）原則として、留保売主は、留保所有権の譲渡を妨げられない[42]。もちろん、売買代金債権の譲渡では、この権利の譲渡をもたらさない。所有権留保は、BGB 第401条[43]の意味における担保権ではない[44]。むしろ、物権的合意、及び BGB 第346条[45]により、BGB 旧規定第455条１項、BGB 新規定第449条１項によって行使された解除権に基づいて発生する返還請求権の譲渡による特別な譲渡を必要とする。新所有者は、権利者から所有権を取得している。しかし、新所有者は、解除しない限り、留保買主に対して、その物の返還を請求することができない。留保買主は、売主に対して占有権を有しており、売主の権利承継人に対して、BGB 第986条２項[46]による抗弁権を行使することができる。売主だけが契約を解除することができる。但し、留保所有権の取得者が、三面的な合意か、あるいは、残留する当事者の同意とともに、脱退した当事者と新たな当事者との間における合意を必要とする契約引受けを、売主と合意している場合には、この限りではない[47]。留保買主は、売買代金の完済によって所有権を取得し、取得者は所有権を失う。」

「17　留保売主は、以下の人々、即ち、BGB 第267条[48]により当該債権を消滅さ

---

(42) 本件2008年 BGH 判決は、Peter Bülow, Recht der Kreditsicherheiten, 7.Aufl. Rdn. 770; Staudinger/ Beckmann, BGB Neubearbeitung 2004, § 449 Rdn. 83; Münch Komm-BGB/ H.P.Westermann, 5. Aufl. § 449 Rdn. 23. を引用指示している。

(43) BGB 第401条（従たる権利、優先権の移転）
　　第１項：譲渡された債権のために存在する抵当権、船舶抵当権、質権、ならびに、その債権のために設定された保証に基づく権利は、譲渡された債権とともに新債権者に移転する。
　　第２項：強制執行もしくは倒産手続の場合のために債権と結びつけられた優先権は、新債権者も行使することができる。

(44) s. unten（Fußn. 57），BGHZ 42, S. 53, 56.

(45) BGB 第346条（解除の効果）
　　第１項：契約当事者の一方が契約により解除権を留保し、または法定解除権を有する場合において、契約を解除するときは、受領した給付を返還し、取得した利益を返還しなければならない。

(46) BGB 第986条２項（占有者の抗弁権）
　　第931条に従い返還請求権の譲渡によって譲渡された物の占有者は、新所有者に対し、譲渡された請求権に対する抗弁権を対抗することができる。

(47) 本件2008年 BGH 判決は、判例・通説として、BGH, Urt. vom 20. 6. 1985 - IX ZR173/84, NJW 1985, S. 2528, 2530; Palandt/ Grüneberg, BGB 67. Aufl., § 398 Rn. 38. を引用指示している。

(48) BGB 第267条（第三者による給付）

せることなく、売買代金を融資する者、また、債権の譲渡を受けた者、そして、留保買主が売買代金債務及び―消費貸借の利息分だけ高くなっている―信用債務を弁済しない間は担保手段として所有権を必要とする者、これらの人々にも留保所有権を譲渡することができる。BGB 第986条2項による抗弁は、与信者に対しても留保買主に属しているので、所有権は、与信者への譲渡後もなお留保所有権のままである。」

第3項　判例分析と解釈
1．留保所有権譲渡の構造——原則

上記判旨（Rdn. 16, 17）は、留保所有権の譲渡は可能であるところ、所有権留保は、質権や譲渡担保権のような契約としての独立性を有するが、債権担保の特殊性から、付従性によって債権と結合している純粋な担保権とは異なり[49]、売買契約と同時に約定する留保特約（売買契約の附款）という関係において、代金債権（被担保債権）との付従性はありえないので、（わが民法の法定代位と同様の）法定債権譲渡によって留保所有権が移転するのではなく（随伴性に関する BGB 第401条の適用否定[50]。）、いわば、将来発生することあるべき留保売主 A の契約解除に伴う物権的返還請求権を A・X 間の物権的合意によって X に譲渡するという方法によって留保所有権が移転する[51]

第1文：債務者が自身で給付しなくてもよいときは、第三者も有効に給付することができる。
第2文：債務者の事前の同意は必要ではない。

(49) s. unten (Fußn. 57), BGHZ 42, S. 53, 56.
(50) この点は、Roland Michael Beckmann, Staudinger BGB - Neubearbeitung 2004, § 449 BGB Rdn. 83. の指摘するところである。ベックマン教授によると、この場合において、BGB 第401条の類推適用を拒絶するのが通説であるという（通説として、Palandt/ Heinrichs, § 401 Rn 5; Peter Bülow, Recht der Kreditsicherheiten, Rn. 677f. を引用し、異説として、Staudinger/ Köhler（Honsell の誤り）[1995] § 455 Rn. 45; Helmut Rühl, Eigentumsvorbehalt und Abzahlungsgeschäft, 1930 S. 82; Schlotter, LZ 1911, S. 49; Stultz, JW 1931, S. 3184を引用している）。そして、ベックマン教授は、通説によると、この場合には、通常、補充された契約解釈という方法で、売主は所有権を譲渡すべき義務を負うことが承認されているという（RGZ 89, S.195：譲渡担保の事案、BGH, unten [Fußn. 57], BGHZ 42, S. 53, 56 f.、Meisner, Der Eigentumsvorbehalt, 1932 S. 15、Schlegelberger/ Hefermehl, [5. Aufl] Anh. zu § 382 Rn. 51を引用している）。
(51) この点は、Peter Bülow, Recht der Kreditsicherheiten, 7. Aufl., 2007, Rdn. 770 (S.

と判示したものである。

　この法律関係について具体的に分析する。まず、留保売主Ａから立替払人Ｘに留保所有権が譲渡されても、買主Ｂの期待権は消滅しない。それゆえ、買主Ｂは、占有正権原の抗弁権（BGB第986条２項）により、立替払による留保所有権の取得者Ｘに対し、売買契約に基づく自己の占有権を対抗することができる。これに対して、第三取得者Ｘの所有権取得には対抗力がない。そこで、買主Ｂが残代金を留保売主Ａに弁済することによって停止条件が成就し、その条件に依存する留保所有権の取得という効力が失われるときには、停止条件付法律行為の目的物を条件の成否未定の間に処分した場合における処分の無効に関するBGB第161条１項により、所有権の譲渡に内在する処分は無効となる。買主Ｂが売買代金を完済したときには、所有権移転に関する停止条件が成就するので、第三取得者Ｘの所有権取得は買主Ｂの所有権取得によって排除される。それゆえ、第三取得者たるＸに対する留保売主Ａの処分は、第161条１項により無効とされるのである。したがって、買主Ｂが真正所有者となり、第三取得者たるＸは中間処分によって取得した所有権を失う。この場合には、Ｘが期待権の欠如（消滅）に関して、善意であっても保護されない[52]。この点が、判旨のいう「留保買主は、売買代金の完済により所有権を取得し、取得者は所有権を失う」という箇所の意味である。但し、Ｘが留保売主Ａに代金を立替払した後に、買主ＢがＸに残代金を完済せずに倒産し、Ｂの倒産管財人が留保売買の履行を拒絶したときには（InsO第103条）、Ｘは留保売主Ａからは留保所有権を譲り受けており、買主Ｂからは期待権を取得するので、買主Ｂの所有権取得

---

247) （8.Aufl., 2012も同じ）の指摘するところと同じである。ビューロウ教授によると、売主は、BGB第346条１項（解除による給付物及び使用収益の原状回復〔筆者註〕）に従い、第449条、第323条（履行遅滞に基づく解除〔筆者註〕）によってなされた解除権を原因として発生した物権的返還請求権の譲渡によって、第929条、第931条により、留保物（留保商品）を第三者に譲渡することができるものと解されている。

(52) Vgl. Bülow, a. a. O. (Fußn. 51), Rdn. 770 (S. 247). 同様に、MünchKomm- BGB/ H.P. Westermann, 5. Aufl., § 449 Rn. 23は、所有権留保の消滅に関する正当な法律行為による意思表示がなくとも、条件が成就したときには、留保は即時的な（ex-nunc）効果によって消滅するものと解しており、遅滞の時期に支払がなされても条件は成就され、第三者による支払でもよいと解している。

を担保すべき期待権は混同により消滅し、Xが完全所有権を取得する[53]。

しかし、返還請求権の譲渡という取扱いは、法律関係が複雑になりすぎ、立替払人Xの地位が不安点になるので、妥当ではない。また、そもそも、物権的返還請求権の譲渡という構成は、留保売主が買主の履行遅滞やその他の期限の利益喪失事由の発生によって所有権留保特約付き売買契約を解除して初めて確定的に採用しうる解釈である（必ず期限が到来し、契約関係が解消される貸借契約の場合とは異なる）。それゆえ、売主ではない立替払人たるXのような譲受け留保所有者には解除権がないので、適用しても大変不便である。但し、三者間合意により、留保売主が解除権を留保し（BGB第346条1項）、立替払時に解除権を行使する（同法第449条2項）と同時に、留保所有権が立替払人に移転するものとすれば、問題はなくなる。

そこで、次に、本判旨にはないが、わが国の法定代位と同様の「法定債権譲渡」を用いた類型が考えられる。以下、ドイツの判例を参照しつつ、概観する。

2．法定債権譲渡類型

わが民法の法定代位制度は、所謂「弁済による代位」の一類型である。即ち、保証人など、債権者に弁済するについて正当な利益を有する第三者が債務者に代わって弁済した場合には、この弁済者は、債権者に代位し、債務者に求償することができる範囲内において、債権の効力及び担保としてその債権者が債務者に対して有していた一切の権利を行使することができるという制度である（民法第501条）。いわば、法定の債権譲渡ないし債権の移転である。この債権者から弁済者への債権の移転に伴い、付従性に基づく随伴性により、担保権も弁済者へ移転する。例えば、AがBのCに対する債務を弁

---

[53] Bülow, a.a.O. (Fußn. 51), Rdn. 770a (S. 247). この点と関連して、本件2008年BGH判決（BGH, BGHZ 176, S. 86= NJW 2008, S. 1803, 1805= WM 2008, S. 821）は、第三取得者は、担保物提供者の倒産手続において、自分に別除権を容認するという一典型的な一個別事案の状況に従い、担保のために、留保のなくなった所有権を取得するものと判示している。X銀行の譲り受けた留保所有権が譲渡担保の場合と同様の担保所有権であるからこその解釈であるが、倒産手続における優先弁済者たる別除権の認定においては、このような解釈が必要であったのかに関しては、疑問である。

第5節　ドイツ法の解釈

済すると、CがBに対して有していた債権と担保権は、弁済によって消滅せず、弁済者Aに移転するのである。

　ドイツにも類似の規定がある。即ち、譲渡された債権を担保するために存在する抵当権、船舶抵当権及び質権、ならびに保証に基づく権利は譲渡された債権とともに新債権者へ移転する（BGB第401条1項）。また、新債権者の債権が強制執行や倒産手続において優先権である場合には、それらの手続において、これを主張することができる（同条2項）。しかし、これも、わが民法と同様、担保権が債権との付従性を有する場合を前提としている。それゆえ、売買契約における附款に過ぎず、債権との付従性を有しない所有権留保に基づく留保所有権には適用されえない[54]。

　通常の担保権に必要不可欠である債権との付従性原理は、債権契約と担保権設定契約とが、それぞれ別個の契約として存在するが、担保権は債権を担保するという目的に従うという性質を重視した結果として、この両者を結合させるための原理である。しかし、所有権留保は、売買契約という一個の債権契約に所有権留保特約を入れることによって、売買契約に債権的効力と物権的効力とを併存させるという契約類型であり、所有権留保の被担保債権は、売買契約に基づく代金債権として発生しているので、付従性原理を入れる余地はない[55]。そして、この点が個別動産の譲渡担保との相違点でもある[56]。

　そこで、担保権の付従性を前提とする法定債権譲渡規定は適用することができないが、その効果を活かす形で、「交互計算留保（Kontokorrentvorbehalt）」という類型の所有権留保が用いられてきた。

---

(54) s. unten（Fußn. 57）, BGHZ 42, S. 53, 56.
(55) 所有権留保には付従性原理を入れる必要はないといっても、実行における付従性は必要ではないかという懸念は存在する。しかし、たとえ被担保債権が時効によって消滅しても、留保所有権者には「所有権」が残存しており、この所有権に基づいて返還請求権を行使し、最終的には換価権を行使するのであるから、やはり、所有権留保には全く付従性原理を考える必要はないという結論になる。なお、付従性原理の緩和ないし否定に関しては、鈴木禄彌『物権法講義』（創文社、3訂版、1984年）280頁を参照。
(56) 柚木馨＝高木多喜男『担保物権法』（有斐閣、第3版、1982年）581-582頁、安永・前掲「論文」『担保法大系第4巻』378頁。

交互計算留保とは、拡張類型の所有権留保の一種であり、留保売主と買主との所有権留保売買における代金債権のみならず、両者間の継続的契約関係から生ずる将来の債権までをも全額支払うことが、買主への所有権移転の停止条件とされるという契約である。交互計算留保は停止条件の拡張という意味において買主にとっては負担となるので、信義則に反するのではないかとも考えられるが、実はこれは便宜上用いられているのである。即ち、自動車の修理やメインテナンスなど、留保売主と買主との所有権留保売買以外に発生する債権がある場合に、これらも買主が留保売主に弁済義務を負うのであるから、売買代金と一緒に所有権移転の停止条件にした方が留保売主にとっては便宜であり、買主にも納得のいく契約なのである。それゆえ、BGB第449条3項において明文で禁止されているコンツェルン留保（Konzernvorbehalt）のように、第三者が留保売主に対して有する債権の弁済という無限の拡張可能性のある条件を入れなければ、有効とされるのである。反対に、このような債務者の地位を不当に不安定とするような条件付法律行為は良俗違反の法律行為（sittenwidriges Rechtsgeschäft）として絶対無効（nichtig）である（BGB第138条参照）。

　交互計算留保は、留保売主と買主という二当事者間の所有権留保の場合が想定されるが、本稿において問題となっているような支払保証をした保証人が割って入る場合もある。即ち、留保売主A、買主B、支払保証人Cが三者間合意により、債権はCの保証債務の弁済によってAからCへ法定移転するが（BGB第774条）、Aの留保所有権には付従性がないことから、法定譲渡にならないので、留保所有権の譲渡ないし移転を合意するのである。

　そこで、ドイツの判例上、交互計算類型の所有権留保と法定債権譲渡が問題となった事例について検討する。事案は、卸売業者Bの属するX組合が食料品の製造供給会社Aとの間において、Aの卸売業者（留保買主）に対する売買代金その他の債権について支払保証契約を締結し、Xによる保証債務の弁済により、Aの買主に対する売買代金債権とすべての従たる権利及び優先権とともに留保所有権がXに移転する旨を合意し、また、XはBとの間において、「供給商品に対する約定供給者の所有権留保に基づく権利はXに譲渡される旨を約定供給者と合意する。Xは自己の留保商品及び目的

物から弁済を受ける権利を有し、また、Xと組合員との交互計算に基づく組合員に対するその他の債権に関しても弁済を受ける権利を有する。」という契約関係にあったところ、YがBの一支店の全在庫商品を買い受けたが、その後、Bが倒産し、破産手続が開始したので、Xは、Yが購入した在庫商品の所有権はXにあるものと主張し、Yに対し、在庫商品の返還を請求したというものである。

この問題について、BGH[57]は、第一に、供給商品については第三者の所有権留保付きであることが多く、業界の慣行となっているとして、第三取得者Yに所有権留保に関する予見可能性を認めた[58]。

BGHは、第二に、連帯債務者または保証人が第三者弁済をした場合には、債権は、法定債権譲渡により、連帯債務者または保証人に移転し（BGB第426条2項〔連帯債務者〕、第774条〔保証人〕）、債権は旧債権者と同様の範囲でこれらの者に帰属するところ、留保所有権には債権との付従性がなく、法定移転しないので、別の解釈が必要となるが、債権者は、原則として、自己に帰属している留保所有権を保証人へと譲渡すべき義務を負っている[59]として、当事者が保証人による支払の時点において初めてこの移転が生ずる旨を約定した場合にも、留保所有権は保証人に移転するものと解している[60]。

(57) BGH, Urt. vom 15. 6. 1964, Ⅷ ZR305/62 (OLG Schleswig), BGHZ 42, S. 53.
(58) この理論構成は、ライヒ裁判所以来の判例法理である。まず、有価証券の善意取得が争われた事案であるが、RG, Urt. vom 20. 5. 1904, RGZ 58, S. 162は、動産取引においては所有権に関する調査義務が課せられ、この調査を怠った取得者は重過失者として扱われるとして、善意取得（BGB第932条、HGB第366条）を否定した。その後の判例は、この判例法理を踏襲してきた。例えば、BGH, Urt. vom 17. 1. 1968, WM 1968, S. 540は、延長類型の所有権留保の目的物（留保商品）たる高価な建設機械を留保買主が転売したという事案において、高価な建設機械については、所有権留保取引が常識的に存在するということを前提として、その転得者につき、所有権留保を含めた所有権に関する厳格な調査義務を認定し、これを怠った転得者に重過失を認定して、転得者の善意取得を否定している。
(59) vgl. BGB-RGRK, 11. Aufl. § 774 Anm. 6 ; Soergel-Siebert, BGB, 9. Aufl. § 774 Anm. 2 und § 401 Anm. 3 ; OLG Stuttgart, Recht 13 Nr. 329. この判例及び学説の見解は、前掲したベックマン教授が述べていたように（本稿の註50を参照）、「補充された契約解釈」という「通説」と合致している（Beckmann, Staudinger BGB, § 449 Rn. 83）。
(60) BGH, a. a. O.(Fußn. 57), BGHZ 42, S. 53. BGHは、債権者に留保所有権の譲渡義務を課すという解釈に関して、その根拠を従来の判例（HRR 1933, Nr. 12）の解釈に求

更に、この事例において、BGHは、供給会社AからXへの所有権移転の時期と同時に、代金の完済ならびにXのBに対する他のすべての債権の完済という停止条件の下で、Bへの所有権の譲渡が行われていたのであるが、このような所謂「交互計算留保」は原則として有効であると判示している[61]。

このように、ドイツの判例及び通説は、正当な利益を有する第三者の弁済に基づく留保所有権の移転に関して、法定債権譲渡による弁済者への債権の移転と、旧債権者の弁済者への留保所有権移転義務を根拠として、理論構成した。しかし、この理論構成を採るならば、むしろ、三者間合意による留保所有権の移転も視野に入る。そこで、本件のような場合には、留保売主A・買主B・立替払人Xの三者間合意、または存続当事者である買主Bの同意を前提として、契約関係から脱退する留保売主Aと新たに当事者（留保所有者）となるXとの合意による（結果として三者間合意と何ら変わらない形での）契約引受けという法律構成が採用されることとなる。

3．契約引受による留保所有権の移転
（1）総　説

契約引受は債権譲渡と債務引受の組み合わせではなく、一個の法律行為として位置づけられている[62]。契約引受は、債務関係の処分であり、当事者全員の同意を要する。また、「三面契約」として締結されうる[63]。

め、保証人が債権者たる留保所有者に対して弁済した場合には、第774条が使えないが、債権者が付従性ある担保権を放棄した場合における保証人の解放に関する第776条を所有権留保に準用して、この場合には、債権者は留保所有権を放棄した者として扱えばよいと解したのである。
(61) BGH, a. a. O.(Fußn. 57), BGHZ 42, S. 53は、この点は、BGHが繰り返し認めてきたところであるとして、BGH, Urt. vom 16. 12. 1957 – VII ZR 49/57, BGHZ 26, S. 185, 190ならびに、1964年BGH判決 (BGHZ 42, S. 53, Fußn. 57) と同一民事部のBGH, Urt. vom 20. 5. 1958 – VIII ZR 329/56, NJW 1958, S. 1231を引用指示している。
(62) BGH, unten (Fußn. 87), NJW-RR 2005, S. 958; BAG, Urt. vom 24. 10. 1972 – 3 AZR 102/72, DB 1973, S. 924, 通説である。
(63) BGH, Urt. vom 27. 11. 1985, NJW 1986, S. 918; BGH, unten (Fußn. 87), NJW-RR 2005, S. 958; 反対説として、Heinrich Dörner, Anfechtung und Vertragsübernahme, NJW 1986, S. 2916がある。デルナー教授は、判例に所謂「単一説」を批判しつつ、自

しかし、他の当事者の同意の下で分離し発生した当事者間の契約は、通常、それまでよりも適切な利益状況となりうる。引受契約の当事者に欺罔の帰責事由（悪意の欺罔〔arglistische Täuschung〕、即ち「詐欺」。）がある場合には、BGB第123条（詐欺または強迫による意思表示の取消権）によってのみ、同意を取り消すことができる[64]。それゆえ、相手方による詐欺の場合には、他の当事者は、詐欺を知り、または知りうべきであったことを要する[65]。

また、契約引受への同意は予め与えることができるが[66]、普通契約約款において、BGB第309条10号（契約相手方の交替は、約款上での相手方の表示、相手方に解除権が与えられているときには、約款上も有効。）の範囲に限られる。債務者の同意がなくても、引受けに含まれる債権譲渡は有効である[67]。更に、分離された契約当事者が倒産したときには、残りの当事者は、倒産手続の開始後においても、契約引受を追認することができる。[68]

（2）契約引受の合意に関する判例法理

まず、契約引受に関する判例法理について概観する。

(ア) 土地の売買に起因する電気供給契約の引受け

まず、土地の売買に起因する前所有者の電気供給契約の新所有者への移転に関する問題がある。事案は、YがAから宅地を購入したが、この土地は、戦災により荒廃した土地であり、X電力会社とAとの従前の電気供給契約に基づき設置した配線等の設備も戦災を受けていたので、Xは新たにYと新規の配線工事設備を施したとして、設備工事代金を含めて、Yに電気料金を請求したところ、Yは前土地所有者の電気供給契約を承継してお

説を展開している。なお、デルナー教授の見解については後述する（「第5節　ドイツ法の解釈　3．契約引受による留保所有権の移転（3）契約引受の合意に関する有力学説」を参照）。

(64) BGH, Urt. vom 3. 12. 1997, NJW 1998, S. 531.
(65) BGH, a. a. O. (Fußn. 63), NJW 1986, S. 918.
(66) BGH, Urt. vom 18. 10. 1995, DtZ1996, S. 56, 57
(67) BGH, Urt. vom 11. 7. 1996, NJW 1996, S. 3147, 3150= ZIP 1996, S. 1516, 1519.
(68) Lange, ZIP 1999, S. 1373. 以上の前提については、Palandt/ Grüneberg, BGB 67. Aufl. 2008, § 398 BGB Rn. 38, 38aを参照。

り、配線等の設備も戦災に遭わず無事であったと主張して、工事代金の支払を拒絶したので、XがYに対し配線等の設備工事代金を請求したというものである。

この問題について、BGH[69]は、電気供給契約は双務契約であるから、債権譲渡だけでは契約引受にならないという前提に立脚し、「法律行為による契約引受は、旧債務関係を消滅させることなく、債権譲渡と債務引受との結合によって可能であるところ（BGB第398条以下、第414条以下）、旧債務関係の契約当事者双方の協力によってのみ可能である[70]」と解し、この場合には、使用賃貸借の譲渡における旧賃借人のすべての権利及び義務の新賃借人への譲渡・承継に関する合意と、これに対する使用賃貸人の同意とが確定した時点で契約引受が成立する場合と同様、A・Y間の合意と、これに対する電気供給事業者Xの同意により、AからYへの契約引受が成立するものと判示した。この点は、使用賃貸借に供されている土地の所有権移転に際し、前賃貸人（前所有者）の権利及び義務が新所有者に移転する（BGB旧第571条〔現行第566条[71]〕、第581条2項：使用賃貸借規定の用益賃貸借への準用）場合とは事案が異なるとともに、明文規定がないので、上記のような解釈となるのである。

もっとも、本件の場合において、YがAからの契約引受に対する同意をXに求めることも、Xと新規に契約を締結することも、内容において変わりはないので、あまり意味はない。YはAが使用していた配線設備をそのまま使うので、配線工事の必要はないのに、工事費用を払うのはおかしいとして、契約引受を主張したのである。しかし、BGHは、結局のところ、Xは国民に対する電気供給義務を負うが、このような契約引受に対する同意義務は負わないという判断を下した。

---

(69) BGH, Urt. vom 10. 11. 1960 - VIII ZR 167/59 (OLG Köln), NJW 1961, S. 453ff.
(70) この点について、BGHは、Palandt, BGB, 18. Aufl., §398 Anm. 4 を引用指示している。
(71) BGB 第566条（売買は使用賃貸借を破らない）
　　第1項：賃貸された住居が使用賃借人に引き渡された後、使用賃貸人によって第三者へ譲渡されたときには、取得者は使用賃貸人に代わり、自己の所有権の存続期間中に使用賃貸借関係から生じた権利及び義務を有する。

したがって、判例法理としては、契約引受には、土地の旧所有者（脱退権利者）と新所有者（加入権利者）との物権的合意の内容に明確に契約引受が合意されるとともに、この二当事者間の合意に対して、原契約当事者である供給者の同意が必要不可欠ということになる。

(イ) 契約引受による売買契約からリース契約への転換

次に、契約の転換に起因する契約引受に関する判例を分析する。事案は、次のとおりである。A会社は建設機械の製造販売会社Yから建設機械を「特別価格19万2100マルク」で購入したところ、Aはリース契約を希望し、Xリース会社にリース契約の締結を申し込んだので、Xは、Yに対し、「すべての権利及び義務とともに現に存する売買契約に入りたい」と通知し、Yは、書面によりXの契約引受に同意し、代金額（19万2100マルク）の計算書と本件機械に関する説明書をXに送付して、Xは、Yに対し、売買代金の全額を支払った。その後、Aが破産したので、Xは、Aから本件機械を引き揚げ、これを市場で換価したところ、その価格は僅か8万マルクであった。Xは、引受契約に入る際に、Aから「1980年製造の新型機械に関する売買」という説明を受けたが、本件機械は1977年に製造され、新型モデルに合わせてオーバーホールされた中古品であった。そこで、Xは、Yに対し、Aの悪意の欺罔（詐欺）による売買の取消に基づく不当利得の返還、Yの製造年と技術水準に関する説明義務違反による契約締結上の過失責任または不法行為に基づき、11万2100マルクの損害賠償を請求した。

この問題について、BGH[72]は、従来の判例及び通説を踏襲し、「契約引受は、判例及び学説の一般的な見解によると、単一の行為」と解されており[73]、「契約引受は三当事者の共同作業の下でのみ完遂されうる」のであ

---

(72) BGH, Urt. vom 27. 11. 1985 - VIII ZR 316/84 (OLG Düsseldorf), NJW 1986, S. 918ff.
(73) BGHは、従来の判例として、BGH(Senat), Urt. vom 29. 10. 1957, LM § 581 BGB Nr. 16 = MDR 1958, S. 90 m. Anm. Bettermann; BGH, Urt. vom 7. 3. 1973, WM 1973, S. 489; BGH, Urt. vom 3. 7. 1974, NJW 1974, S. 1551 = WM 1974, S. 908 (909); BGH, Urt. vom 29. 11. 1978 - VIII ZR 263/77, BGHZ 72, S. 394 (395) = NJW 1979, S. 369を掲げ、また近時では、BGH, Urt. vom 20. 6. 1985, NJW 1985, S. 2528 =WM 1985, S. 1172 (1174)が詳細であるとし、学説として、Nörr, in: Nörr-Scheyhing, Sukzessionen, 1983, § 17 I; Coester, MDR 1974, S. 804; Staudinger-Kaduk, BGB, 10./11. Aufl., Einl. § 398 Rdn. 35; Weber, in: RGRK, 12. Aufl., Vorb. § 398 Rdn. 10;

り[74]、「これは、一方では、狭義の三者間契約により、他方では、第三者の同意の下における二当事者間の合意により可能」と解している[75]。

また、多数の当事者となされる法律行為の取消はすべての当事者に対して意思表示しなければならないのかという問題は、BGBの法整備の際に議論されて以来争われてきたところ[76]、「多数の契約当事者と対峙する取消者はすべての当事者に取消の意思表示をしなければならないという見解は、……不可分給付を伴う債務関係が問題となる限り、多数説である[77]」と解して、「契約引受の場合のように、ある債務関係における権利義務の承継という追求された成果が、そもそも、残留当事者、脱退当事者、そして引受当事者らによる共同作業によってのみ実現しうるときには、債務関係における権利義務の承継が遡及効をもって除去されるべき取消は、すべての当事者に関係するのであるから、すべての当事者に対してその意思が表示されなければならない。このように、引受人が引受契約を取り消したときには、BGB第143条[78]の意味における取消の相手方は、残留当事者（A）及び脱退当事者（Y）である」と判示し、結論として、「原告（X）は、A会社に対しても、引受契約を取り消さなければならない」として、Yのみに取消の意思表示をしたXの取消は無効（unwirksam）であると判示して、Xの上告を棄却した（他の論点は割愛する）。

  Möschel, in: Münch-Komm, 2. Aufl., Vorb. § 414 Rdn. 8を引用している。
(74) Vgl. BGH, a. a. O.（Fußn. 47, u. unten 79）, NJW 1985, S. 2528 = WM 1985, S. 1172 (1174); Möschel, in: Münch-Komm, Vorb. § 414 Rdn. 8）
(75) Senatsurt., a. a. O.（Fußn. 73）, BGHZ 72, S. 394 (395, 396) = NJW 1979, S. 369; BGH, a. a. O.（Fußn. 47）u. unten（Fußn. 79）, NJW 1985, S. 2528 = WM 1985, S. 1172 (1174).
(76) Vgl. Planck-Flad, BGB, 4. Aufl., § 143 Anm. 5; Enneccerus-Nipperdey, BGB AT, 15. Aufl., 2. Bd., S. 1228 m. w. Nachw; W. Flume, AT des Bürgerlichen Rechts, 2. Bd. Das Rechtsgeschäft, S. 564, 565.
(77) BGHは、多数説として、Krüger=Nieland-Zöller, in: RGRK, 12. Aufl., § 143 Rdn. 19; Mayer=Maly, in: MünchKomm, 2. Aufl., § 143 Rdn. 15; Flume, a. a. O.（ibid.）, S. 566を掲げ、異説として、Enneccerus-Nipperdey, a. a. O.（ibid.）, S. 1228を掲げる。
(78) BGB第143条（取消の意思表示）
 第1項：取消は、取消の相手方に対する意思表示によって行う。
 第2項：取消の相手方は、契約の場合には、他方当事者であり、第123条2項2文の場合には、契約から直接に権利を取得した者である。

本件においては、詐欺を理由とする意思表示の取消による契約の無効が争われてはいるが、リース会社Xが売主Yから契約を引き受けて、Y・A間の売買契約をX・A間のリース契約に転換するために、契約引受を用いている。即ち、リース契約の成立にあたり、契約引受を利用していることから、脱退当事者Yを含めた三者間契約またはX・A間のリース契約に売主Yの同意ないし追認を必要とする類型である。それゆえ、リース契約の取消にあたっては、契約に関わった全員が利害関係人なのである。

　本判決は、取消権者Xは現在の相手方Aのみならず、脱退当事者Yを含めて、両者に取消の意思表示をしなければならないと判示した。理由は、Xのリース契約取消が有効であれば、X・A間のリース契約は遡及的に無効となり（BGB第142条1項）、XがYに対して支払った代金は法律上の原因を欠くことになるので、不当利得返還（BGB第812条1項）という関係となる一方で、他方、Y・A間の法律関係（売買）は遡及効をもって復活するからである。Xは、Yから契約を引き受け、目的物の代金を支払ったので、引受契約を取り消して、代金の返還を急ぐあまり、引受契約の相手方たるYに対する意思表示のみになってしまったのであろう（Aの代表者は逃走し、行方不明という事実もあった）。

　しかし、翻って考察すると、事実関係において、Xは、相手方Aの詐欺を理由として、Aとの原因行為であるリース契約を取り消した上で、Yに対して引受契約を取り消しているようにも思われる。しかしながら、XのAに対する契約取消は不明確であるとして認められなかったのである。

（ウ）使用賃貸人の地位の引受け

　次に、家屋の使用賃貸借における使用賃貸人の地位の譲渡に関する判例を分析する。事案は、Yが建物の使用賃貸借を目的としてA会社を設立し、Yの所有する土地上の建物の2階をB会社に賃貸し、Bの業務執行者であるXがBのすべての債務に関して連帯保証人となった後に、A会社が解散し、その業務をAの業務執行者CがYの代理人として引き受けることとし、この使用賃貸人のAからYへの交替について、CはBに書面で通知し、X以外のBの業務執行者がこれに署名（明白な同意という認定はなされていない。）をした後、Bが賃料を10か月間も支払わないので、Yが連帯保証

人Xに対して延滞賃料と遅延利息の支払を求めたところ、Xは、Yに対する連帯保証債務はないとして、Yに対し、請求権不存在確認の訴えを提起したというものである。

この問題について、BGH[79]は、「この契約当事者の交替は、脱退当事者、引受当事者、残存当事者間の三者間契約という方法においても、また、残存当事者が同意したときは、原当事者と新当事者との間における契約によっても、合意することができる」ものと解し、これは判例及び学説の多数説に適合しているとして[80]、本件においては、新旧の使用賃貸人であるA・Y間の合意と、これに対する使用賃借人Bの同意があったとして、YがA会社の契約引受人であると認め、また、「契約引受は、契約の新たな締結がなくとも、契約当事者が、契約の同一性を保持しつつ交替する、旧契約における権利の承継によって、もたらすことができる」[81]と解している。

次に、新使用賃貸人YはXの保証を取得しうるかという問題について、原審（OLG Hamm）は、債権譲渡による担保権の移転に関するBGB第401条

---

(79) BGH, Urt. vom 20. 6. 1985 - IX ZR 173/84 (OLG Hamm), NJW 1985, S. 2528ff.
(80) BGHは、BGH, Urt. vom 24. 9. 1959, LM BGB § 535 Nr. 21a; BGH, Urt. vom 10. 11. 1960, LM AGB d. Elektr. Vers. Untern. Nr. 9 = NJW 1961, S. 453; BGH, Urt. vom 8. 11. 1965 - II ZR 223/64, BGHZ 44, S. 229 [231]= NJW 1966, S. 499= LM § 105 HGB Nr. 21; BGH, Urt. vom 7. 3. 1973 - VIII ZR 204/71, WM 1973, S. 489; BGH, Urt. vom 21. 6. 1978 - VIII ZR 155/77, NJW 1978, S. 2504= JZ 1978, S. 568; BGH, Urt. vom 14. 12. 1978 - III ZR 104/77, NJW 1979, S. 1166L= LM § 1027 ZPO Nr. 12= WM 1979, S. 279; Senatsurt., a. a. O. (Fußn. 73), BGHZ 72, S. 394 [396]= NJW 1979, S. 369= LM § 566 BGB Nr. 24; Weber, in: RGRK, Vorb. § 398 Rdn. 8, 9 ; Palandt-Heinrichs, BGB. 44. Aufl., § 398 Anm. 10を引用指示している。
(81) BGHは、契約引受の意義について、この点を前提とする判例として、BGH, a. a. O. (Fußn. 69), LM AGB d. Elektr. Vers. Untern. Nr. 9 = NJW 1961, S. 453 [454]、及びBGH, a. a. O. (Fußn. 73) NJW 1974, S. 1551= LM § 571 BGB Nr. 22= WM 1974, S. 908 [909]があり、同様の見解として、BGH, Urt. vom 8. 11. 1965 - II ZR 223/64, BGHZ 44, S. 229 [231]= NJW 1966, S. 499=LM § 105 HGB Nr.21; BGH, Urt. vom 28. 11. 1969 - V ZR 20/66, WM 1970, S. 195 [196]; BGH, (ibid.), NJW 1979, S. 1166L= LM § 1027 ZPO Nr. 12を掲げている。また、学説として、Piper, Vertragsübernahme und Vertragsbeitritt, 1963, S. 30; Staudinger-Emmerich, BGB, 12. Aufl., § 535 Rdn. 11, Weber, in: RGRK, § 398 Rdn. 8 ; Erman-Westermann, BGB, 7. Aufl., Vorb. § 414 Rdn. 2 ; Coester, MDR 1974, S. 803, 804; Nörr, in: Nörr-Scheyhing, Sukzessionen, 1983, § 17 II , S. 250があると述べている。

の債務引受への準用ないし類推適用を根拠とした。即ち、「B 会社の使用賃貸人としての地位に Y が加わることは、結果として、BGB 第401条の類推適用に基づいて、使用賃貸人の保証債権の取得を伴う」という解釈である。

この解釈に対して、BGH[82]は、「契約引受けの場合には、BGB 第401条の適法な準用により、賃料債務のために設定された保証は、契約引受後に発生した B 会社の担保のための問題である場合にも被告へ移転するということが導かれる。契約関係の新当事者は、債権の新債権者と同様、担保を必要とするものであるから、BGB 第401条は契約引受に適用すべきである。これにより、保証人は、不利益を受けない。……保証人は、BGB 第571条（現行第566条）、第572条（現行第566a 条[83]：使用賃借人の担保提供）による使用賃貸人の法定交替の場合には、新債権者に対し、引き続き義務を負うということも、受け入れなければならない。」として、一応、賛意を表明した。しかし、この解釈に加えて、前段の判例法理と同様、「BGB 第571条（現行第566条）によってなされた法定の契約引受を顧慮して、BGB 第572条（現行第566a 条）を適用し、BGB 第232条２項による保証人の地位を BGB 第572条の意味における担保の給付と見做すべき場合には、使用賃貸借保証は新使用賃貸人へと移転する」という判例法理[84]を引用し、学説[85]もこれを承認していると述べている[86]。

---

(82) BGH, a. a. O.(Fußn. 79), NJW 1985, S. 2528, 2530.
(83) BGB 第566a 条（使用賃借人の担保）
　　第１文：譲渡された住居の使用賃借人が使用賃貸人に対して担保を提供していたときには、取得者は、これによって設定された権利及び義務の関係に入る。
(84) 使用賃貸借保証を与えられた使用賃貸人（所有者）が、自己の保有する土地の買主と使用賃貸借契約への加入を合意したという事案に関する判例として、KammerG（ベルリン上級地裁〔宮廷裁判所〕）（OLGZ 25, S. 20）及び RG（WarnRspr. 1913, Nr. 286）を引用している。
(85) Gelhaar, in: RGRK § 572 Rdn. 1 ; Soergel-Kummer, BGB 11. Aufl. § 572 Rdn. 1 ; Staudinger-Emmerich, BGB, § 572 Rdn. 4 を引用している。
(86) BGH, a. a. O.(Fußn. 79), NJW 1985, S. 2528に関する評釈として、Knut Wolfgang Nörr, Anmerkung für BGH, 20. 6. 1985, JZ 1985, S. 1095-1096.; R. Haase Leonberg, Anmerkung für 20. 6. 1985, JR 1986, S. 105-106があるが、いずれも大枠では判例に賛意を表明している。ただ、ネーア（Nörr）教授は、この第９民事部が、契約引受の場合における保証の移転という問題を原則として判断することに躊躇しているとして、本判決の示した解釈を原則として主張してもよいのではないかという不満を表明

(エ) 使用賃借人の地位の引受け

次に土地の使用賃貸借における使用賃借人の地位の引受けに関する判例を分析する。事案は、土地の使用賃貸人（所有者）Yと旧使用賃借人A会社との使用賃貸借契約に、新使用賃借人X会社が三者間契約の形で入り、Xが契約引受に無方式で同意する旨を書面により合意したが、Yは、突如として、Aに対し契約解除を告知し、Xの競争相手Bに使用賃貸したので、XはYに対し、債務不履行に基づく損害賠償を請求したというものである。

この問題について、BGH[87]は、従来の判例・通説と同様、「多数説によると、契約引受は債権譲渡と債務引受の掛け合わせではなく、一体化した法律行為であり、契約引受は当事者全員の同意が必要である[88]」という見解を前提としている。また、「契約引受は三者間契約として締結されるが、他方、第三当事者によって追認される二当事者間の契約によっても締結され、その場合には、契約自由の原則により、新使用賃借人が使用賃貸人と旧使用賃借人との間の契約を追認することによっても、新使用賃借人の契約への加入を実現することができる[89]」と解している。

本件においては、使用賃貸人Yと旧使用賃借人Aとの使用賃貸借契約について、Xが契約引受への同意をしており、また、これが追認という方法でも契約への加入が許されるので、YのBへの賃貸はXへの債務不履行を構成するのである。

これらのほかにも契約引受に関する判例は多数存在するが、概ね、ここで述べてきたような判例法理を形成している。本稿において分析したBGH2008年3月27日判決は、この判例法理を用いて、融資者Xへの留保所有権の譲渡を契約引受という方法でも可能であると判示したのである。

している。

[87] BGH, Urt. vom 20. 4. 2005 - XII ZR 29/02 (OLG Schleswig), NJW-RR 2005, S. 958ff.

[88] Vgl. BGH, Urt. vom 27. 11. 1985 - VIII ZR 316/84, BGHZ 96, S. 302 [308] = NJW 1986, S. 918; BGH, Urt. vom 12. 3. 2003 - XII ZR 18/00, BGHZ 154, S. 171 [175] = NJW 2003, S. 2158 = NZM 2003, S. 476.

[89] Vgl. BGH, a. a. O. (Fußn. 73), BGHZ 72, S. 394 [396] = NJW 1979, S. 369; BGH, (ibid.), BGHZ 96, S. 302, [309] = NJW 1986, S. 918.

第5節　ドイツ法の解釈　219

(オ)　小　括―契約引受判例のまとめ

契約引受に関しては、概ね、以上のような判例法理がある。A・B間の契約関係にCが加入し、AまたはBが脱退するというパターンである。土地の売買に起因する旧所有者と電気事業者との契約を新所有者が承継する場合には、土地や地上建物の使用賃貸借の賃貸人の地位の引受けの場合と類似する。使用賃貸人の地位の引受けは、法定の契約引受条項があるので（BGB第566条）、「売買は賃貸借を破らない」の原則に従い、使用賃貸人は法定交替となり、旧賃貸人A・賃借人Bの使用賃貸借契約であれば、土地の新所有者Cが新賃貸人となる。しかし、電気供給契約の場合には、Bが電気事業者であり、A・C間の土地売買契約により、CがAの契約を引き受ける場合には、B・C間において新たに契約を締結するのと同じ状況を作るわけであるから、A・C間の引受契約に対し、Bが三者間契約で同意するか、二当事者間契約を追認するかのいずれかである。その他の類型においても、概ね、このパターンであった。

いずれにせよ、双務契約の引受けであるから、債権譲渡と債務引受を一遍に実行するのと同じ効果を一つの契約で生じさせるには、三者間契約による契約引受という形式が安全確実である。

本段においては、留保所有権の移転に適用可能性ある理論として、判例法理を概観してきたが、判例に対して極端に反対する学説は契約引受類型に関するものが散見される程度であるから、次段においては、契約譲渡ないし契約引受類型に関して、有力反対説を分析する。

(3)　契約引受の合意に関する有力学説

既に論じてきたように、ドイツの判例及び通説は、契約引受の三面契約性を肯定し、契約当事者の交替は、脱退当事者、引受当事者、残存当事者の三者間契約という方法か、または、残存当事者の同意を要件として、原当事者と新当事者との間の契約によって、合意することができるものと解している。更に、脱退当事者と原当事者との契約を新当事者が追認するという方法でも可能と解されている。

このような判例及び通説の見解に対して、契約引受は脱退譲渡人に対する

意思表示で足りるというデルナー（Heinrich Dörner）教授の反対説（二当事者間契約説）がある[90]。以下に紹介しつつ、検討する。

　デルナー教授は、判例及び通説の提唱する「単一理論」が「契約譲渡は、債権譲渡と債務引受の組み合わせとして現れるのではなく、単一のかつ独立した法律行為として現れる」と解し、通説が、「契約に基づいて権利や義務を共同で譲渡するためには、ただ一つの法律行為だけが必要であり、およそ二つの平行した譲渡行為が締結される必要はない」と解している点については、一応、正しいと述べている。しかし、通説（単一理論）が、「すべて整った契約関係がすべての形成権や受領権限を含めて第三者へ譲渡することができ、それができるのは契約譲渡だけであり、反対に、債権譲渡プラス債務引受ではできないと言い表している」という点について、契約譲渡による価値の移転は譲渡人と引受人との間において発生し、他方当事者には移転しないのであるから、三者間合意の必要はないのではないかという疑問から、単一理論を批判している[91]。それゆえ、契約引受の成立要件についても、取消原因がある場合における取消の相手方についても、引受人から譲渡人に対する意思表示で足りるものと解している。しかし、契約引受に関する譲渡人からの同意や、譲渡人に対する取消通知だけでは、他方当事者（原契約の相手方）は契約引受や契約取消を認識しえず、他方当事者が債務者である場合には、二重弁済の危険があるので、他方当事者に対しては、債権譲渡の場合と同じく「通知」をすれば足りると論じている[92]。

　デルナー教授は、契約譲渡の場合には、譲渡に応じて、債権譲渡と債務引受に関して適用される規定（BGB第409条、第415条）を重畳適用し（kombinierte Anwendung finden）、相手方は、後に取り消され、または他の理由に基づいて絶対無効とされる契約譲渡であるにもかかわらず、契約引受人に対する解放的な効果を以て、自己の給付をもたらすべき契約譲渡の通知を許容し、相手方は、譲渡の有効性を顧慮することなく、拠り所とする新債

---

[90] Dörner, a. a. O.(Fußn. 63), NJW 1986, S. 2916ff.
[91] Dörner, a. a. O.(Fußn. 63), NJW 1986, S. 2917.
[92] Dörner, a. a. O.(Fußn. 63), NJW 1986, S. 2916. デルナー教授は、この解決方法について、債権譲渡通知に関するBGB第409条の類推適用による保護と論じている（ibid., S. 2920 ff.）。

務者に対し、契約引受人の通知を得させるのであり、この法的効力は、契約譲渡人、契約引受人も、共に、正当な方法において、通知またはこれに対応する証書の交付によって、譲渡行為の相手方に知らせる場合にのみ、発生するものと論じている[93]。

これが、単一理論を批判するデルナー教授の見解である。しかし、デルナー教授の二当事者間契約説も、契約譲渡人と契約引受人との間における価値移転を中心に構成する点をクローズアップさせているだけであり、法律上の効果としては、三者間合意とそれほどの差異はない。しかしながら、価値移転のない当事者（本稿における買主Ｂ）に対しては、いずれの場合にも、通知のみで足りるという観点は、二当事者間合意のみで契約の効力を達成することができるという点において、なお、解釈上の有用性は高いであろう。

第３款　小　括――留保所有権の譲渡類型
第１項　総　説

本節においては、ドイツの判例を分析することにより、留保所有権の譲渡事案に適用しうる解釈として、①物権的返還請求権の譲渡類型、②法定債権譲渡類型、③契約譲渡ないし契約引受類型に分類することができ、これら類型ごとに、個別的に主要判例を分析しつつ、検討してきた。ここでは、判例及び学説の分析結果を踏まえ、留保所有権の譲渡事案への適用可能性について考察する。

第２項　物権的返還請求権の譲渡類型

まず、第一に、物権的返還請求権の譲渡類型による留保所有権の移転構成については、詳細に検討したところ、この類型は、債権との付従性を欠く所有権留保の特殊性に鑑み、債権と担保権との付従性を前提とする規定（BGB第401条）を適用し得ないことから生じた理論構成である。

この解釈は、買主Ｂの債務不履行などに起因して、留保売主Ａに発生することあるべき契約解除権の行使の結果として現れる所有権に基づく返還請

---

(93) Dörner, a. a. O.(Fußn. 63), NJW 1986, S. 2920- 2921.

求権を立替払人Xに予め譲渡することによって、Xを留保所有者とするという中間処分的な留保所有権の移転である。確かに、解除によって買主Bの占有正権原（BGB第986条2項）は失われるが、買主Bの行動に依存するということと、そもそも、売買契約の当事者ではない立替払人Xには解除権がないので、単純にこの解釈を適用するわけにはいかない（三者間合意により、売主Aに解除権を留保し〔BGB第346条1項〕、立替払と同時に解除し〔同法第449条2項〕、その上でXに留保所有権の移転という効果を発生させる必要がある）。そうすると、理論構成はともかく、この方法には難点が伴う。

第3項　法定債権譲渡類型

次に、法定債権譲渡類型による留保所有権の移転構成は、民法の制度を適用するという点においては、わが国の多数学説が与えている法定代位説と同様の解釈である。しかし、この解釈は、所有権留保の本質に反する。売買の附款として成立する所有権留保に基づく留保所有権は、質権や譲渡担保権のような付従性ある担保権ではないので、法形式的には法定債権譲渡（法定代位）を適用することはできない（もちろん、代位弁済により債権だけは立替弁済者Xに帰属する〔BGB第401条1項、第426条2項（連帯債務者による弁済）、第774条（保証人による弁済）、日民第500条、第501条〕）。

そこで、解釈論を考えるわけであるが、ドイツの判例及び通説は、「留保所有権を弁済者へ移転すべき債権者の義務」という構成を採用している[94]。この「補充された契約解釈」[95]の意味に関して、BGH[96]は、既に論じたように、弁済を受けた債権者は留保所有権を放棄した者として扱うとして、付従性ある担保権が弁済によって債権とともに保証人など弁済するについて正当な利益を有する第三者に法定移転する制度との均衡を保っている。このように、債権との付従性ある担保権と付従性のない留保所有権とのバランスを考え、法体系上、前者に適用しうるが、後者には適用しえない「法定

---

(94) Vgl. BGH, a. a. O.(Fußn. 57), BGHZ 42, S. 53, 56-57; BGB-RGRK, 11. Aufl. § 774 Anm. 6; Soergel-Siebert, BGB, 9. Aufl. § 774 Anm. 2 und § 401 Anm. 3; OLG Stuttgart, Recht 13 Nr. 329.

(95) Vgl. Beckmann, a. a. O.(Fußn. 50, 59), § 449 Rn. 83.

(96) BGH, a. a. O.(Fußn. 57), BGHZ 42, S. 53, 57.

債権譲渡」の解釈を正当な解釈によって拡張するのであれば、わが国の学説に所謂「法定代位説」の欠陥もまた埋まるのではないかと思われる。

第4項　契約譲渡・契約引受類型

次に、契約譲渡ないし契約引受類型による留保所有権の移転構成は、物権的返還請求権譲渡類型と法定債権譲渡類型の理論的な危うさを払拭する解釈として、妥当性を有するように思われる。この類型に関しては、債権譲渡と債務引受の併用などと言われてきたが、近時では、単一の契約という判例及び通説の解釈がある。これには、①三者間契約と、②二当事者間契約プラス同意ないし追認という2類型があり、いずれの方法でもよいとされてきた。

三者間契約類型は、留保売主Ａと買主Ｂが所有権留保特約付売買を締結するとともに、立替払人ないし支払保証人Ｃが契約に参加し、ＣのＡに対する弁済により、Ａの留保所有権がＣに移転するという類型が単純明快である。

また、二当事者間契約類型は、留保売主Ａと買主Ｂが所有権留保特約付売買を締結した後に、立替払人ないし支払保証人Ｃが契約に参加するという方法であるから、①Ａ・Ｂ間の契約のケースと、②Ａ・Ｃ間の契約のケース、そして、③Ｂ・Ｃ間の契約のケースが考えられる。

①のケースにおいては、第三者のためにする契約と類似し、Ａ・Ｂ間において、「Ａの債権者としての地位のＣへの移転」を合意した後に、Ｃがこれに同意することによって、Ａの地位がＣへ移転する。この類型であれば、支払債務者Ｂにとって悪い影響が出るとは思われない。また、③のケースも、判例に現れたように、Ａ・Ｂ間の売買が先行しており、これに新たにＢ・Ｃ間のリース契約が加わり、最終的にＣがＡの同意ないし追認を得て、ＡからＢとの契約関係を引き受けるので、特に問題はないと言えそうである。しかし、②のケースにおいては、債権譲渡の場合と同じリスクが生ずる。即ち、Ｃによる契約引受について、ＡがＢに通知するか、Ｂから予め承諾を取るかしないと、Ｂには債権者が不明となり、支払先が分からないので、Ｂが不安定な地位に置かれる。したがって、支払債務者Ｂへの通知は不可欠である（BGB第409条、日民第467条の債権譲渡通知制度を用いる）。

以上から、原初的な三者間契約類型が安全かつ確実な留保所有権移転類型であり、買主の二重弁済という危険をも回避可能なモデルであって、妥当性が高いと言うことができる。

第6節　所有権留保の対抗要件に関する私見的考察

第1項　二当事者間の所有権留保

　まず、信販会社が現れる以前の単純類型の所有権留保に関する基本的な構成についてまとめておく。売買における所有権留保特約は、債権契約における条件付の物権的合意であるから、留保所有者の地位を第三者との関係においても確保・確定するためには、対抗関係が発生する前においても、占有権の保持が必要である（第178条類推）。この点は、売主・買主という二当事者間の所有権留保においては、元々、留保売主が間接自主占有権を保持しているので、全く問題はない。この意味において、留保売主と留保買主との間においては、物権変動は生じていないのと同じことに帰着する。それゆえ、留保売主には対抗要件は不要である。また、留保買主は留保商品の直接占有を有するところ、これが留保売主のためにする他主占有であるとしても、留保商品に対する直接の占有によって留保買主に使用・収益権能があるという程度の外観はある。そのため、留保売主の留保所有権の存在は外観からは不明であるものの、留保買主の将来の所有権取得への期待権（私見は「物権的期待権」と解する。）は占有によって保護されているものと言えそうである。したがって、留保買主の直接占有は、期待権の対抗要件として位置づけることが妥当であろう。

　しかし、この場合でも、留保買主の権利は債権的効力を有するに過ぎない弁済による受戻権のみと解する場合には、留保買主の地位は脆弱なものとなる。それゆえ、留保買主の期待権には物権的効力（対第三者効）を付与すべきものと解される。そうすると、留保売主への割賦弁済中も、留保買主は物権的期待権の第三者への担保提供行為（留保商品に関する譲渡担保権の設定など）により、運転資金を獲得することが可能となり、また、第三者からの物理的な侵害の場合には、物権的期待権の侵害として、不法行為に基づく損害

賠償請求権を行使することが許されよう。更に、留保買主に物権的期待権を認めることにより、留保買主の債権者が物権的期待権を差し押さえるという新たな局面が考えられ、留保買主の債権者にとって有利な地位が与えられる。このような物権的期待権概念の構築により、留保買主をめぐる与信関係は広がりを見せることとなるのである。

第2項　三者間取引による所有権留保——信販会社の法的地位
1．法定代位構成について

本稿において論じてきた三者間取引（合意）による所有権留保の場合には、本来は、信販会社による立替払の際に、留保売主が信販会社に売買代金債権を譲渡し、信販会社は、この譲渡された債権＝立替払債権（立替払を原因とする譲受債権として存続する。）とその利息及び手数料等の債権を一括して担保するために、譲渡担保権と類似する留保所有権を取得するものと解することもできる。しかし、平成22年最判の事案では、このような債権譲渡は用いられていない。そこで、平成22年最判の原審や最近の多数学説において見られるような法定代位構成が検討されるのである。

平成22年最判の事案においては、信販会社Xには約定によって留保所有権が移転しており、この留保所有権の移転を法定代位の効果によるものと解するには障害がある。法定代位によるのであれば、留保売主の有する売買代金債権（と若干のプラスαの債権）と担保権が代位弁済により信販会社に移転しなければならない。しかし、平成22年最判は、立替払によって発生する信販会社の立替金債権（利息・手数料込み）は留保売主の割賦代金債権よりも拡張された別個の債権となるという理由から、法定代位を否定した。そこで、平成29年最判（同28年札幌地判・高判）の事案においては、「集金保証方式による留保所有権の移転」約款が採用され、その結果、代金債権と保証債務の履行による求償債権との同一性が認められ、法定代位の効果としての留保所有権の移転と、法定代位には対抗要件は不要ゆえに別除権の行使要件たる登録名義変更も不要という構成が認められたのである。しかし、この解釈には、留保所有権の本質を見過ごすという欠点がある。

抑も、所有権留保は付従性なき担保権であり、それゆえ、集金保証方式に

よる弁済による代位によって、債権の移転は認められても、留保所有権の移転は認められないはずである（民法第500条、第501条による担保権の移転は債権との付従性ある担保権を前提とした規定である）。そこで、ドイツの判例・通説と同様、第一義的には、法定代位の効果は認められないこととなる。しかし、そうとはいえ、留保売主には、債権を代わりに弁済してくれた支払保証人に対して、留保所有権の移転を拒絶するという法的利益は存在しない。却って、そのような拒絶は信義則に反して許されないであろう。それゆえ、BGHの判例においては、法定代位構成の延長線上の問題と解する場合には、留保売主は、支払保証人に対して留保所有権を放棄し、あるいは、同人に対して信義則上の譲渡義務を負うものと構成している。法定代位説を標榜する学説は、このような丁寧な解釈を施す必要に迫られよう。

２．契約譲渡ないし契約引受構成について

　しかし、法定代位構成は、最終的には信義則上の譲渡義務といった一般原則を頼りにせざるを得ないという点において、法解釈として必ずしも十分とは言えない。そこで、三者間契約による契約譲渡ないし契約引受構成に基づく留保所有権の移転という解釈手法がクローズアップされる。

　この場合には、元々は、二当事者間の所有権留保、即ち、商品信用取引に基づく留保売主Aの留保所有権（Vorbehaltseigentum）が、三者間契約による契約引受に基づき、純然たる担保権として、金融業者（信販会社）Xの留保所有権に転化するものと解される（譲渡担保権と同様の担保所有権〔Sicherungseigentum〕）。これは約定による留保所有権の移転ではあるが、この移転合意の結果発生する譲受け留保所有権は、譲渡担保権類似の担保権と考えてよい。金融業者Xの関心は融資金額の回収のみであり、債務者が信用危殆に陥るまでは、金融業者には「所有権」への関心がないからである（信用危殆発生後は期限の利益喪失に伴う所有権留保の実行、即ち留保商品の引揚げ・清算へと向かう）。つまり、このような契約引受合意の場合には、三者間合意による契約引受の効果として、債権と留保所有権が引受人に移転し、留保所有権の譲受人は、この合意に基づいて、譲渡担保権類似の担保権を取得したものと解することになる。

留保所有権の譲渡を受けた信販会社の所有権が担保所有権（担保権）であるとすれば、留保買主の有する物権的期待権は実質的所有権である。このように解すると、担保権者たる留保所有者は、対抗要件を必要とする。留保所有者は、留保買主に対し、留保商品を直接に引き渡し、その使用を許している。それゆえ、所有権留保を担保権の設定と解すると、留保買主に留保商品の自由な使用を許している留保所有者は、原則として、占有改定によって引渡しを受けたものと解さざるをえない。このような意味において、本稿冒頭の事案のような登録自動車の所有権留保においても、留保所有者には対抗要件が必要となる。登録自動車の場合において、自己の留保所有権として、この権利関係を確定するには、登録変更が必要である。仮に、集金保証方式による留保所有権の移転が法定代位の効果として認められるという解釈を採ったとしても、留保買主の民事再生手続や破産手続においては、別除権の権利主張要件として、特別に、権利の登記や登録が要求されるべきものと解される。したがって、物権的返還請求権の譲渡類型、法定債権譲渡（法定代位）類型、契約引受類型を問わず、すべての類型において、別除権を主張する場合にだけは、留保所有権の登記または登録を必要とすると解さざるを得ない。

第3項　今後の課題

　本稿において展開してきた法解釈、判例法理、諸学説の整理と検討により、三者間取引による所有権留保の移転から実行局面までにおける信販会社の法的地位に関して、一定の理解に達することができた。そこで、今後の課題として、如何なる問題が残っているのか、また、抑も、所有権留保という、本来的には商品信用取引たる留保売主の代金債権と物権的返還請求権を担保する制度が、金融業者の介入により譲渡担保と類似の金融信用取引に転化した場合における問題点、即ち、本稿の問題点に対する解釈問題について、わが国においては、これを避けて通っているというか、むしろ、全く問題としていないかのようである[97]。

---

(97) 所有権留保の実行局面において、留保所有者に取戻権を認めるべき場合がありうるという理解を示しているのは、近時では、道垣内『担保物権法』373頁だけである。

まず、本稿において検討してきたように、集金保証方式による所有権留保であれば、販売会社から信販会社への債権と留保所有権の法定移転を認めてよいのかという問題がある。

この問題について、最近の裁判例と多数学説は、信販会社による保証債務の弁済を代位弁済と見て、その効果として法定代位を特段の留保なくして認めている。法定代位は、債権者に対して弁済義務を負う者（保証人、連帯保証人など）、あるいは、自己の財産を保全する必要のある者（物上保証人、担保不動産の第三取得者）など、何らかの利害関係ある者が債務者の代わりに債権者に弁済することによって、弁済者の求償権を確保するという目的から、民法が、弁済による債権・担保権の消滅を例外的に阻止し、これら債権と担保権を弁済者へ法定移転するという制度である。

然るに、この場合の「担保権」は、質権、抵当権、譲渡担保など、債権発生の原因行為と担保権成立の原因行為を別異にするものの、両権利の密接な関係を重視する必要性から、これらを結合させる「付従性原理」によって、債権とともに、弁済者へ法定移転するのである。しかし、留保所有権を担保物権と解してみても、留保所有権には売買代金債権との間に付従性が存在しない。付従性は、互いに別個独立した契約に基づいて成立した債権と担保権とを結合させる必要から考え出された原理であるから、売買という一個の契約の附款（所有権留保特約）[98]から生じた留保所有権には適用されない。それゆえ、信販会社が代位弁済して得られるのは、債権のみである。しかしながら、これでは不都合であることから、この場合には、債権者（販売会社）が代位弁済者（信販会社）に対して留保所有権を放棄することにより、信販

---

[98] 最近では、所有権留保が売買契約の附款であることから特別の考慮が必要な場面の多いことを指摘する学説さえ、道垣内『担保物権法』367頁くらいのものである。しかし、①留保所有権には付従性がないことから生ずる本稿のような問題のあること、②代金債権が時効消滅した場合でも留保売主には所有権があり、買主の占有権原が消滅するものとして、留保売主の返還請求権を認めるべきこと、③買主の信用危殆により留保売主に所有権に基づく引揚権を認めるべきこと（この点は帰属清算型の譲渡担保とも共通している。）など（②と③に関しては、拙著『所有権留保の現代的課題』の第5章から第7章までを参照。）、所有権留保には譲渡担保とは異なる性質と特徴があり、この点から、譲渡担保とは異なる効果を認めるべき場合があるということを見過ごしてはならない。

会社が留保所有権者となるか、または、販売会社は、信販会社に対し、留保所有権を移転すべき信義則上の義務を負うと解することとなる。したがって、集金保証方式を用いた三者間契約による所有権留保約款には、このような条項を入れるべきであろう。このように、原理・原則から考察する場合には、法定代位によるだけでは、留保所有権の移転を正確に把握することはできないのである。

次に、法定代位構成に解釈上の難点があるとすると、次なる構成として、契約引受による移転構成が考えられる。前項において既にまとめまで述べたので、再論しないが、この場合には、三者間契約による契約引受に基づき、金融業者（信販会社）Xの留保所有権は純然たる担保権（担保所有権）に転化するので、このような譲受け留保所有者の地位は、譲渡担保権者と同様のものと考えてよい。但し、この解釈を採っても、留保買主は、所有者ではなく、物権的期待権者であることに変わりはない。いずれにせよ、譲受け留保所有者には対抗要件が必要となる。

然るに、譲受け留保所有者は、譲渡担保権者と同じく、占有改定による引渡しを受けているものと解してよい。しかし、この構成を採る場合でも、破産法第49条、民事再生法45条の規定（別除権資格獲得ないし対抗事件に関する登記・登録の必要性）との整合性を維持する必要がある。したがって、占有改定による引渡しでは倒産手続き等に際しての必要条件を満たしていないものと解し、やはり、登録名義変更を必要と解すべきであろう。

次に、二当事者間取引による所有権留保をも金融信用取引と同視する「通説的見解」については、やはり、所有権留保の原理・原則からは承認しえない。自己の所有物を代金未払の状況下で買主に引き渡すという危険極まりない契約に身を置く留保売主の地位保全としては、代金債権の担保というだけでは足りない。代金完済まで所有権を自己に留保するからこそ認められる「所有者としての権利」を認めることによって、初めて、留保売主にとっての危険回避措置となるのである。したがって、買主の破産手続においては、留保売主には、取戻権者（破産第62条以下）として留保商品の返還請求が認められるべきである。

他方、三者間取引による所有権留保の信販会社は買主に融資をしたに過ぎ

ない。それゆえ、その地位は純然たる担保権者である。問題は、商品与信者たる留保売主の留保所有権がそのまま金融与信者たる信販会社に移転するのか、である。このように解すると、留保所有権の性質に何ら変化はないかのようであるが、信販会社の金融与信者たる属性に従い、譲受け留保所有権は純然たる担保権と解すべきであり、買主の破産手続においては、別除権者として処遇すべきである。そして、繰り返しになるかも知れないが、信販会社に前述したような集金保証方式（だが、前述したように約款を若干変更する必要がある。）による留保所有権の移転を認める場合でも、別除権を主張するためには、倒産公序を重視し、特別に、破産法第49条、民事再生法第45条の要件（権利主張要件）を具備しなければならないと解すべきである。

【初出】
「所有権留保売買における信販会社の法的地位」愛知大学法学部法経論集第213号（2017年12月）69頁以下所収。本稿は、本書に収録するにあたり、相応の加筆、修正を施した。

第3章　ドイツ法における譲受け留保所有者の法的地位

第1節　本稿の意義と目的

第1項　序　論——近時の判例に現れた問題点

　本稿は、売主・買主間の所有権留保売買に金融機関が参加する三者間契約による所有権留保に関する諸問題について考察するものである。近年、自動車の所有権留保売買にはローン提携販売が利用され、立替払約款や集金保証（支払保証）約款を用いて、留保売主と買主の間に金融機関（特にメーカー系信販会社）が入り、留保売主に立替払や連帯保証債務の弁済をすると同時に、この金融機関が売主から留保所有権の譲渡を受けるという三者間契約による所有権留保が多く見られる。本稿は、この類型の所有権留保に焦点を当てて、留保売主と留保買主の法的地位、ならびに、留保所有権の譲受人（以下、「譲受け留保所有者」と称する。）の地位に関して考察を加えるものである。

　筆者は、既に別稿[1]において、三者間契約による所有権留保に関する事案において、わが国の最高裁が打ち出した問題点とその解決策に関して考察を試みた。即ち、最（二小）判平成22年6月4日（民集64巻4号1107頁）は、A自販会社とYとの間において自動車の所有権留保売買をすると同時に、X信販会社が売買代金を立替払し、Xが売主Aから留保所有権を譲り受けるという三者間契約による所有権留保を締結した後、Yが支払遅滞に陥り、立替払債権者Xに対して期限の利益を喪失したところ、Yが小規模個人再生による再生手続開始を申し立て、その決定を受けたことから、Xが本件

---

(1) 拙稿「留保所有権の譲渡と譲受人の法的地位—最（二小）判平成22年6月4日の再検討・日独比較法の観点から—」千葉大学法学論集28巻1・2号（2013年）39頁以下所収（本書第1章を参照）。

自動車の留保所有権に基づき、別除権の行使として自動車の引渡しを請求したという事案である。

このような事案において、平成22年最判は、民事再生手続開始前に生じた登記・登録原因に基づき、再生手続開始後にされた登記・登録等の効力を認めない旨を規定する民事再生法第45条を適用し、再生手続開始時において、Xが本件自動車の所有者として登録を受けていない以上、留保所有権に基づく別除権を行使することは許されないと判示した（第1審も同趣旨）。即ち、本判決が示した規範は、登録自動車の留保所有権者が民事再生法上の別除権を行使するためには、その目的物たる自動車について、再生手続開始前に自己所有名義の登録を受けていなければならないということである。

このように、平成22年最判においては、直接的には、民事再生手続における留保所有者の取扱いが問題となり、登記・登録制度の完備した目的物に関する所有権留保については、その登記・登録が再生債務者に対する対抗要件となるので、民事再生手続開始前に再生財産に関して所有権を取得した者は、登記・登録を経由しなければ、民事再生手続における再生債務者に対して対抗することができず、ひいては、別除権を行使することもできないとした。即ち、平成22年最判の示した判例法理は、留保所有権の対抗に関するものとも位置づけうる[2]。しかし、留保所有権の対抗と言っても、破産法第49条、民事再生法第45条の趣旨が、倒産手続開始により個別の権利行使が禁止される一般債権者と倒産手続によらずに別除権を行使することができる債権者との衡平を図ることにあるとし[3]、あるいは、「破産法第49条は……破産

---

(2) 類似の問題について、最判平成29年12月7日民集71巻10号1925頁は、「支払保証方式による三者間契約類型の所有権留保における信販会社は保証債務の弁済により留保売主に法定代位するから、販売会社に所有者登録があれば、信販会社に登録がなくとも、買主の破産手続において信販会社は別除権を有する」と判示し、法解釈ないし法政策上、集金保証（支払保証）という約款上の工夫により、対抗要件ないし権利主張要件を回避することができることとなった。この問題については、既に拙稿「所有権留保売買における信販会社の法的地位」愛知大学法経論集第213号（2017年）69頁以下において、原々審・原審の検討とともに詳細に論じた（本書第2章を参照）。

(3) 最判平成22年6月4日民集64巻4号1107頁、札幌地判平成28年5月30日金法2053号86頁（最判平成29年12月7日の原々審）、東京高判平成29年3月9日金法2091号71頁など。

財団の保全を図りながら、破産手続開始について善意の者を例外的に保護して、取引の安全を図るための規定」であるとすると[4]、一般的な権利変動に関する「対抗」(第176条、第178条、第467条)とは意味が違うのではないかとも考えられる[5]。

第2項　所有権留保の本質論
1．商品信用と金融信用との分離解釈

しかしながら、判例法理に関する問題点は、これに止まるものではない。三者間契約における所有権留保の意義・性質、即ち、平成22年最判や平成29年最判の事案のように、三者間契約による信販会社など「金融機関」の所有権留保と、「売主・買主」という二当事者間における原初的な所有権留保との異同という本質論が問題とされるべきである。

それは、二当事者間における単純類型の所有権留保は、留保売主が商品を媒介として買主に信用を与えるという「商品信用取引（Warenkredit）」であるのに対し、三者間契約による所有権留保は、信販会社が「金融を与える」という意味における与信、即ち、「金融信用取引（Geldkredit）」として位置づけられるべきだからである（わが国の論者は異口同音にこの後者の観点からのみ考察するが、この姿勢は妥当ではない）。

即ち、前者（商品信用取引）は、留保売主が買主に代金分割払いで商品の占有・使用を完全に許すという類型の契約であるところ、この契約類型は留保売主にとって極めて危険な取引であることから、留保売主の所有権は停止条件付の所有権留保特約の内容（特に留保買主の期待権との関係）に拘束されるものであり（BGB第158条1項、日民第128条〔条件付法律行為における条件の成否未定の間における権利侵害行為の禁止〕）、間接自主占有権（mittelbarer Eigenbesitz）を伴う所有権（いわば完全所有権〔Volleigentum〕）と解される。

---

(4) 札幌高判平成28年11月22日金法2056号82頁（最判平成29年12月7日の原審）。
(5) 破産法第49条が、別除権の成否に関して、①破産債権者の保護、②一般債権者との衡平を図るという目的を有するのであれば、第三者対抗というよりは、むしろ、権利主張ないし保護要件であり、延いては倒産手続上の公序規定（強行規定）とも位置づけられる。したがって、この観点からは、別除権を主張しようとする者は、倒産手続開始前に権利変動の登記・登録を求められて然るべきものとなる。

しかし、後者（金融信用取引）は、売主は既に信販会社から代金を回収して売買契約から離脱し（だが、アフターサービスなどの複合契約部分は残存する。）、あとは、売主から留保所有権の譲渡を受けた信販会社と留保買主との関係が残り、この両者の関係は、買主が信販会社から融資を受けて留保売主に代金を弁済し、その融資の担保として、留保買主が、信販会社のため、留保商品に譲渡担保権（Sicherungsübereignung）を設定した場合と類似の担保権と解することができる。それゆえ、この場合、即ち、三者間取引による譲受け留保所有者の留保所有権は、譲渡担保権者（担保物受領者〔Sicherungsnehmer〕）の所有権と同様、担保所有権（Sicherungseigentum）ということになる。

2．買主の倒産手続における通説的見解

然るに、わが国における現在の通説的見解は、二当事者間の所有権留保を含め、所有権留保契約を一般に担保権設定契約と解し、少なくとも、留保買主の倒産事案においては、留保所有者に別除権を認めるに過ぎない。

この解釈によると、留保所有権を担保権とし、別除権と解するのであれば、その換価手続を倒産管財人の管理下に置くことができるので、少なくとも、留保売主の「清算」を確保しうるとして、別除権と位置づける必要性が強調されている[6]。また、この解釈は、「実質が担保であることを認めながら、二者間の所有権留保の場合にのみ、別除権の行使に手続開始時までの対抗要件具備を求める手続に例外を認めるのは、倒産法秩序を乱すことにもなる」として[7]、所有権留保一般に対抗要件具備の必要性を強調している。

しかし、実は、所有権留保の場合に「清算」を強調することには意味がない。即ち、割賦弁済中、留保買主は留保商品を使用していたという事実があ

---

(6) 田高寛貴「譲渡担保と所有権留保」法教424号（2016年）81頁（82頁、83頁以下）は、譲渡担保権はもちろん、留保所有権も、「所有権が担保権へと変容＝変動したことを意味している」ものと解し、物権変動ありとして、「物権変動としての対抗要件具備は観念でき、また必要なものと解される」として、対抗関係説を主張する。この点は、同「自動車販売における留保所有権に基づく信販会社の別除権行使」金法2085号（2018年）24頁（33頁）においても、同様に論じている。

(7) 田髙・前註「論文」金法2085号32頁。

り、例えば、価格180万円の自動車を月々5万円の36回払いという割賦弁済で支払う旨を約定し、1年間は支払ったとする。割賦弁済額は60万円だから、残債権額は120万円である。しかし、買主は1年間使用していた。そうすると、1年間で中古品と化した自動車が30パーセント引きの査定を受けたとすると[8]、留保売主が自動車を処分できた価額は最高でも126万円である。買主の使用料相当額を換算せずに弁済額のみで計算しても、差額は6万円となる。しかし、引揚げ・処分に要した費用が6万円を超えれば、清算金はなくなる（抑も、代金額には、これに割賦手数料などが加わるので、通常はマイナスとなる）。このような単純計算でも、清算金はなくなる可能性が高い。したがって、所有権留保売買における割賦弁済金と処分価額との単純比較においても、「清算」を強調することには意味のないことがわかる[9]。自動車に関して清算に意味がないという点は、論者も理解しているようである[10]。それゆえ、論者が強調したかったのは、留保所有権を倒産手続にお

（8）国税庁の公表に係る耐用年数表（https://www.keisan.nta.go.jp/survey/publish/34255/faq/34311/faq_34353.php）によると、自動車の耐用年数は4年から5年程度であるため、減価率が大きく、業界では年に30パーセントとされているようである。これに対して、大型の機械・設備は耐用年数が10年以上（但し、自走式の建設機械〔ブルドーザー、パワーショベル〕は8年）と長期にわたるため、減価率は比較的小さい。

（9）ドイツにおいては、ライヒ裁判所時代の判例は、支払遅滞による解除の事案において、留保買主は既に支払った一部代金の返還を請求することはできないと解し（RG, Urt. vom 11. 7. 1882, RGZ 7, S. 147）、また、受領した一部代金額を返還しなくとも、売買目的物の返還を請求することができ、売主は不当利得にはならないと解していた（RG, Urt. vom 4. 2. 1908, RGZ 67, S.383）。また、この判例法理は、戦後のBGHにも承継された（BGH, Urt. vom 4. 7. 1979, NJW 1979, S. 2195）。この1979年BGH判決は、代金債権の時効消滅と留保売主の目的物返還請求の事案において、買主が既に支払った代金の返還請求を認めないという点の理由付けとして、代金債権の時効消滅までの目的物の使用料としての差引計算を掲げている。従来、この既払い代金の返還請求を殆ど何の理由付けもなしに、当然のこととして排斥し、損害賠償の中に算入してきた姿勢に比べれば、一歩前進として評価される。

　このような意味において、本来は、買主に使用料をも観念し、解除に伴う清算金を計算することとなる。そうすると、通常は、留保売主に損失が出るので、買主への清算金返還は実現しない例が多くなる。但し、建設、印刷、鉄鋼・金属加工機械など大型の機械・設備類のように、中古品と化しても需要が大きく、耐用年数が長く、減価率が比較的小さい場合には、清算に意味があるケースもある。

(10)　田髙・前掲（註6）「論文」法教424号84頁は、「目的物の価額と被担保債権額とはほ

いて別除権とすることにより、留保所有者を倒産管財人の管理下に置くという点に尽きる[11]。

また同様に、執行法研究者の側からも、留保所有者に取戻権ではなく別除権を認めることの必要性が強調される。即ち、「別除権の目的物については、破産管財人の換価への介入権限や担保権消滅が認められるから（破産第78条2項14号〔受戻し〕、第154条〔目的物の提示・評価〕、第184条2項〔換価手続〕、第185条1項〔別除期間の指定〕、2項〔処分権不行使による権利喪失〕、第186条以下〔担保権消滅請求。以上、括弧内は筆者註〕）、取戻権とされる場合とで違いが存在しないとはいえない」が、「別除権とされても、その実行方法として目的物の引渡し及び留保売主による換価が認められれば（破産第185条1項参照）、取戻権とされる場合とその点については差異を生じない」とされる[12]。また、抑も、「最近の学説は、すでに買主が条件付所有権という物的支配権を目的物について取得している以上、留保所有権は本来の意味での所有権ではありえず、代金債権を担保する目的の担保権の一種であるとする点でほぼ一致している。これを前提とすれば、留保所有権は別除権とみなさ

ほ等価といえるし、また、動産は使用により減価するため、買主が分割払をすすめ残代金が減少していったとしても、両価額の差異はそれほど大きくならない。したがって、……譲渡担保とは異なり、……所有権留保においては、清算義務の問題がそれほど顕在化することはない。」と述べている。

　この点は、夙に、高木多喜男『担保物権法』（有斐閣、第4版、380頁）が指摘していた点と同旨である。高木博士は、譲渡担保よりも清算義務の範囲は狭いものの、①残代金完済時に目的物の価額はゼロではないこと、②支払済み代金額が買主の使用利益と均衡しているわけではないことから、売主の清算義務と買主の物権的支配を否定するのは正当ではないと言う。

(11) 田髙・前掲（註6）「論文」法教424号82頁は、譲渡担保権者に対する倒産管財人のコントロール、即ち、別除権の行使（破産第65条1項）に対し、倒産管財人による、目的物の提示・評価（同第154条）、受戻し（同第78条2項14号）、換価手続（同第184条2項）、担保権消滅請求（同第186条）など、権利行使の必要性を説き、譲渡担保権者を別除権者として扱う意義を強調する。この点には筆者も異論はない。また、田髙教授は、同「論文」85頁及び前掲「論文」金法2085号33頁において、所有権留保と倒産手続に関して、判例が取戻権ではなく別除権と解しているのは、所有権留保により、「売買前には売主が有していた所有権が担保権へと変容＝変動したことを意味している。」と解しているので、譲渡担保権と留保所有権を「担保権」という意味において同列に位置づけている。

(12) 伊藤眞『破産法・民事再生法』（有斐閣、第3版、446-447頁）。

れる」として、従来の下級審裁判例を引用し(13)、更に、「判例法理としても、留保所有権を担保権の一種とする考え方が確立されている」として(14)、平成22年6月4日最判を引用指示する。

3．近時の「通説」への批判的考察

　確かに、譲渡担保権の設定は、当事者の意思表示により、「債権を担保するため、設定者は債権者に対し目的物の所有権を移転する」と約定しているので、明確に「担保所有権（Sicherungseigentum）の移転」と理解することができる(15)。しかし、所有権留保によって売主に留保された所有権は、譲渡担保とは異なり、担保所有権へと転化せずに売主に留保されている(16)。そのため、「物権変動」は生じていない。この意味において、二当事者間取引による所有権留保において売主に留保された所有権は単なる担保権ではないことに帰着する。この理解により、売主の所有権留保下にある商品を買主が第三債権者に対して譲渡担保に供した場合には、設定者は、自己の所有に属しない物を譲渡担保に供したのであるから、譲渡担保権者は「所有権」を取得しえないので、原則として、留保売主が勝訴することとなる(17)。

---

(13) 伊藤眞『破産・民事再生』446頁。引用裁判例は、札幌高決昭和61年3月26日判夕601号74頁、諏訪簡判昭和50年9月22日判時822号93頁、大阪地判昭和54年10月30日判時957号103頁である。
(14) 伊藤眞『破産・民事再生』446頁。
(15) 譲渡担保権の設定による目的物所有権の担保所有権への転化原理である。この点に関しては、本書「序章」37頁を参照。
(16) 二当事者間所有権留保約款においても、当事者により、「代金債権を担保するため」などと、債権担保であることが明確に約定されていれば、譲渡担保とは異なると解する必要はないであろう。しかし、通常、二当事者間の所有権留保約款は、「所有権留保　売主は、本件ブルドーザーの引渡し後も、本件契約一の売買代金を完済するまでの間、本件ブルドーザーの所有権を留保する（第3条）、……使用貸借　売主は、買主から頭金の支払等を受けるのと引換えに本件ブルドーザーを買主に貸し渡し、買主は、本件ブルドーザーの所有権を取得するまで、無償でこれを使用することができる（第5条）」という文言なので（東京地判平成27年3月4日判時2268号61頁の事案から転用）、約定からは、「代金債権担保目的」という文言は読み取れない。
(17) 最判昭和58年3月18日判時1095号104頁、最判平成30年12月7日金法2105号6頁（原審：東京高判平成29年3月9日金法2091号71頁）は、設定者たる留保買主は、代金を完済しない限り、留保商品の所有権を取得しえないのだから、有効に譲渡担保権を設

ここで「原則として」というのは、例外的に即時取得（第192条）の適用がありうるからである。譲渡担保権の設定にあたっては、動産譲渡の対抗要件として（第178条）、占有改定による引渡し（第183条）が利用されるので、このような従来の占有状態に何ら変更のない引渡方法でも即時取得の要件たる「占有」を充たすのかが問題となる[18]。

この問題について、従来の判例・通説は、占有改定による引渡しでは即時取得の要件たる占有の取得にならないという否定説を採っている[19]。しか

定しえないと言う。

しかし、田髙・前掲「論文」法教424号87頁は、所有権留保が譲渡担保に常に優先するのは、「被担保債権と目的物との間に強い牽連性が認められる」からであるとしている（前掲「論文」金法2085号30頁も同旨）。だが、両者をこのように扱うと、留保所有権と譲渡担保権とを同様の担保権と解しながら、両者の性質に差異を設けることとなり、また、上記平成30年最判の事案のように、留保所有権者が債務者（買主）に留保商品に関する処分権限を与えた場合には、同様に債務者に集合動産の処分権限を付与している譲渡担保権者の権利関係との間に差異はないのではないかと解され、「牽連性」という言葉の意味とともに、田髙教授がいずれも「約定担保権」と解する両者の性質上の相違点を検証する必要に迫られることとなる。

(18) 立法例として、ドイツ民法は、「第930条に従って譲渡された物が譲渡人の所有に属しない場合において、その物が譲渡人から取得者に引き渡されたときは、取得者は所有者になる。ただし、その当時、取得者が善意でないときは、この限りではない。」と規定する（BGB第933条〔占有改定の場合における善意取得〕）。

本条は、占有改定による引渡しを用いて物が譲渡された場合には、取得者が無権利者たる譲渡人から「引渡し」を受けなければ、善意取得が成立しないという規定である。引用条文たる第930条は、占有改定（Besitzkonstitut）の規定であり、「所有者が物を占有しているときは、引渡しは、所有者と取得者との間において、取得者が間接占有を得るという権利関係が合意されることによって、これに代えることができる。」と規定する。この場合には、最初から「引渡し」は、占有改定で充たされているので、譲渡人が無権利者であれば、そのまま善意取得が成立しそうである。しかし、敢えて譲渡人から取得者への「引渡し」を求めていることから見て、第933条は、取得者への「現実の引渡し」を求めた規定と解される。したがって、占有改定による引渡しでは、善意取得は認められない。この点については、Baur= Stürner, Sachenrecht, 18. Aufl., 2009, §52 Rdn. 1 ff., S. 662- 663を参照。

(19) 大判大正5年5月16日民録22輯961頁、最判昭和32年12月27日民集11巻14号2485頁、最判昭和35年2月11日民集14巻2号168頁は、いずれも、無権利者からの譲受人が民法第192条によりその所有権を取得しうるためには、一般外観上、従来の占有状態に変更を生ずるがごとき占有を取得することを要し、かかる状態に一般外観上変更を来たさない、いわゆる占有改定の方法による取得をもっては足りないと言う。学説も、中島玉吉『民法釈義巻之二物権篇上』（金刺芳流堂、1916年）184頁、三潴信三『全訂物権法提要』（有斐閣、1927年）296頁、末川博『物権法』（日本評論社、1956年）235頁、

し、恒常的に占有改定による引渡しを利用する譲渡担保の場合には、即時取得に関して例外的に所謂「折衷説」を適用し[20]、現実の引渡しを受けるまでの暫定的な譲渡担保権の即時取得を認めるという理論構成が考えられる[21]（但し、現実には、所有権留保に関する厳格な注意義務が適用されるので、譲渡担保権者が勝訴するとはほとんど考えられない）。

舟橋諄一『物権法』（有斐閣、1960年）245—247頁、好美清光「即時取得と占有改定〔判批〕」一橋論叢41巻2号（1959年）86頁（90頁以下）、近江幸治『民法講義Ⅱ物権法』（成文堂、第3版、2006年）158頁、などは、否定説を採り、判例とともに通説を形成する。

(20) 元々、末弘厳太郎『物権法上』（有斐閣、1921年）267頁（取引安全保護法理という観点から、取得者の占有が外部から認識しうるか否かは無関係と言い、判例を批判する。）、我妻榮「占有改定は民法第一九二条の要件を充たすか」（初出：『法律学事典』〔有斐閣、1930年〕）『民法研究Ⅲ物権』（有斐閣、1966年）148頁（156頁以下は、占有改定による引渡しでも何ら一般取引の安全を害することはないと言う。）、柚木馨『判例物権法総論』（有斐閣、1955年）348頁以下は肯定説を展開した。肯定説の論拠は、即時取得制度自体、ゲルマン法の「Hand Wahre Hand」、即ち、真の所有者が信頼して支配を委ねた占有者が、その信頼を裏切って、第三者に占有物の支配を移転した場合には、真の所有者はその第三者に対しては追及しえないという法理であるところ、近代法は、本権と占有とを分離するので、ゲルマン法思想から脱却して解釈しうるという発想から、即時取得を第三取得者の取引安全を保護する制度として理解し、第三取得者の占有状態とは無関係という理論である（田中整爾「判解（最判昭和32年12月27日）」『民法の判例』〔有斐閣、第3版、1979年〕76頁〔78頁〕の解説を参照）。

しかし、その後、我妻博士は、否定説からの反論を一部受け入れ、『物権法』（岩波書店、1952年）137-138頁において折衷説を展開し（我妻＝有泉『新訂物権』223-224頁）、取得者は占有改定によって所有権を即時取得するが、これは確定的なものではなく、後に現実に引渡しを受けたときに確定的に所有権を取得すると改説した。恰も、我妻博士の提唱する不完全物権変動理論と同様の理論構成である。折衷説に賛意を示す学説として、鈴木禄彌『物権法講義』（創文社、5訂版、2007年）213-214頁、同『抵当制度の研究』（一粒社、1968年）415頁、内田貴『民法Ⅰ総則・物権総論』（東大出版会、第4版、2008年）470頁などがある。なお、松岡久和『物権法』（成文堂、2017年）221-222頁は、ネームプレートなど明認方法を備えることを条件として、占有改定による引渡しでも即時取得を認める。

(21) 所謂「類型説」である。廣中俊雄『物権法』（青林書院新社、第2版、1982年）192頁は、複数設定の場合には現実の引渡しを受けた時点での善意・無過失者を第一順位とし、槇悌次「即時取得」星野編『民法講座2物権（1）』299頁（325頁）は、原則として同順位で成立し、実行のために善意・無過失で現実の引渡しを受けたときに、その者が初めて即時取得によって優先権を取得すると言う。これらの理論構成は、いずれも、折衷説にその基礎を置くものと言うことができる。なお、「占有改定による即時取得の成否」に関しては、拙著『物権法―民法講論第2巻』（信山社、2015年）349-357頁、同『民法要論Ⅱ物権法』（成文堂、2017年）215-220頁を参照。

然るに、三者間取引による所有権留保は、売主・買主間の所有権留保という関係に、信販会社等の金融機関が割って入り、買主に融資をし、その担保として、買主から物権的期待権を譲渡担保に取るのと同様の構造で、売主から留保された所有権を取得する。この場合において、留保売主には所有権があるものの、経済的な観点からは、留保買主の支払済み金額に応じて、留保買主には、物権的期待権という財産権が観念されるので、金融機関は、留保売主からは留保所有権を取得し、留保買主の信用危殆後は、同人から物権的期待権を取得する。即ち、留保買主には、割賦弁済金を完済すれば、売買目的物の所有権を取得するという物権的期待権がある。しかし、金融機関による物権的期待権の取得は、留保買主が割賦弁済金の支払につき遅滞に陥り、期限の利益を喪失し、あるいは、倒産状態となるまでの間は、留保買主に留保される。いずれにせよ、信販会社等が取得する所有権は、金融信用たる融資債権を担保するという意味において、留保売主の真正所有権が、まさに担保所有権へと転化すると言うことができる。このような意味において、二当事者間の所有権留保と三者間のそれとを分けて考える実益がある。

第3項　本稿の目的

上述したように、近時の通説的見解は、倒産手続における倒産管財人の立場からは大変に都合のよい解釈となる。しかし、この解釈によると、倒産手続において、取戻権が認められるのは、たまたま第三者所有物が倒産財団中に紛れ込んでいたという事案に限定されてしまう。しかしながら、この静的状況における真正所有者の「所有権」と、留保売主が買主に対し代金完済を停止条件として所有権を移転する旨を約定したところの、動的状況において留保された「所有権」とを、いかなる規準によって分類し、区別ないし差別化するのかについては、何ら明確な規準が示されていない。私は、これらを分離する明確な規準を見いだせないならば、いずれも「真正所有権」と解すべきものと思う。本稿においては、その理由について論ずる。

私は、既に別稿において、二当事者間の所有権留保に関し、ドイツの法制度を引き合いに出して、留保売主の所有権を「真正所有権」と位置づけた。まず、留保売主（留保所有者）と留保買主の原則的な位置づけ、即ち、両者

の法的地位（留保所有権者と物権的期待権者）の若干の検討を行い、次に、三者間契約による所有権留保における譲受け留保所有者の法的地位（実質的譲渡担保権者）に関して若干の検討を加えた[22]。この点に関しては、先行的に問題を解決してきたドイツにおける解釈を参考にしたのであるが、紙数の関係上、その状況に関して詳細に検討を加えることができなかった。

そこで、本稿においては、わが国の解釈にも有益な示唆を与えると思しきドイツにおける譲受け留保所有者の法的地位について、連邦通常裁判所（以下、「BGH」と略称する。）の判例（BGH, Urt. vom 27. 3. 2008）に現れた問題点、即ち、①三者間所有権留保の意義・類型（拡張類型＝コンツェルン留保と交互計算留保）・内容、②留保所有権譲渡の構造（返還請求権の譲渡類型、法定債権譲渡類型、契約上の地位の譲渡・引受類型）、③取戻権と別除権、④商品信用と金融信用、に関する問題点を中心として詳細に検討することとし、前稿において論じた、わが国における議論を踏まえつつ、所有権留保の本質に関する解釈論について、総合的に考察を加えることを目的として執筆する次第である[23]。

第2節　ドイツ法における留保所有権の譲受人の地位

第1款　BGH, Urt. vom 27. 3. 2008[24]の概要
【事案の概要】
（1）B会社（以下、「商人」または「債務者」という。）は、1999年に、A自動車販

---

[22] 拙稿「留保所有権の譲渡と譲受人の法的地位」千葉大学法学論集28巻1・2号39頁以下掲載論文（前掲註1）。
[23] 本稿の内容のうち、「留保所有権の譲渡」に関しては、既に前掲した千葉大学法学論集28巻1・2号39頁以下掲載論文（前掲註1）と、愛知大学法経論集既に前掲した213号69頁以下掲載論文（前掲註2）において詳細に検討した。そこで、本稿においては、ドイツにおける同種の問題を含めた問題点の全体について、これを総合的に把握し考察することによって、わが国における所有権留保法の解釈ならびに法制化へ向けた議論を展開することとした。
[24] BGH, Urt. vom 27. 3. 2008 - IX ZR 220/ 05, BGHZ 176, S. 86= NJW 2008, S. 1803= ZIP 2008, S. 842. この2008年BGH判決は、長文であるが、判旨は問題点に関する箇所のみを取り上げた。

売会社（以下、「A」または「供給者」という。）と、Aの自動車販売及びこれと結びついた顧客サービスに関する定型約款による販売契約を締結した。商人（B）は、X銀行（被上告人・被控訴人・原告、反訴被告）、即ち、Aコンツェルンに属するX銀行を経由して、その仕入れ（供給者〔A〕における新車及びその顧客における中古車）への融資を受けた。この件に関して、商人（B）とX銀行との間において、「販売・仕入れ融資に関する基本契約（Rahmenvertrag）」が締結された。AとXとの間には、既に1992年以来、仕入れ融資に関する「基本合意（Generalvereinbarung）[25]」が存在していた。この販売契約において引用され、これに付加された「普通販売・供給約款」により、Aは、商人（B）と供給者（A）及びX銀行との契約約款に基づき、Bが、現在及び将来発生するすべての請求権（XのAに対する貸付債権を含む）を弁済するまで、Aの供給した自動車及びその他の製品の所有権をAに留保した。Aは、この基準により、商人（B）に新車を供給した。Xは、商人（B）の委託を受け、商人（B）の勘定で、その時々における計算額を供給者（A）に支払った。この供給者（A）は、支払の入金後、その請求権と留保所有権をXに譲渡した。

（2）その後、2000年（月日不明）に債務者（B）の財産に関して倒産手続が開始され、Y（上告人・控訴人・被告、反訴原告）が倒産管財人に選任された。Xは、留保所有権に基づいて、自身が融資した新車の取戻権を主張したところ、自身が融資した中古車につき、別除権が与えられた。

当事者は、本件自動車を換価し、争点となる法的状況が明らかになった後、2つの担保売得金勘定口座（Sicherheitenerlöskonto）に入金された売上代金を権利者に支払うことを合意した。その換価は遅くとも2001年の末には完了していた。2002年8月には、その2つの勘定口座は、総計212万4911.45ユーロという残高を示した。

---

(25) A・X間の基本合意B部第4条（判旨Rdn.20掲載）
　1．Aが供給した自動車は、Aの商人（B）に勘定がつけられる。商人（B）は、販売・仕入れ融資に関する、特に、Aの側で設定されたすべての自動車に関する基本契約の締結とともに、勘定づけの時点において、X側における勘定額での融資を申し込む。この場合において、信用限度の枠内にあるときには、Xは、商人（B）の委託を受け、商人（B）の勘定に関して、その時々における勘定額をAに支払う。
　2．（原文において省略。筆者註）
　3．XのAに対する支払と同時に、Aは、その時々における供給に基づいて商人（B）に対して有するすべての請求権をXに譲渡する。同様に、売買代金債権の支払と同時に、Aのために存在するすべての担保権（所有権留保、保証など）はXに譲渡される。

（3）当事者双方ともに、本件において問題となる訴え及び反訴により、XがYに対し7万6964.15ユーロという金額で権利を有している口座残高の支払に対する同意を請求している。この金額で、——その内部では法的効力を有する——反訴原告（Y）に対する一部認諾判決（Teilanerke.nntmisurteil）が下された。

地方裁判所（LG）は、この訴えを認容し、一部認諾判決によって決着がつかないままの反訴は棄却された。

Yの控訴により、上級地方裁判所（OLG）は、まず、訴えを5万58.04ユーロにおいてのみ認容し、その他においては、XはYへの支払に対して同意せよという敗訴判決が下された。

連邦通常裁判所（BGH）は、2005年1月18日の決定（BGH, Beschl. 18. 1. 2005 - XI ZR340/03, BGH-Report 2005, S. 939 = BeckRS 2005, 02248）によって、Xが抗告した限りにおいて、この判決を取り消し、事件を控訴裁判所に差し戻した。その結果、控訴裁判所は、Yに属すべき金額を8万9278.41ユーロと確定し、その他においては反訴を棄却して、Xの訴えを認容した。

【原審判旨】

留保所有者たるXが実質的な権利者であるから、新車の換価に基づく売却代金は、——Yに認められるべき換価費用の概算額を差し引いて——Xに帰属する。

Xのためにする「普通売却・供給約款」に含まれるコンツェルン留保は無効（unwirksam〔nichtigの誤りか：筆者註〕）である。しかし、供給者（A）のためにする所有権留保の合意は残っており、Xは、この所有権留保を自身に移転している。Xと商人（B）との間において締結された基本契約によっても、また、Xと供給者（A）との間において締結された基本合意によっても、XのAに対する支払は、その時々において、売買代金債権上のものではなく、その弁済のためのものである。したがって、消滅していない売買代金債権は譲渡され、留保所有権も譲渡される。売買代金債権及び信用契約に基づいて発生した求償債権の担保のためにする所有権留保は、Xのためのものである。留保所有者たるXが取戻権を有していても、Yには、留保物（118台の在庫車両及び15台の展示用車両ならびに22台の展示用自動車）の売却代金に基づいて、換価費用概算額の5％だけは帰属する。

【上告許可】

BGHは、更なる5万9402.02ユーロの支払に対する同意を求める訴えが認容され、同様の範囲で——新車に関する固定費用の概算額に応じて——、反訴が棄却された部分において、Yの上告を許可した。

【判旨】破棄自判

「7　1．Xは、換価合意と関わる新車に関して、取戻権（倒産法第47条）を有するのではなく、別除された満足を受ける権利（倒産法第51条）を有するに過ぎない。」

「8　a）……供給者（A）の留保した所有権は、商人（B）とXとの法律関係に基づく請求権をも担保していることから、コンツェルン留保という類型の拡張された所有権留保が合意されていた（販売契約に引用されている「普通販売・供給約款」のNr. Ⅷ．1．）。供給者（A）は、このコンツェルン留保により、留保された所有権によって、Xの消費貸借に基づく返済請求権を塡補したかった。Xの信用債権（例えば、利息）がまだ決済されない間は、商人（B）による売買代金の支払後も、所有権は、Bに移転しない。<u>このコンツェルン留保は絶対無効（nichtig）である</u>（1999年1月1日の規定ではBGB旧第455条2項、現在ではBGB新規定第449条3項）。しかしながら、<u>残っている供給者（A）のためにする単純な所有権留保は有効である</u>[26]。」

「16　aa）原則として、<u>留保売主は、留保所有権の譲渡を妨げられない</u>[27]。もちろん、売買代金債権の譲渡では、この留保所有権の譲渡をもたらさない。所有権留保は、BGB第401条[28]の意味における担保権ではない[29]。むしろ、物権的合意、及びBGB第346条[30]により、BGB旧規定第455条1項、BGB新規定第449条

---

(26) BGH, Beschl. 18．1．2005- ⅩⅠ ZR340/03, BGH- Report 2005, S.939, 940= BeckRS 2005, 02248. 本註からこの判旨の終わりまでに付した註のうち、条文以外の引用文献は、すべて2008年BGH判決の付した括弧書きの引用文献を註に落としたものである。但し、BGHの引用指示に係る括弧書きは文献等の引用指示のみであり、その他の内容は、筆者が調べて付した説明である。なお、本決定の内容に関しては、2008年BGH判決の本文及び脚注に現れた全ての問題について、後掲の判例分析で検討する。
(27) 判旨は、Peter Bülow, Recht der Kreditsicherheiten, 7．Aufl. Rdn. 770; Staudinger/ Beckmann, BGB Neubearbeitung 2004, §449 Rdn. 83; MünchKomm- BGB/ H. P. Westermann, 5．Aufl., §449 Rdn. 23. を引用指示する。
(28) BGB第401条（従たる権利、優先権の移転）
　　第1項：譲渡された債権のために存在する抵当権、船舶抵当権、質権、ならびに、その債権のために設定された保証に基づく権利は、譲渡された債権とともに新債権者に移転する。
　　第2項：強制執行もしくは倒産手続の場合のために債権と結びつけられた優先権は、新債権者も行使することができる。
(29) unten（Fußn. 70）BGH, Urt. vom 15．6．1964, BGHZ 42, S. 53, 56.
(30) BGB第346条（解除の効果）
　　第1項：契約当事者の一方が契約により解除権を留保し、または法定解除権を有する場合において、契約を解除するときは、受領した給付を返還し、取得した利益を返還しなければならない。

１項によって行使された解除権に基づいて発生する返還請求権の譲渡による特別な譲渡を必要とする。新所有者は、権利者から所有権を取得している。しかし、新所有者は、解除しない限り、留保買主に対して、その物の返還を請求することができない。留保買主は、売主に対して占有権を有しており、売主の権利承継人に対して、BGB 第986条2項[31]による抗弁権を行使することができる。売主だけが契約を解除することができる。ただし、留保所有権の取得者が、三面的な合意か、あるいは、残留する当事者の同意とともに、脱退した当事者と新たな当事者との間における合意を必要とする契約引受を、売主と合意している場合には、この限りではない[32]。留保買主は、売買代金の完済によって所有権を取得し、取得者は所有権を失う。」

「24　aa）単純な所有権留保の下で譲渡された物は、売買代金を完済していない留保買主の倒産手続においては、原則として、売主において取り戻すことができる[33]。倒産法の改正に関する議論の段階では、留保売主を取戻権者の範囲から外し、別除権を与えればよいという提案がなされた[34]。今日まで、単純な所有権留保も、その内容からいって、自己の物に対する非占有質権に過ぎないという見解が主張されている[35]。倒産法の立法者は、完全な反対給付を得ることなく、自己の所有に属する売却物を債務者に移転している商品与信者は、物を担保として譲渡されている金融与信者として保護に値するものとは解していない[36]。所有権留

---

(31) BGB 第986条（占有者の抗弁権）
　　第2項：第931条に従い返還請求権の譲渡によって譲渡された物の占有者は、新所有者に対し、譲渡された請求権に対する抗弁権を対抗することができる。
　　BGB 第931条（返還請求権の譲渡による引渡し）は、動産物権の譲渡において、第三者が占有中の物については、物権変動の効力発生要件たる引渡しは、所有者が取得者に対し、第三占有者に対して有する物の返還請求権を譲渡することにより、引渡しに代えることができる旨の規定である。
(32) BGH, Urt. vom 20. 6. 1985 - IX ZR173/84, NJW 1985, S. 2528, 2530; Palandt/ Grüneberg, BGB 67. Aufl., 2008, §398 Rn. 38.
(33) MünchKomm-InsO/ Ganter, 2. Aufl., 2007, §47 Rdn. 62; Jaeger/ Henckel, InsO, §47 Rd. 12.
(34) Leitsätze 1. 2. 10 Abs. 3, 2. 4. 4. 1 und 3. 3. 1 Abs. 1 des Ersten Kommissionsberichts; 倒産法改正草案第55条1項1号、第111条3項。
(35) Peter Bülow, Der Eigentumsvorbehalt als Treuhandgeschäft, WM 2007, S. 429, 432 (ders., Festschrift Georgiades, Athen 2006, S. 43ff.); 同様の見解として、既に、Berger, Eigentumsvorbehalt und Anwartschaftsrecht -besitsloses Pfandrecht und Eigentum, 1984, S. 121; Rolf Serick, Eigentumsvorbehalt und Sicherungsübertragung -neue Rechtsentwicklungen, 1993, S. 216f. がある。
(36) Leipold/ Marotzke, Insolvenzrecht im Umbuch, S. 183, 187f.; Hilgers, Besitzlose

保の延長類型及び拡張類型は、――従前の破産法の権利の下におけると同様――譲渡担保とみられているが、これにより、留保買主の倒産においては、――延長ないし拡張事案の発生後は――それらの類型は、別除された満足を受ける権利を有するに過ぎない[37]。この点に関する理由は、この担保類型は、商品信用を前提としてはいるが、経済的にも、まだ担保権の機能を有しているに過ぎないという点にある。今や、追求された担保目的は、譲渡担保とまったく同様、適切に達成されうることであろう。」

「28 （1）BGB旧規定第455条、新規定第449条による――取戻権のある――留保所有権は、留保売主の原所有権であるが、Xの所有権は、――譲渡担保の場合と同様――そこから派生された所有権である。

29 （2）A会社の原所有権及びそこから派生したXの所有権は、この異なった担保目的を有する。前者は一個の商品信用を担保するが、後者は――譲渡担保の場合と同様――一個の金融信用を担保する。

30 留保所有権がまだ売主（A会社）の所有に属している間は、最終的には、自動車売買契約の解除によって、停止条件付返還請求権、即ち、商品信用を担保した[38]。留保所有権は、――これがXに移転されてからは――もはやこの請求権を担保しない。なぜなら、もはや契約の解除という事態になりえないからである。売主（A）は、その不履行がBGB第323条以下の意味における給付障害とみなされうる未決済の債権をもはや有しないのであるから、売主（A）は、もはや解除することができない。Xは、売買代金請求権の債権者であるが、A会社と商人（B）との間における売買契約に入っていないのであるから、Xは解除することができない。」

「36 （3）金融与信者が、自己の債権を担保するため、商品与信者の担保手段を調達したときには、金融与信者は、これによって、自己の倒産法上の地位をより良くすることはできない。同様に、買主が支払うことができない場合には、留保

Mobiliarsicherheiten im Absonderungsverfahren unter besonderer Berücksichtigung der Verwertungsprobleme, 1994, S. 77ff.

(37) Vgl. BGH, Urt. vom 10．2．1971 - Ⅷ ZR188/69, NJW 1971, S. 799（拡張された所有権留保の事案）; MünchKomm- InsO/ Ganter, a.a.O.（Fußn. 33），§47 Rdn. 93, S. 114; Jaeger/ Henckel, a.a.O.（Fußn. 33），§47 Rdn. 51; Gottwald, Insolvenzrechts-Handbuch，3．Aufl.，§43 Rdn. 26, 30.

(38) Vgl. unten（Fußn. 105）BGH, Urt. vom 1．7．1970, BGHZ 54, S. 214, 219; MünchKomm- InsO/ Ganter, a.a.O.（Fußn. 33），§47 Rdn. 55; Jaeger/ Henckel, a.a.O.,（Fußn. 33）§47 Rdn. 43; Gaul, ZInsO 2000, S. 256, 258; 反対説として、Bülow, a.a.O.（Fußn. 35），WM 2007, S. 429, 432がある。

売主は、通常、留保所有権を担保手段として有するに過ぎない。この理由から、留保売主は特別に保護すべきものとして扱われ、したがって、制度上、留保売主には取戻権が認められ、単純に、別除権は認められないのである。これに対して、金融与信者は、同じ担保の可能性を有するのではない。Xは、例えば質権などによっても、融資された自動車の担保所有権を保全することができたであろう。また、金融与信者は、商人が取得するための融資によって、通常、商品流通に組み入れられないであろう[39]。金融与信者は、債務者に商品を売るのではなく、信用を「売る」のである。消費貸借における求償権を担保するための利害関係において、Xは、買主（B）が物を取得するために融資し、これにより、所有権取得への期待権を担保のために譲渡するような融資銀行の利害関係と全く異ならない[40]。この場合には、金融与信者は、供給者（A）の満足と同時に、担保所有権を取得する。金融与信者は、未決済の信用債権のために、別除権のみを有する。」

〔関連法条〕

倒産法（Insolvenzordnung- InsO）第47条[41]、第50条[42]、第51条1号[43]、BGB

- [39] この点は、およそ製造者リースの場合とは異なるとされる。vgl. MünchKomm- InsO/ Ganter, a.a.O.（Fußn. 33）, § 47 Rdn. 221, 230.
- [40] この点に関しては、vgl. Ganter in Schimansky/ Bunte/ Lwowski, Bankrechts- Handbuch, 3. Aufl., § 95 Rdn. 72.
- [41] InsO 第47条（取戻権：Aussonderung）
  1文：物的権利もしくは人的権利に基づいて、ある目的物が倒産財団に属しないことを主張することができる者は、倒産債権者ではない。
  2文：その目的物の取戻請求権は、倒産手続の枠外で行使する法律の定めに従う。
- [42] InsO 第50条（別除された担保権者の満足）
  第1項 倒産財団の目的物につき、法律行為による担保権、差押えによって与えられた質権、もしくは法定質権を有する債権者は、主たる債権について、第166条から第173条の基準に従う。別除された満足のための利息及び費用は担保目的物から満足を受ける。
  第2項 使用賃貸人もしくは用益賃貸人の法定質権は、倒産手続においては、手続開始前12か月より前の期間に関する使用ないし用益賃貸借のために主張することができず、また、倒産管財人の告知のために支払われる償金のために主張することができない。農業用地の用益賃貸人の質権は、その用益のため、この制限に服しない。
- [43] InsO 第51条（その他の別除権者）
  次に掲げる者は第50条にいわゆる債権者と同等とする。
  1号 請求権を担保するため、債務者が動産の所有権を移転し、または、権利を譲渡した債権者、
  2号 およそ物の利用のために用い、また、その使用に基づく債権が現に存する利益を超えない限りにおいて、物に関する留置権を有する債権者、

第449条[44]。

第2款　BGH, 27. 3. 2008から導かれる判例規範と問題点

　本件は、A販売会社が所有権留保特約付でBに自動車（新車）を供給し、その際、X銀行（以下、「X」という。）が留保売主Aに代金を立替払して、AがXに債権と留保所有権を譲渡したところ、留保買主Bの財産について倒産手続が開始され、Yが倒産管財人に就任し、自動車を換価したので、譲受け留保所有者Xが、Yに対し、留保した所有権に基づく代償的取戻権を主張して、自動車の換価代金額を請求したという事案である。

　本件の争点は、A・B・X間の所有権留保が、所謂「コンツェルン留保」として無効なので、Xが立替払によってAから譲り受けた留保所有権が売主・買主間におけると同一の所有権（完全所有権〔Volleigentum〕）なのか、それとも、Xが、Bの債務につきAに立替払したXの目的が、この貸付債権の回収に過ぎないことから、譲渡担保の設定と同視して、担保権としての留保所有権（譲渡担保権と同じ担保所有権〔Sicherungseigentum〕）なのかという点である。

　この事案において、OLG Oldenburgは、留保所有者Xには取戻権が存在するので、既にYにおいて換価した後は、その代金額のうち換価費用として8万9278.41ユーロを控除した全額をXに支払うよう判示した（代償的取戻権の認定）。

　これに対して、BGHは、本件の留保所有者Xは、譲渡担保権者と同様の

　　3号　商法に基づいて留置権を有する債権者、
　　4号　連邦、諸州、地方自治体、地方自治体連合が、法律上の規定により関税ないし納税義務ある物を公租のために担保として用いるとき。
(44) BGB第449条（所有権留保）
　　第1項：動産の売主が売買代金の支払を受けるまで所有権を留保した場合において、疑わしいときは、所有権は、売買代金の完済を停止条件として移転するものとみなす（所有権留保）。
　　第2項：売主は、契約を解除した場合にのみ、所有権留保に基づいて、物の返還を請求することができる。
　　第3項：所有権の移転が、買主が第三者の債権、とりわけ売主と提携関係にある事業者の債権を履行することに係らしめられているときに限り、所有権留保の合意は無効（nichtig）とする。

担保権者（担保所有者）に過ぎないと認定し、Xは別除権者として扱われるべきものと解し、売却代金の配当に関する倒産法第170条に従い、「目的物の査定及び換価費用」の合計額がYに属すべきであるとして、更に5万9402.02ユーロの控除を認め、結局、Xには全換価代金額212万4911.45ユーロからこれら費用を控除した197万6231.02ユーロが帰属すべきものと判示した（別除権の認定。判決は破棄自判）。

第3款　BGH, 27. 3. 2008における個別問題
第1項　コンツェルン留保（Konzernvorbehalt）の問題点
1．コンツェルン留保の無効と残部契約の有効性

本件の事実関係においては、販売会社Aは、買主Bと立替払人Xとの間において、A・B間の代金債権の弁済に加えて、XのAに対する貸付債権に係る支払請求権の弁済をも、AからBへの所有権移転の停止条件とする「コンツェルン留保」という所有権留保を締結している。コンツェルン留保とは、所謂「拡張（拡大）類型の所有権留保（erweiterter Eigentumsvorbehalt)」の一類型であり、買主への所有権移転につき、買主が第三者の債権、とりわけ売主と提携関係にある事業者の債権を履行することに係らしめられる、即ち、買主の所有権取得に関する停止条件が拡張された所有権留保特約である。

コンツェルン留保の法的取扱いに関して、通説は、留保買主の所有権取得を不確定要素の多い将来に延期し、これにより、留保買主の行動の自由を過度に制限するという理由から、コンツェルン留保は、BGB第138条（良俗違反）、ならびに、約款規制法第9条2項2文（現行BGB第307条2項2文〔約款による信義則に反するような権利・義務の制限条項が契約目的の達成不能を招きうる場合における当該条項の無効〕）によって絶対無効（nichtig）と解してきた[45]。そこで、BGBの改正（現代化）の際にも、従来どおり、このような

---

[45] Vgl. Soergel/ Henssler, BGB Bd. 14. Sachenrecht 1, 13. Aufl., 2002, Anhang nach § 929, S. 398. コンツェルン留保に関する議論は、1978年に開かれた第51回ドイツ法曹大会において、多数意見が、拡張類型の所有権留保に関して、狭く限定された範囲においてのみ有効として以来の通説である。この点に関しては、Verhandlungen zum 51. DJT (1976), Bd. II Sitzungsberichte, O181, Beschluß 3 b. を参照。その後、倒産法

契約に係る所有権留保の合意は引き続き絶対無効という取扱いとされた（BGB旧規定第455条2項、現行第449条3項）。コンツェルン留保は「留保買主の所有権取得を不確定要素の多い将来に延期し、買主の行動の自由を過度に制限する」ので、無効という取扱いを受ける。しかし、買主に不確定要素のある債務を負担させ、買主の所有権取得を過度に制限する契約でなければ、通常の拡張類型の所有権留保として有効とされる(46)。

　2008年BGH判決において、Aは、留保所有権によって、このコンツェルン留保とXの消費貸借に基づく求償権とを塡補するという目的の下で、三者間合意による所有権留保を約定した（販売契約に引用されている「普通売却・供給約款」のNr. Ⅷ.1.）。この契約によると、Xの信用債権（例えば利息）がまだ決済されない間は、留保買主Bによる売買代金の完済後も、Aの所有権は買主Bに移転しないこととなる。

　このようなコンツェルン留保は絶対無効（nichtig）という取扱いであるところ（BGB第449条3項）、本判決は、契約の無効部分を除けば、Aのためにする単純類型の所有権留保（einfacher Eigentumsvorbehalt）として有効であるとした。本件は、AのXに対する債務の肩代わりを留保買主B、延いては倒産管財人Yに押しつけるという形式の約定であったからこそ、コンツ

改革の一環によりBGB旧第455条2項としてコンツェルン留保の絶対無効が規定され（1999年1月1日施行）、債務法改正時にもこれが維持されたのである（BGB第449条3項）。

　コンツェルン留保を絶対無効とした理由は、債権者による長期にわたる買主の拘束を阻止するのみならず、他の法律上の規定によっても回避しえたであろう合意の不透明さを阻止するという目的達成のためである。商品信用債権者たる留保売主の保護は、倒産法における単純な所有権留保による取戻権の存在、延長・拡張類型の所有権留保による保護などによって図られるので、良俗違反の法律行為に該当するコンツェルン留保だけは絶対無効（nichtig）としたのである（vgl. BT-Drucks. 12/3803, S. 135）。

(46) 例えば、留保売主がファクタリングを利用して代金債権を譲渡し、買主が債権譲受人に対して弁済することを所有権移転の停止条件とするという類型であれば、通常の拡張類型の所有権留保として有効とされる（Soergel/ Henssler, ibid., S. 398）。なお、詳細は、Habersack/ Schürnbrand, Der Eigentumsvorbehalt nach Schuldrechtsreform, JuS 2002, S. 833ff. (837ff.)を参照。この意味において、留保買主の所有権移転に関する停止条件が、留保商品と牽連性のある債権（留保商品の修理・メインテナンスなどの付随費用）の負担までである限り、コンツェルン留保という絶対無効の所有権留保とはならない。

ェルン留保として無効とされた。しかし、Ａがファクタリングを利用してＢへの代金債権をＸに譲渡し、買主Ｂが債権譲受人Ｘに対して弁済することを所有権移転の停止条件とするという類型であれば、通常の拡張類型の所有権留保として有効とされたはずである[47]。

　この判旨は、従来のBGHの判例に従っており、判例によると、たとえ、当事者間の合意が良俗違反などの理由によって絶対無効（nichtig）として扱われても、その無効が合意全体の一部の無効に過ぎず、残存部分において契約が存続可能と認められるときには、その存続を許す旨のBGB第139条を適用するものである[48]。しかし、判旨の引用したBGB第139条の文言解釈からは異なる結論が導かれそうである。それゆえ、次段においては、この点に関して考察する。

---

[47] Soergel/ Henssler, a.a.O., S. 398.
[48] BGH, Beschl. vom 18. 1. 2005- XI ZR340/03, BGH-Report 2005, S. 939, 940= BeckRS 2005, 02248.：本件においては、「『商人間契約』において、コンツェルン留保という類型で所有権留保が合意されたということに変わりはない。BGB旧第455条２項（現行第449条３項）によると、所有権留保の合意は、買主が第三者の債権、とりわけ、売主と結びついた事業者の債権を履行することに所有権の譲渡が係らしめられているときには、確かに、絶対無効である。しかし、BGB第139条により、合意の一部無効は供給者のためにする所有権留保への適用を妨げられないということを起点とすべきである。普通契約約款の確定的効力を保持するための削減禁止（Verbot der geltungserhaltenden Reduktion）も、この結論と矛盾しない。所有権留保約款は、その文言によると、内容において許容される供給者のための所有権留保と、許容されないコンツェルン留保とは、簡単に分離することができる（vgl. BGH, Urt. vom 18. 11. 1988 - V ZR 75/87 (Hamm), BGHZ 106, S. 19, 25= NJW 1989, S. 831; BGH, Urt. vom 20. 3. 2002 - IV ZR93/01, WM 2002, S. 1117, 1118)。」
　2008年３月27日BGH判決の引用に係る原告の第１審判決の取消を求める抗告に対する本決定（BGH, Beschl. 18. 1. 2005）は、上記のように論じ、BGB第449条３項により無効なコンツェルン留保以外の分離可能な単純な所有権留保約款については有効であるとした（契約分離解釈）。引用判例たる1988年及び2002年のBGH判決は、連帯債務を担保する目的で共有地に設定する土地債務（抵当権類似の担保権）に関し、定型担保約款が他の共有者の現在・将来債権の全部を担保する旨を規定するのは不意打ち条項の禁止によって無効であるが（旧AGB-G第３条、現行BGB第305c条）、担保約款の無効により、他の共有者の持分に設定された土地債務の担保目的の中に組み入れるのは、一人の共有者によって成立した債務に限る（設定者の共有持分についてのみ有効）というものである。

2．ドイツ民法における法律行為の一部無効規定

BGB 第139条は、「法律行為の一部が絶対無効（nichtig）である場合において、その無効部分がなくても実行されたであろうことが認められないときには、法律行為の全部を無効とする」と規定する。この規定は、「当事者の意思が、法律行為の無効部分を除けば当該法律行為を実行するものと認められれば、当該法律行為を有効とする」という反対解釈がなされる。即ち、ドイツ民法は、契約の一部無効を原則として全部無効として扱い、当事者の意思解釈により、例外的に有効として扱うという論理構造を採る。

BGB 第139条の構造は、法律行為に無効原因がある場合には、当事者の意思はその全体を無効にするであろうという理論的推定を基本的視座としており、私的自治の原則を堅持した規定となっている[49]。

本条の制定に際しては、その前提として、良俗違反など、強行法規違反の法律行為は一部無効部分を除けば有効となりうるかという問題に対し、ザヴィニー博士（F. C. von Savigny）が当事者意思を理由として否定説を展開したという経緯があり[50]、これが、BGB 第139条の立法理由となっている[51]。本段においては、この点に関して若干検討する。

ザヴィニー博士は、良俗違反の条件ないし条項（Bedingung）に着目し、不品行・不道徳（das Schlechte）は大抵欲せられないであろうから、その条項には何らの効果も与えてはいけないという点を解釈論の端緒とする。

ザヴィニー博士は、この目的を達成するため、二つの異なる方向から観察する。即ち、一方では、法律行為の完全な無効であり、他方では、その条項

---

[49] J. von Staudingers Kommentar zum BGB, Buch I AT §139-163, 2015 §139 [Herbert Roth] Rdn. 1, S. 7 は、普通法時代の通説は、契約の一部が無効の場合でも、他の部分は堅持されるとしていたが、BGB は、これとは異なっていると述べている。

[50] Friedrich Carl von Savigny, System des heutigen Römischen Rechts, Bd. 3, 1840, S. 197f. BGB 第139条の立法・学説史に関する近時の論攷として、鹿野菜穂子「ドイツ民法典における法律行為の一部無効」石部雅亮編『ドイツ民法典の編纂と法学』（九大出版会、1999年）319頁以下、熊谷芝青「一部無効法律行為と当事者意思」駒澤法曹1号（2005年）13頁以下がある。

[51] 熊谷・前註「論文」駒澤法曹1号16頁は、ドイツにおいて、BGB 第139条は本質的にザヴィニー博士の考え方を継受したものと評価されていると述べる。

を実在しないものと見て、当該行為に関しては当該条項はないものとして扱うとする。そして、サビニアン派と調和するユスティニアヌス法典は、契約の場合には第一の方向（法律行為の完全無効）を採用し、遺言の場合には第二の方向（無効条項の除去）を採用しているので、この相違の理由を探究すると言う。

　まず、契約の場合には、その理由は、大抵の事案において、当該条項を約束から分離することが明らかに当事者の意図に反するであろうという点にある。例えば、数百人が犯罪的行為を犯すことに関して約束し、我々がこの条項だけを契約から除去したいときには、我々は、自らの意思に従い、全く完全な契約に転換させ、その疑いのないほど明白な良俗違反の意図に反して、汚れのない贈り物に姿を変えさせる。しかし、この取扱いは、当事者の良俗違反の意思と矛盾する。のみならず、多くの悪い意図を有する人々に対し、よい方向に転換させるのであるが、却って、それ自体がいかがわしいものとなる。また、いかがわしく、煩雑な事案においては、条項を分離しても、おそらく、当事者は同様に契約を締結してしまうものだと言う。当事者は当該条項のない契約を締結する結果、当事者にとって取るに足らないものを失う(Nichts verloren ist)。しかし、最終的には、そのような遅れを取り戻し、良俗違反の法律行為をすることとなる(52)。したがって、契約が一部無効の場合には、全部無効を原則とするのだと言う。

　他方、遺言の場合には、契約とは逆になるのだと言う。およそ遺言を作成する者は、自己の財産を処分するという明白な意図を有しており、相続人の指定や遺贈は、すべて、この物惜しみせずに財産を配分するという一般的な意図に含まれると言う。そこで、このような財産処分が良俗に反する条件ないし条項の下で見られるときには、その相続の承認は、確かに、機会を窺い、良俗違反行為の遂行が欲せられる。この場合には、相続人または受遺者を指名することと関わるので、そのような相続人または受遺者の指名をやめるといった、多くの可能性を有すると言う。もちろん、遺言者がこの考え方を有しているかどうか、あるいは、良俗違反の意図が達成されないときに

---

(52) Savigny, a.a.O., S. 197-198.

は、むしろ完全な遺贈がなされるのかどうかは、疑わしいとされる。このような疑わしい事案に関しては、通常は後者（完全な遺贈）の意思を有するものと決まっており、この制限された意味において、遺言の機能促進が許されうると言う。しかし、事実上、契約に関しては一般の解釈規定が適用されるので、この点においても促進はない。我々が、たとえ個別事案において、かの前提を誤ったとしても、不道徳な条件ないし条項が作成された場合には、通常、相続人や受遺者は善意であるから、契約の場合と同様、品位を落とす者はほとんど利益を受けないとされる。しかし、この部分において、かの意思が部分的に誤解されたときには、被相続人は、自己の良俗違反の意図を通じて自ら責任を負う。しかしながら、我々が、かの前提において誤っていないときには、この行為の中には、真意を正しく判断すべき一つのありうべき手段があり、この場合には、被相続人は、もはや遅れた者を挽回させることはできないので、これを契約の場合と同視することはできないと言う(53)。したがって、遺贈の場合には、良俗違反の条項を除去し、正当な遺言として有効とされるのだと言う。

このように、ザヴィニー博士の主唱にかかる良俗違反の法律行為を絶対無効とする法理を前提とする見解により、契約条項の一部無効は、原則として全部無効を来すというBGB第139条が立法されたのである。

3．スイス債務法における法律行為の一部無効規定

ところが、同じドイツ法圏においても、スイス債務法（OR）は、契約は、無効部分なくしては締結されなかったであろうというときにのみ、その全部を無効とする旨を規定する（OR第20条(54)）。それゆえ、その反対解釈により、無効な部分を除いても、契約したと認められるときには、残部で有効

---

(53) Savigny, a.a.O., S. 198-199.
(54) OR 第20条（契約の内容／Ⅱ．無効〔nichtig〕）
　　第1項　契約は、これが不能もしくは違法な内容を有し、または良俗に反するときは、無効である。
　　第2項　しかし、その瑕疵が、契約の個別的な一部に関わるに過ぎないときは、その無効部分がなければ、到底、契約は締結されなかったであろうと想定すべき場合にのみ、この契約は無効である。

とする旨の規定となる。したがって、契約当事者が無効部分を除いても契約したと認められれば有効であり、契約しなかったと思しき場合にのみ、契約の全部無効を来すのである。

4．若干の検討

これら立法例に関して、我妻博士は、「法律行為は法律が個人の意思を（重要なしかしあくまでも一つの）要素として、個人間の私法関係を妥当に規律する制度」と解し、「その内容は表示の有する客観的な合理的な意義だと」解するときには、ドイツ民法の規定は、「あまりにも偏狭」であるとして、スイス債務法の規定を妥当と解している。その上で、理論構成として、「無効な部分を法律上の規定・慣習・条理などによって補充して合理的な内容に改造し、しかる後に、この合理的な内容を強制することが当事者の目的に明らかに反する場合にだけ、全部を無効とすべきものである」と主張し、この考え方が、わが国の通説を形成してきた[55]。

しかし、前述したように（本稿註48）、ドイツにおいても、2005年1月18日のBGH決定及び従来の判例は、「所有権留保約款は、その文言によると、内容において許容される供給者のための所有権留保と、許容されないコンツェルン留保とは、簡単に分離することができる」として、無効なコンツェルン留保条項を除去することによって、残存部分たる単純類型の所有権留保の有効性を認めている。

このように、一部無効な条項の存在により、原則として、契約を「全部無効」とする制度（BGB第139条）においても、「契約分離解釈」により、結果として、スイス債務法やわが国の通説と同様、「残存部分の有効」という解決を図ることができるのである。

---

(55) 我妻榮『新訂民法總則』（岩波書店、1965年）258頁。

第2項　留保所有権の譲渡性[56]

1．留保所有権譲渡の構造——返還請求権の譲渡類型

(1) 判例法理とその前提的考察

次に、本段の問題に関する判旨（oben Rdn.16）について分析する。

判旨は、留保所有権の譲渡は可能であるが、所有権留保は質権や譲渡担保権のような付従性ある担保権ではなく[57]、売買契約と同時に約定する特約（売買の附款）という関係において、代金債権との付従性はありえないという理由から、債権の移転に伴って担保権が移転するのではなく（付従性に基づく随伴性に関するBGB第401条の適用否定説）、物権的返還請求権の譲渡という手法によって担保権が移転するもの[58]と判示している。

ドイツの判例・通説は、留保売主によって留保された所有権は売買契約の附款によるのであり、単なる担保権の設定ではないので、制限物権型担保物権と譲渡担保権に特有の付従性・随伴性が否定される関係上、付従性を前提とするBGB第401条の類推適用を拒絶するものとして位置づけられている[59]。2008年BGH判決が引用指示しているベックマン（Roland Michael

---

(56) 本争点に関しては、既に拙稿「所有権留保売買における信販会社の法的地位」法経論集213号69頁以下所収（前掲註2、本書「第2章」）において詳細に論じ、検討済みである。それゆえ、重複を避けるため、ここでの検討は必要最小限にとどめる。但し、前稿において述べていない点については、もちろん本稿（本章）において詳説する。

(57) Vgl. unten（Fußn. 70）BGH, Urt. vom 15. 6. 1964, BGHZ42, S.53, 56.

(58) この点は、Peter Bülow, Recht der Kreditsicherheiten, 7. Aufl., 2007, Rdn. 770, S. 247（8. Aufl., 2012も同じ）の指摘するところと同じである。ビューロウ教授によると、留保売主は、BGB第346条1項（解除による給付物及び使用収益の原状回復〔筆者註〕）に従い、第449条、第323条（履行遅滞に基づく解除〔筆者註〕）によってなされた解除権を原因として発生する物権的返還請求権の譲渡によって、第929条、第931条により、留保物（留保商品）を第三者に譲渡することができるものと解されている。

(59) この点は、Roland Michael Beckmann, J. von Staudingerskommentar zum BGB - Neubearbeitung 2004, § 449 BGB Rdn. 83. が指摘し、通説として、Palandt/Heinrichs, § 401 Rdn. 5; Bülow, Recht der Kreditsicherheiten, Rdn. 677f. を引用し、異説として、Staudinger/ Köhler（ママ。Honsell〔§ 454ff.〕の引用ミス。），1995, § 455 Rdn. 45; Helmut Rühl, Eigentumsvorbehalt und Abzahlungsgeschäft einschließlich des Rechts der Teilzahlungsfinanzierung, 1930, S. 82.; Schlotter, LZ 1911, S. 49; Günter Stulz, Eigentumsvorbehalt und Wechselbegebung, JW 1931, S. 3184を引用している。

Beckmann）教授は、通説によると、この場合には、通常、補充された契約解釈という手法で、売主は所有権を譲渡すべき義務を負うことが承認されていると言う[60]。

しかし、異説を展開するホンゼル（Heinrich Honsell）博士によると、問題となっている利益状況が同じであることから、BGB 第401条を類推適用するのが正しいと主張する。即ち、第401条は典型的な当事者意思に基づく規定であり、債権譲受人には担保手段が不可欠であるが、債権譲渡人にはこれを留保すべき利益はないと言う。更に、ホンゼル博士は、通説の主張するような債務法上の所有権移転義務は構成上の迂回路であるとして、これを批判する[61]。

また、これに先立って異説を展開したと指摘されたリュール（Helmut Rühl）博士は、売買代金債権の譲渡の際に、留保された所有権が同時に債権譲受人に移転しない旨が明確に合意されない限り、債権の譲渡と同時に、物権的合意と返還請求権の譲渡によって実現される留保された所有権の譲渡があったものと見做すべきものと主張する[62]。その根拠として、リュール博士は、「反対意思のない限り、当事者双方が所有権移転を欲していることの確定へと到達するのは、補充された解釈という手法においてのみである」と主張し、「この帰結は利益状況に適合している。なぜなら、売買契約から発生した権利を譲渡した後には、権利の譲渡人には、もはや、所有権を留保するという利益はないからである」と主張した[63]。

---

[60] Beckmann, ibid. は、RG, 8. 12. 1916, RGZ 89, S. 193, 195（譲渡担保の事案）; unten (Fußn. 70) BGH, 15. 6. 1964, BGHZ 42, S. 53, 56f.; Meisner, Der Eigentumsvorbehalt, 1932, S. 15; Schlegelberger/ Hefermehl [5. Aufl] Anh. zu § 382 Rdn. 51を引用しつつ論じている。

[61] Staudinger/ Honsell, 1995, § 455 Rdn. 45.

[62] Rühl, a.a.O., Eigentumsvorbehalt und Abzahlungsgeschäft, S. 83.

[63] Rühl, a.a.O., Eigentumsvorbehalt und Abzahlungsgeschäft, S. 83. この見解は、異説とはいえ、ホンゼル博士に所謂 BGB 第401条類推適用説ではなく、売買契約から発生した権利（債権）を譲渡した後には、その譲渡人には、もはや所有権を留保する利益はないと論じており、「補充的解釈」に基づく議論を展開している（Rühl, ibid. は、BGB 第401条の拡張も類推も否定する）。この解釈は、後掲（Fußn. 70）BGH, Urt. vom 15. 6. 1964, BGHZ 42, S. 53, 56. が展開した補充的契約解釈（当事者意思の補充）と同様のものと解することができる。

しかし、2008年BGH判決は、従来の判例・通説に倣い、「所有権留保はBGB第401条の意味における担保権ではない」と宣言し、先例たる1964年6月15日BGH判決（BGHZ 42, S. 53, 56）を引用している[64]。しかしながら、2008年BGH判決は、1964年BGH判決に所謂「契約補充解釈」を採らず、物権的返還請求権の譲渡という解釈を採用した。

（2）物権的返還請求権譲渡の構造分析

そこで、2008年BGH判決の示した物権的返還請求権の譲渡という法律関係について具体的に分析する。

動産所有権の譲渡は、物権的合意と引渡しによって、その効力を生ずる（BGB第929条1文）。この場合において、第三者が使用賃貸借（Miete）などで占有している物を譲渡するときには、譲渡人から取得者に対する現実の引渡しに代えて、第三者に対する返還請求権の譲渡という方法を取ることができる（BGB第931条）。これを本件の所有権留保に適用すると、留保売主A

　リュール博士によると（ders. S. 84）、1920年7月20日のオーストリアの加工信用に関する命令（第9a条）は、与信者が供給者に対し原材料代金の支払義務を負っている場合には、供給者の同意の下で、原材料の受領者と金融与信者との間において、相当の約定がなされた場合には、供給者の原材料に関する所有権は、供給時から金融与信者の満足までは金融与信者に移転し、代金を完済して初めて受領者に移転すると規定する。この規定からは、BGB第401条類推適用説が読み取れるが、リュール博士は、この規定から、当事者意思の推測ないし補充という契約補充解釈を読み取ったものと思われる。

　また、リュール博士は、スイスにおいては、所有権留保は債権の譲渡とともに移転する従たる権利（OR第170条1項）と解されており、第三者が特別な権利関係に基づいて占有する物の占有移転は、引渡しがなくとも、譲渡人から第三者への通知により、占有の移転が有効となる旨の規定により（ZGB第924条1項、2項）、留保所有権の譲渡がなされると論じている（ders. S. 85）。しかし、スイス民法における所有権留保は、ドイツとは規定構造が異なるので（本書「序章」62頁以下を参照）、そのままドイツ法の解釈に入れるには難点が伴う。また、ドイツ法の解釈としては、所有権留保が売買の附款たることに基づく付従性のない権利関係であるという本質論があるので、やはり難点がある。

(64) 1964年6月15日BGH判決（BGHZ 42, S. 53, 56）は、BGB第401条類推適用説を採用せず、当事者意思を補充するという手法により、債権の移転に伴い、債権者は、立替払をした銀行に対し、自己の留保した所有権の移転義務を負うという解釈を展開した判例である（後掲註70）。

が譲渡人、立替払人Xが取得者、第三者が留保買主Bである。

留保売主（供給者）Aが立替払人Xに留保所有権を譲渡しても、留保買主Bの所有権取得への期待権は消滅しない。それゆえ、留保買主Bは、占有正権原の抗弁（第986条2項）により、立替払による留保所有権の取得者たるXに対し、売買契約に基づく自己の占有権を対抗することができる。

留保買主は停止条件付所有権取得権者であるから、留保所有権の取得者たるXの所有権取得には対抗力がない。即ち、留保買主Bが残代金を売主Aに弁済すると、停止条件が成就するので、買主Bが真正所有者となる（BGB第449条1項）。この場合には、BGB第161条1項[65]により、所有権の譲渡に内在する処分は無効となる。Xの取得した留保所有権は、条件の成否に依拠していたので、Xの留保所有権取得という効力は消滅する。この場合には、Xが期待権の欠如（消滅）に関して善意であっても、保護されない[66]。この点が、判旨のいう「留保買主は、売買代金の完済により所有権を取得し、取得者は所有権を失う」という箇所の意味である。

しかし、Xが売主Aに代金を立替払した後に、買主BがXに残代金を完済せずに倒産したときには、Xは、立替払により、既に留保売主Aから留保所有権を譲り受けており、債務者たる買主Bからは期待権を担保目的で取得している関係上、買主Bの所有権取得を担保すべき物権的期待権は混同によって消滅するので、Xは完全所有権を取得するものと解されている[67]。

---

(65) BGB第161条（条件の成否未定の間における処分の無効）
　　第1項：停止条件付で目的物を処分する場合において、その処分が、条件に依拠する効果を失わせ、もしくは侵害するときには、条件の成否未定の間にその目的物についてなされた処分は、条件成就の際に、全て無効とする。
(66) Vgl. Bülow, a.a.O. (Fußn. 58), Rdn. 770 (S. 247). 同様に、MünchKomm- BGB/H. P. Westermann, 5. Aufl., §449 Rdn. 23. は、所有権留保の消滅に関する正当な法律行為による意思表示がなくとも、条件が成就したときには、留保は即時的な (ex-nunc) 効果によって消滅するものと解しており、遅滞の時期に支払がなされても条件は成就され、第三者による支払でもよいと解している。
(67) Bülow, a.a.O. (Fußn. 58, 8. Aufl., 2012), Rdn. 770a (S. 247). ビューロウ教授は、前掲2008年BGH判決（BGHZ 176, S. 86, 89-90, 97）も顧慮した「混同」により、第三取得者たるX銀行は、担保物件提供者B（買主）の倒産手続において、自分に別除権を容認するという―典型的な―個別事案の状況に従い、担保のために、留保のな

また、買主Bの倒産前の状況において、Bが立替払人Xへの履行を遅滞したときには、Xには解除権がないので、解除しないまま、Aから譲り受けた返還請求権を行使することとなる。しかし、XがBから返還を受けた留保商品を処分した後に、Bが所有権留保売買の存続を理由として、Xに代金を提供し、再返還を請求してきたときには、Xの地位が不安定かつ危険なものとなる。それゆえ、返還請求権の譲渡という構成を採る場合には、留保売主Aが解除権を留保し（BGB第346条）、Xによる立替払時にAが解除した上で（第449条2項）、Xへの留保所有権譲渡の効果が発生するとか（2008年BGH判決はそのような趣旨と解される。）、あるいは、Xが所有権留保（実質的譲渡担保）を実行し、留保商品を第三者へ処分して残代金を回収したときには、買主Bとの間の所有権留保は失効するとか、Bは弁済権ないし受戻権を失うという解釈を採る必要がある。

　このように、返還請求権の譲渡という構成を使う場合には、譲受け留保所有者には解除権がないことから、売主に解除権を留保するとか（BGB第346条）、買主の権利を制限するという解釈論に依存する必要が多分に生ずるので、他の制度を用いる必要がある。

　まず、立替払人Xが留保売主Aに対して支払保証をした場合には、XのAに対する弁済と同時にAの債権と担保権がXに移転するという法定債権譲渡（BGB第426条2項〔連帯債務者〕、第774条〔保証人〕。わが民法第500条、第501条の法定代位と同じ。）という制度を用いて留保所有権も移転させるという類型が考えられる（2008年BGH判決では問題とされていないが、従来の判例・通説で検討されている）。

　次に、2008年BGH判決で検討されているように、三者間合意としては、留保売主A・買主B・立替払人Xの三者間合意、または存続当事者たる買主Bの同意（または追認）を前提として、契約関係から脱退する留保売主Aと新たに当事者（留保所有者）となるXとの合意による（結果として三者間合意と何ら変わらない形での）契約引受という法律構成が考えられる。次段以下においては、これらの理論構成について検討する。

くなった所有権を取得するものと述べている。

2．法定債権譲渡類型
(1) 法定債権譲渡の適用

わが民法に所謂「法定代位」は、保証人など利害関係ある第三者が債務者に代わって債権者に弁済（代位弁済）をした場合には（日民第474条）、代位弁済者は、債権者に法定代位し（改正前同第500条）、自己の権利に基づいて求償をすることができる範囲内において、債権の効力及び担保としてその債権者が有していた一切の権利を行使することができる（改正前同第501条〔新規定同条1項〕）。

代位弁済による債権と担保権の代位者への移転は、債権と担保権との付従性・随伴性に基づいて生ずる。この点に関して、ドイツにも同様の規定が存在する。即ち、譲渡された債権を担保するために存在する抵当権、船舶抵当権及び質権、ならびに保証に基づく権利は、譲渡された債権とともに新債権者へ移転する（BGB第401条1項）。また、新債権者の債権が強制執行や倒産手続において優先権である場合には、それらの手続において、これを主張することができる（同条2項）。

しかし、ドイツにおける債権の移転に伴う担保権の移転も、わが民法と同様、担保権が債権との付従性を有する場合を前提としている。それゆえ、売買契約における付款に過ぎず、債権との付従性を有しない所有権留保に基づく留保所有権には適用されえない[68]。

そこで、ドイツにおいては、この法定債権譲渡を活かす形で、「交互計算留保」という類型の所有権留保が用いられてきた。

(2) 交互計算留保の意義と適用

交互計算留保とは、拡張・拡大類型の所有権留保の一種である。即ち、留保売主と買主との所有権留保売買における代金債権のみならず、両者間の所有権留保期間中の機械・車両の整備や修理といった継続的契約関係から生ずる、留保売主の将来債権までをも全額支払うことが、買主への所有権移転の停止条件とされるという契約である。しかし、このような二当事者間の契約

---

(68) Vgl. unten（Fußn. 70）BGH, Urt. vom 15. 6. 1964, BGHZ 42, S. 53, 56.

以外に、支払保証をした保証人が入るケースもある。例えば、留保売主Ａと留保買主Ｂとの間に支払保証人Ｃが入り、ＣがＡに保証債務を弁済し、法定債権譲渡により債権を取得するとともに、ＣがＡから留保所有権を譲り受け、更に、ＣがＢに対して有することとなった求償債権以外に、例えば、保証人ＣとＢとの間における一定の継続的契約関係に基づくすべての債権を弁済するまで、留保商品の所有権が買主Ｂに移転しないという停止条件の拡張類型のことを言う。わが国における包括担保類型の所有権留保と類似する(69)。

交互計算留保は、留保売主（または譲受け留保所有者）の買主に対する所有権移転の停止条件を、自己の代金債権以外に、留保売主（または譲受け留保所有者）の買主に対する他の債権を担保するため、便宜的に拡張するという意味において、良俗違反に当たるコンツェルン留保とは異なり、無効とはされない。前述したように、同じく拡張類型の所有権留保に属するコンツェルン留保が無効とされるのは、留保売主に対する代金債務に加え、留保売主の第三債権者に対する債務の弁済までをも、買主への所有権移転の停止条件に組み込むということで（BGB第449条3項）、買主にとって予測不可能かつ大変な苦痛となる無限の債務拡張を図るので、良俗違反の法律行為（Sittenwidriges Rechtsgeschäft：BGB第138条）という扱いを受けるからである。

次に、ドイツの判例上、交互計算類型の所有権留保が問題となった事例を挙げて説明する。

（３）交互計算留保のリーディングケース―BGH, 15. 6. 1964(70)
【事案の概要】

---

(69) 包括担保類型の所有権留保とは、留保買主に対して有する一切の債権を担保するため、販売会社がメーカー系信販会社との間で自動車の留保所有権を準共有するという所有権留保である。この包括担保約款は、信販会社を優先留保所有者とし、留保売主を劣後留保所有者とする留保所有権の準共有という形式により留保売主を契約中に残し、買主が信販会社への割賦弁済を終了した後に、販売会社の修理代金債権などへの拡張が開始するという点において、交互計算留保とは若干異なる。
(70) BGH, Urt. vom 15. 6. 1964, Ⅷ ZR305/62 (OLG Schleswig), BGHZ 42, S. 53ff.

第2節　ドイツ法における留保所有権の譲受人の地位　263

　Xは法人格を有する卸売業者の組合である。Xは食料品の製造供給会社たるAとの間において、Aの卸売業者（留保買主）に対する売買代金その他の債権について支払保証契約を締結し、Xによる保証債務の弁済により、Aの買主に対する売買代金債権とすべての従たる権利及び優先権とともに留保所有権がXに移転する旨を合意した。Xは、この契約により、Aの卸売業者に対する留保商品の所有権、ならびに買主またはその他の直接占有者に対する物権的及び債権的返還請求権を取得した。商品は供給会社Aから卸売商に直接送付される。

　BはX組合に属しており、Aと継続的供給契約を締結した卸売業者である。Bは、Xとの間において、「供給商品に対する約定供給者の所有権留保に基づく権利はXに譲渡される旨を約定供給者と合意する。Xは、Xのために所有権留保に供された商品及び目的物から満足を求める権利を有し、また、Xにおいて組合員に関してなされた交互計算に基づく組合員に対するその他の債権に関しても、満足を求める権利を有する。」という契約関係にある。

　Yは、Bの販売所を引き受け、その在庫商品の全部を購入した。その後、Bが破産し、破産手続が開始した。Xは、A会社によって供給され、Yが引き受けた在庫商品の所有権はXにあるものと主張し、Yに対し、在庫商品の返還を請求した。第1審、原審ともにXが勝訴したので、Yが上告した。しかし、Yの上告は棄却された。

【判旨概要と分析】

　BGHは、まず第一に、「商品供給者は、買主による信用調達を目的として、同様に常に蔓延する売却商品の譲渡担保を顧慮して、このような留保をほぼ例外なく約定するのを常とする。所有権留保約款が業界の慣行となっているため、経験則によれば、これは、供給会社の契約約款にも含まれていた。即ち、Bがこの約款を知っていたということは、Bが大抵暗黙のうちに所有権留保に従わされていることから推察される。」として、第三者にも所有権留保に関する予見可能性を認めている。この点は、従来の判例・通説である。従来の判例は、所有権留保はドイツにおいては供給約款にて恒常的に使用されており、流通業界においては常識であって、これを知らなかった第二購買者は重過失者（問い合わせ義務違反者）として取り扱うとして、善意取得を否定する理由付けとして用いている[71]。

---

(71) Vgl. BGH, Urt. vom 17. 1. 1968, WM 1968, S. 540：本件は、延長類型の所有権留保の目的物（留保商品）たる高価な建設機械を留保買主が転売したという事案である。

次に、判旨は、第三者による給付ないし弁済について論じている。まず、第三者給付（弁済）に関する BGB 第267条[72]の適用について、「第三者がBGB 第267条により売買代金債権を売主に支払う場合にも、確かに、所有権を留保された物の所有権移転は生ずるという見解[73]があると指摘する。しかし、これは少数説であり、「多数説によると、BGB 第267条の事案は、第三者が債権者に対して負っている自己の債務を弁済するため、特に、連帯債務者または保証人として給付する場合には存在しない[74]。その場合には、債務者の債務は消滅せず、債権者の債務者に対する債権が、BGB 第426条2項（連帯債務者の一人の弁済による弁済者への債権の移転）、第774条（保証人の弁済による保証人への法定債権譲渡）により、連帯債務者または保証人に移転する。こうなると、債権は、旧債権者と同様の範囲でこれらの者に帰属する。」として、本件のような支払保証の事案は法定債権譲渡の適用事案であると指摘する。

しかし、判旨は続けて、留保所有権（BGB 第455条〔現行 BGB 第449条〕）には付従性がなく、「BGB 第401条の意味における従たる権利とは見做され

BGH は、高価な建設機械については、所有権留保取引が常識的に存在するということを前提として、その転得者につき、所有権留保を含めた所有権に関する厳格な調査義務を認定し、これを怠った転得者に重過失を認定して、転得者の善意取得（BGB 第932条、HGB 第366条）を否定した。この理論構成は、RG, Urt. vom 20. 5. 1904, RGZ 58, S. 162（有価証券の善意取得が争われた事案）が動産取引においては所有権に関する調査義務が課せられ、この調査を怠った取得者は重過失者として扱われるとして、有価証券取得者の善意取得を否定して以来の判例法理である。

なお、序章において述べたが、わが国においても、最高裁の判例こそないものの、裁判例は、業者間取引の買主には所有権の所在に関する調査義務（売主に対する問い合わせ義務）を課し、これを怠った買主に過失を認定するとか（東京高判昭和49年12月10日下裁民集25巻9〜12号1033頁）、また、売買契約書や譲渡証明書、そして領収証の存在などについて調査義務を課し、これらに関する注意・調査義務を怠った転得者に過失を認定するなどして（福岡高宮崎支判昭和50年5月28日金商487号44頁、東京地判昭和52年5月31日判時871号53頁など）、即時取得の成立を否定している。

(72) BGB 第267条（第三者による給付）は、債務者が自身で給付しなくてもよいときには、第三者も有効に給付することができ（1文）、この場合には、債務者の事前の同意は必要ではない（2文）という規定である。
(73) Vgl. Enneccerus/Lehmann, Recht der Schuldverhältnisse, 15. Aufl., §118 B III 1 b.
(74) Vgl. Staudinger, BGB 11. Aufl., § 267 Rdn. 16; Soergel-Siebert, BGB 9. Aufl., § 267 Rdn. 2.

第 2 節　ドイツ法における留保所有権の譲受人の地位　265

ないから、留保所有権は、BGB 第412条、第401条により保証人へと移転するわけではない。しかしながら、債権者は、原則として、なおも自己に帰属している留保所有権を保証人へと譲渡すべき義務を負っている(75)。」として、「当事者が保証人による支払の時点において初めてこの移転が生ずる旨を約定した場合にも、留保所有権は保証人へ移転する」ものと解している。

　この BGH における解釈の理由付けは、HRR1933年12号掲載の判例を根拠としている(76)。BGH は、所有権を留保して債務者に供給した債権者は、自己の自由裁量において債権の移転を妨害することは許されないとして、判例（HRR 1933, Nr.12）が担保権の放棄による保証人の解放（免責）に関する BGB 第776条(77)を適用しないと判示した点を反対解釈し、同条を類推適用して、債権者は法定債権譲渡を受けた保証人に対して留保所有権を放棄したものと解している。この見解は、債権者が所有権留保によって供給した目的物に関する留保所有権を放棄しないという状況で、保証人が代償を獲得しえたということを前提とする。それゆえ、保証人が弁済によって債権者から債

---

(75) 前掲 BGH, 15. 6. 1964 (Fußn. 70) は、BGB-RGRK, 11. Aufl. § 774 Anm. 6 ; Soergel-Siebert, BGB, 9. Aufl., § 774 Anm. 2 und § 401 Anm. 3 ; OLG Stuttgart, Recht 13 Nr. 329. を引用しつつ、債権者の留保所有権移転義務を論じている。

(76) 前掲 BGH, 15. 6. 1964 (Fußn. 70) は、ライヒ裁判所（RG）の判例（RG, HRR 1933, Nr.12）として引用し、論旨を展開している（事件番号と年月日は引用なし）。しかし、Höchstrichterliche Rechtsprechung(HRR) 1933, Nr.12を確認したところ、当該箇所の判例冒頭には、OLG Köln, 3. 3. 1932, 3 U 368/31としか掲載されていない。U は OLG（上級地裁）の事件番号表記であり、RG という文字もない。内容は合致しているので、おそらくは、BGH による引用ミスと思われる。

　OLG Köln, 3. 3. 1932, 3 U 368/31（HRR 1933, Nr.12）は、第776条（担保手段の放棄）の適用は、債権者による所有権留保の放棄の場合には問題にならない（適用されない）。なぜなら、この規定は、債権者によって放棄された権利を、第774条（保証人の弁済による法定債権譲渡）によって取得する可能性が保証人に与えられることを前提とするからであると述べている。この判旨を反対解釈すると、保証人に第774条を適用する場合には、第776条を類推して、債権者は留保所有権を放棄したものとなるのである。

(77) BGB 第776条（担保手段の放棄）：債権者が、債権と結合した優先権、債権のために存在する抵当権もしくは船舶抵当権、債権のために存在する質権、または、共同保証人に対する権利を放棄したときには、保証人は、自分が第774条に従い、放棄された権利から代償を獲得しうる限りにおいて、保証から解放される。放棄された権利が保証の引受け後に初めて発生する場合にも、同様とする。

権を法定移転によって取得しても、その担保たる留保所有権を伴わなければ、不公平である。この解釈により、付従性のない所有権留保の場合においても、支払保証人は、債権の法定移転を受けるとともに、同時に、債権者の放棄により、留保所有権を獲得しうるのである。公平かつ正当な解釈と言えよう。

そして、本件においては、契約約款の中で、譲受け留保所有者Ｘと留保買主Ｂが、所有権留保の合意内容について、継続的契約関係に基づくＸのＢに対する将来のすべての債権が担保に含められるというところまで拡張されている。この合意は、供給者Ａの権利承継人としてのＸと、買主Ｂとの間でも行いうるので、供給者ＡからＸへの所有権移転の時期と同時に、代金の完済ならびにＸのＢに対する他のすべての債権の完済という停止条件の下で、Ｂへの所有権の移転が行われるという、所謂「交互計算留保」は、原則として有効であると判示している[78]。

この構成は、2008年ＢＧＨ判決には現れていないが、同判決は、留保所有権と債権との付従性を否定し、その結果、随伴性に関するＢＧＢ第401条の適用を否定するので、1964年ＢＧＨ判決と類似する状況である。従来の判例・通説は、付従性否定説により、随伴性を否定しても、所謂「契約補充解釈」により、売主は所有権を譲渡すべき義務を負うものと解するので[79]、2008年ＢＧＨ判決も、法定債権譲渡類型が使えない理由と、その代替策としての留保売主による立替払金融機関に対する相対的な留保所有権の放棄、そして、留保売主の立替払金融機関に対する留保所有権移転義務に言及したのである。

しかし、いずれにせよ、留保所有権の移転に関して、法定債権譲渡制度を活用する場合には、売買契約の附款に過ぎず、債権との付従性を有しない所有権留保には、ＢＧＢ第401条等の適用・類推適用はできないという制度上の

---

(78) BGH, a.a.O.（Fußn. 70），BGHZ 42, S. 53は、従来の判例法理として、BGH, Urt. vom 16. 12. 1957－Ⅶ ZR 49/57, BGHZ 26, S. 185, 190ならびに上記1964年ＢＧＨ判決（Fußn. 70及び本註冒頭掲記）と同一民事部のBGH, Urt. vom 20．5．1958－Ⅷ ZR 329/56, NJW 1958, S. 1231を引用指示している。

(79) Vgl. Staudinger/ Beckmann, a.a.O.（Fußn. 59），§ 449 BGB Rdn. 83.

障害があるので、特別に、契約補充解釈という解釈手法、あるいは、信義則上の所有権移転義務という解釈技術に依拠しなければならない。したがって、理論構成上、無理がある。そこで、次に、契約引受類型の実用的意義について考察する必要がある。

3．契約引受による留保所有権の譲渡——三者間合意
（1）契約引受の意義

次に、2008年 BGH 判決は、留保売主（供給者）A、留保買主 B、金融機関（立替払人）X の三者間合意による契約引受という方法に基づく留保所有権の譲渡について言及している[80]。

契約引受は、契約上の地位の譲渡とも言う。本稿の問題においては、留保商品の売主たる A の地位を金融機関 X に譲渡するということになる。この場合には、留保売主 A は代金債権を有するが、割賦弁済金の完済によって所有権が買主 B に移転するので、将来的には留保商品の引渡債務を負う。即ち、譲渡すべき留保売主の地位には、債権者としての地位と債務者としての地位が併存している。A が B に対する代金債権を X に譲渡する制度として、債権譲渡がある（BGB 第398条）。また、A が B に対する債務を X に譲渡する制度として、債務引受がある（同法第414条以下）。

留保売主 A から立替払人 X への債権譲渡は約定による旧債権者と新債権者との交替であるところ（BGB 第398条）、債務者 B へ通知することによって債務者に対する債権譲渡の確定力と対抗力が生ずる（同法第409条1項）。また、A から X への債務の移転は、X が A の債務を引き受けることによって、これも新旧債務者の交代となる。債務引受は、債権者たる買主 B と引受人 X との契約によるが（同法第414条）、債務者たる留保売主 A と引受人 X との契約によることもできる（同法第415条）。後者の場合には、原則として債権者 B の追認が必要であり（同条1項）、追認が得られない場合には、債務引受はなされなかったことになる（同条2項1文）。これらの規定から契

---
(80) 判旨は、Palandt/ Grüneberg, a.a.O.（Fußn. 32），§ 398 BGB Rdn. 38を引用指示しつつ論を進めているので、本稿においても、ここでの論述に従って、引用文献を翻訳し、再検討する。

約引受を法的に分析すると、確かに、債権譲渡と債務引受の複合類型ではある。しかし、契約引受は、全体としては一個の法律行為として行われる（これを「単一説」という。）[81]。また、契約としては「債務関係の処分」として位置づけられ、通常は三者間契約（三面契約）として締結され、当事者全員の承諾が要件とされる[82]。

契約当事者の交替は、別の方法でも生じうる。即ち、第一に、従来の契約を取りやめ（BGB 旧第305条）、従来の内容で新たな契約を締結することがある。しかし、この方法を採ると、従来の契約との関係で発生した保証が消滅するので、この規定は当事者に不利益に働く。また、第二に、現に存する債権の譲渡において（BGB 第389条以下）、債務引受を合意することがある（BGB 第414条以下）。譲渡人と結びついている形成権は、譲渡された債権だけではなく、すべての債務関係に影響を与えることから、譲渡することはできないので（例えば解約告知、解除、取消権）、この類型も当事者に不利益に働くとされる[83]。だからこそ、契約引受が合意されるのである。

また、契約引受への同意は予め与えることができるが[84]、普通契約約款において、BGB 第309条10号（契約相手方の交替は、約款上での相手方の表示、相手方に解除権が与えられているときには、約款上も有効。）の範囲に限られる。債務者の同意がなくても、引受けに含まれる債権譲渡は有効である[85]。更に、分離された契約当事者が倒産したときには、残留当事者は、倒産手続の開始後においても、契約引受を追認することができる。[86]

---

(81) 判例として、BGH, Urt. vom 20. 4. 2005 - XII ZR 29/02 (OLG Schleswig), NJW-RR 2005, S. 958; BAG, Urt. vom 24. 10. 1972 - 3 AZR 102/72, DB 1973, S. 924があり、通説と言われている。
(82) 判例として、BGH, Urt. vom 27. 11. 1985, NJW 1986, S. 918; BGH, ibid. NJW- RR 2005, S. 958があり、通説であるが、Dörner教授の反対説がある（NJW 1986, S. 2916）。
(83) Vgl. R. Haase Leonberg, Anmerkung für 20. 6. 1985, JR 1986, S. 105-106.
(84) BGH, Urt. vom 18. 10. 1995, DtZ 1996, S. 56, 57
(85) BGH, Urt. vom 11. 7. 1996, NJW 1996, S. 3147, 3150 = ZIP 1996, S. 1516, 1519.
(86) Lange, ZIP 1999, S. 1373. 以上の前提については、Palandt/ Grüneberg, a.a.O.(Fußn. 32), § 398 BGB Rdn. 38, 38aを参照。

(2) 法律による契約引受（法定引受）

BGB は、契約引受に関して一般規定を設けてはおらず、上述したように個別債権の譲渡と個別債務の引受けとして規定するのみである。しかし、以下に示すように、各種の法律により、契約引受は、他人の法律行為の効果として予定されていると言うことができる。

まず、ドイツ民法上は、土地所有権の譲渡とともに行われる地上の賃貸建物の譲渡に伴う新所有者による使用賃貸人の地位の引受けがある（BGB 第566条：売買は使用賃貸借を破らない）。また同様に、土地以外の用益賃貸借への準用（同法第581条2項）、営業譲渡に伴う企業の新持ち主による労働契約の引受けがある（同法第613a条）。

次に、質権は被担保債権の譲渡によって新債権者に移転する（同法第1250条）。その効果として、新質権者は旧質権者に対して質物の引渡しを請求することができる（同法第1251条1項）。また、新質権者が質物の占有を取得することにより、同人は、旧質権者に代わり、質権に付随する義務を質権設定者に対して負うこととなる（同条2項1文）。

次に、被保険者が被保険物を譲渡した場合には、その期間中に、被保険物の所有権を取得した者は、被保険者に代わり、保険関係から生じた権利及び義務を承継する（保険契約法〔VVG〕第95条1項）。

更に、合併の登記により、譲渡機関の財産は、義務を含めて引受機関へ移転する（組織変更法〔UmwG〕第20条1項1号）。使用賃借人の配偶者が使用賃借人の死亡によって使用賃貸借契約に入る場合（BGB 第563条）、あるいは、旅行開始前における旅行者と第三者との交替（同法第651b条）も同様と考えられる。これらは、個別法律上の契約引受類型と解することができる[87]。

(3) 判例・学説
(ア) 判例による法形成の承認

判例及び学説は、法律行為によってすべての債務関係を移転することが許

---

[87] Vgl. Palandt/ Grüneberg, a.a.O.(Fußn. 32), § 398 BGB Rdn. 38.

されるという一般的に承認された根拠を、法形成（Rechtsfortbildung）という方法で、構成してきた[88]。例えば、ネーア（Nörr）教授は、次のように述べる。即ち、債務法の歴史は、債務関係の客観化と動態化であると描写されてきた。債務関係の客観化として認識されるのは、債権関係、即ち、債権の客観性である。また、債務関係の動態化は、ドイツ法の100年においては、債務関係、即ち、債務の客観性である。一方では、法律行為と債務関係との高度な抽象化の程度において、他方では、契約に関して、契約当事者間の人的関係という残されたイメージが未解決のまま残っているが、いずれにせよ、契約の動態化に着手し、契約当事者の交代、即ち、契約引受が独自の法的類型として認められるまで、この状態は続く。そこで、判例が契約引受の類型化に着手し、BGH, NJW1985, S.2528（後掲註95）は、判例によって確定されてきた契約引受の法的類型を検証している[89]。ネーア教授は、このように論じ、BGBにおいて制度が構築されていない契約引受に関しては、判例によって法形成がなされてきたと述べている。

(イ) 引受契約の締結に関する判例法理―単一説（通説）

(a) 総　説

次に、BGHに現れた契約引受に関する類型について概観する。

まず、土地の売買に起因して新所有者による電気供給契約の引受けが可能かが問題となった事案において、1960年BGH判決[90]は、双務契約においては、完全な債務法上の地位は、権利だけではなく、義務をも根拠づけるので、その地位を譲渡することはできないという大前提を掲げ、確かにBGB第571条（現行第566条）、第581条2項の明文規定のように、別の法律行為の効果として、土地の取得者が、前使用賃貸人（旧所有者）に代わって、前使用賃貸人が所有者である間に使用賃貸借関係から発生した権利及び義務の承継という形で、契約関係に入るという制度はあるが、電気供給契約には、そ

---

[88] Palandt/ Grüneberg, a.a.O.(Fußn. 32), § 398 BGB Rdn. 38は、BGH, Urt. vom 20. 6. 1985 - IX ZR 173/84,(OLG Hamm) NJW 1985, S. 2528, ならびに Larenz, Schuldrecht, §35Ⅲを引用しつつ、このように論じている。

[89] Vgl. Knut Wolfgang Nörr, Anmerkung für BGH, 20. 6. 1985, JZ 1985, S. 1095-1096.

[90] BGH, Urt. vom 10. 11. 1960 - Ⅷ ZR 167/59 (OLG Köln), NJW 1961, S. 453, 454.

のような明文規定はないので、解釈上の問題になるという前提に立つ。BGH は、その上で、法律行為による契約引受は、旧債務関係を消滅させることなく、債権譲渡と債務引受との結合によって可能ではあるが（BGB 第398条以下、第414条以下）、旧債務関係の契約当事者双方の協力によってのみ可能であると解して、旧所有者と新所有者との合意に対し、電気供給事業者が同意をすることによって、新所有者への電気供給契約の引受けが成立するものと判示した。本判決の解釈によると、二当事者間合意に対する事業者（残留当事者）の同意によって、契約引受が実現するとした。

しかし、その後の判例は、より明確に、契約引受は、単なる債権譲渡と債務引受の組み合わせではなく、一個の法律行為であり、また、契約引受は債務関係の処分であるから、当事者全員の同意を要するものという解釈を採り[91]、あるいは、三者間合意による引受契約により成立するものという解釈を採る[92]。この契約引受は「一個の法律行為」という点から、この見解は「単一説」と称される。

(b) 単一説に基づく判例法理

判例の個別事案を紐解くと、まず、1974年 BGH 判決[93]は、建物の使用賃貸人が土地共有者の一人であり、この土地が譲渡され、土地の新所有者が使用賃貸人の地位を引き受けた後に地上建物が取り壊されたので、使用賃借人が旧賃貸人と新賃貸人に対し、債務不履行に基づく損害賠償を請求したという事案において、「BGB 第571条（またはまだ議論すべき第578条）の法的効果、即ち、取得者の使用賃貸人の地位への加入と、この地位からの譲渡人の脱退は、譲渡した所有者が同時に使用賃貸人である場合にのみ、発生する」として、旧賃貸人は共有者の一人であるから、「使用賃貸した部屋のある土地が第二被告に譲渡されたことによって、自分の締結した使用賃貸借契約から脱退しない。」と判示した。

---

(91) BGH, Urt. vom 20. 4. 2005 - XII ZR 29/02 (OLG Schleswig), NJW-RR 2005, S. 958ff.; BAG, Urt. vom 24. 10. 1972 - 3 AZR 102/72, DB 1973, S. 924.
(92) BGH, Urt. vom 27. 11. 1985- VIII ZR 316/84 (Düsseldorf), NJW 1986, S. 918; BGH, Urt. vom 20. 4. 2005, NJW-RR 2005, S. 958.
(93) BGH, Urt. vom 3. 7. 1974 - VIII ZR 6/73 (Frankfurt), NJW 1974, S. 1551.

本判決で問題となったBGB第571条1項（現行第566条1項）は、「売買は使用賃貸借を破らない」という規定であり、賃貸された住居が使用賃借人に引き渡された後、使用賃貸人によって第三者へ譲渡されたときには、取得者は使用賃貸人に代わり、自己の所有権の存続期間中に使用賃貸借関係から生じた権利及び義務を有するという法定の契約引受規定である[94]。それゆえ、新賃貸人の契約引受意思は不要であるが、旧賃貸人と土地の所有者が同一人物でなければならない。

本件においては、土地が共有であり、使用賃貸人がそのうちの一人であったため、本条の前提要件を充たしていないとして、旧賃貸人の使用賃貸借契約からの脱退が認められず、損害賠償責任を免れないとされたのである。しかし、法定の契約引受にならなくとも、約定引受の要件を充たしていれば、旧賃貸人の脱退は認められてよいであろう。即ち、旧賃貸人と新賃貸人との引受合意があり、これに残留当事者たる使用賃借人の同意ないし追認があれば、契約引受は成立する。しかしながら、本件においては、使用賃借人の追認はなかったので、法定引受規定の適用のみが問題となった結果、その適用が認められなかったのである。

同様の使用賃貸人の契約引受が問題となった事案として、1985年6月20日BGH判決がある[95]。BGHは、「契約引受は、契約の新たな締結がなくとも、契約当事者が、契約の同一性を保持しつつ交替する、旧契約における権

---

(94) このような規定は、従来、わが国には存在しなかった。しかし、判例は、賃貸目的不動産の所有権が第三者へ移転したときには、賃貸人の地位が新所有者に移転するものとし（最判昭和39年8月28日民集18巻7号1354頁：対抗力ある賃借権の事案）、また、不動産の新所有者への賃貸人の地位の移転に関して、新旧両所有者の合意のみで足り、賃借人の同意を要しないとしている（最判昭和46年4月23日民集25巻3号388頁：対抗力のない賃借権の事案）。この点に関して、学説（我妻榮『債権各論中巻一』〔岩波書店、1957年〕448頁）も、賃貸人の義務（債務）は個人的色彩を有せず、賃貸人が誰であるかによってその内容を異にしないので、承継を認めるほうが賃借人の利益にも資するという理由から、これを認める。判例は、この我妻説に従ったものである。このような判例・通説により、賃貸不動産の売買においては、BGB第566条1項と同様、賃貸借契約の引受けという効果が認められてきた。そこで、2017年の民法改正により、対抗力ある不動産（土地・建物）賃借権つきの不動産の譲渡に伴い、賃貸人の地位が譲受人に承継されることとなった（第605条の2第1項）。

(95) BGH, Urt. vom 20. 6. 1985 - IX ZR 173/84 (OLG Hamm), NJW 1985, S. 2528ff.

利の承継によって、もたらすことができる」ものと解し、「契約当事者の交替は、脱退当事者、引受当事者、残留当事者間の三者間契約という方法においても、また、残留当事者が同意したときには、原当事者と新当事者との間における契約によっても、合意することができる」ものと判示している。したがって、前段の1974年BGH判決の事案においても、三者間合意や残留当事者たる使用賃借人の同意があれば、契約引受が認められたはずである。なお、この点は、使用賃借人の契約引受の場合も同様であることが、2005年BGH判決において確認されている[96]。

また、この1985年6月20日BGH判決においては、新使用賃貸人は賃借人の保証人に対し、旧賃貸人と同様の地位を取得しうるかという問題についても争われ、BGHは、「契約引受の場合には、BGB第401条の適法な準用により、賃料債務のために設定された保証は、契約引受後に発生したB会社の担保のための問題である場合にもYへ移転するということが導かれる。契約関係の新当事者は、債権の新債権者と同様、担保を必要とするものであるから、BGB第401条は契約引受に適用すべきである。これにより、保証人は、不利益を受けない。……保証人は、BGB第571条（現行第566条）、第572条（現行第566a条[97]：使用賃借人の担保提供）による使用賃貸人の法定交替の場合には、新債権者に対し、引き続き義務を負うということも、受け入れなければならない。」と判示した。また、BGHは、この解釈に加えて、「BGB第571条（現行第566条）によってなされた法定の契約引受を顧慮して、BGB第572条（現行第566a条）を適用し、BGB第232条2項による保証人の地位をBGB第572条の意味における担保の給付と見做すべき場合には、使用賃貸借保証は新使用賃貸人へと移転する」ものと判示している[98]。

---

(96) BGH, Urt. vom 20. 4. 2005 – XII ZR 29/02 (OLG Schleswig), NJW-RR 2005, S. 958ff.
(97) BGB第566a条（使用賃借人の担保）
　　第1文：譲渡された住居の使用賃借人が使用賃貸人に対して担保を提供していたときには、取得者は、これによって設定された権利及び義務の関係に入る。
(98) BGH, a.a.O. (Fußn. 95), NJW 1985, S. 2528, 2530. この点は、使用賃貸借保証を与えられた使用賃貸人（所有者）が、自己の保有する土地の買主と使用賃貸借契約への加入を合意したという事案に関する判例であるKammerG（ベルリン上級地裁〔宮廷

このように、ドイツにおいては、契約引受は一個の契約であるという基本的な考え方たる単一説があり、これが通説である[99]。しかし、単一説に反対する有力説も存在するので、次段において、簡単に検討する。

(ウ) 二当事者間契約説

判例及び通説の見解に対して、契約引受は脱退譲渡人に対する意思表示で足りるというデルナー（Heinrich Dörner）教授の反対説（二当事者間契約説）がある[100]。

デルナー教授は、単一説が、契約譲渡は単なる債権譲渡と債務引受の組み合わせとして現れるのではなく、単一のかつ独立した法律行為として現れるものと解し、また、契約に基づいて権利や義務を共同で譲渡するためには、ただ一つの法律行為だけが必要であり、およそ二つの平行した譲渡行為が締結される必要はないと解している点について、一応正しい見解として位置づける。しかし、通説（単一説）が、「すべての形成権や受領権限を含む一体的な契約関係を第三者へ譲渡することができるのは、契約譲渡だけであり、反対に、債権譲渡プラス債務引受ではできないと言い表している」という点について、契約譲渡による価値の移転は譲渡人と引受人との間において発生し、他方当事者には移転しないのであるから、敢えて三者間合意の必要はないのではないかという疑問から、単一説を批判して、二当事者間合意説を主

裁判所〕)(OLGZ 25, S. 20) 及び RG (WarnRspr. 1913, Nr. 286) を引用しつつ判断したものである。

(99) 1985年6月20日 BGH 判決（Fußn. 95）は、契約引受の意義について、この点を前提とする判例として、BGH, a.a.O., LM AGB d. Elektr. Vers. Untern. Nr. 9 = NJW 1961, S. 453 [454]、及び BGH, a. a. O., NJW 1974, S. 1551= LM § 571 BGB Nr. 22= WM 1974, S. 908 [909] があり、同様の見解として、BGH, Urt. vom 8. 11. 1965‐II ZR 223/64, BGHZ 44, S. 229 [231]= NJW 1966, S. 499=LM § 105 HGB Nr.21; BGH, Urt. vom 28. 11. 1969‐V ZR 20/66, WM 1970, S. 195 [196]; BGH, (ibid.), NJW 1979, S. 1166L= LM § 1027 ZPO Nr. 12を掲げている。また、1985年6月20日 BGH 判決は、学説として、Piper, Vertragsübernahme und Vertragsbeitritt, 1963, S. 30; Staudinger-Emmerich, BGB, 12. Aufl., § 535 Rdn. 11, Weber, in: RGRK, § 398 Rdn. 8; Erman-Westermann, BGB, 7. Aufl., Vorb. § 414 Rdn. 2; Coester, MDR 1974, S. 803, 804; Nörr, in: Nörr-Scheyhing, Sukzessionen, 1983, § 17Ⅱ, S. 250があると述べている。なお、単一説に関する個別判例に関して、詳細は、拙稿「所有権留保売買における信販会社の法的地位」法経論集213号126頁以下（本書第2章）を参照されたい。

(100) Heinrich Dörner, Anfechtung und Vertragsübernahme, NJW 1986, S. 2916ff.

張するのである[101]。

　その結果、契約引受の成立要件についても、取消原因がある場合における取消の相手方についても、引受人から譲渡人に対する意思表示で足りるものと解している。但し、契約引受に関する譲渡人からの同意や、譲渡人に対する取消通知だけでは、他方当事者（原契約の相手方）は契約引受や契約取消を認識しえず、また、他方当事者が債務者である場合には、二重弁済の危険があるので、他方当事者に対しては、債権譲渡の場合と同じく「通知」をすれば足りると論じている[102]。このように、デルナー説は、成立要件と債務者対抗要件を切り離しているという点に特徴があり、この法律構成は、契約譲渡の場合には、譲渡に応じて、債権譲渡と債務引受に関して適用される規定（BGB 第409条、第415条）を重畳適用し（kombinierte Anwendung finden）、これで引受人に契約上の地位が移転するのであり（成立要件）、そして、法的効力は、契約譲渡人、契約引受人も、共に、正当な方法において、通知またはこれに対応する証書の交付によって、譲渡行為の相手方に知らせる場合にのみ、発生すると言う[103]。この「法的効力」という点は、成立後の債務者への対抗と解してよい。

(エ) 単一説と二当事者間契約説に関する検討

　これまで論じてきた判例法理と学説をまとめるという意味において、少し検討する。

　まず、単一説は、「契約引受は、単なる債権譲渡と債務引受の組み合わせではなく、一個の法律行為」であるという前提に立つ。この点は、双務契約の当事者は互いに債権を有し、債務を負担するのであるから、第三者が当事者からその地位を承継するには、基本的に債権譲渡（BGB 第398条：譲渡人と譲受人との契約）と債務引受（BGB 第414条：相手方と引受人との契約）を必要とする。これを一回的に契約によって実現するには、譲渡人と引受人の意思表示のみでは相手方が知る由もなく、また、引受債務の債権者は相手方であ

---

(101) Dörner, a.a. O., NJW 1986, S. 2917.
(102) Dörner, a.a.O. NJW 1986, S. 2916. デルナー教授は、債権譲渡通知に関する BGB 第409条の類推適用による保護と論じている（ibid., S. 2920 ff.）。
(103) Dörner, a.a.O., NJW 1986, S. 2920- 2921.

り、相手方の知らないところで債務者の交替があったのでは、相手方にとって危険であるから、二当事者間の契約の効力を認めるわけにはいかない。そうすると、畢竟、原契約の相手方に対する通知または承諾、もしくは追認が必要となる。ならば、最初から、三当事者全員の同意を得るか、あるいは、三者間契約という形で契約引受を認識する必要がある。ドイツの判例は、このような意味において、三者間合意による契約引受を類型化し、理論化したのである。

これに対して、二当事者間契約説は、そもそも、契約引受は、引受人の譲渡人に対する意思表示が重要であり、この意思表示によって、譲渡人の債権及び債務が引受人に移転するという効果が発生するのであり（成立要件）、その効果を残留相手方に対抗するために、残留相手方の利益保護に資するような形で、契約引受の通知をすれば足りるものと主張するのである（相手方に対する効力発生）。

つまり、単一説は、三者間合意がなければ、引受けの効果は発生しないという構成であり、二当事者間契約説は、譲渡人と引受人との合意で引受けの効果は発生し、通知または承諾によって確定するという構成である。いずれも、残留相手方の利益を顧慮するという考え方であり、妥当性を有する。理論の発展過程を鳥瞰すると、元々、契約引受の起点は地位の譲渡から発している。この意味において、契約引受の合意は、当事者間で行われ、この点に関して利害関係を有する残留当事者の同意を成立要件として位置づけてきた。これが単一説である。

しかし、例えば、ドイツ民法における債権譲渡を顧慮すると、債権譲渡の意思表示が譲渡人と譲受人との間においてなされることにより、譲渡人たる旧債権者から譲受人たる新債権者へと債権が確定的に移転する（BGB 第398条）。債権譲渡には債務者という利害関係人がいるが、同人との関係は、旧債権者に対する権利関係の新債権者に対する抗弁（BGB 第404条）、旧債権者に対する権利による新債権者に対する相殺（BGB 第406条）、旧債権者への弁済等の給付行為の新債権者への対抗（BGB 第407条）によって、債務者の保護を図っている。しかし、これらに関しては、旧債権者が債務者に対して債権譲渡を通知し、債務者が債権譲渡を認識した場合には、もはや懸念は払拭

され、新債権者と債務者との関係のみとなる（BGB第409条）。このように解すると、引受けの効果は当事者間の契約によって発生するというデルナー教授の見解のほうが、制度との関係は整合的である。

しかしながら、法的安定性という観点からは、単一説のほうが法律関係が単純明快であると同時に、危険もないように思われる。

（4）小　括—契約引受による留保所有権の移転

本段においては、契約引受類型による留保所有権の移転に関して、契約引受に関する判例・学説を鳥瞰し、2008年BGH判決の示した理論構成を概観してきた。留保商品の販売会社Aが所有権を留保して、その相手方たる留保買主Bに自動車や機械などを販売する。しかし、BがAに割賦弁済するのでは、留保売主は代金回収に時間と労力を要することとなる。そこで、この両者の間に金融機関Xが入り、XがAに立替払をし、あるいは、Bの弁済に関してAに対して支払保証をし、Xが連帯保証人として、Bの履行遅滞に応じて、Aに対して連帯保証債務を履行するというケースが考えられる。このような問題点は、わが国においても共通した問題として既に現れており、前稿において詳述した。

この場合に関して重要な制度として、法定債権譲渡類型（BGB第401条、第426条、第774条、日民第500条、第501条）に関しては詳述した。そこで、今一つの重要な制度的類型として、契約引受類型があるので、これまで論じてきた要件と効果に関して、以下において若干検討する。

金融機関Xが留保売主Aに立替払または保証債務の履行として弁済した場合には、留保買主Bに対するXの金銭債権を担保するため、Aの保有している「留保所有権」をXが取得することとなる。このプロセスに契約引受を適用すると、A・B間の所有権留保売買におけるAの地位をXが引き受けることとなる。この場合には、AのBに対する債権者・担保権者たる地位と債務者たる地位が同時にXに移転することとなる。

この場合において、単一説を採ると、A、B、Xの三者間合意ないし契約によって引受契約が成立し、その効果は留保買主Bの代金債務の履行遅滞という停止条件付となるので、その後、XがAに対して支払をしたと同時

に、AのBに対する地位が全てXに移転することとなる。もちろん、A・X間の合意に対し、Bが同意・承諾をすることによっても、その時点で引受契約が成立する。

これに対して、二当事者間契約説を採ると、A・X間の引受契約によって、契約が成立するが、引受契約の成立を買主Bに対抗することはできず、Bの同意・承諾を待って、初めて三者間に契約成立の効力が発生する。その後の停止条件成就によるXへの留保所有権の移転は単一説の場合と同じである。

このように考えてくると、ドイツにおける判例・通説たる単一説とデルナー教授の二当事者間契約説のいずれを採ったとしても、Xへの留保所有権移転プロセスには影響は出ない。いずれにせよ、Xへの留保所有権移転プロセスに関しては、法定債権譲渡類型として扱うよりも、契約引受類型として扱ったほうが、難点はなく、スムーズに理論構成をすることができる。今後あり得べき非典型担保法制の創出にあたっては、この点に留意する必要があろう。

第3項　留保所有権は取戻権か、別除権か
1．単純類型の所有権留保を取戻権とする判例・通説

次に、2008年BGH判決の判旨（oben Rdn.24）は、「単純な所有権留保の下で譲渡された物は、売買代金を完済していない留保買主の倒産においては、原則として、売主において取り戻すことができる」ものと解し、単純類型（二当事者間）の所有権留保における留保所有者には、買主の倒産手続における留保商品の取戻権を肯定している。この点は、従来の判例及び通説[104]である。

まず、通説の前提として必ず判例や文献に引用される1953年BGH判決[105]は、自動車の販売会社が、金融機関に対して譲渡担保に供した自動車の処分権限を譲渡担保権者たる金融機関から得ないうちに、担保目的物たる

---

(104) MünchKomm-InsO/ Ganter, a.a.O. (Fußn. 33), §47 Rdn. 62は、以下に掲げる判例を引用しつつ、この「原則」の通説性に関して指摘している。
(105) BGH, Urt. vom 21. 5 . 1953- Ⅳ ZR192/52, BGHZ 10, S. 69, 72 = NJW 1953, S. 1099.

自動車を買主に所有権留保で売り渡し、引き渡したという事案において、譲渡担保権者には所有権と間接自主占有権があり、代金完済前の買主は所有者ではなく、買主の占有権は売主との債務法上の合意によるもので対抗力がないとして、原則として、所有者には買主に対する返還請求権（BGB 第985条）があると判示したものである（但し、本件は、留保所有権の問題ではなく、処分権限のない留保売主〔譲渡担保権の設定者〕から自動車を購入した買主の善意取得に関する事案であり、倒産取戻権の事案ではない）。

既に「序章」において述べたように（第1節、第4項、4．担保物件提供者〔設定者〕の倒産と担保所有権〔31頁以下〕）、本判決の当時は、譲渡担保権者の所有権と所有権留保売主の留保した所有権をいずれも「完全所有権」として扱うという解釈が残存していたので、譲渡担保権者を「所有者」としたのである。しかし、その後、1979年に至り、留保所有権と担保所有権との違いが認識されたこともあり、譲渡担保権者を質権者と同様の別除権とする判例が確定したのである[106]。

次に、1970年 BGH 判決[107]は、買主の履行遅滞の場合には留保売主には

---

(106) BGH, Urt. vom 24. 10. 1979- Ⅷ ZR 298/78 (Stuttgart), NJW 1980, S. 226.：担保所有権は、全く完全かつ無制約の所有権ではなく、担保物件提供者の破産において、取戻権ではなく、別除された満足を受ける権利を有する換価権能を与えられるに過ぎない。

(107) BGH, Urt. vom 1. 7. 1970 - Ⅷ ZR24/69, BGHZ 54, S. 214, 218 f. = NJW 1970, S. 1733. 本判決が現れる以前、旧来の判例・通説は、留保買主の遅滞における留保売主の無解除取戻権を認めてきた。この点は、BGB 旧第455条がこれを後押するかのような曖昧な条文であったという点も一因であった。

しかし、本判決は、無解除取戻権を批判し、この場合には、売買を解除しないと、目的物を買主の手元から引き揚げた後にも、売買契約及び売主の所有権移転義務が引き続き存在するので、却って留保売主は、場合によっては未払金の支払と引換えに売買目的物の再度の返還を請求されることを顧慮して、買主に対し売却物を準備して待ち続けることになるとして、このような危険を回避するためにも、解除して返還請求したほうが売主の利益に資すると主張した（ibid. S.219）。また、所有権留保の目的として、留保条項は、およそ留保売主の売買代金債権を担保するものではなく、契約を解消する場合における留保売主の権利を担保するものである。買主の遅滞の場合において、既に留保売主に売却物の返還請求権が認められているときには、留保売主は、契約の解消に関する即時の決定から解放され、また、留保売主は、留保買主の側からの支払によってこの問題の根拠が失われるまで、あるいは留保買主の側における一般的な危機が歴然とするまで、物を一時的に取り戻して、この決定を延期することがで

契約解除による返還請求権があり（無解除取戻権を否定）、留保売主の担保は、代金債権ではなく、むしろ解除による所有物返還請求権であるとした有名な判例であるところ、その中で、「留保所有権は、個別強制執行において民事訴訟法第771条の第三者異議の訴えを利用する場合にも、また、破産において破産法第43条による取戻権を利用する場合にも、いずれにせよ、留保買主の債権者による売却物への差押えを阻止する可能性を留保売主に与えている。」として、留保売主の取戻権を肯定している。

次に、1987年 BGH 判決[108]は、建築資材供給者（留保売主）が買主の破産手続において留保所有権に基づいて代償的取戻権を行使したところ、時期に遅れた破産の申立てのため、財団不足を理由として破産廃止となったので、会社の業務執行者（清算人）に対して個人責任を追及したという事案において、原告は「適時に申立てをしていれば得られた取戻権をもはや得られないのであるから、時期に遅れた破産の申立ての結果として、最初から留保所有権によって担保された会社債権者（原告）は、会社財産の変更に関して損失を被るという不利益が生ずる。」として、取戻権を前提としている。

更に、1996年 BGH 判決[109]は、留保売主の破産手続において、破産管財人が留保商品を「棚卸資産」として第三者に売却したので、留保買主が取戻権を主張したという事案において、「留保買主かつ期待権者は、留保売主の破産手続において、所有権移転に関する条件、即ち、最後の売買代金の支払が成就し、期待権が強化され、完全権となった場合に初めて、取戻権を有する[110]。しかし、それより前は、売主に所有権が帰属しており、売主は、場

きる。個別事案におけるこのような規定が留保売主の利益になり、また適切でもありうるということに疑いを入れるべきではないと主張した（ibid. S.219-220）。

　ドイツ債務法改正鑑定意見において、フーバー博士は、本判決を中心に位置づけ、その結果、債務法改正委員会最終報告書の草案 BGB 第449条に解除による返還請求権規定（第449条第2項）が設けられ、そのまま新規定となった。この点に関しては、拙著『所有権留保の現代的課題』（成文堂、2006年）第5章第5節「留保売主の返還請求権」（79頁以下）、第6章第2節「買主の履行遅滞と留保売主の返還請求権」（95頁以下、本判決については108頁）を参照されたい。

(108) BGH, Urt. vom 3．2．1987 - Ⅵ ZR 268/85, BGHZ 100, S. 19, 24 = NJW 1987, S. 2433.
(109) BGH, Urt. vom 9．5．1996 - Ⅸ ZR 244/95, NJW 1996, S. 2233, 2235.
(110) 判旨は、Kilger/ K. Schmidt, KO, § 15 Anm. 4 c; Rolf Serick, Eigentumsvorbehalt

合によっては、買主の破産手続において、取戻しをすることができる[111]。」と判示し、傍論ではあるが、留保買主の停止条件が成就する前における同人の破産手続においては、留保売主が取戻権者となるものと判示した。

更にまた、1997年BGH判決[112]は、破産債務者の有する在庫商品の中に所有権留保売買の目的物があり、また、破産債務者に対する融資の担保として銀行に高額な債権が譲渡されていたという事案において、「単純な所有権留保の下で留まっている商品在庫は、破産財団に帰属しないので（破産法第1条）、破産法第43条（倒産法第47条：筆者註）により、所有権留保売主の取戻権に屈する」とし、債権譲渡担保権者には取戻権ではなく、破産法第48条（倒産法第50条、第51条1号）の別除権が与えられるに過ぎないとした。

しかし、留保所有者の取戻権も、譲渡担保権の設定が先行する場合には、制限を受ける。2009年BGH決定[113]は、破産債務者Aが、自己の債権者Yに対し、自己の営業の全てと営業上発生すべき将来債権を予め譲渡担保に供した後に、第三者に企業全体を所有権留保特約付で売却し、買主Bは、債務者（留保売主）Aの指図により代金の一部を譲渡担保権者の口座へ振り込んだので、倒産管財人Xが否認権を行使して、譲渡担保権者Yに対し、振込金相当の代償的取戻を求めたという事案である。この事案において、BGHは、振り込まれた金額が譲渡担保に供された目的物の価値に相当するときには、AのYに対する弁済となるので、管財人Xや倒産債権者に不利益はないが、支払が担保物の価値を超えていれば、その差額において、倒産債権者に不利益があるとして、後者の場合であれば、差額分の代償的取戻が認められるとした。

---

und Sicherungsübertragung Ⅰ, S. 354を引用指示している。
(111) 判旨は、oben BGHZ 10, 69 (72) = NJW 1953, 1099 = LM § 932 BGB Nr. 4; Kuhn/ Uhlenbruck, KO, § 43 Rdn. 28; Kilger/ K. Schmidt, § 43 Anm. 3を引用指示している。
(112) BGH, Urt. vom 28. 4. 1997 - Ⅱ ZR 20/96, NJW 1997, S. 3021, 3022. なお、2008年BGH判決後も、BGH, Urt. vom 8. 5. 2014 - Ⅸ ZR 128/12, NJW 2014, S. 2358は同判決の趣旨を踏襲し、留保売主から真正ファクタリングによって留保所有権を承継した債権者に取戻権を認めている。真正ファクタリングの譲受人（債権買取人＝ファクター）は商品与信者の地位を継承するという解釈である。
(113) BGH, Beschluss vom 19. 3. 2009 - Ⅸ ZR 39/08, NZI 2009, S. 379, 380.

本件においては、留保売主が譲渡担保に供した財産の期待権者でもあるというケースである。この場合には、譲渡担保権者に担保所有権を移転しているので、留保売主の留保所有権は所有権ではなく、期待権である。即ち、留保売主A（倒産管財人X）は、譲渡担保の負担を受けているので、買主Bから譲渡担保権者Yへの支払が、譲渡担保の担保物の価値を超える部分についてのみ、代償的取戻権を有する。

　学説の多数も、留保売主を取戻権者として扱う判例法理を支持する[114]。確かに、学説上、その一部は、留保売主を取戻権者の層から除外すべきこと、また、もはや留保売主には別除権が与えられるに過ぎないことを主張してきた[115]。この見解は、倒産法改正時における議論においても、連邦司法省の「討議草案（Diskussionsentwurf）」ならびに「部会草案（Referentenentwurf）」において、いずれも、留保所有権と担保所有権を再評価し（aufwerten）、所有権留保の留保売主と譲渡担保の担保所有者に対し、等しく別除権を与えるものとし、基本的に、統一担保権構想として提案し、議論された[116]。しかし、2008年BGH判決も指摘するように、倒産法の立法者は、最終的には、政府草案（Regierungsentwurf）において、留保所有者は代金の完済を受けずに自己の所有に属する留保商品による与信（商品信用）を継続している間は、譲渡担保権者と同様の金融与信者とは見做されないとして、従来の通説と同様、原則として、留保所有者を取戻権者として位置づけたのである[117]。

---

(114) Vgl. Jaeger/ Henckel, a.a.O. (Fußn. 33), §47 Rdn. 42; Uhlenbruck, InsO §47 Rdn. 13.
(115) Vgl. Hübner, NJW 1980, S.729, 734; Burgermeister, Der Sicherheitenpool im Insolvenzrecht, 2. Aufl. 1996, S. 97; Häsemeyer, Insolvenzrecht Rdn. 11.10.
(116) Leitsätze 1. 2. 10 Abs. 3, 2. 4. 4. 1 und 3. 3. 1 Abs. 1 des 1. Kommissionsberichts; 倒産法改正草案第55条1項1号、第111条3項。また、MünchKomm-InsO/ Ganter, a.a.O. (Fußn. 33), §47 Rdn. 62は、倒産法改正時における議論について、Drobnig, ZGR 1986, S. 252, 260; Landfermann, KTS 1987, S. 381, 396; Kübler/ Rümker, Neuordnung des Insolvenzrechts S. 135, 137を引用指示し、また他説として、Berges, BB 1986, S. 753を引用指示している。
(117) Begründung zu §58 Regierungsentwurf InsO, BT-Drucksache, 12/2443, S.125; Leipold/ Marotzke, Insolvenzrecht im Umbuch, S. 183, 187f.; Hilgers, Besitzlose Mobiliarsicherheiten im Absonderungsverfahren unter besonderer Berücksichtigung der Verwertungsprobleme, 1994, S. 77ff.

2．統一概念としての非占有質権説

（1）議論の端緒

しかし、2008年BGH判決も指摘するように、従来、単純類型の所有権留保と譲渡担保を一括して「非占有質権（besitzloses Pfandrecht）」と構成する見解も有力に存在している[118]。この見解は、ドイツにおける所有権留保と譲渡担保の発展過程において、質権の設定を回避するという経済的な目的のために、占有改定による引渡しという法律上の許容により、譲渡担保の場合においては法律の外にあり（praeter legem）、あるいは法律に違反している（contra legem）ように見えることと同様、占有の公示性（Publizität）が、なおざりにされてきたということを起点としている[119]。

ゼーリック博士は、バウアー博士の試みに賛同しつつ、この理論構成を自

---

(118) Vgl. Fritz Baur, Lehrbuch des Sachenrechts 2. Aufl., 1963, § 56 I 2, S. 521（所有権留保について）；§ 56 I 1 a, S. 520（譲渡担保について）；Serick, a.a.O.（Fußn. 35), EV -neue Rechtsentwicklungen, S. 216f.; A. Blomeyer, Studien zur Bedingungslehre, 1938-1939; ders., Die Rechtsstellung des Vorbehaltskäufers, AcP 162 (1963), S. 193ff., 200-201; ders., Die Rechtsstellung des Vorbehaltskäufers, JZ 1959, S. 15f.; Berger, a. a. O. (Fußn. 35), EV u. AnwR, S. 121; Bülow, a.a.O. (Fußn. 35), WM 2007, S. 429, 432 (ders., Festschrift Georgiades, Athen 2006, S. 43ff.). しかし、後述するように、ゼーリック博士は、最終的には、非占有質権は法体系に合致しないことを理由として、これを批判している。

(119) Serick, a.a.O.（Fußn. 35), EV -neue Rechtsentwicklungen, S. 216. また、J. von Staudingers Kommentar zum BGB, Sachenrecht, 2017. §§ 925-984 Anhang zu §§ 929-931 (Wolfgang Wiegand) Rdn. 52 S. 287 は、スイス民法が、「特別な法律関係により、物が譲渡人の側に留まる場合において、これにより、動産質に関する規定を不利に扱い、潜脱する意図であるときには、所有権の譲渡は、第三者に対しては無効（unwirksam）である。」(ZGB 第717条1項) と規定する点から、BGBの起草時以来、占有改定を用いる譲渡担保が法を潜脱し、（制度上）権利を濫用し、まさに法律に違反するものと批判されてきたが（1908年及び1912年ドイツ法曹大会の討議）、ライヒ裁判所の判例（RG, 10. 1. 1885, RGZ13, S. 200）が「この方法で条件付けられた占有改定の法的可能性について異議を述べるべきではない」として、このような批判を一蹴した結果、譲渡担保は、裁判官による法形成の結果と解され、一段と、慣習法と見做されたとして、その後の学説も、譲渡担保が「それ自体」法律の予定したものではなく、「例外的に（praeter）」または全く「法律に反して」、承認を実現したというイメージを起点としていると述べ、このような観察方法について、例えば、Baur [14.Aufl.] § 56 I 2 i は、「判例は、経済的な利益と要求に負けた」と述べていると言う。バウアー博士は、このような批判的観点から、「質権ではない担保権に関する概観（§56）」という一節を設けているものと思われる。

著において紹介している。ゼーリック博士は、「非占有質権としての留保所有権と担保所有権との共通の法的な性質決定は、両担保手段を一つとして見るための温床である」と述べ、それゆえ、「バウアーが、1963年の物権法教科書における『動産に関する担保権』の章において、『質権ではない担保権（nichtpfandrechtliche Sicherungsrecht）』を一つにまとめ上げ、その際に、自身の研究において、譲渡担保（担保目的の所有権移転と債権譲渡）と所有権留保の両方を扱っているのは不思議ではない。」と述べている[120]。

　ゼーリック博士は、続けて、「非占有質権から統一的な動産担保手段（Einheitsmobiliarsicherheit）へ」と題し、留保所有権と担保所有権との厳密な区別から離れ、「非占有質権」という見出しの下で統一的な見方へと向かうバウアー博士の方向転換により、尚更に根拠づけられると同時に、統一的な動産担保への道が解明される（aufbereiten）と言う。即ち、担保のためにする所有権移転が無条件ではなく、許される内容で予め解除条件付きとされたときには、担保物件提供者は、譲渡した担保所有権の上に期待権を取得する。連邦通常裁判所は、その法的地位を、停止条件の成就前における留保買主の地位に匹敵するものと解していると言う[121]。また、担保所有権も留保

---

(120) Serick, a.a.O. (Fußn. 35), EV -neue Rechtsentwicklungen, S. 216-217. ゼーリック博士は、バウアー博士の試みはその後も継続しており、「1992年の教科書の新版は、この物権法における両制度の描写を堅持している」として、Baur, SachR（2. Aufl. 1963), 4. Kapitel, S. 497ff., §§ 56 bis 59, S. 539 bis 562; Baur/ Stürner, SachR, 4. Kapitel, S. 586ff., §§ 56 bis 59, S. 609ff. bis 664. を引用指示する。しかし、ゼーリック博士によると、このような試みはその当時、バウアー博士とならぶ物権法の双璧であったヴェスタマン（Harry Westermann）博士の物権法（5. Aufl., 1966, § 43, S. 296ff.）においては、何ら示されず、「譲渡担保に独自の節を設けたに過ぎず、続編（Westermann, Das Sachenrecht in der Fortentwicklung, 1973)においても、このコンセプトからの方向転換は認識されない。その後、完全に新版とし、拡張されたHarry Westermannの物権法にその基礎をおく第6版がHarm Peter Westermann/ Gursky/ Pinger(1990)の第1巻として継続され、Harm Peter Westemannの筆になって漸く、所有権留保の物権法上の諸問題を扱った§ 39（S. 261ff.）が含まれているが、彼はその際に譲渡担保の問題を§ 44（S. 309ff.）で扱っているに過ぎない」として、不満を表明している。

(121) Serick, a.a.O. (Fußn. 35), EV -neue Rechtsentwicklungen, S. 219 Fußn. 22は、この点に関して、BGH, Urt. vom 2. 2. 1984, ZIP 1984, S. 420, 421が、「担保のためにする所有権移転の場合には、担保物件提供者が被担保債権の完済という解除条件の下で担保物の所有権を移転する場合にのみ、担保物件提供者は、留保買主に匹敵する地位

第2節　ドイツ法における留保所有権の譲受人の地位　285

所有権も付従性では整えられないという点においても、両者の地位は比較されうると言う(122)。また、約定質権制度については、まさに債権を前提要件とし、その発生に依拠するのであるから、担保所有権の付従性に関する議論は、留保所有権と区別するための議論であったと言い、所有権留保には付従性がないので、担保所有権のメルクマールとしての付従性が欠缺することによって、初めて留保所有権との比較可能性について語ることが許されると言う(123)。

を有している。その場合には、担保物件提供者は、BGB 第160条、第161条によって保護された所有権の受戻しへの期待権を留保し、条件成就の際に、所有権が担保物件受領者から直接に期待権の取得者へと移転するという効果により、BGB 第929条以下の規定に従って所有権を譲渡することができる。これは、当民事部が従っている通説に適合している（vgl. Münch-Komm/ Quack, BGB, Anh. §§ 929 bis 936 Rz. 38; Soergel/ Mühl, BGB, 11. Aufl. § 930 Rz. 47, 78; Pikart, in: BGB-RGRK, 12. Aufl., § 930 Rz. 66; Palandt/ Bassenge, BGB, 42. Aufl., § 930 Anm. 4 c; Baur, Lehrbuch des Sachenrechts, 12. Aufl., § 57 Ⅷ ; Serick, Eigentumsvorbehalt und Sicherungsübertragung, Bd. Ⅲ § 37 Ⅰ 3 b; Mormann, in: Ehrengabe für Heusinger, S. 186, 189ff, jeweils m.w.N.）」と論じている点を根拠とする。
(122) 従来、ドイツにおいては、担保所有権、即ち、担保のためにする所有権移転（譲渡担保〔Sicherungsübereignung〕）には被担保債権との付従性（Akzessorität）があるかという問題に関して、肯定説と否定説とがある。
　付従性を否定する見解として、Dieter Medicus, Die Akzessorietät im Zivilrecht, JuS 1971, S. 498ff. は、民法典に規定のない譲渡担保には付従性がないという認識で学説は一致しているといい、Karsten Schmidt, Zur Akzessorietätsdiskussion bei Sicherungsübereignung und Sicherungsabtretung, in: FS Serick [1992], S. 329 (333) は、担保目的物の受戻しの場合における担保目的と担保権との債務法上の連関は、法的意義において、付従性という言葉ではなく、非付従性という言葉であり、付従性による担保の巻き戻しは制定法以外では基礎づけられないと述べ、これは、はっきりと表明されているわけではないが、実務の起点でもあると述べている。わが国においても、長谷川貞之『担保権信託の法理』（勁草書房、2011年）75-76頁は、これらの見解（特に Medicus 説）を踏まえて、ドイツにおける譲渡担保は民法典に規定のない担保権であり、法の支配を受けないという理由で「付従性なき担保」として理解されていると明言する。
　しかし、この点に関して、ゼーリック博士は、判例において、BGH, Urt. vom 23. 9. 1981, NJW 1982 S. 275, 276によって問題が惹起されたが、BGH, Urt. vom 30. 10. 1990, NJW 1991 S. 353によって排除されたという限りにおいて、疑わしいと述べている（vgl. Serick, a.a.O. (Fußn. 35), EV -neue Rechtsentwicklungen, S. 219 Fußn. 23; ders., Kurzkommentar zu BGH, 30. 10. 1990, EWiR 1991, S.147.）。また、2008年 BGH 判決は、動産譲渡担保の付従性、所有権留保の非付従性と明言していることから、譲渡担保の非付従性が学説の総意であるとは言えないように思われる。

ゼーリック博士は、更に考察すべき点として、非占有質権としての担保所有権と留保所有権の性質決定へと導く法律行為と、これによって追求された目的は、種々の箇所で一致するところ、両事案とも、その時々における担保権者は直接占有を欠いており、留保所有者は留保買主に直接占有を移転し、担保所有者は担保物件提供者に直接占有を留めている点を指摘する。確かに、留保買主と担保物件提供者には、担保された売買代金または消費貸借債権が回収困難となる時点までは、両者ともに担保目的物を利用（使用・収益）するという目的がある。しかし、供給者（留保売主）や銀行（譲渡担保権者）は、受信者（Kreditnehmer）の倒産の外部で、そして、まず第一に、その内部で確証される担保を有すべき者である。ゼーリック博士は、両者には、このような共通性があるので、——これは、瑕疵ある公示性、第一級の担保と結合しているということで分かることだが——、まさに、留保所有権と担保所有権のために、「非占有質権」というレッテルを受け入れることになると述べている[124]。

(2) ゼーリック博士による批判

ゼーリック博士は、このように、統一的担保制度としての非占有質権という方向性に対し、一応、興味と賛意を示した。しかし、この理論構成に賛成しているわけではない。ゼーリック博士は、確かに、非占有質権概念は経済的には有益かも知れないが、ここから法的な帰結を導き出すことは許されないと主張し、倒産手続において、統一的な動産担保手段として担保所有権と留保所有権を一つの行為にするため、非占有質権として特徴付けることは、どのような場合においても、実りある基盤としては、全く適切ではないと主張する[125]。

まず、所有権留保売買により、売主の留保所有権は、売買代金の完済まで二つの目的、即ち、一方では、まだ回収していない売買代金債権を担保すべきものであり、他方では、売主の有するまだ支払が終わっていない商品の物

---

[123] Vgl. Serick, Kurzkommentar zu BGH, 30. 10. 1990, EWiR 1991, S.147, 148.
[124] Serick, a.a.O. (Fußn. 35), EV -neue Rechtsentwicklungen, S. 220.
[125] Serick, a.a.O. (Fußn. 35), EV -neue Rechtsentwicklungen, S. 220.

権的返還請求権を保持し、引き続き、物権的効力により、これを保全すべきものである(126)。

　ゼーリック博士は、留保所有権と担保所有権を非占有質権として共通に特徴付けることによって、二つの動産担保手段に関する共通点が見いだされるのだが、この特徴付けによって、留保所有権に適用される非占有質権が本質的に担保所有者の権利とは別の射程を有するということが隠蔽されると言う(127)。例えば、買主の支払遅滞の場合において、売主が契約を解除したときには、売主は自己の売買代金請求権を失うが、留保商品の所有権は失わない。留保買主が破産に陥ったときには、留保所有者は、常に、取戻権によって担保される。ゼーリック博士は、この担保目的は、質権や非占有質権の担保機能とは全く関係がなく、留保商品は、まだ回収していない債権に基づいて換価されるのではなく、単純に、非所有者の財産から所有者の財産へと引き戻されるのだと言う。

　次に、ゼーリック博士は、質権と類似した機能として、留保所有者が回収困難な売買代金債権に基づいて留保物を換価する場合には、留保所有権を非占有質権としても、担保手段の換価を機縁として、担保所有権が「非占有質権」である場合とは異なる特徴を有すると言う。即ち、留保売主が換価する場合においても、留保商品は最初から留保売主たる供給者の所有物であり、供給者に所有権が留保されているから、留保所有権の場合の質権は、それ自体自己の所有物に関する質権であることが明白である。しかし、反対に、担保所有者は、法的及び経済的帰結において、結局のところ、その財産の中に再び入れられ、同時に、自己の所有物として扱われる担保物件提供者の財産に由来する物を換価するに過ぎないことから、担保所有者の権利が非占有質権と見做されるときには、これは他人の物の質権として格付けがなされると言う(128)。この点から、両担保手段について、法的に「非占有質権」という

---

(126) BGH, Urt. vom 1．7．1970, BGHZ 54, S. 214, 219.; Jaeger/Henckel, a.a.O.（Fußn. 33），§ 47 Rdn.43; Henckel, Festschrift für Zeuner S. 193, 214; Reinicke/ Tiedtke, Kreditsicherung S. 245; Gaul, ZInsO 2000, S. 256, 258.
(127) Serick, a.a.O.（Fußn. 35），EV -neue Rechtsentwicklungen, S. 222.
(128) Serick, a.a.O.（Fußn. 35），EV -neue Rechtsentwicklungen, S. 222-223.

共通の性質をもたらすことは不可能であるという結論が明らかとなる。例えば、所有権留保の場合には、倒産手続において、所有者としての権利付与が完全に前面に出てくるので、留保所有者は、買主の財産に関する破産手続において、自己の「非占有質権者」たる地位を顧慮せずに、必要に応じて取り戻すことができる。しかし、担保所有者は、その権利付与について、他人の所有物に関する単なる担保権者としてしか扱われないので、別除権を行使することができるに過ぎない。

　そして、ゼーリック博士は、結論として、「我々の法秩序にとって、信託的に結合していない完全所有権の法形式と信託的所有権の法形式との必要不可欠な区別により、『非占有質権』という符号によって、単純な所有権留保と単純な譲渡担保を統一的な法形式の中に入れることは、不可能である。また同時に、両者の制度的特徴が不明確になる。(129)」と論じている。

　このように、ゼーリック博士によって、「留保所有権と担保所有権とは本質的に異なる」という命題が確立されたにもかかわらず、現在においても、例えば、ビューロウ教授は、単純類型の所有権留保を「自己の物に対する非占有の物的質権（Sache nach besitzloses Pfandrecht an eigener Sache）」と位置づけ、所有権留保は、留保売主の売買代金債権を担保するという目的のために完全権が留保されるのであるが、信託的構成により、完全権保有者を債務関係によって担保目的で拘束することによって、争われる経済的な効果が達成されるので、売買契約の担保法的な部分に金融の性質があるとして、非占有質権として扱われるべきものと論じている(130)。

---

(129) Serick, a.a.O.（Fußn. 35）, EV -neue Rechtsentwicklungen, S. 223. 同様に非占有質権説を批判するものとして、MünchKomm-InsO/ Ganter, a.a.O.（Fußn. 33）, § 47 Rdn. 55がある。ガンター教授は、非占有質権説に対し、留保売主は、質権者とは異なり、売買代金債権の満足のために留保物を使うことができず、むしろ、留保売主は、買主が支払いをしない場合に、契約を解除し、物を取り戻すことができるに過ぎないので、所有権留保は、売買代金を担保するのではなく、返還請求権を保全するものであるとして、前掲した1970年BGH判決の示した基準に則して理論構成しつつ、非占有質権説に反対している。

(130) Bülow, a.a.O.（Fußn. 35）, WM 2007, S. 432. ビューロウ教授は、譲渡担保は他人の物に対する非占有の物的質権であるとして、ドイツ倒産法改正時に現れた統一的動産担保手段肯定説に立脚している。

しかし、所有権留保の目的は、第一に売買代金請求権の担保、第二に契約解除に伴う返還請求権の担保・保全という二面性を有するので、ビューロウ教授のような一面的考察は妥当性を欠くものと思われる。

3．延長・拡張類型の所有権留保は別除権

次に、2008年 BGH 判決の判旨（Rdn. 24の後半）は、「所有権留保の延長類型及び拡張類型は、──従前の破産法の権利の下におけると同様──譲渡担保とみられているが、これにより、留保買主の倒産においては、──延長ないし拡張事案の発生後は──それらの類型は、別除された満足を受ける権利を有するに過ぎない」と判示している。また、その理由は、「この担保類型は、商品信用を前提としてはいるが、経済的にも、まだ担保権の機能を有しているに過ぎない」からであると言う。

まず、延長類型の所有権留保とは、「留保買主が第三者に対して有する債権の譲受けとともにする」所有権留保のことをいい、所有権留保と債権譲渡担保との複合類型形式を採る担保権である。この類型は、ドイツにおいては慣習法的な存在及び効力をもって認められている。例えば、請負原材料の所有権を留保して売買した場合でも、買主たる請負人が注文者の土地に建物として築造したときには、付合により、土地の本質的（同体的）構成部分となる（BGB 第93条〔構成部分〕、第946条〔土地との付合〕）。それゆえ、留保所有者は、買主の履行遅滞というリスクを回避するため、将来、買主たる請負人が注文者に対して取得する請負報酬債権を所有権留保と同時に、あるいは、事後に譲り受けておくという設定方法がドイツでは常識的に利用されている。この延長類型によって、留保所有者は自己の所有権が失われる代わりに、買主の第三債務者に対して生ずることあるべき将来の債権を予め譲り受けることとなるので、将来債権の譲渡担保権者となる。わが国における転売代金債権に対する物上代位と同様の機能を有する（日民第304条）。

次に、拡張類型の所有権留保とは、買主の留保売主に対する代金の支払に加えて、留保売主が買主に対して有するその他の債権や、留保売主が自己の債権者に対して有する債務を買主が弁済することを所有権移転の停止条件とするものである。前掲した交互計算留保（わが国における包括類型の所有権留

保と類似する）は、前者に該当する。これは、第三者弁済を積極的に認めるドイツならではの制度である。しかし、この制度を個別商品の所有権留保に利用すると、債務者に過度の負担になりやすいという懸念が生ずる。そして、前述したように、この懸念は、拡張された所有権留保の一類型としてのコンツェルン留保において顕著となる。しかし、拡張類型の所有権留保も、留保売主や、同人からの譲受け留保所有者が、買主に対し、代金債権以外の債権を取得する場合に、この債務の弁済をも所有権移転の停止条件に組み込むという類型の拡張であれば、原契約との牽連性があるので、良俗違反などの問題は生じない。

　2008年 BGH 判決が示すように、延長・拡張類型の所有権留保は譲渡担保と同じ金融信用の機能を有するという点も従来の判例・通説である。即ち、留保買主の財産に関する倒産手続が開始した場合において、開始前に既に当初の売買代金債権が買主や金融機関によって完済され、または、倒産手続の中で倒産管財人によって代金債権が完済されても、拡張類型の所有権留保が成立しており、まだ、別の債権の支払が滞っているときには、留保売主には、倒産財団からの取戻しが許されず、譲渡担保権者と同様[131]、倒産手続から別除され、売却物を換価した上で債権の満足を受ける権利を有するに過ぎない[132]。

　この点を明確に論じている判例として、1971年2月10日の BGH 判決がある。本件は、ブルドーザーの所有権留保売買において、割賦弁済中に発生すべき修理にかかる部品交換等に関する債権とその他のサービス給付に関する

---

(131) Jaeger/Henckel, a.a.O.（Fußn. 33），§47 Rdn. 51; Bülow, a.a.O.（Fußn. 35）WM 2007, S.429 ff.

(132) MünchKomm-InsO/ Ganter, a.a.O.（Fußn. 33），§47 Rdn. 93.; BGH, Urt. vom 9．7．1986‐Ⅷ ZR 232/ 85, BGHZ 98, S. 160, 170 = NJW 1986, S. 2948, 2950 = WuB Ⅵ B．§17 KO 4．86 (Johlke)（出版社の書籍販売に伴う拡張類型の所有権留保の事案）；BGH, Urt. vom 10．2．1971‐VIII ZR 188/ 69, NJW 1971, S. 799（ブルドーザーの所有権留保売買において交換部品の支払とサービス給付まで拡張された交互計算留保の事案）；BGH, Urt. vom 23. 11. 1977-VIII ZR 7 /76, NJW 1978, S.632, 633（パワーショベルの所有権留保売買において供給者の将来債権まで拡張された交互計算留保に基づいて代金支払済みの機械に対する別除権の行使〔返還請求〕が認められた事案）；Hj. Weber, Kreditsicherheiten S. 162; Gottwald, Insolvenzrechts-Handbuch, 3 .Aufl., §43 Rdn. 26; Jaeger/ Henckel, a.a.O.（Fußn. 33），§51 Rdn. 28.

債権が買主の所有権取得に関する停止条件に組み込まれた交互計算留保の事案である。この事案について、本判決は、留保売主は、原則として、買主の破産手続における取戻権者であるが、「本件ブルドーザーの代金は完済されたが、交換部品の支払とサービス給付の支払は滞っている。この場合の所有権留保は、担保目的物とは関係のない債権に関する物的担保に資するものである」から、この場合には、買主が設定し、占有改定によって担保権者に引渡しをした譲渡担保に該当するとして、留保売主は、この限りにおいて、別除権者に過ぎないと判示している[133]。

この場合には、確かに、買主への所有権移転の停止条件は成就していないので、留保売主や譲受け留保所有者は所有権を保持する。しかし、留保商品それ自体の代金債権は完済されているので、拡張部分たる従たる債権という金融信用を担保することになる。それゆえ、この場合には、譲渡担保権者と同様の別除権者という扱いとなる。

次に、加工約款に従い、新たに発生した留保売主の所有権または共有権も、買主の倒産手続において、別除権を成立させるに過ぎない。即ち、予めの占有改定という方法で、加工の成果たる新たな物の所有権が留保売主に移転される場合には、別除権のみを与える典型的な譲渡担保が問題となるのである[134]。また、別除権の範囲は、供給された留保物の価値までに限定さ

---

[133] BGH, Urt. vom 10．2．1971 - Ⅷ ZR 188/ 69, NJW 1971, S. 799. この構成は、BGH, Urt. vom 9．7．1986 - Ⅷ ZR 232/ 85, BGHZ 98, S. 160, 170ff. も同じである。この1986年 BGH 判決は、留保売主の破産事件における拡張類型の所有権留保という事案において、売主の破産手続において、破産管財人は、既に代金が支払われたが、まだ別の債権を担保するために用いられる留保商品につき、破産法第17条（現行倒産法第103条）による契約の履行拒絶によってこれを掴み取るのではなく、譲渡担保の場合における担保物件受領者と同様、被担保債権が回収不能となり、担保目的物に関する換価事件が発生した場合に、漸く掴み取ることができるのだが（Rolf Serick, Eigentumsvorbehalt und Sicherungsübertragung Bd. Ⅴ § 68 Ⅲ 4 a, S. 699ff., 702f.)、代金未払の留保商品に関しては、被告が商品を占有している場合には、その占有権（BGB 第986条）は失われ、買主は、BGB 第985条に従い、留保売主の破産管財人に返還すべき義務を負うという効果が生ずるとして、留保売主の物権的な返還請求権を認めた。したがって、拡張類型の所有権留保が譲渡担保として扱われるのは、留保商品それ自体の代金が完済された時点以後である。

[134] MünchKomm-InsO/ Ganter, a.a.O.（Fußn. 33), § 47 Rdn.114. この見解は従来の通説であり、Jauernig, Zwangsvollstreckungs- und Insolvenzrecht § 45 Ⅰ 1 a, S.

れ、製造物の製造のために倒産管財人によって投入された労働力、機械、及び財団に属する原材料の価値は、和議（Ausgleich）がなければ、財団から取り去ることは許されないとされる[135]。

第4項　所有権留保は商品信用か、金融信用か

更に、前段の問題とも関連するが、2008年 BGH 判決（Rdn. 28以下）は、留保売主たる A の留保所有権は「原所有権」であり、取戻権を有するが、立替払をした X が A から譲り受けた留保所有権は「原所有権から派生した所有権」であり、これは譲渡担保権と同じ担保権に過ぎないので、買主の倒産手続では別除権を有するに過ぎないと解している。その理由は、A の原所有権は「商品信用担保」を目的とするが、X の派生所有権は「金融信用担保」を目的とするに過ぎないからであると言う。この点も通説である。

例えば、前述したように、ガンター教授は、所有権留保に関する非占有質権説を批判し、「売主は、質権者と異なり、売買代金債権の満足のために物を使うことができず、むしろ、売主は、買主が支払をしない場合に、契約を解除し、物を取り戻すことができるに過ぎない。それゆえ、所有権留保は、売買代金を担保するのではなく、返還請求権を担保するのである。もちろん、売主は、経済的には、通常は売却物を獲得ないし保持する買主に圧迫を加え、これとともに、この買主は、支払義務を果たす」ものと主張している[136]。この点は、留保売主が買主に対して商品与信を継続しているという

202; Schlegelberger/ Hefermehl, Anh. § 382 HGB Rdn. 74; Gottwald, Insolvenzrechts- Handbuch, 3. Aufl., § 43 Rdn. 30などがある。また、ガンター教授は、結論において一致する見解として、Serick, Eigentumsvorbehalt und Sicherungsübertragung Bd. V, § 63 I 4, S. 414 f.; Henckel, Aktuelle Probleme der Warenlieferanten beim Kundenkonkurs, S. 6; Jaeger/ Henckel, a.a.O. (Fußn. 33), § 47 Rdn. 50 und §51 Rdn. 38; Uhlenbruck, §47 Rdn. 26; Weis in Hess/Weis/Wienberg, § 47 Rdn. 86. を掲げる。

(135) Vgl. Jaeger/ Henckel, a.a.O. (Fußn. 33), §51 Rdn. 44 ff.; MünchKomm-InsO/ Ganter, a.a.O. (Fußn. 33), §47 Rdn.114.

(136) MünchKomm-InsO/ Ganter, a.a.O. (Fußn. 33), § 47 Rdn. 55. この点に関して、ガンター教授は、Jauernig, Zwangsvollstreckungs- und Insolvenzrecht § 45 I 1 a, S. 201; Burgermeister, a.a.O., S. 85; Serick, a.a.O., V § 62 II 2 a, S. 332; Henckel, Aktuelle Probleme der Warenlieferanten beim Kundenkonkurs, S. 3 を引用指示して

ことを意味しており、商品与信から生ずる割賦弁済行為として、継続的契約関係を構成するのである。したがって、ここからは「金融与信」という性質は出てこない。

しかし、前述したように、ビューロウ教授は、非占有質権説に立脚しつつ、その根拠付けとして、所有権留保特約付き売買は、留保売主の売買代金債権を担保するという目的のために、条件の合意を含むという契約の担保法的な部分が売買契約に補充されるという観点から、売買契約の担保法的な部分に金融の性質があるものと解している[137]。

しかしながら、単純類型の所有権留保はもちろんのこと、拡張類型の所有権留保においても、商品本体の代金債権が未払の場合には、留保売主は契約を解除し、留保商品の返還を受けるという物権的効力を中核と解する限り、金融信用ではなく、商品信用と解することが解釈としては正当である。また、この効力から、直接的に買主の破産手続における取戻権が構成される。

他方、留保所有権を譲り受けた銀行などの金融機関は、商品を売っておらず、2008年BGH判決の言うように、「信用を売る」のであり、立替払や保証債務履行後の求償権を担保するための手段としては、あたかも買主の物権的期待権を担保目的で取得するという「譲渡担保権の設定」の如く考えると、そのような金融機関は、まさに代金を融資したのであるから、金融信用として扱う以外にはない。この構成から、直接的に買主の破産手続における別除権が構成される。

したがって、留保売主の地位は、商品与信者として、まさに「所有者たる地位の保全」に資するものであり、譲受け留保所有者の地位は、金融与信者として、「担保権者たる地位の保全」に資するものとなる。

この点は、単純類型の所有権留保と類似するファイナンスリースと比較すると、その特徴が余計に際立つこととなる。

ファイナンスリースは、リース物件提供者たるリース事業者が、サプライヤー（供給者）からリース物件たる機械等を調達し、これをリース物件使用者（ユーザー）に供給して、このユーザー（使用者）からリース料（物件の代

いる。
(137) Bülow, a.a.O.（Fußn. 35）, WM 2007, S. 429, 432.

価と利息及び費用を含む。)を徴収するという与信契約である。経営の領域では、経済的には、リース物件提供者がリース物件の所有者であり続け（公課法〔Abgabenordnung〕第39条2項1号[138]）、同時に、リース料は、リース物件受領者の側では、継続的な営業上の費用と認識されるという点において、当事者にとって税制上の利益がある（投資財リース〔Investitionsgüter-Leasing〕）とされ、それゆえ、契約の形成は、原則として、金融当局のリース通達に従う[139]。ファイナンスリースは、投資財の範囲においてのみならず、消費財の範囲においても、ますます普及している。消費財リースは、私人にとっては、金融による割賦販売との金融上の二者択一としての意味がある。その他のファイナンスリースの類型として、販売者ないし製造者リースが際立っている。ここでは、供給者自身もしくは供給者と取引関係ある企業が、リース物件提供者の役割を果たしている。これによって、典型的な三者関係が二者関係に引き下げられる[140]。

　リース物件の所有者はリース事業者であるから、ユーザーの倒産手続において、倒産管財人が履行を拒絶したときには（倒産法第103条）、リース事業者は、自己の所有権に基づいてリース物件を取り戻すことができ、契約終了の際に発生する債務法上の返還請求権に基づいても、取り戻すことができる[141]。この場合には、ユーザーには、もはや契約に基づいて達成しうる請

---

(138) 公課法（Abgabenordnung）第39条
　　1項　経済財（Wirtschaftsgüter）については、その所有者に課税する。
　　2項　以下の規定の場合には、1項の規定は適用しない。
　　1号　他人が、経済財に関して、以下の方法で、所有者として事実上の支配を行使している場合。即ち、他人が、通常の耐用期間中、所有者に対し、経済的にその経済財の作用を不能にするときには、その経済財について、所有者に課税される。経済財については、信託関係の場合には信託者に、担保所有権の場合には担保物件提供者に、自主占有の場合には自主占有者に、それぞれ課税される。
(139) Vgl. dazu MünchKomm-InsO/ Ganter, a.a.O. (Fußn. 33), § 47 Rdn. 221. なお、不動産リースについては、Erlass des BMF v. 21. 3. 1972, BB 1972, S.433, 動産リースについては、Erlasse des BMF v. 19. 4. 1971, BB 1971, S. 506（完全償却契約〔Vollamortisationsverträge〕）und v. 22. 12. 1975, BB 1976, S. 72（一部償却契約〔Teilamortisationsverträge〕）を参照。
(140) MünchKomm-InsO/ Ganter, a.a.O. (Fußn. 33), § 47 Rdn. 221.
(141) MünchKomm-InsO/ Ganter, a.a.O., (Fußn. 33) § 47 Rdn. 221.

求権は何ら帰属しないので、占有すべき権利も有しない[142]。しかし、リース業者から担保のためにリース物件の所有権を譲渡された与信者には、取戻権は帰属しない[143]。

ファイナンスリースは、リースというよりもファイナンスを目的とする与信契約である。リース物件を媒介するという意味において、商品信用の一種であるが、その目的は、どちらかというと、金融である。しかし、形式上、ユーザーは「所有権」を取得しないので、リース事業者が「所有者」ということになる。なお、ファイナンスリースに関しては、詳細は別稿（差し当たりは「序章」3頁以下）に譲る。

第5項　小　括

以上のように、所有権留保の類型のうち、単純類型は完全なる商品信用であり、拡張類型は、個別留保商品の本体価格までは商品信用、これを超えると金融信用であり、延長類型は、延長部分は金融信用である。この意味において、商品信用たる所有権留保における留保売主は、完全所有権を保持するので、代金債権の担保というよりは、解除による物権的返還請求権を保全するという面が強調される。しかし、延長・拡張類型という金融信用たる所有権留保の場合において、延長類型は債権譲渡担保となり、拡張類型は、第三債権者類型なら、留保売主の留保商品及び留保買主の期待権上の譲渡担保（共同設定）となり、交互計算留保なら、所有権留保プラス期待権の譲渡担保となるので、代金債権またはその他の債権、利息・手数料など、金銭債権の担保それ自体となる。

それでは、本稿において現れた立替払や支払保証による譲受け留保所有者はいずれになるのかというと、前述したように、金融信用である。即ち、立替払の場合には、Xが留保売主Aに代金を立替払し、Bに対し、割賦残債権と利息及び手数料債権を取得し、Bはその担保として、自己の使用してい

---

(142) MünchKomm-InsO/ Ganter, a.a.O.（Fußn. 33）, § 47 Rdn. 221.; BGH, Urt. vom 1. 3. 2007 - IX ZR 81/05, NJW 2007, S. 1594.; Jaeger/ Henckel, a.a.O.（Fußn. 33）, § 47 Rdn. 67.
(143) MünchKomm-InsO/ Ganter, a.a.O.（Fußn. 33）, § 47 Rdn. 221.

る自動車や機械をXに提供して、Xに対し、占有改定によって引渡しをするのであるから、X・B間の契約関係は、ドイツにおいては「期待権の譲渡担保」ということになる[144]。

また、支払保証の場合には、XからAへの保証債務の弁済によって、XがAの地位を承継する。この場合には、前述したように、①返還請求権譲渡類型、②法定債権譲渡類型、③契約引受類型、が考えられるところ、①は買主との契約関係が残ったままでは、買主の遅滞により商品を引き揚げた後、買主の履行による再返還などの問題が生じうるので危険である（但し、立替払時に売主が解除した上で留保所有権の譲渡とすれば、問題はない）。そこで、後二者という選択肢が現れる。しかし、②は所有権留保の特質として債権との付従性がないことから、債権は法定譲渡しても、担保部分たる留保所有権の移転はない。そうすると、信義則上の引渡義務とか、放棄義務という制度の適用において一般原則などに頼る結果となり、適用における曖昧さが残る。したがって、支払保証の場合には、契約引受類型に妥当性があることとなる。

第3節　日本法との若干の比較検討

第1項　日本法の状況との対比

わが国における問題状況と解釈は、既に別稿において詳論したので[145]、詳細はそちらに譲るが、留保売主（販売会社）A、留保買主B、金融機関X

---

[144] Ganter, in: Schimansky/ Bunte/ Lwowski, BankrechtsHandbuch, 3. Aufl., § 95 Rdn. 72は、「期待権は、売却物の取引価格からまだ支払われるべき売買残代金の価格を控除したものと合致する一定の経済的価値を有する。買主が売買代金債権を弁済するに応じて、同じ程度において、期待権の価値は増大する。それゆえ、期待権利者は、期待権を信用の基礎として組み入れるという利益を有する。期待権の譲渡担保は、将来の完全所有権の取得を第三者の差押えから防御するので、留保買主の債権者も、担保手段としての期待権について利害関係を有する」ものと述べている。したがって、留保買主の直接の金融与信者たる銀行は、留保商品の上の期待権を目的とする譲渡担保権の設定を受けたものと見做すという解釈にも一理ある。

[145] 拙稿「所有権留保の譲渡と譲受人の法的地位」千葉大学法学論集28巻1・2号（前掲註1）39頁、同「所有権留保売買における信販会社の法的地位」法経論集213号（前掲註2）69頁。

の三者間契約類型による所有権留保売買における信販会社の法的地位が問題となった。この点において、本稿で論じてきたドイツにおける問題状況と全く同じである。また、Ｂが履行遅滞に陥ったことにより、ＸがＡに立替払や支払保証に基づいてＢの代金債務を肩代わりして弁済し、ＸがＡの留保所有権を承継するという効果もまた同じである。それゆえ、前提問題としては、日独で何ら異なる点はないと言ってよい。また、契約類型についても、わが国における包括担保類型（包括担保約款）とドイツにおける交互計算留保は、内容・効力ともに類似の拡張類型の所有権留保であり、この点も類似の状況を呈する。更に、Ｘへの留保所有権の移転プロセスについても、わが国で高唱されている法定代位構成とドイツにおける法定債権譲渡類型は、やはり類似の構成を採る（但し、わが国の構成は所有権留保の非付従性を見過ごしているという点において異なる）。このように、日独において、前提となる問題状況は、ほとんど重なり合っている。

　しかし、倒産手続における取扱いに関しては、日独において大きな相違点がある。それは、留保買主の倒産手続において、わが国の判例及び多数学説は、所有権留保の類型を分離せず、一律に別除権構成を採っているのに対して、ドイツの判例及び通説は、概ね、単純類型と延長・拡張類型とを分離し、原則としての単純類型においては、商品信用として位置づけることにより、留保所有者を完全所有者として扱うので、買主の倒産手続においては、取戻権（代償的取戻権を含む。）構成を採っているという点である。但し、延長・拡張類型においては、金融信用として位置づけることにより、譲渡担保権者と同じく別除権構成を採っている。この場合には、わが国と同様の結果となる。

第２項　私見的考察

　所有権留保は売買契約の附款である。その限りにおいて、売買と切り離して考えることはできない。しかし、担保権の設定契約と解する限り、この解釈は売買と切り離して考えることとなる。だが、それでは所有権留保の本質に反する。したがって、所有権留保は売買契約の附款である。

　本来は、売買により所有権は買主に移転するところ、留保売主と買主との

合意、即ち、留保特約によって、所有権の移転が将来の代金完済という停止条件成就時まで延期されるのである。代金債権は、売買によって発生するが、弁済は留保特約の内容に従い、割賦弁済とされる。この意味において、売買と所有権留保は契約としては一体であるから、担保権の設定のように、最初に金銭債権が発生し、この債権・債務関係と担保権とを結合させる必要性から、「付従性」なる概念を必要とするのとは異なり[146]、所有権留保には、その性質上、付従性はありえない。この前提から、法定代位によって債権と担保権とを弁済者に移転するという構成は、所有権留保には適さない。ドイツにおいても同様の議論が展開された結果、契約引受類型が検討され、その有用性が明らかとされている。したがって、留保所有権が、留保売主Ａから金融機関Ｘへと移転するプロセスとしては、買主Ｂを交えての三者間合意による契約引受によるものと解することが最も自然である。

次に、留保所有権を譲り受けたＸが、買主Ｂの財産に関する倒産手続において、倒産管財人Ｙに対し、留保所有権に基づいて取戻権を主張した場合には、これは認められず、ＸはＢに融資をし、期待権の上に担保権を取得した譲渡担保権者と見做され、別除権者として扱われるので、換価による優先弁済権者に過ぎない。留保売主Ａが買主Ｂの倒産手続において取戻権を行使することは許される。このＸとＡとの取扱いにおける差異は、Ｘは金融与信者であるのに対して、Ａは商品与信者だからである。したがって、所有権留保の目的に応じて、商品信用と金融信用とに分離し、前者を完全所有権の留保、後者を担保所有権の留保と解する論拠とする意味がある。

もっとも、ドイツにおいては、譲渡担保権の設定による設定者から担保権者への所有権移転も「完全所有権の移転」であり、担保権者は、物権法上、無制限の完全な所有権を取得するが、設定者に対し、債務法上の担保約款

---

[146] もっとも、ドイツにおいては、「無因主義」という原則があるので、この意味において、譲渡担保権にも、その他の制限物権的担保権にも、付従性はないという議論がある。この点に関しては、Staudinger/ Wiegand, a.a.O.（Fußn. 119）.. §§925- 984 Anh. zu §§929- 931 Rdn. 61以下（Rdn. 66、67、特に付従性との関係に関するRdn. 187以下）を参照、しかし、譲渡担保と所有権留保との相違点を論ずる場合には、権利の性質論に基づいて議論すべきであるから、無因主義を引き合いに出すのは妥当ではなく、むしろ別問題である。

(Sicherungsabrede)の基準に従ってのみ所有権を利用すべき義務を負う。即ち、担保目的が存続する間は、担保権者は担保目的物を自由に処分することが許されず、将来の実行においては、担保約款に応じて換価し、その換価金を債務の弁済に利用して、その剰余を債務者に返金しなければならない[147]。

ドイツにおいて、同じく「完全所有権」とされる留保所有権と担保所有権において、一方は、所有権の効力たる物権的効力を完全に保持するのに対して、他方は、他の制限物権的たる担保権と同様、換価・優先弁済権に限定される理由は何か。それは、やはり、留保所有権は純然たる商品与信の成果であり、担保所有権は、商品与信を前提とする場合があっても、やはり、目的が金融与信、即ち、金銭債権の担保のみだからである。この意味において、商品信用と金融信用という分類に起因する類型の構築には重要性がある。

第3項　結　語

本稿においては、所有権留保売買における信販会社の法的地位という問題について、ドイツとの比較法を中心として考察してきた。これまで詳述してきたように、わが国と類似の問題状況にあるのに、なぜ、理論状況が異なるのか、これは、私がその昔、動産譲渡担保を端緒として非典型担保を研究するにあたっての疑問であり、未だに解決しない難問である。

当初は、単に、物権変動における形式主義と意思主義・対抗要件主義との相違かと思っていた。譲渡担保に関する限り、ドイツにおいては、当事者が債権契約と物権的の合意を締結し、占有改定による引渡しをすることによって、特定性・独立性を満たし、担保所有権の移転という効力が発生する。これをわが国の法制に置き換えてみると、担保所有権の移転時期が設定契約時となるにせよ、同時に対抗要件として占有改定による引渡しをするので、効力発生時期としては、ドイツと同様となる。それゆえ、相違点はなくなると言ってよい。

---

[147] この点に関しては、Staudinger/ Wiegand, a.a.O. (Fußn. 119), Anh. zu §§ 929-931 Rdn. 59, 63; Serick, Eigentumsvorbehalt und Sicherungsübertragung Bd. Ⅰ, 1963, § 4 Ⅱ 57ff.; Otto Mühl, Sicherungsübereignung, Sicherungsabrede und Sicherungszweck, in: FS Serick [1992], S. 285ff. を参照。

それでは、所有権留保はどうか。わが民法において、制度は存在せず、意識の俎上に上ってきたのが譲渡担保よりも相当に遅れた。そのため、成立プロセスについて、両者は譲渡と留保という違いだけであり、中身は同じだという理解が先行したため、その結果として所有権留保の成立プロセスが軽視され、設定から実行に至るまでの解釈論については、「譲渡担保の裏返し」として位置づけられた。譲渡担保権は、金銭債権を担保するため、設定契約により、所有権移転という方法によって成立する担保物権である。しかし、所有権留保は、売買契約の附款として所有権を売主に残して留保商品に対する物権的効力を保全・貫徹するための手段である（留保所有権設定契約はない）。このような端緒における位置づけが正確になされていれば、今日のような解釈の歪みは生じなかったものと思われる。

　私は、ドイツの理論が全て正しいとは思わない。しかし、然りとて、理論上の疑問に対しては正解に近い解答を出してみたいと思っている。そのため、所有権留保に関する民法上の制度があり、譲渡担保に関しても、民法制定前から相当に議論が重ねられてきた「先進国」たるドイツの理論を参考として、自身の理論を構築してきた。

　今後も、留保所有者や担保所有者（及び担保債権者）の地位を中心として、派生問題にも留意しつつ、更に研究成果を自身の足跡として残していきたいと思っている。

【初出】
　「留保所有権の譲渡と譲受人の法的地位・続編──ドイツ連邦通常裁判所（BGH）2008年3月27日判決に現れた問題点を中心として──」道垣内弘人・片山直也・山口斉昭・青木則幸編『社会の発展と民法学（上巻）近江幸治先生古稀記念論文集』（成文堂、2019年）所収。本稿は、本書に収録するにあたり、若干の加筆・修正を施した。

結　章　所有権留保論の課題と展望

第1節　本書全体のまとめ

第1項　所有権留保の社会的作用（序章）
1．所有権留保の意義と社会的作用
（1）所有権留保の構造

　所有権留保は、売買契約とともに締結する停止条件付所有権移転約款である。通常、買主は売買契約の成立によって目的物の所有権を取得する（民法第555条、第176条）。しかし、所有権留保は、買主によって代金が完済されるまで、売主が目的物の所有権を留保するので、代金完済まで買主は所有権を取得しない。代金完済前の買主は留保買主と称され、目的物の使用権を有する（使用貸借の借主と同様の地位）。同時に、売主は留保売主と称され、目的物の所有権を保持する。しかしながら、法律上、条件付法律行為の当事者として、留保売主は、代金完済前（停止条件の成否未定の間）において、完済（停止条件の成就）による留保買主の所有権取得を妨害することはできないという制限を受ける（民法第128条）。

　ドイツ民法（BGB）においては、所有権留保は、代金の完済まで商品の所有権を売主に留保し、第一に、売買代金債権を担保するとともに、第二に、買主において、義務不履行（支払遅滞、不適切使用）、第三者からの財産差押え、倒産など、信用危殆状況が発生したときには、留保売主に解除権を与え、所有権に基づく物権的返還請求権（BGB第985条：返還請求ないし取戻権）を担保するという目的ないし機能を有する（BGB第449条参照）。即ち、留保所有者には解除による原状回復機能があり、留保買主に一定の信用危殆事由が発生した後は、買主の占有正権原の抗弁（BGB第986条）を除去し、留保売主の取戻権を確保するという解釈を制度化している。

（2）ファイナンスリースとの比較

ファイナンスリース（フルペイアウト方式）は、設備資金を有しない事業主たる利用者が自己の欲する設備の購入代価をリース事業者に立替払してもらい、この立替代金を分割払いで弁済していくという手法の与信を用いた契約である。それゆえ、ファイナンスリースにおける目的物の対価の支払と使用・収益関係は、所有権留保特約付売買と類似している。

ファイナンスリース契約では、①リース物件の点検・整備、修繕・修復義務が利用者にある、②リース料の不払は即時無催告解除となる、③リース事業者は解除後におけるリース物件の引揚権を有する、④中途解除の場合は、利用者は未払リース料及び規定損害金（残リース料相当額）の支払義務を負う、⑤リース業者は瑕疵担保責任を負わない、という契約条項が用いられている。また、解除原因としては、通常、利用者の履行遅滞のほか、利用者の民事再生、会社更生、破産手続の開始申立て（倒産解除条項）、その他信用危機状況に至ったこと、が挙げられる。

この内容を所有権留保約款と比較すると、①目的物件のメインテナンス費用の負担、②不払による即時無催告解除、③倒産（民再、会更、破産）手続開始申立て、ならびに、他の信用危殆状況を停止条件とする解除条項と物件引揚権、⑤担保責任免除など、主要部分には共通点が多い。そして、所有権留保期間中は、二当事者間所有権留保の留保売主に完全所有権があるとすれば、ファイナンスリース事業者の地位と同じことに帰着する。

しかし、近時、①ファイナンスリースの解約時における未経過リース期間に係るリース料の概ね全額を規定損害金として支払う、また、②使用上のコストを全て利用者が負担するという約款上の規定から、利用者の会計処理に関して、利用者が経済的利益を全て享受し、反面、修理費などのコストも全て引き受けるという意味において、ファイナンスリースは「売買取引」と見做され、その利用者は実質的所有者とされている。そうすると、反対に、リース事業者はリース料債権を有する金融与信者に過ぎない。

この経済的な考慮による主客転倒は、法解釈にも影響を与え、リース事業者は金融与信による担保権者に過ぎず、真正所有権を有しないとされる。その結果、利用者の倒産手続において、倒産解除条項による契約解除、目的物

に対する取戻しは許されず、倒産手続開始申立てを原因とする解除条項（倒産解除特約）も無効とされ、破産以外の倒産手続（民再、会更）においては、担保権の実行による目的物の引揚げも企業再生・更生という目的に反するとして否定された[1]。

近時、わが国においては、このようなファイナンスリースの取扱いが所有権留保にも影響を及ぼし、実務のみならず、法解釈においても、留保売主の地位は単なる担保権者に過ぎず、譲渡担保権者と同様の地位に過ぎないという見解が多数説を構成している。そこで、譲渡担保権との比較・検討が必要となった。

(3) 動産譲渡担保との比較

動産譲渡担保は、債権担保の一種という意味において、抵当権と類似する。しかし、抵当権は完全に非占有担保権であるのに対し（民法第369条）、譲渡担保権は、担保権者が目的物の間接自主占有権を有し、設定者が直接他主占有権を有する。また、抵当権は、設定者が所有権を保持するが、譲渡担保権は、目的物の所有権を担保権者に移転する。わが国においては、譲渡担保権の設定によって所有権が担保権者に移転し（民法第176条）、占有改定による引渡しによって担保権者は対抗要件を具備する（同法第183条、第178条）。しかし、所有権留保は、代金完済まで所有権が売主に留保されるので、売主・買主間における物権変動はない。それゆえ、原則として、売主の留保した所有権は対抗要件と関係を有しない。

ドイツにおいては、譲渡担保権の設定（BGB第929条〔物権的合意と引渡しによる所有権移転〕、第930条〔占有改定による引渡しの擬制〕）により、法形式上は、譲渡担保の担保物件提供者（設定者）は、担保物件受領者（担保権者）に対し、完全な所有者（Volleigentümer）たる地位を譲渡する。動産譲渡担保権者は、「所有権それ自体（完全所有権）」を取得するが、その目的は「債権担保」である。この意味において、譲渡担保権の設定行為は、信託的な所有権の移転であり、担保的法律行為（Sicherungsgeschäft）の基本契約たる担

---

(1) 最判平成20年12月16日民集62巻10号2561頁。

保合意（債務法上の担保約款〔Sicherungsabrede〕）による制限を受ける。担保約款により、担保物件受領者（担保権者）は、物権法上、無制限の（完全な）所有権を取得するが、担保物件提供者（設定者）に対しては、債務法上の担保約款の基準に従ってのみ所有権を利用すべき義務を負う。即ち、譲渡担保権者は、担保目的が存続する間は、担保目的物を自由に処分することが許されず、「自己の」物として保持し続けることが許される「真正所有者」ではなく、担保約款に応じて換価し、その換価金を債務の弁済に利用し、その剰余を債務者に返還すべき義務を負う（換価権たる所有権者）。この状況においては、まさに、譲渡担保の場合には、あらゆる事案において、担保目的によって限定された所有者たる地位を担保期間において一時的に調達・媒介されるに過ぎない。この一時的な所有権帰属という特徴と、担保目的による拘束とにより、所有権の特別類型たる担保所有権（Sicherungseigentum）という概念が生じたのである。したがって、譲渡担保権者は担保所有者であり、真正所有者ではない。

また、譲渡担保は、設定者の所有する動産につき、その所有権移転と占有改定の合意を媒介とはするものの、被担保債権の存在を前提として、譲渡担保権の設定契約を締結するという被担保債権との付従性原理の上に立つ質権、抵当権と同様の純然たる担保物権である。それゆえ、設定者の債務不履行（支払遅滞）を停止条件として、受領した担保目的物それ自体から直接に満足を受けるという性質を有する権利である。

しかし、所有権留保は、売買代金の担保という一面を有するものの、他方において、買主の代金支払不能に際して、契約を解除し、物権的返還請求権を行使する（BGB第985条）、即ち、留保商品の返還を目的とするという、いわば返還請求権を保全するという性質を有する。

所有権留保は、売買契約の附款であり、留保された所有権は、被担保債権との付従性を有する担保権とは異なり、真正かつ完全な所有権（Volleigentum）である。留保所有者は、留保買主の物権的期待権（条件成就前の物権的地位）との関係上、一定の処分制限を受けるに過ぎない（BGB第161条、第986条、日民第128条）。しかし、次段において論ずるような、売主・買主間の所有権留保に対し、両者の間に金融機関（銀行・信販会社）が立替

払または支払保証という形で割って入り、金融機関が売主に代位弁済し、売主の留保した所有権が金融機関に移転する場合には、金融機関の譲り受ける所有権は、金融目的に過ぎないので、譲渡担保権と同様の担保所有権である。

２．わが国における所有権留保論

（１）所有権留保の約款による類型

近時の所有権留保約款は三者間所有権留保の類型が多い。その機能ごとに類型が定められており、立替払類型、集金保証類型、包括担保類型がある。この点は、第１章から第３章における論述内容と関係するので、序章において紹介がてら、まとめておいた。

立替払類型とは、三者間契約という書面上のみの形式により、信販会社が売主に売買代金を立替払し、当初売主に成立した留保所有権を信販会社が譲り受けるという契約類型である。この類型は、代位弁済による法定代位（改正前旧民第500条、第501条）によって販売者から信販会社へ留保所有権が当然に移転し、対抗要件が不要なので、信販会社が自動車の登録所有名義の変更なくして、買主の倒産（民再・破産）手続において別除権の行使をもくろんだ。しかし、最高裁が、販売会社の代金債権と信販会社の立替金等債権（代金、利息、手数料）との違いを理由として法定代位を否定し、別除権を行使するには信販会社への登録所有名義の変更を必要とする（民再第45条、破産第49条は別除権の主張要件として手続開始前に登記・登録を要すると規定する。）と判示したので[2]、信販会社は立替払類型をやめて、集金保証類型へと切り替えたのである。

集金保証類型とは、信販会社が、販売会社の購入者からの集金業務を受託し、かつ、購入者の代金支払債務について連帯保証するという契約類型（集金保証委託・保証契約類型）を用いた所有権留保である。前述したように、立替払類型の欠陥を是正した契約約款である。

包括担保類型とは、留保買主に対して有する一切の債権を担保するため、

（２）最判平成22年6月4日民集64巻4号1107頁。

販売会社がメーカー系信販会社との間で自動車の留保所有権を準共有とする所有権留保である。第一に、信販会社の買主に対する割賦払代金債権及びその他の債権の担保とする。割賦弁済が終了しても、第二に、販売会社の劣後留保所有権が現れる（ドイツにおける拡張類型の所有権留保の一種たる交互計算留保と類似する）。買主に対する「一切の債権」の構成は、①販売会社の売買代金・分割払手数料債権（信販会社の求償債権）、②売買後における販売会社の修理代金債権などである。いずれも所有権留保売買との牽連性を有するので、有効である。

(2) 所有権留保の法的構成

所有権留保における留保所有権は真正所有権か、それとも単なる担保権に過ぎないのかという点において争いがある。従来は、二当事者間所有権留保と三者間所有権留保という類型別に考察せず、所有権的構成説と担保権的構成説とに分類され、後者は、物権的期待権説、設定者留保権説、担保権説、抵当権説に分類されてきた。しかし、所有権留保の原型は売主・買主間の二当事者間所有権留保であり、これは売掛取引と同様の商品与信行為であるから、銀行や信販会社が買主に金融与信をする三者間所有権留保とは本質的に異なる。それゆえ、二当事者間所有権留保における留保売主の所有権は真正所有権と解すべきである。この意味において、三者間所有権留保における譲受け留保所有者の所有権は譲渡担保権者と同様の担保所有権と解すべきである。

したがって、近時の判例において現れた自動車所有権留保の事案における信販会社の留保所有権は担保所有権である。担保所有権は換価・優先弁済権に過ぎないが、法形式上は「所有権」であるから、「設定者」たる留保買主を実質的所有者とする見解は妥当ではない。そこで、留保買主は条件成就後の所有権取得に関する期待権を有するに過ぎないと解することとなる。

3. 小 括

所有権留保は売買契約の附款であり、設定契約によって基本契約（金銭消費貸借など）との結合を図らなければならない付従性ある担保権とは異な

り、留保所有権には付従性はない。この意味において、所有権留保においては、物権変動は生じていない。それゆえ、本質的に、金融与信行為と結合する譲渡担保権者の担保所有権とは異なる概念である。従来は、ファイナンスリースが所有権留保と類似する概念であったが、これも金融与信行為たる点がクローズアップされた結果、売主・買主間の二当事者間所有権留保とは遠い存在となってしまった。

他方、銀行や信販会社が買主に金融与信をする三者間所有権留保は本質的に譲渡担保と類似しており、信用機関の譲受け留保所有権は担保所有権たる換価・優先弁済権に過ぎない。この点を基本姿勢として、第1章から第3章までを執筆した。

第2項　留保所有権移転の構造（第1章）

1．留保売主の法的地位

序章においても述べたように、最高裁は、留保買主の民事再生（旧和議法による和議手続）と所有権留保とが関わる事案において、留保売主が倒産解除条項に基づいて売買契約を解除して、目的物を取り戻し、第三者に転売したところ、留保買主の債権者が差し押えたので、転得者が第三者異議の訴えを提起したところ、これを認めた[3]。この点において、従来の判例は、留保所有者の権利を担保権ではなく、所有権として認めていたのである。

ところが、その後、下級審裁判例は、「本件所有権留保ないし本件譲渡担保の実質的な目的は、あくまでも本件立替委託契約とこれによる本件弁済に基づく抗告人（立替払人）の求償債権を担保することにあり、本件自動車の所有権の移転は確定的なものではない」として、留保所有者は別除権者であるとした[4]。しかし、この裁判例の事案は、信販会社が留保売主に代位弁済して、留保所有権を譲り受けたという金融信用事案であり、元々、留保所有者を譲渡担保権者として処遇すべき事案であるから、この裁判例の結論のみをもって、所有権留保一般について、担保権的構成説の論拠とすることは妥当ではない。

（3）最判昭和49年7月18日民集28巻5号743頁。
（4）札幌高決昭和61年3月26日判タ601号74頁。

また、最高裁も、留保所有権を担保権として構成し、残債務の弁済期の前後で所有権（処分権）の所在を認定し、残債務弁済期の到来前は買主が実質的な所有者であり、妨害排除請求の相手方であると認定し、その弁済期が経過した後は、留保所有者が完全所有者となるものと判断したのか、あるいは、譲渡担保権者と同様、担保権の実行権（換価権）の発生に伴う占有権原を保有するに至ると判断したのかは判然としないが、弁済期経過後は「担保権の性質を有するからといって、（車両の）撤去義務や不法行為責任を免れることはない」と判示した[5]。

しかし、この平成21年最判もまた、平成22年最判と同様、立替払類型の所有権留保特約（金融信用取引）の事案である。それゆえ、本書の構成によっても、この場合における信販会社の留保所有権は「担保権」であり、実質的には譲渡担保権と構成すべきものである。

したがって、平成21年及び同22年最判をもって、最高裁は所有権留保一般について「単なる担保権」として扱うことに確定したなどと論ずることは妥当ではない。近時の判例及び学説の多くは、商品信用と金融信用の違いを理解しようとせず、所有権留保の基礎的な構成に関して混乱を来している。

2．留保買主の法的地位

将来、一定の条件の下に動産や不動産を取得する権利は、「物権的期待」もしくは「物権的期待権」と称され、今日の法律実務において重要な役割を演じている。物権的期待権に関する問題は、物権を取得するためのいくつかの独特な要件事実を実現する諸事案に関して現れる。ドイツにおいて、物権的期待権は、売買代金の完済という停止条件が成就した場合において買主に所有権が移転するものとされる「所有権留保売買」（BGB 第449条1項、第929条1文、第158条1項）において典型的に現れる問題とされる。

留保売主は、買主による最後の代金支払まで所有者であり続けるが、買主は単なる占有者ではなく、その物の所有権移転を代金完済という停止条件付で受けようと考えているので、買主は、「期待」と称される物権的な法的地

（5）最判平成21年3月10日民集63巻3号385頁。

位を有している。

　期待権は、経済的な観点からは、買主の支払うべき残代金が僅少のときにおいて、一層の価値を有する。買主が、かなりの割合で割賦弁済金の支払を終え、その価値配分としては、ほとんど完全な所有者である場合には、自己の有する期待を他人に譲渡するという法律上の利益を有しており、この意味において、買主の債権者が自己の債権の満足を得るためにする期待権の差押えも、有意義なものとなる。また、買主が保有している期待権付の留保商品が、第三者の故意または過失という責めに帰すべき事由によって侵害された場合には、買主には、不法行為に基づく損害賠償請求権（BGB 第823条1項、日民第709条）が認められなければならない。ドイツの判例・通説は、概ね、留保買主の期待権は、物権とはいえないが、少なくとも物権的効力を有する権利として承認してきた。

　このように、将来の所有権移転に関する「期待」を期待権と呼称し、物権的効力を付与するという考え方は、ドイツにおいては通説的地位を築いているが、それは、留保買主の地位、即ち、期待権に対第三者効を付与し、買主のリファイナンスの用に供すべき、あるいは、買主の差押債権者の利益を考慮すべきという金融ないし経済上の要請、更に、留保買主の使用・収益している留保商品に対する第三者からの侵害に対する保護という要請があるからである。この点は、期待権の譲渡ないし譲渡担保、あるいは差押えなどを認めるという方向と、期待権に基づく物権的請求権、あるいは損害賠償請求権の付与という方向へとつながる。しかし、期待権という概念は、所有権留保特約付き売買の当事者間において、特段、留保買主の物権的期待権によって留保売主の所有権を弱めるという効力を認める概念ではない。

3．担保目的の所有権留保の対抗要件

　第1章においては、三者間所有権留保における譲受け留保所有権の対抗要件について論じた。前述した学説の多くは、留保所有者には対抗要件は不要と論じていた。しかし、所有権留保特約は債権契約における条件付の物権的合意であるから、留保所有者の地位を第三者との関係においても確保・確定するためには、対抗関係が発生する前においても、占有権の保持が必要であ

る（第178条類推）。この点は、売主・買主という二当事者間の所有権留保においては、元々、留保売主が間接自主占有権を保持しているので、全く問題はない。この意味において、売主と買主との間においては、物権変動は生じていないのと同じことに帰着する。

　問題は、担保所有権に転化する譲受け留保所有権の場合においても、この留保売主の間接自主占有権者という状況に変化はないのかである。留保所有権の譲渡を受けた信販会社の所有権が担保所有権（担保権）であるとすれば、購入者の有する物権的期待権は実質的には所有権のようにも見える。しかし、譲渡を予定する留保商品で転売授権がなされた場合以外は、一般的に買主に処分権能はないので、物権的期待権者という制限物権者である。このように解すると、担保権者たる留保所有者は、対抗要件を必要とするので、原則として、譲渡担保権者と同様、占有改定によって引渡しを受けたものと解される。この意味において、平成22年最判において現れた登録自動車の所有権留保の問題においても対抗要件を必要とする。登録自動車の場合において、自己の留保所有権として権利関係を確定するには、登録変更が必要である。

4．小　括

　本章において論じた内容は、三者間所有権留保において立替払をした信販会社が、譲受け留保所有者としての地位に基づき、買主の倒産（民事再生）手続において別除権を行使することができるかという問題である。

　この点は、民事再生法第45条の解釈問題である。平成22年最判の原審判決は、「法定代位構成」を採用し、原留保所有者の権利関係の範囲内でその譲受人が代位するものと解し、同条の適用に関して、信販会社自身の自動車登録は不要と解した。しかし、最判は、原留保所有者の債権が代金債権であり、譲受け留保所有者の債権が手数料を含んだ立替金債権であることを理由として、同一の留保所有権が移転したものと解するのは契約当事者間の合理的意思に反するものと解し、同条の適用に関して、信販会社自身の自動車登録が必要と解した。

　この点に関しては、その対策として、契約書の文言において明確に法定代

位を規定しておけば、原留保所有者の有していた代金債権の範囲内では別除権の行使が認められると解する学説がある。しかし、民事再生法第45条の趣旨が、別除権者としての地位を明確にし、権利資格付与（権利の主張または保護）の要件として登記・登録を要するという趣旨であれば、たとえ、契約書において法定代位を明確にしたとしても、自身に登記・登録を具備しない譲受け留保所有者に別除権を付与することは認められない。

　この結論は、登記・登録を要件とする対抗ないし権利資格付与という要請のある制度との牴触問題に限るのであり、たとえ、三者間契約による所有権留保であり、担保所有権としての留保所有権の場合でも、約定による対抗力が付与される場合には、不要な議論となる。現代において存在意義のある所有権留保を類型別に制度化し、留保売主、留保買主、それぞれの地位に関して、留保売主の所有権保存登記、留保買主の所有権移転請求権保全仮登記による権利関係の明確かつ確定的な保全を図るべきことが求められる。

第3項　信用機関（銀行、信販会社）の法的地位（第2章）
1．代位弁済による法定代位を目的とした約款について

　第1章で詳細に検討した平成22年最判において敗訴したメーカー系信販会社は、所有権留保約款に関して、立替払方式をやめて集金保証方式へと切り替え、信販会社が、販売会社の売買代金債権等（代金債権と割賦手数料債権）を留保買主の連帯保証人として弁済することを停止条件として留保所有権を代位により信販会社へ移転させるという方法により、法定代位構成の約款を考案した。これは、販売会社から信販会社への所有名義の移転に関する人的負担と費用負担を削減するという業界の常識に基づく判断である。

　平成29年最判（同28年札幌地判・高判）は、平成22年最判と同じ信販会社が集金保証方式による譲受け留保所有権者の立場で別除権を行使した事案において、第一に、集金保証方式の自動車所有権留保売買・保証契約においては、信販会社の販売会社に対する代位弁済による法定代位（民法第500条）が生じ、販売会社の割賦金等債権と留保所有権は信販会社に帰属するとした。また、第二に、法定代位による債権・担保権の取得者（求償権者）には第三者対抗要件は不要であるとし（従来の通説・判例）、この場合には、別除権の

認定には登記・登録を必要とする破産法第49条は適用しないとした（対抗要件ないし権利主張要件として不要）[6]。

本件のように、留保売主との間において集金ないし支払保証を引き受けた信販会社の法的地位について考える。わが国の最近の多数説や下級審の裁判例は、この場合には、留保売主の代金債権と信販会社の求償債権との同一性に着目し、法定代位（民法第500条、第501条）が成立するものと解している。この解釈においては、任意代位における債権譲渡構成とは異なり、法定債権譲渡構成となるので、前者にとって必要な債権譲渡の対抗要件たる通知・承諾（第467条）は、後者の場合には不要と解される。

しかし、この場合においても、所有権留保それ自体が債権との付従性を有しないという本質論との兼ね合いにおいて、法定代位を適用することができないと解するときには、別の解釈が必要となる。

２．留保所有権の第三者対抗要件

従来、所有権留保に対抗要件は必要かという問題に対して、対抗要件不要説と占有改定説に分かれている。

対抗要件不要説は、動産抵当権説（米倉説）と新設定者留保権説（道垣内説）から提言されている。米倉教授は、第三者問題は即時取得で保護されるので動産抵当権に対抗要件は不要であると述べる。また、道垣内教授は、代金完済までは「所有権」が留保売主にあり、まだ物権変動が生じていないことから、留保売主には対抗要件は不要であり、留保買主の物権的期待権については、現実の引渡しを受けているということで、対抗要件を充たしていると述べる。

対抗要件必要（占有改定）説は、担保権説（高木説）と設定者留保権説（鈴木説）から提言されている。高木博士は、留保所有権は担保権であるから、留保売主に占有改定による引渡しがなされているものと述べる。また、鈴木（禄）博士は、所有権留保特約によって、売主が未払代金債権の担保としての留保所有権の設定を受け、占有改定により引渡しを受けることによって、

（6）札幌地判平成28年5月30日金法2053号86頁（第1審）、札幌高判平成28年11月22日金法2056号82頁（第2審）、最判平成29年12月7日金法2080号6頁。

対抗要件を具備するものと述べる。

　私見は、所有権を留保することにより、売主から買主への物権変動が発生していないという意味で、道垣内説が正しいという立場である。

3．小　括

　まず、二当事者間取引による所有権留保に代表される留保売主の留保所有権については、買主との約定は「代金完済という停止条件付の所有権移転」である。私見によると、この場合には、商品信用を与えた留保所有者たる売主は、真正所有権（完全所有権）を留保しており、買主への物権変動は起こりえないので、留保売主が第三者に留保所有権を対抗するための要件は不要である。したがって、留保売主は、買主の差押債権者や譲渡担保権者などの利害関係人に対し、原則として、留保所有権を対抗することができる。

　次に、三者間取引による譲受け留保所有者の場合には、信販会社と買主（クレジット債務者）との間の問題となる。単なるクレジット契約と見る場合には、融資債権者と債務者という関係となり、留保商品はその担保となるので、両者の関係は、譲渡担保権者とその設定者という関係に等しい。したがって、たとえ、両者の間に明確な合意がなくとも、通常は、債務者たる買主から担保権者に対し、占有改定による引渡し（民法第183条）が観念される。これによって、信販会社には第三者対抗要件たる引渡し（占有の移転）が完了する（第178条）。

　本章においては、ドイツにおける留保所有権の移転についても言及したが、この点に関しては、次章において詳細に論じている。

第4項　ドイツ法における留保所有権移転に関する諸問題（第3章）
1．総　説

　本章においては、ドイツにおける三者間契約による所有権留保に焦点を当てて、留保売主と留保買主の法的地位、ならびに、留保所有権の譲受人（譲受け留保所有者）の地位に関して考察を加えた。ドイツにおいても、第1章と第2章において取り上げた二当事者間所有権留保に金融機関が入る三者間取引による所有権留保における諸問題が存在する。2008年3月27日の連邦通

常裁判所（BGH）判決においては、①拡張類型の所有権留保、特にコンツェルン留保における契約の一部無効と残部の単純類型の所有権留保の有効性、②留保所有権の譲渡可能性、③留保買主の倒産における留保所有者の法的地位、④所有権留保による与信の構造、が問題となった[7]。この点は、平成22年最判と平成29年最判（事実審は第2章で取り上げた平成28年札幌地判・高判）において現れたわが国における問題点と共通性ある重要な問題である。

2．留保所有権の移転と拡張類型の所有権留保

コンツェルン留保とは、所謂「拡張（拡大）類型の所有権留保（erweiterter Eigentumsvorbehalt）」の一類型であり、買主への所有権の移転につき、買主が第三者の債権、とりわけ売主と提携関係にある事業者の債権を履行することに係らしめられる、即ち、買主の所有権取得に関する停止条件が拡大された所有権留保特約である。

コンツェルン留保の法的取扱いに関して、通説は、留保買主の所有権取得を不確定要素の多い将来に延期し、これにより、買主の行動の自由を過度に制限するという理由から、コンツェルン留保は、BGB第138条（良俗違反）、ならびに、約款規制法第9条2項2文（現行BGB第307条2項2文）によって絶対無効（nichtig）と解してきた。BGBの改正（現代化）の際にも、従来どおり、このような契約に係る所有権留保の合意は引き続き絶対無効という取扱いとされた（BGB旧規定第455条2項、現行第449条3項）。コンツェルン留保は「留保買主の所有権取得を不確定要素の多い将来に延期し、買主の行動の自由を過度に制限する」ので、無効という取扱いを受ける。しかし、買主に不確定要素のある債務を負担させ、買主の所有権取得を過度に制限する契約でなければ、通常の拡張類型の所有権留保として有効とされる。

2008年BGH判決は、無効部分を除けば、販売会社のためにする単純類型の所有権留保（einfacher Eigentumsvorbehalt）として有効であるとした。

従来の判例によると、たとえ、当事者間の合意が良俗違反などの理由によって絶対無効（nichtig）と扱われても、その無効が合意全体の一部の無効に

---

[7] BGH, Urt. vom 27. 3. 2008- Ⅸ ZR 220/05, BGHZ 176, S. 86= NJW 2008, S. 1803=ZIP 2008, S. 842.

過ぎず、残存部分において契約が存続可能と認められるときには、その存続を許す旨のBGB第139条を適用するものである[8]。

BGB第139条は、「法律行為の一部が絶対無効（nichtig）である場合において、その無効部分がなくても実行されたであろうことが認められないときには、法律行為の全部を無効とする」と規定する。この規定は、「当事者の意思が、法律行為の無効部分を除けば当該法律行為を実行するものと認められれば、当該法律行為を有効とする」という反対解釈がなされる。即ち、ドイツ民法は、契約の一部無効を原則として全部無効として扱い、当事者の意思解釈により、例外的に有効として扱うという論理構造を採る。

BGB第139条の構造は、法律行為に無効原因がある場合には、当事者の意思はその全体を無効にするであろうという理論的推定を基本的視座としており、私的自治の原則を堅持した規定となっている。

本条の制定に際しては、その前提として、良俗違反など、強行法規違反の法律行為は一部無効部分を除けば有効となりうるかという問題に対し、ザヴィニー博士（F. C. von Savigny）が当事者意思を理由として否定説を展開したという経緯があり[9]、これが、BGB第139条の立法理由となっている。

本判決は、BGB第139条を適用しつつ、契約分離解釈によって、残部契約を有効としたのである。

3．留保所有権の譲渡性

(1) 返還請求権の譲渡類型

2008年BGH判決は、留保所有権の譲渡は可能であるが、所有権留保は質権や譲渡担保のような付従性ある担保権ではなく[10]、売買契約と同時に約定する特約（売買の附款）という関係において、代金債権との付従性はありえないので、債権の移転に伴って担保権が移転するのではなく（随伴性に関

---

(8) BGH, Beschl. vom 18. 1. 2005- XI ZR340/03, BGH- Report 2005, S. 939, 940= BeckRS 2005, 02248.; BGH, Urt. vom 18. 11. 1988 - V ZR 75/87, BGHZ 106, S. 19, 25= NJW 1989, S. 831; BGH, Urt. vom 20. 3. 2002- IV ZR93/01, WM 2002, S. 1117, 1118.

(9) Friedrich Carl von Savigny, System des heutigen Römischen Rechts, Bd. 3, 1840, S. 197f.

(10) BGH, Urt. vom 15. 6. 1964, VIII ZR 305/62, BGHZ42, S.53, 56.

するBGB第401条の適用否定。)、物権的返還請求権の譲渡という方法によって担保権が移転すると判示した。

動産所有権の譲渡は、物権的合意と引渡しによって、その効力を生ずる（BGB第929条1文）。この場合において、第三者が使用賃貸借（Miete）などで占有している物を譲渡するときには、譲渡人から取得者に対する現実の引渡しに代えて、第三者に対する返還請求権の譲渡という方法を取ることができる（BGB第931条）。

返還請求権の譲渡とは、旧所有者が新所有者に対し、第三者に対する返還請求権を譲渡することにより、占有権を新所有者に移転して、所有権移転の効力を生じさせるという制度である。留保売主Aが、留保買主Bに対して発生しうべき将来の契約解除に伴う返還請求権を譲受け留保所有者Cに譲渡するという方法によって、引渡しを擬制するのである。しかし、この場合には、買主Bが立替払人Cへの履行を遅滞するなど、信用危殆に陥ったときには、Cには解除権がないので、解除しないまま、Aから譲り受けた返還請求権を行使することとなる。しかし、CがBから返還を受けた留保商品を処分した後に、Bが所有権留保売買の存続を理由として、Cに代金を提供し、再返還を請求してきたときには、Cの地位が不安定かつ危険なものとなる。それゆえ、返還請求権の譲渡という構成を採る場合には、Cが所有権留保を実行し、留保商品を第三者へ処分して残代金を回収したときには、買主Bとの間の所有権留保は失効する（解除の擬制）とか、Bは弁済権ないし受戻権を失うという解釈を採る必要がある。

このように、返還請求権の譲渡という構成を使う場合には、譲受け留保所有者には解除権がないことから、買主の権利を制限するという解釈論に依存する必要が多分に生ずるので、他の制度を用いる必要がある。

（2）法定債権譲渡類型

わが民法の「法定代位」は、保証人など利害関係ある第三者が債務者に代わって債権者に弁済（代位弁済）をした場合には（第474条）、代位弁済者は、債権者に法定代位し（改正前第500条）、自己の権利に基づいて求償することができる範囲内において、債権の効力及び担保としてその債権者が有し

ていた一切の権利を行使することができる（改正前第501条）。

　代位弁済による債権と担保権の代位者への移転は、債権と担保権との付従性・随伴性に基づいて生ずる。この点に関して、ドイツにも同様の規定が存在する。即ち、譲渡された債権を担保するために存在する抵当権、船舶抵当権及び質権、ならびに保証に基づく権利は譲渡された債権とともに新債権者へ移転する（BGB第401条1項）。また、新債権者の債権が強制執行や倒産手続において優先権である場合には、それらの手続において、これを主張することができる（同条2項）。しかし、ドイツにおける債権の移転に伴う担保権の移転も、わが民法と同様、担保権が債権との付従性を有する場合を前提としている。それゆえ、売買契約における付款に過ぎず、債権との付従性を有しない所有権留保に基づく留保所有権には適用されえない[11]。そこで、ドイツにおいては、この法定債権譲渡を活かす形で、「交互計算留保」という類型の所有権留保が用いられてきた。

　交互計算留保とは、拡張・拡大類型の所有権留保の一種である。即ち、留保売主と買主との所有権留保売買における代金債権のみならず、両者間の所有権留保期間中の機械・車両の整備や修理といった継続的契約関係から生ずる、留保売主の将来債権までをも全額支払うことが、買主への所有権移転の停止条件とされるという契約である。しかし、このような二当事者間の契約以外に、支払保証をした保証人が入るケースもある。例えば、留保売主Ａと留保買主Ｂとの間に支払保証人Ｃが入り、ＣがＡに保証債務を弁済し、法定債権譲渡により債権を取得するとともに、ＣがＡから留保所有権を譲り受け、更に、ＣがＢに対して有することとなった求償債権以外に、例えば、保証人Ｃと買主Ｂとの間における一定の継続的契約関係に基づくすべての債権を弁済するまで、留保商品の所有権が買主Ｂに移転しないという停止条件の拡張類型のことを言う。前述した、わが国における包括担保類型の所有権留保と類似する。

　交互計算留保は、留保売主（または譲受け留保所有者）の買主に対する所有権移転の停止条件を、自己の代金債権以外に、留保売主（または譲受け留保

---

(11) vgl. BGH, 15. 6. 1964, Ⅷ ZR305/62, BGHZ 42, S. 53, 56.

所有者) の買主に対する他の債権を担保するため、便宜的に拡張するという意味において、良俗違反に当たるコンツェルン留保とは異なり、無効とはされない。前述したように、同じく拡張類型の所有権留保に属するコンツェルン留保が無効とされるのは、留保売主に対する代金債務に加え、留保売主の第三債権者に対する債務の弁済までをも、買主への所有権移転の停止条件に組み込むということで (BGB 第449条3項)、買主にとって予測不可能かつ大変な苦痛となる無限の債務拡張を図るので、良俗違反の法律行為 (Sittenwidriges Rechtsgeschäft：BGB 第138条) という扱いを受けるからである。

(3) 契約引受類型

契約引受は、契約上の地位の譲渡とも言う。留保売主たるAの地位を金融機関Xに譲渡する。この場合には、留保売主Aは代金債権を有するが、割賦弁済金の完済によって所有権が買主Bに移転するので、将来的には留保商品の引渡債務を負う。即ち、譲渡すべき留保売主の地位には、債権者としての地位と債務者としての地位が併存している。AがBに対する代金債権をXに譲渡する制度として、債権譲渡がある (BGB 第398条)。また、AがBに対する債務をXに譲渡する制度として、債務引受がある (同法第414条以下)。

留保売主Aから立替払人Xへの債権譲渡は約定による旧債権者と新債権者との交替であるところ (BGB 第398条)、債務者Bへ通知することによって債務者に対する債権譲渡の確定力と対抗力が生ずる (同法第409条1項)。また、AからXへの債務の移転は、XがAの債務を引き受けることによって、これも新旧債務者の交代となる。債務引受は、債権者たる買主Bと引受人Xとの契約によるが (同法第414条)、債務者たる留保売主Aと引受人Xとの契約によることもできる (同法第415条)。後者の場合には、原則として債権者Bの追認が必要であり (同条1項)、追認が得られない場合には、債務引受はなされなかったことになる (同条2項1文)。これらの規定から契約引受けを法的に分析すると、確かに、債権譲渡と債務引受の複合類型ではある。しかし、契約引受けは、全体としては一個の法律行為として行われる

(これを「単一説」という。)[12]。また、契約としては「債務関係の処分」として位置づけられ、通常は三者間契約（三面契約）として締結され、当事者全員の承諾が要件とされる[13]。

　金融機関XがA留保売主Aに立替払または弁済をした場合には、留保買主Bに対するXの金銭債権を担保するため、Aの保有している「留保所有権」をXが取得することとなる。このプロセスに契約引受を適用すると、A・B間の所有権留保売買におけるAの地位をXが引き受けることとなる。この場合には、Aの有するBに対する債権者・担保権者たる地位と債務者たる地位が同時にXに移転することとなる。

　この場合において、単一説を採ると、A、B、Xの三者間合意ないし契約によって引受契約が成立し、その効果は留保買主Bの代金債務の履行遅滞という停止条件付となるので、その後、XがAに対して支払をしたと同時に、AのBに対する地位が全てXに移転することとなる。もちろん、A・X間の合意に対し、Bが同意・承諾をすることによっても、その時点で引受契約が成立する。

　これに対して、二当事者間契約説を採ると、A・X間の引受契約によって、契約が成立するが、引受契約の成立を買主Bに対抗することはできず、Bの同意・承諾を待って、初めて三者間に契約成立の効力が発生する。その後の停止条件成就によるXへの留保所有権の移転は単一説の場合と同じである。

　このように考えてくると、ドイツにおける判例・通説たる単一説とデルナー教授の二当事者間契約説のいずれを採ったとしても、Xへの留保所有権移転プロセスには影響は出ない。いずれにせよ、Xへの留保所有権移転プロセスに関しては、法定債権譲渡類型として扱うよりも、契約引受類型として扱ったほうが、難点はなく、スムーズに理論構成をすることができる。

---

(12) 判例として、BGH, 20. 4. 2005 - XII ZR 29/02, NJW-RR 2005, S. 958; BAG, 24. 10. 1972 - 3 AZR 102/72, DB 1973, S. 924があり、通説と言われている。

(13) 判例として、BGH, 27. 11. 1985, NJW 1986, S. 918; BGH, NJW- RR 2005, S. 958があり、通説であるが、Dörner教授の反対説がある（NJW 1986, S. 2916）。

4．留保買主の倒産における留保所有者の法的地位

(1) 単純類型の所有権留保

次に、2008年 BGH 判決は、「単純な所有権留保の下で譲渡された物は、売買代金を完済していない留保買主の倒産においては、原則として、売主において取り戻すことができる」ものと解し、単純類型（二当事者間）の所有権留保における留保所有者には、買主の倒産手続における留保商品の取戻権を肯定している。この点は、従来の判例及び通説[14]である。

確かに、学説上、その一部は、留保売主を取戻権者の層から除外すべきこと、また、もはや留保売主には別除権が与えられるに過ぎないことを主張してきた。この見解は、倒産法改正時における議論においても、連邦司法省の「討議草案」ならびに「部会草案」において、いずれも、留保所有権と担保所有権を再評価し、所有権留保の留保売主と譲渡担保の担保所有者に対し、等しく別除権を与えるものとし、基本的に、統一担保権構想（統一概念としての非占有質権説）として提案し、議論された[15]。

しかし、2008年 BGH 判決も指摘するように、倒産法の立法者は、最終的には、政府草案において、留保所有者は代金の完済を受けずに自己の所有に属する留保商品による与信（商品信用）を継続している間は、譲渡担保権者と同様の金融与信者とは見做されないとして、従来の通説と同様、原則として、留保所有者を取戻権者として位置づけたのである。

(2) 延長・拡張類型の所有権留保

次に、2008年 BGH 判決は、「所有権留保の延長類型及び拡張類型は、―従前の破産法の権利の下におけると同様―譲渡担保とみられているが、これにより、留保買主の倒産においては、―延長ないし拡張事案の発生後は―そ

---

(14) MünchKomm-InsO/ Ganter, 2.Aufl., 2007, §47 Rdn. 62.
(15) Leitsätze 1. 2. 10 Abs. 3, 2. 4. 4. 1 und 3. 3. 1 Abs. 1 des 1. Kommissionsberichts; 倒産法改正草案第55条1項1号、第111条3項。また、Ganter, a. a. O., §47 Rdn. 62は、倒産法改正時における議論について、Drobnig, ZGR 1986, S. 252, 260; Landfermann, KTS 1987, S. 381, 396; Kübler/ Rümker, Neuordnung des Insolvenzrechts S. 135, 137を引用指示し、他説として、Berges, BB 1986, S. 753を引用指示する。

れらの類型は、別除された満足を受ける権利を有するに過ぎない」と判示している。また、その理由は、「この担保類型は、商品信用を前提としてはいるが、経済的にも、まだ担保権の機能を有しているに過ぎない」からであると言う。

　2008年BGH判決が示すように、延長・拡張類型の所有権留保は譲渡担保と同じ機能を有するという点も従来の判例・通説である。即ち、留保買主の財産に関する倒産手続が開始した場合において、開始前に既に当初の売買代金債権が買主や金融機関によって完済され、または、倒産手続の中で倒産管財人によって代金債権が完済されても、拡張類型の所有権留保が成立しており、まだ、別の債権の支払が滞っているときには、留保売主には、倒産財団からの取戻しが許されず、譲渡担保権者と同様[16]、倒産手続から別除され、売却物を換価した上で、その売得金から債権の満足を受ける権利を有するに過ぎない[17]。

5．所有権留保による与信の構造

　所有権留保の類型のうち、単純類型は完全なる商品信用であり、拡張類型は、個別留保商品の本体価格までは商品信用、これを超えると金融信用であり、延長類型は、延長部分は金融信用である。即ち、商品信用たる所有権留保は完全所有権を保持するので、代金債権の担保というよりは、解除による物権的返還請求権を保全するという面が強調される。しかし、延長・拡張類型という金融信用たる所有権留保は、動産や債権の譲渡担保として扱われるので、代金債権（または求償債権）及び利息・手数料という金銭債権の担保それ自体となる。

---

(16) Jaeger/Henckel, InsO, §47 Rdn. 51; Bülow, a.a.O., WM2007, S.429 ff.
(17) MünchKomm-InsO/ Ganter, a.a.O., §47 Rdn. 93.; BGH, Urt. vom 9．7．1986 - Ⅷ ZR 232/ 85, BGHZ 98, S. 160, 170 = NJW 1986, S. 2948, 2950 = WuB Ⅵ B．§17 KO 4．86 (Johlke) （出版社の書籍販売に伴う拡張類型の所有権留保の事案）; BGH, Urt. vom 10．2．1971 - Ⅷ ZR 188/ 69, NJW 1971, S. 799（ブルドーザーの留保売買に交換部品の支払とサービス給付まで拡張された交互計算留保の事案）; BGH, 23. 11. 1977 NJW 1978, S.632, 633; Hj. Weber, Kreditsicherheiten S. 162; Gottwald, Insolvenzrechts-Handbuch, 3.Aufl., §43 Rdn. 26; Jaeger/ Henckel, §51 Rdn. 28.

立替払や支払保証による譲受け留保所有者は、金融信用債権者である。即ち、立替払の場合には、金融機関が留保売主に代金を立替払し、留保買主に対し、割賦残債権と利息及び手数料債権を取得し、留保買主はその担保として、自己の使用している自動車や機械を金融機関に提供して、同人に対し、占有改定によって引渡しをするのであるから、両者間の契約関係は、ドイツにおいては「期待権の譲渡担保」となる[18]。

また、支払保証の場合には、金融機関から留保売主への保証債務の弁済によって、金融機関が留保売主の地位を承継する。この場合には、①返還請求権譲渡類型、②法定債権譲渡類型、③契約引受類型、が考えられるところ、①は買主との契約関係が残ったままでは、買主の遅滞により商品を引き揚げた後、買主の履行による再返還などの問題が生じうるので危険であるから、後二者という選択肢が残る。しかし、②は所有権留保の特質として債権との付従性がないことから、債権は法定譲渡しても、担保部分たる留保所有権の移転はない。そうすると、信義則上の引渡義務とか、留保所有権の相対的放棄義務という制度適用における一般原則に頼る結果となり、法適用上の曖昧さが残る。したがって、支払保証の場合には、契約引受類型に妥当性がある。

6．小 括

2008年3月27日BGH判決において問題となった、①拡張類型の所有権留保、特にコンツェルン留保における契約の一部無効と残部の単純類型の所有権留保の有効性、②留保所有権の譲渡可能性、③留保買主の倒産における留保所有者の法的地位、④所有権留保による与信の構造については、以上に示した解釈のとおりである。また、序章から第3章までにおいて論じてきた私見についても、十分に論ずることができた。次節においては、これまで論じてきた内容を総括的に論ずることとする。

---

(18) Ganter, in: Schimansky/ Bunte/ Lwowski, BankrechtsHandbuch, 3. Aufl., § 95 Rdn. 72.

第2節　所有権留保立法への提言―総括的考察

　所有権留保は売買契約の附款であり、売買と切り離して考えることはできないが、担保権の設定契約と解する限り、この解釈は売買と切り離して考えることとなる。しかし、それでは所有権留保の本質に反する。したがって、所有権留保は売買契約の附款と位置づける必要がある。

　本来は、売買により所有権は買主に移転するところ、留保売主と買主との合意、即ち、留保特約によって、所有権の移転が将来の代金完済という停止条件成就時まで延期されるのである。代金債権は、売買によって発生するが、弁済は留保特約の内容に従い、割賦弁済とされる。この意味において、売買と所有権留保は契約としては一体であるから、担保権の設定のように、最初に金銭債権が発生し、この債権・債務関係と担保権とを結合させる必要性から、「付従性」なる概念を必要とするのとは異なり、所有権留保には、その性質上、付従性はありえない。この前提から、法定代位によって債権と担保権とを弁済者に移転するという構成は、所有権留保には適さない。ドイツにおいても同様の議論が展開された結果、契約引受類型が検討され、その有用性が明らかとされている。したがって、留保所有権が、留保売主Ａから金融機関Ｘへと移転するプロセスとしては、買主Ｂを交えての三者間合意による契約引受によるものと解することが最も自然である。

　次に、留保所有権を譲り受けたＸが、買主Ｂの財産に関する倒産手続において、倒産管財人Ｙに対し、留保所有権に基づいて取戻権を主張した場合には、これは認められない。ＸはＢに融資をして担保権を取得した譲渡担保権者と見做され、別除権者として扱われ、換価による優先弁済権者に過ぎないからである。しかし、留保売主Ａが買主Ｂの倒産手続において取戻権を行使することは許される。

　このＸとＡとの取扱いにおける差異は、Ｘは金融与信者であるのに対して、Ａは商品与信者だからである。したがって、所有権留保の目的に応じて、商品信用と金融信用とに分離し、前者を完全所有権の留保、後者を担保所有権の留保と解する論拠とする意味がある。もっとも、ドイツにおいて

は、譲渡担保権の設定による設定者から担保権者への所有権移転も「完全所有権の移転」であり、担保権者は、物権法上、無制限の完全な所有権を取得するが、設定者に対し、債務法上の担保約款（Sicherungsabrede）の基準に従ってのみ所有権を利用すべき義務を負う。即ち、担保目的が存続する間は、譲渡担保権者は担保目的物を自由に処分することが許されず、将来の実行においては、担保約款に応じて換価し、その換価金を債務の弁済に利用し、その剰余を債務者に返金しなければならない[19]。

ドイツにおいて、同じく「完全所有権」とされる留保所有権と担保所有権において、一方は、所有権の効力たる物権的効力を完全に保持するのに対して、他方は、他の制限物権的たる担保権と同様、換価・優先弁済権に限定される理由は何か。それは、やはり、留保所有権は純然たる商品与信の成果であり、担保所有権は、商品与信を前提とする場合があっても、やはり、目的が金融与信、即ち、債権の担保に過ぎないからである。この意味において、商品信用と金融信用という分類に起因する類型の構築には重要性がある。

今後あり得べき所有権留保法の立法に際しては、以上の点に留意する必要がある。

第3節　今後の課題

明治、大正、昭和の半ば頃まで、所有権留保は、停止条件付所有権移転という法形式が重視され、条件成就まで、留保売主には真正所有権があり、買主は賃借人同様の地位を有するに過ぎないものと解されてきた。しかし、昭和の終わり頃から平成年代にかけて、所有権留保は、譲渡担保とならぶ「非典型担保」として位置づけられ、その解釈論は動産譲渡担保のそれと同じでよいとされてきた。わが国における所有権留保研究の歴史は浅く、譲渡担保の裏返しで十分とさえ言われてきたのはそう昔のことではない。

確かに、譲渡担保は、設定者たる物件の所有者が債権担保目的で債権者に

---

(19) この点に関しては、Staudingers/ Wiegand, a.a.O., Anh. zu §§ 929-931 Rdn. 59, 63; Serick, a.a.O., Ⅰ, 1963, § 4 Ⅱ 57ff.; Otto Mühl, Sicherungsübereignung, Sicherungsabrede und Sicherungszweck, in: FS Serick [1992] S. 285ff. を参照。

物件の所有権を譲渡（移転）し、設定者は物件を引き続き使用貸借（民法第593条）によって使用させてもらうという設定形式を採る。

　他方、所有権留保は、物件の所有者が、物件の所有権を取得するには資金不足で無理だが、物件を割賦払いによって取得しようとする事業者に対し、代金完済を停止条件として、所有権を移転するという売買の特約（附款）である。これを代金債権の担保とみれば、留保売主を譲渡担保権者と見做し、留保買主をその設定者と見做して、代金完済まで使用貸借（民法第593条）によって使用させてもらうという法形式は譲渡担保と類似する。

　しかし、譲渡担保の設定は、所有権の移転という物権変動を伴うが、所有権留保売買は、停止条件の成就前は買主への所有権移転を伴わない。即ち、物権変動は生じていない。この意味において、所有権留保の留保売主は、基本類型上は真正所有権を保有している。

　譲渡担保権は、元々、基本契約（原因行為）から発生する債権があり、この債権を担保するという目的において、担保目的物の所有権を債権者に譲渡するという信託的な所有権移転という法形式を採るのであり、法律上は、質権や抵当権と同様の、債権との付従性を伴う担保物権である。

　しかし、所有権留保は売買契約の附款として存在し、代金債権との付従性を有しない（代金債権、所有権、それぞれが独立存在である）。それゆえ、抑も、譲渡担保と所有権留保との比較・類似性の探究は困難であり、両者を無理に結合させようとして、非占有の動産質権として類型化しようという動きがドイツにおいても存在したが、これは失敗に終わっている。この点において、法律上の概念構成が経済的な必要性に優ったと言うことができる。

　もっとも、ファイナンスリース（フルペイアウト方式）と所有権留保との比較・検討は、従来は意味があった。法形式、契約内容、ともに類似性があったからである。しかし、ファイナンスリースの契約内容のうち、リース料の履行遅滞の発生に伴い、規定損害金の弁済義務という形で、全額の繰上弁済義務を約款上に明記したことから、これとメインテナンス費用の全額利用者負担という点と相俟って、これでは、利用者は、所有者と同様の権利・義務関係にあると判断され、会計処理上は利用者が実質的所有者とされた。

　しかし、規定損害金の弁済義務は、利用者の履行遅滞発生により、繰上一

括弁済義務が生ずるが、事実上、利用者は支払ができない状況であるから、リース事業者は、担保権の実行という意味において、解除・引揚権を根拠づけるために規定していたに過ぎない。したがって、利用者の権利・義務という面から、「売買と同様」という点を殊更に重視し、利用者を実質的所有者と見做すという会計処理は、その方向性を誤ったものと言わざるを得ない。そして、まさに、この点を所有権留保の法解釈にまで及ぼそうとする姿勢は、謬見を重ねるに等しい解釈である。

譲渡担保、ファイナンスリース、所有権留保は、従来、類似する非典型担保と並び称され、比較・検討されてきた。前二者は、金融与信行為であり、その類似性は言うを俟たない。しかし、所有権留保のうち、二当事者間類型は商品与信行為に過ぎず、所有権に基づく返還請求権の保全というにふさわしい権利関係である。前著『現代的課題』及び本書において研究し検討を重ねてきたように、法史的・商慣習的に見て、動産譲渡担保、延長・拡張類型の所有権留保、あるいは、三者間所有権留保においては、その経済的意味において、真正所有権が担保所有権（信託的所有権）に進化ないし転化するというメカニズムが生まれてきたものと構成することは既存の解釈論として許容されている。

今後も、これら三者に関する研究を重ね、その本質を追究するという姿勢に変わりはない。本書を世に提供し、その真価を問うている現在においても、まだ、わが研究は進化を続けている。進化を続ける限り、研究ならびに理論の進展に終わりは来ないものと信じて止まない。

事項索引

〈あ〉

延長類型の所有権留保　　　　　　69, 289
オープンエンド・リース　　　　　　　6

〈か〉

解除条件説　　　　　　　　　　　　60
買取権付き賃貸借（Möbelleihvertrag）82
拡張（拡大）類型の所有権留保
　　　　　　　　　　　　70, 249, 289
隠れた行為　　　　　　　　　　　147
慣習法　　　　　　　　　　　　　　26
間接自主占有　　　　　　1, 21, 94, 233
完全所有権（Volleigentum）　21, 233
管理信託　　　　　　　　　　　　　36
規定損害金　　　　　　　　　　　　11
金融信用（Geldkredit）　150, 233, 292
クローズドエンド・リース　　　　　　6
契約譲渡　　　　　　　　　　　　223
契約引受　　　　　　　　　　210, 267
減価清算　　　　　　　　　　　　　7
権利濫用　　　　　　　　　　　　　95
交互計算留保　　　　　　　　208, 261
コンツェルン留保（Konzernvorbehalt）
　　　　　　　　　　　　61, 208, 249

〈さ〉

債権・権利の譲渡担保　　　　　　　25
残存価額清算　　　　　　　　　　　8
借戻し権付き売買（Sale-and-leaseback）
　　　　　　　　　　　　　　　　　9
集金保証方式　　　　　　　　164, 171
集金保証類型　　　　　　　　　　　72
集合動産譲渡担保　　　　　　　　　43
譲渡証明書　　　　　　　　　　　100
譲渡担保権の即時取得　　　　　　　55
譲渡担保説　　　　　　　　　　　198
商品信用（Warenkredit）
　　　　　　　　　121, 150, 233, 292
所有権移転外ファイナンスリース　　　4
所有権移転ファイナンスリース　　　　4
所有権的構成・折衷的構成説　　　　84
所有権の断片的移転　　　　　　　130
所有権の予備的段階（Vorstufe）　　138
所有権分属論　　　　　　　　　　130
所有権留保登録令　　　　　　　　　62
所有権留保と譲渡担保との競合　　　40
新設定者留保権（新物権的期待権）説　90
信託的譲渡説　　　　　　　　　　147
信託的法律行為　　　　　　　　　　35
折衷説　　　　　　　　　　　56, 239
設定者留保権説　　　　　　　　　　89
ゼロリース　　　　　　　　　　　　5
占有改定肯定説　　　　　　　　　　56
占有改定説　　　　　　　　　　　197
占有改定と即時取得　　　　　　　　55
占有改定による引渡し　　　　　　　48
占有媒介関係（Besitzmittlungsverhältnis）
　　　　　　　　　　　　　　　　24
走行距離清算契約　　　　　　　　　7
即時取得　　　　　　　　　　　　　98

〈た〉

第333条適用説　　　　　　　　　　48
対抗要件説　　　　　　　　　　　　46
対抗要件不要説　　　　　　　　　196
第三者異議の訴え　　　　　　73, 126
立替払類型　　　　　　　　　　　　71
単一所有権概念　　　　　　　　　　92
単一説　　　　　　　　　　　　　271

328　索引

単純類型の所有権留保　68, 250
担保権説　87
担保権設定（特別合意）説　191
担保所有権　27, 32, 237
担保信託　36
担保のためにする留保所有権　125
担保約款　28
調査義務　99, 102
直接他主占有　21
停止条件説　60
停止条件付所有権移転　1
転化原理　34, 37
転売授権　44, 95
倒産解除条項　11, 15
倒産公序説　194
動産抵当権説　88
動産の譲渡担保　24
動産売買先取特権　48
登録質権　63
登録自動車　98
取戻権　278

〈な〉

二当事者間契約説　274

〈は〉

販売金融会社　111, 163
非占有質権説　283
ファイナンスリース　3
附款　1
付従性原理　38

物権的期待権　47, 86, 134
物権的期待権説　37, 87
物権的請求権　104
物権的返還請求権　2
物権的返還請求権の譲渡　221, 256
不動産の譲渡担保　23
別除権　278, 289
弁済禁止の保全処分　14
包括担保類型（包括担保約款）
　72, 180, 189
法定債権譲渡　206, 222, 261
法定質権　68
法定代位　225
法定代位説　189, 198
法律行為による授権　35
法律行為の一部無効　252

〈ま〉

未登録自動車　99
無解除引揚権　67
矛盾阻害否定説　194

〈や〉

譲受け留保所有者　231
容仮占有　59, 188

〈ら〉

リース会計基準　12
留保商品　1
留保所有権抹消条項　41
ローン提携販売　111

判例索引（日本）

大判明治43年 2 月25日民録16輯153頁　　52
大判大正 5 年 5 月16日民録22輯961頁
　　　　　　　　　　　　　　　　56, 238
大判大正 5 年 6 月23日民録22輯1161頁　82
大判大正 6 年 2 月10日民録23輯138頁　134
大判大正 6 年 7 月26日民録23輯1203頁　49
大判昭和 2 年 7 月 7 日民集 6 巻455頁　152
大判昭和 7 年11月 9 日民集11巻2277頁　105
大判昭和 9 年 7 月19日刑集13巻14号1043頁
　　　　　　　　　　　　　　　　　　42
大判昭和12年11月19日民集16巻1881頁　105
大判昭和13年12月 2 日民集17巻2269頁　105
大判昭和16年 6 月18日新聞4711号25頁　49
最判昭和30年 6 月 2 日民集 9 巻 7 号855頁
　　　　　　　　　　　　　　　　　　52
最判昭和32年12月27日民集11巻14号2485頁
　　　　　　　　　　　　　　　　56, 238
最判昭和33年 5 月 9 日民集12巻 7 号989頁
　　　　　　　　　　　　　　　　　　189
最判昭和35年 2 月11日民集14巻 2 号168頁
　　　　　　　　　　　　　　　　56, 238
最判昭和35年 6 月17日民集14巻 8 号1396頁
　　　　　　　　　　　　　　　　　　105
最判昭和37年 3 月23日民集16巻 3 号607頁
　　　　　　　　　　　　　　　　　　17
最判昭和39年 8 月28日民集18巻 7 号1354頁
　　　　　　　　　　　　　　　　　　272
最判昭和40年11月19日民集19巻 8 号2003頁
　　　　　　　　　　　　　　　　　　96
最判昭和41年 4 月28日民集53巻 5 号863頁
　　　　　　　　　　　　　　　　　　22
最判昭和41年 4 月28日民集20巻 4 号900頁
　　　　　　　　　　　　　　　　　　43
最判昭和41年11月18日民集20巻 9 号1861頁
　　　　　　　　　　　　　　　　　　182

最判昭和45年12月 4 日民集24巻13号1987頁
　　　　　　　　　　　　　　　　　　99
最判昭和46年 4 月23日民集25巻 3 号388頁
　　　　　　　　　　　　　　　　　　272
最判昭和49年 7 月18日民集28巻 5 号743頁
　　　　　　　　　　　　73, 76, 126, 199, 307
東京高判昭和49年12月10日下裁民集25巻 9
　～12号1033頁　　　　　　　　　 99, 264
最判昭和50年 2 月28日民集29巻 2 号193頁
　　　　　　　　　　　　　　　　　　95
福岡高宮崎支判昭和50年 5 月28日金商487
　号44頁　　　　　　　　　　　　100, 264
諏訪簡判昭和50年 9 月22日判時822号93頁
　　　　　　　　　　　74, 113, 127, 186, 237
東京地判昭和52年 5 月31日判時871号53頁
　　　　　　　　　　　　　　　　100, 264
大阪高判昭和54年 8 月16日判時959号83頁
　　　　　　　　　　　　　　　　　　100
大阪地判昭和54年10月30日判時957号103頁
　　　　　　　　　　　74, 113, 127, 187, 237
名古屋地判昭和55年 7 月11日判時1002号
　114頁　　　　　　　　　　　　　　 100
東京地判昭和55年12月12日判時1002号103
　頁　　　　　　　　　　　　　　　　100
東京地判昭和56年 9 月24日判時1039号81頁
　　　　　　　　　　　　　　　　　　100
最判昭和57年 3 月30日民集36巻 3 号484頁
　　　　　　　　　　　　　　　　19, 73, 126
最判昭和58年 3 月18日判時1095号104頁
　　　　　　　　　　　　　　　　42, 98, 237
福岡高判昭和59年 3 月21日判時1128号54頁
　　　　　　　　　　　　　　　　　　101
千葉地判昭和59年 3 月23日判時1128号56頁
　　　　　　　　　　　　　　　　　　100
東京高決昭和59年 3 月27日判時1117号142

330　索引

頁　17
札幌高決昭和61年3月26日判タ601号74頁
　　　　　　74, 113, 127, 186, 237, 307
最判昭和62年2月12日民集41巻1号67頁
　　　　　　　　　　　　　　　　　105
最判昭和62年4月24日判時1243号24頁　98
最判昭和62年11月10日民集41巻8号1559頁
　　　　　　　　　　　　　　　　46, 48
最判平成6年2月8日民集48巻2号373頁
　　　　　　　　　　　　　　　　　105
最判平成7年4月14日民集49巻4号1063頁
　　　　　　　　　　　　　　　　　　18
東京地判平成7年9月25日判タ915号126頁
　　　　　　　　　　　　　　　　　101
東京高判平成8年12月11日判タ955号174頁
　　　　　　　　　　　　　　　　　102
最決平成10年12月18日民集52巻9号2024頁
　　　　　　　　　　　　　　　　　　70
最決平成11年5月17日民集20巻4号900頁
　　　　　　　　　　　　　　　　　　22
東京地判平成14年2月14日裁判所ウェブサイト　99
最判平成17年1月27日民集59巻1号200頁
　　　　　　　　　　　　　　　　　190
東京地判平成18年3月17日判タ1221号283頁　99
東京地判平成18年3月28日判タ1230号342頁　131
大阪地判平成20年3月31日判時2039号51頁
　　　　　　　　　　　　　　　　　157
最判平成20年12月16日民集62巻10号2561頁
　　　　　　　　　　　　　　15, 18, 303
最判平成21年3月10日民集63巻3号385頁
　　　　　　　　　　　　75, 104, 131, 308
最判平成22年6月4日民集64巻4号1107頁
　　　　　　　　　　　53, 72, 106, 232, 305
東京地判平成24年9月25日判例集等未登載：TKC　85
名古屋地判平成27年2月17日金法2028号89頁　1, 183
東京地判平成27年3月4日判時2268号61頁
　　　　　　　　　　　　　　　　185, 237
札幌地判平成28年5月30日金法2053号86頁
　　　　　　　　　　　　　　　　232, 312
名古屋高判平成28年11月10日金法2056号62頁　175
札幌高判平成28年11月22日金法2056号82頁
　　　　　　　　　　　　　　72, 107, 233, 312
大阪地判平成29年1月13日金法2061号80頁
　　　　　　　　　　　　　　　　72, 178
東京高判平成29年3月9日金法2091号71頁
　　　　　　　　　　44, 75, 98, 199, 232, 237
札幌高判平成29年3月23日判例集等未登載・TKC　180
最判平成29年12月7日民集71巻10号1925頁
　　　　　　　　　　72, 94, 107, 164, 195, 232
最判平成30年12月7日金法2105号6頁
　　　　　　　　　　　　44, 75, 199, 237, 312

判例索引（ドイツ）

RG, 11. 7 . 1882, RGZ 7 , S. 147
　　　　　　　　　　2 , 79, 144, 235
RG, 10. 1 . 1885, RGZ13, S. 200　　　283
RG, 20. 5 . 1904, RGZ 58, S. 162
　　　　　　　　41, 58, 102, 209, 264
Königl. LG. I Berlin, 16. 12. 1904, KGBl.
　1905, S. 113　　　　　　　　　　　80
RG, 4 . 2 . 1908, RGZ 67, S.383　　　235
RG, 8 . 12. 1916, RGZ 89, S. 193　　257
RG, 4 . 3 . 1919, RGZ 95, S. 105　62, 122
LG. Dresden, 25. 11. 1925, JW 1926, S. 725
　　　　　　　　　　　　　　　　　80
RG, 9 . 4 . 1929, RGZ 124, S. 73　　　32
OLG Köln, 3 . 3 . 1932, HRR 1933, Nr.12
　　　　　　　　　　　　　　　　　265
RG, 4 . 4 . 1933, RGZ 140, S. 223　　137
RG, 2 . 10. 1934, RGZ 145, S. 188　　　32
LG. Breslau, 6 . 4 . 1935, JW 1935, S. 2218
　　　　　　　　　　　　　　　　　80
AG. Freiberg, 16. 2 . 1938, JW 1938, S.
　866　　　　　　　　　　　　　　80
BGH, 21. 5 . 1953, BGHZ 10, S. 69
　　　　　　　　　　　　　　137, 278
BGH, 24. 5 . 1954, NJW 1955, S. 1325　137
BGH, 17. 2 . 1956, WM 1956, S. 563　　30
BGH, 13. 6 . 1956, BGHZ 21, S. 52　41, 47
BGH, 25. 1 . 1957, WM 1957, S. 514　137
BGH, 16. 12. 1957, BGHZ 26, S. 185
　　　　　　　　　　　　　　210, 266
BGH, 20. 5 . 1958, NJW 1958, S. 1231
　　　　　　　　　　　　　　210, 266
BGH, 24. 6 . 1958, BGHZ 28, S. 16
　　　　　　　　　　　　41, 47, 138
BGH, 21. 9 . 1959, BGHZ 30, S. 374　138
BGH, 10. 11. 1960, NJW 1961, S. 453　270

BGH, 21. 12. 1960, BGHZ 34, S. 122　138
BGH, 24. 1 . 1961, BGHZ 34, S. 191
　　　　　　　　　　　　　　2 , 81, 144
BGH, 10. 4 . 1961, BGHZ 35, S. 85　　138
BGH, 27. 9 . 1961, WM 1961, S. 1197
　　　　　　　　　　　　　　　62, 122
OLG Karlsruhe, 19. 10. 1961, KTS 1962, S.
　116　　　　　　　　　　　　　　　32
BGH, 15. 6 . 1964, BGHZ 42, S. 53
　　　　209, 256, 257, 261, 262, 315, 317
BGH, 8 . 11. 1965, BGHZ 44, S. 229
　　　　　　　　　　　　　　216, 274
BGH, 23. 11. 1966, WM 1966, S. 1327　10
BGH, 12. 7 . 1967, BGHZ 48, S. 249　　81
BGH, 17. 1 . 1968, WM 1968, S. 540
　　　　　　　　　　　　　41, 103, 263
BGH, 28. 11. 1969, WM 1970, S. 195
　　　　　　　　　　　　　　216, 274
BGH, 1 . 7 . 1970, BGHZ 54, S. 214
　　　　　3 , 20, 38, 144, 159, 246, 279, 287
BGH, 10. 2 . 1971, NJW 1971, S. 799
　　　　　　　　22, 123, 246, 290, 291, 321
BAG, 24. 10. 1972 DB 1973, S. 924
　　　　　　　　　　　　210, 268, 271, 319
BGH, 3 . 7 . 1974, NJW 1974, S. 1551　271
BGH, 5 . 2 . 1975, NJW 1975, S. 735　103
BGH, 23. 11. 1977, NJW 1978, S.632
　　　　　　　　　　　　　　290, 321
BGH, 7 . 12. 1977, BGHZ 70, S. 96　　81
BGH, 28. 6 . 1978, BGHZ 72, S. 141　　37
BGH, 24. 10. 1979, NJW 1980, S. 226
　　　　　　　　　　　　22, 33, 148, 279
BGH, 4 . 7 . 1979, NJW 1979, S. 2195
　　　　　　　　　　　　　　　81, 235
BGH, 18. 6 . 1980, BGHZ 77, S. 27　　41

BGH, 23. 9. 1981, NJW 1982 S. 275   285
BGH, 2. 2. 1984, ZIP 1984, S. 420   284
BGH, 20. 6. 1985, NJW 1985, S. 2528
                     203, 213, 216, 245, 270, 272
BGH, 27. 11. 1985, NJW 1986, S. 918
                     213, 218, 268, 271, 319
BGH, 9. 7. 1986, BGHZ 98, S. 160
                              290, 291, 321
BGH, 15. 10. 1986, NJW 1987, S. 377   7
BGH, 6. 11. 1986, BGHZ 99, S. 69   6
BGH, 3. 2. 1987, BGHZ 100, S. 19   280
BGH, 30. 3. 1988, BGHZ 104, S. 129   10
BGH, 18. 11. 1988, BGHZ 106, S. 19   315
BGH, 12. 10. 1989, BGHZ 109, S. 47   36
BGH, 29. 11. 1989, BGHZ 109, S. 250   9
BGH, 19. 4. 1990, WM 1990, S. 1116   27
BGH, 30. 10. 1990, NJW 1991, S. 353
                                   31, 285
OLG Kahlsruhe, 22. 11. 1990, ZIP 1991, S. 43   36
BGH, 18. 10. 1995, DtZ 1996, S. 56   268
BGH, 9. 5. 1996, NJW 1996, S. 2233   280
BGH, 11. 7. 1996, NJW 1996, S. 3147   268
BGH, 28. 4. 1997, NJW 1997, S. 3021   281
BGH, 9. 11. 1998, NJW 1999, S. 425   41
BGH, 20. 3. 2002, WM 2002, S. 1117   315
BGH, 12. 3. 2003, BGHZ 154, S. 171   218
BGH, 22. 9. 2003, ZIP 2003, S. 2211   41
BGH, 18. 1. 2005, BGH-Report 2005, S. 939   251, 315
BGH, 20. 4. 2005, NJW-RR 2005, S. 958
                     218, 268, 271, 273, 319
BGH, 26. 9. 2006, NJW 2007, S. 216   30
BGH, 1. 3. 2007, NJW 2007, S. 1594   295
BGH, 27. 3. 2008, BGHZ 176, S. 86
                        3, 123, 159, 241, 314
BGH, 19. 3. 2009, NZI 2009, S. 379   281
OLG Frankfurt, 24. 8. 2012, BeckRS 2012, 19186   8
BGH, 17. 7. 2013, NJW 2014, S. 1171   8
BGH, 24. 4. 2013, NJW 2013, S. 2420   8
OLG Frankfurt, 6. 2. 2014, NJW-RR 2014, S. 742   8
BGH, 8. 5. 2014, NJW 2014, S. 2358   281

〈著者紹介〉
石口　修（いしぐち・おさむ）

1986 年　中央大学法学部卒業
2008 年　広島大学博士（法学）
現　在　愛知大学大学院法務研究科教授

〈主要著作〉
『民法要論Ⅰ 民法総則』（成文堂・単著、2019 年）
『民法要論Ⅱ 物権法』（成文堂・単著、2017 年）
『民法要論Ⅲ 担保物権法』（成文堂・単著、2016 年）
『物権法―民法講論第 2 巻』（信山社・単著、2015 年）
『所有権留保の現代的課題』（成文堂〈学位論文〉・単著、2006 年）

所有権留保の研究
―――――――――――――――――――――――――
2019 年 3 月 25 日　初版第 1 刷発行

著　者　　石　口　　　修
発 行 者　　阿　部　成　一
―――――――――――――――――――――――――
〒162-0041　東京都新宿区早稲田鶴巻町 514 番地
発 行 所　株式会社　成 文 堂
電話 03(3203)9201(代)　Fax 03(3203)9206
http://www.seibundoh.co.jp

印刷・製本　藤原印刷
©2019 Osamu Ishiguchi　Printed in Japan
乱丁・落丁本はお取り替えいたします。
ISBN978-4-7923-2732-3　C3032

定価(本体 5500 円＋税)